语法化：概念框架

Grammaticalization: A Conceptual Framework

贝恩德·海涅

〔德〕　乌尔丽克·克劳迪　　著

弗里德里克·许内迈尔

龙海平　等译

吴福祥　审校

世界图书出版公司

北京·广州·上海·西安

图书在版编目（CIP）数据

语法化：概念框架 /（德）贝恩德·海涅，（德）乌尔丽克·克劳迪，（德）弗里德里克·许内迈尔著；龙海平等译 . —北京：世界图书出版有限公司北京分公司，2018.8
（外国语言学名著译丛）
书名原文：Grammaticalization: A Conceptual Framework
ISBN 978-7-5192-5056-0

Ⅰ.①语…Ⅱ.①贝…②乌…③弗…④龙…Ⅲ.①语法学—研究Ⅳ.①H04

中国版本图书馆 CIP 数据核字（2018）第 188198 号

书　　名	语法化：概念框架 YUFAHUA
著　　者	[德]贝恩德·海涅　　[德]乌尔丽克·克劳迪 [德]弗里德里克·许内迈尔
译　　者	龙海平　等
责任编辑	梁沁宁
排版设计	刘敬利
出版发行	世界图书出版有限公司北京分公司
地　　址	北京市东城区朝内大街 137 号
邮　　编	100010
电　　话	010-64038355（发行）　 64033507（总编室）
网　　址	http://www.wpcbj.com.cn
邮　　箱	wpcbjst@vip.163.com
销　　售	新华书店
印　　刷	三河市国英印务有限公司
开　　本	711 mm × 1245 mm　1/24
印　　张	18.75
字　　数	340 千字
版　　次	2018 年 9 月第 1 版
印　　次	2018 年 9 月第 1 次印刷
版权登记	01-2010-3274
国际书号	ISBN 978-7-5192-5056-0
定　　价	62.00 元

致　谢

　　本书基于"非洲语言的语法化"项目的研究，感谢德国研究基金（DFG）对此项目的慷慨资助。我们同时感谢下列同仁的建议和富有启发的讨论：Marianne Bechhaus-Gerst，Matthias Brenzinger，Carla Butz，Joan Bybee，Karen Ebert，Monika Esser，Otto Esser，Zygmunt Frajzyngier，Talmy Givón，Claus Göbelsmann，Phil Jaggar，Christa König，Christian Lehmann，Joe MacIntyre，Manuela Noske，Derek Nurse，Helma Pasch，Franz Potyka，Mechthild Reh，Franz Rottland，Hans-Jürgen Sasse，Hansjakob Seiler，Fritz Serzisko，Gabriele Sommer，Ursula Stephany，Thomas Stolz，Elizabeth C. Traugott。另外，我们非常感谢 Kossi Tossou 和 Hassan Adam 分别为我们提供他们的母语，埃维语（Ewe）和斯瓦希里语（Swahili）的丰富资料，同时感谢 Eithne Carlin 润色本书的英文。最后，我们要感谢本杰明出版社和《非洲语言学（巴黎）》[*Linguistic Africaine*（Paris）]、《非洲学学报（科隆）》[*Afrikanistische Arbeitspapiere*（Cologne）] 的编辑允许我们在书中收录已在上述期刊中发表的某些论文。

B.H., U.C., F.H.

目 录

1 引言

我们的思维特别善于发现相似性，无论是远是近，是显著还是模糊，我们的思维都会以这一相似性为基础，建立为旧名称增加新用法的关联。

（Whitney 1975：86）

1.1 语法化的一些概念

Kuhn（1962）认为，一种新理论"范式"往往开始于科学家意识到无法用现有范式预测某些反常现象，甚至与之相背离。当现有反常现象能够在新理论框架内得以预测时，新范式的发展便完成了。

多数后索绪尔时期的语法模式或明显或隐含地遵循以下一些原则：

语言描写必须是严格共时的。
形式和意义的关系是任意的。
一个语言形式只有一种功能或意义。

本书研究的主要目的是为这些前提所导致的问题提供一些解决办法。埃维语（Ewe）中的例子或许可以说明这些问题的实质，该语言属于尼日尔-刚果（Niger-Congo）语系的克瓦（Kwa）语支，使用于加纳东部、多哥南部和贝宁南部地区。[①] 如下面的例子：

(1) me-ná   ga   kofí
    1SG-给   钱   科菲
    '我给了科菲钱。'

(2) me-ple   βɔtrú   ná   kofí
    1SG-买   门   给   科菲
    (a) '我买了一扇门，并把它给了科菲。'
    (b) '我给科菲买了一扇门。'

(3) me-wɔ   dɔ´   vévíé   ná   dodókpɔ́   lá
    1SG-做   学习   努力   给   考试   DEF
    '为了考试，我努力学习。'

　　例(1)中，语言成分ná是一个动词，意为"给"；而例(2)中，ná具有歧义，既可以理解为动词"给"，也可以理解为受益介词"为"；在例(3)中，ná只能理解为介词"为"。

　　这里我们讨论的是一个语法化实例，一个实词，即动词"给"具有了语法意义，在某些语境中表示"为、向"这样的"前置词"概念。[②] 这一语法化过程在世界范围内很多语言中发生过。[③]

---

① 埃维语（Ewe）是一种声调语言，具有以连动结构式为特点的分析-孤立型句法形态。它的基本语序为SVO（主—动—宾），即动词在主语后，而位于宾语前，同时领格也位于所有格名词短语之前。本书所示埃维语的例句中，低调不做标记，高调标记尖音符（如：á），高降调标记为分音符（如：â），升调或变调在相关元音后标记为尖音符（如：á）。双唇清擦音转写为p。

② 请注意埃维语（Ewe）语中ná '给'不是唯一具有介词义的动词；ná只是具有完全相同演变过程的动词范式中的一个。（详见7.2.3和8.6，另见Westermann 1907；Ansre 1966；Hünnemeyer 1985；Claudi & Heine 1986）。

③ 早在1921年，Sapir就发现，"由一个简单词表示的具体概念，完全失去其物质性，直接过渡到关系范畴且并不失去其作为词的独立性，这是很有可能发生的。例如汉语和柬埔寨语（Cambodian）中，当动词'给'用于表示'间接宾语关系'的抽象义标记时，这种演变便产生了。"（Spair 1921：102）

我们对这一语法化过程的识解不仅基于相关句子的语义或者翻译，同时也基于这些句子中 ná 的形态句法表现。因而例（1）中 ná 具有实在的词汇意义，可以接受全部动词屈折变化，这同样适用于具有（a）含义的例（2）。然而如果要表达的是（2b）含义，ná 便失去了其实词地位而变为一个语法成分，并且以一个"去范畴化"（decategorialized）形式出现（参见 Hopper & Thompson 1984）；即它不能再接受时、体或否定标记这样的动词性屈折变化。例（3）中的 ná 则是一个不具有变化形式的功能词，它不能像动词那样前面出现类似 éyé '并且'的并列连词，因此例（4）是不合语法的：

（4）*me-wɔ dɔ′ vévíé éyé me-tsɔ́-e ná
1SG–做 学习 努力 并且 1SG–参加–3SG 给

dodókpɔ́ lá
考试 DEF

当一个词汇项或结构具有了语法功能，或者一个语法成分具有了一种更具语法性的功能时，我们称之为语法化。这种语法化过程出现于迄今我们所知的所有语言当中，并可能涉及任何一种语法功能。语法化对语言结构及语言描写有相当大的意义。首先，语法化可以被描述为一个历时或共时现象。从历时角度看，我们可以说动词 ná "发展出了"某些前置词用法，即其动词用法在出现时间上先于前置词用法。

从共时分析来讲，语法化向离散语素类观念或句子成分分类观念提出了挑战。例如在埃维语（Ewe）以往的语法中，语素 ná 被引述为同音形异义词的例证，一方面表示动词"给"，另一方面表示前置词"为、向"（参见 Ansre 1966）。假设这种分析是正确的，那么如何解释例（2）中的 ná 呢？例（2）中 ná 的歧义是同音形异义词交叠，还是将它处理为 ná 的第三种"同音形异义词"，即一个结合动词和前置词用法的同音形异义词？对于后一种情况，也许有人会认为歧义是翻译所致，并非其内在语义造成的。

上述语料只是提供了一个对实际情境的描述，这个描述即便不是失真的，也是高度简化的：例（1）、例（2）和例（3）仅仅是 ná 众多可能用法中的一个小集合，因此同音形异义或离散范畴的分析方法所导致的许多问题可能会表现得更显著。如果有该形式出现语境的足够描述，我们可以将这些用法通过排列为一个从典型的动词用法［如例（1）］到典型的介词用法［如例（3）］的连续统展示出来。例（2）仅仅是该连续统中众多可能的点中的一个。也就是说，不能根据离散范畴，如成分类型或语素类，来分析这一结构，而应使用更为合适的方法，即突显语言结构连续性特征的分析方法。

语法化理论应该解释这类问题。在本书中，我们期望能够提供一种框架来处理这类问题。

Jerzy Kuryłowicz［（1965）1975: 52］提供了迄今为止"语法化"术语的经典释义："语法化是语素的范围扩展，这一扩展是从实词状态到语法状态，或者从语法性较弱状态到语法性较强状态，例如从派生成分到屈折成分进行的。"其他一些学者也使用了大体相同的定义，我们这里将采用这些定义。[①] 另外有些术语偶尔会被用作语法化的同义词或近义词，不过多数情况下，它们仅指语法化的某种语义或句法特征，这些术语包括"重新分析"（reanalysis）（见 8.2 节），"句法化"（syntacticization; Givón 1979a: 208ff.;

[①] 比较 Lehmann（1982: v）的定义："从历时角度看，它（语法化）是这样一个过程，它将词项转变为语法形式并使语法形式更具语法性。"与此相类似，Heine & Reh（1984: 15）也将语法化描述为一个"语言单位分别失去其语义复杂性、语用重要性、句法自由度及语音实体"的过程或"演变"，"例如一个词汇项发展为一个语法标记的变化就是例证"。

见 8.7），"语义漂白"（semantic bleaching；见 2.3.1），"语义弱化"（semantic weakening；Guimier 1985：158），"语义消失"（semantic fading；Anttila 1972：149），"简缩"（condensation；Lehmann 1982：10–11），"减缩"（reduction；Langacker 1977：103–107），"减除"（subduction；Guillaume 1964：73–86）等。语法化（grammaticalization）也被称为"grammaticization"（如，Givón 1975a：49；Bolinger 1978：489；Bybee & Pagliuca 1985），或者"grammatization"（Matisoff，付印中）。[1]

一些学者已经注意到如何划清语法化与词汇化界限的问题。其中多数学者认为，当属于开放性词类（如名词类）的词发展为副词这样的封闭词类时，就属于语法化的实例。不过 Anttila 认为这仍然是词汇化的实例。[2]

一些论著中，语法化仅指演变过程的初始阶段，即从实词到语法结构的发展阶段。因此 Samuels（1971：58）认为语法化"主要包含吸纳词汇项"[3]，当一个词的"词汇意义变得足够空泛"时，便出现了语法化。Sankoff（1988：17）认为，当"一种语言中曾经有内容的词或者开放类语素变为功能词或封闭类语素"时，语法化便出现了。

还有一些学者将"语法化"这一术语限定为从语用结构向句法的转变。例如 Hyman（1984：73，83）发现语用提供了句法的

---

[1] 比较 DuBois（1988：15）："我使用术语 grammaticization 而不是 grammaticalization，是基于与 Chafe（1988）相似的原因：我对语法，而不是语法性（grammaticality）的形成感兴趣。"关于术语 grammatization 的讨论，请参看 Lehmann（1982：9）及 Traugott & Heine（付印中）。

[2] "当一个副词从一个名词中分化出来，就必须单独学习它，因此，它成为一个新词项。"（Anttila 1972：151）

[3] 这种发展被 Lehmann（1982）和 Heine & Reh（1984：36ff.）称为"去语义化"（desemanticization）。

许多项，于是他将"语法化"术语限定为"通过语法来驾取语用"。这种狭义的界定似乎不必要地限制了该术语的使用，尤其是这样必然需要使用不同的替代术语分别来表示由语法性较低的结构到语法性较高的结构的发展和整个发展演变过程。

另外，有些学者对该术语的界定比我们所采用的定义更为宽泛。例如在最近一些研究中，有人使用编码策略（coding strategies）来讨论语法化（参见 Mithun，付印中）。Levinson（1983：9）认为，语法化简单说就是"在语言的词汇、形态、句法和音位系统中，……对意义区别的编码"。[①] 在 Hopper 提出的浮现语法（emergent grammar）框架内，语法化与语法近似同义："换句话说，不存在语法，只存在'语法化'——向结构的变化。"（Hopper 1987：148）

对大多数语法化定义而言，最普遍的是首先把它看作一个过程，并且它常常被认为实质上是一个历时过程。[②] Kuryłowicz（1964）在其《印欧语系屈折范畴》（*Inflectional Categories of Indo-European*）一书的序言中谈道："像反复体 > 持续体、静态现在时 > 完成时、意愿式 > 将来时、副词 > '具体'格 > 语法格、集体名词 > 复数……这样的一些演变，不断地在所有语言中反复独立出现。它们表达了历时共性，并且一定以某种方式直接或间接地根植于一种基本话语情境。"Traugott & König（付印中）这样定义这一术语："语法化……主要是指动态的、单向的历史过程，这一过程中词汇项经过一段时间获得一种语法或形态句法形式的

---

① 下面的表述显示了在许多现代语言学研究中"语法化"（grammaticalize）的这种使用情况："时间直陈副词（如英语中的 now 和 then、yesterday 和 this year）中的，但主要的还是时态中的时间直陈（time deixis），通常发生语法化。"（Levinson 1983：62）

② 对比 Matisoff（付印中）的定义："语法化本质上是一个历时概念。它指一个历史语义过程，这一过程中一个具有完全实词意义的词根语素承担了一个更为抽象的功能意义或'语法'意义。"

新身份，开始编码以前尚未被编码的，或者以不同方式编码的某些关系。"

还有一些学者强调，语法化也可以定义或解释为一个共时过程（参见 Lehmann 1986；Heine & Claudi 1986b）。然而，许多研究中并没有详细说明应该怎样看待语法化过程。[①] 其次，尽管语法化这一术语可以用于各种域，包括语音域（参见 Anderson 1981；Booij 1984：273-274），多数学者还是把语法化看作一个形态概念，即看作一个涉及特定词或语素发展的概念。

这些定义所隐含的第三个特点，也是常常被认为是语法化过程本质属性的特点，是语法化的单向性，即语法化是从一个"较低语法性"单位向一个"较高语法性"单位演变的变化，而不是相反的变化。然而存在一些例外（例如参见 Kahr 1976；Jeffers & Zwicky 1980；Campbell，付印中），它们涉及去语法化（degrammaticalization）或再语法化（regrammaticalization）（参见 Greenberg，付印中）。前者产生于语法化方向逆转时，即当一个较高语法性单位发展为较低语法性单位时；而后者适用于一个没有任何功能的形式获得某种语法功能时。[②] 虽然研究认为去语法化过程和再语法化过程都出现过，但它们从统计上看无关紧要，本书下文中对此忽略不计。[③] 请注意，学界找到的所谓去语法化的许多例子可能是分析不足的结果（参见 Lehmann 1982：16-20）。

[①] Comrie（1985：9-10）提供了一个典型例证。他称时态为"方所在时间中的语法化的表达式"，并指出"语法化指的是融合到一种语言的语法系统中"。"融合"（integration）是指历时意义还是共时意义，或者两者都有，并不十分清楚。

[②] 一个更为严格的定义认为再语法化这一术语仅限于已经失去一种语法功能的语法形式重新获得这种功能或其他某个功能。

[③] 对比 Givón 关于英语 up 的讨论，它似乎经历了向过程动词发展的去语法化演变（Givón 1975a：96）。另见本书 2.4.1。

1.2 以前的研究方法

语法范畴的来源和发展问题几乎同语言学一样古老，然而这并不妨碍我们视语法化为一个新的研究范式。为了更好地理解这一研究范式，我们将在这一部分回顾语法化研究的某些发展，不过我们仍然迫切需要对这一专题进行更为详尽的历史描述（详见Lehmann 1982）。

1.2.1 早期论著

语法化这一概念似乎并非首先来自西方学界，最晚公元 10 世纪开始，中国作家已经开始区别"实"和"虚"两种语言符号。周伯琦（元代，1298—1369）认为，所有的虚义符号以前都是完全实义的符号（Harbsmeier 1979：159ff.）。

然而学界对现代意义的语法化产生兴趣则要追溯到 18 世纪。法国哲学家 Etienne Bonnot de Condillac 和 Jean Jacques Rousseau 等学者认为，语法复杂性和抽象词汇历史上都来源于具体词素。Condillac 显然第一个注意到动词性屈折形式，如时后缀历史上来源于独立词（Condillac 1746，1749），这一发现似乎激发了 19 世纪的几代研究者致力于建立比较（印欧语）语法的原则。

与 Condillac 同时期的 J. Horne Tooke 应被视为语法化研究之父。Horne Tooke 认为，词的"秘密"潜藏于它们的语源。他的论著中的一个核心观点是"缩略"（abbreviation），即把名词和动词称为"必要词汇"（necessary words），并且将其视为话语的不可或缺的部分；而其他词类，如副词、前置词和连词，则是必要词汇缩略或"损缩"（mutilation）后的结果。[①] 这一观点首先

---

① Horne Tooke 区别了三种缩略：术语中的缩略、词类中的缩略和结构式中的缩略。

见于他 1786 年和 1805 年的论著，之后被收录到一本书中（Tooke 1857）。他把屈折和派生形式看作黏附于词根上的早期独立词的"碎片"［参见 Robins（1967）1979：155–158］。[1]

具有屈折变化的动词形式，例如具有时或体变化的动词形式，可以解释为多个独立词合并的结果，Condillac（1746）在 40 年之前就已经提出这一观点。然而，Horne Tooker 的论著导致这些观点被用于发展一套理论，这一理论认为语言的原初状态是"具体的"，"抽象的"语言现象从具体现象演变而来。

语法化在整个 19 世纪也是语言学研究的一个热点问题。在 Franz Bopp（1816，1833）关于比较语法原理的论著中，语法化是一个中心议题。在 Horne Tooke 和其他 18 世纪学者研究传统的基础上，Bopp 呈现了大量从词汇项发展为助动词、附缀，并且最终发展为屈折形式的演变实例。Bopp 认为，语法化是理解印欧历史语言学的一个重要参项。

August Wilhelm von Schlegel（1818）提出了一些观点，这些观点在当前的语法化讨论中再一次被提及。我们称他的观点为"纸币理论"（paper-money theory），这一理论认为词汇项失去其意义内容以增进它们在语言中的"流通"。"纸币理论"主要基于某些语法化的经典范例：指示代词发展为定冠词（参见 Greenberg 1978a），数词 one '一' 发展为不定冠词（参见 Givón 1981），或者 have '有' 结构式发展为完成时或过去时标记（Fleischman 1983）：

> 为了使一些词更趋大众化，使其融入语言的基本组成成分中去，人们会将这些词的实质意义内容剥离出去，仅保留其

---

[1] 随后的研究证实，Horne Tooke 所展示的许多语源并不可靠。然而，这一事实并不能否定他提出的整体框架的价值。

字面意义（"名义价值"）。这些词随之将以"纸币"的方式，使"流通"变得更加便利。例如，某些指示代词会演变为定冠词。该指示代词本身会将人们的注意力指向其要表达的特定物体（或事物），然而，当它仅仅显示为一个定冠词时，这个定冠词在这里本身就是一个名词。数词ein会在其丧失"数字价值"的情况下变成不定冠词。再用动词besitzen '占有' 来举例说明：该动词与其他动词联系起来使用时，会被当作助动词，从而表达出只有在过去时中才能流露出的besitz '占有' 的含义。

（Schlegel 1818：27–28；引自 Arens 1969：190）

更具影响力的是1822年Wilhelm von Humboldt在柏林科学院（Academy of Science in Berlin）所做的一场名为"语法形式的起源及其对思想发展的影响"的讲座（正式发表于1825年）。Humboldt支持Horne Tooke的理论，认为前置词和连词这样的词类"来源于指称事物的实词"（Humboldt 1825：63）。他提出达成语法功能的手段有以下四个阶段：

阶段Ⅰ（"最低阶段"）：习语、短语和小句；

阶段Ⅱ：固定语序和在"物质意义和形式意义"之间摇摆的词；

阶段Ⅲ："形式的类推"，即"关系的纯粹表达式"；

阶段Ⅳ（"最高阶段"）："真正的形式、屈折和纯粹的语法词"。

（Humboldt 1825：66）

这一模式后来被称为"黏着理论"（agglutination theory），或"并合原理"（coalescence theory）（Jespersen 1922：376），该模式与Schlegel和Humboldt提出的著名的"三个阶段类型"关

系密切：阶段 I 和阶段 II 基本等同于"孤立类型"，而阶段 III 相当于"黏着类型"，阶段 IV 类似于"屈折类型"。此外，该模式揭示了 Humboldt 研究语法化的主要动机：语言类型及其与语言和思维的演变相关联的方式。

19 世纪上半叶，Franz Wüllner 提出了也许最广为所知的语法化概念。在《语言形式的起源及其原始义》一文中，他将自己的发现概括为："从这几个例子中我们可以得出如下结论，所有非感知（概念）表达式都来源于感知（概念）表达式。"（Wüllner 1831：14）他的例子包括独立词发展为屈折形式，例如从助动词发展为时屈折形式，或者自立代词发展为黏着后附人称形式。他还较详细地讨论了迂说结构式向时标记的过渡。

William Dwight Whitney（1875）在他的《语言的生命和成长》一书中采用了比较的视角。尽管他的进化观点和许多语源理论不再被认为是可信的，他关于语义演变的某些观点却与语法化的现代概念有直接联系。Whitney 认为，转移和扩展是语义演变中的重要因素；它们导致"整个词汇系统从表达较为粗糙的、较为低劣的和较为物质的表达式向表达更为精细的、更为抽象的和更为概念的表达式转移"。[1] 他认为这种发展并不仅限于词汇，它也导致语法形式的出现，它涉及"实在的、正面的、物质的表达式弱化、淡化及完全形式化"的过程（Whitney 1875：89–90，90）。对于词素如何"进入形式的语法表达式"，Whitney 的例证之一是意为"抓住"的动词（拉丁语 capere）一方面向表达领有（拉丁语 habere，英语 have）和完成时标记（例如，英语 I have gone）发展，另一方面向道义标记（英语 I have to go）和将来时（法语 *je fendre ai

---

[1] "比喻转移领域的一个显著分支，一个语言历史中不可或缺的重要分支，是运用具有物理的、可感知意义的词项来指称思维概念和道德概念及其关系。"（Whitney 1875：88）

> je fendr-ai '我将分离'）演变。以下一段话展示了他的语义推理的方式：

> 现在的"领有"常常隐含过去的动作：habeo cultellum in-
> ventum, habeo virgulam fissam, habeo digtum vulneratum '我有
> 我的刀（在失而复得之后），我有一根已经被劈开的小树枝，
> 我有一根受伤的手指'。这几个情境出现于"发现、劈断、受伤"
> 这几个动作之后。基于这一极其狭义的理解，我们构建了"完
> 成"时表达式的整个完整的结构：短语将语义重心由所表达的
> 情境转移到隐含的先前动作；于是在 I have found the knife（英
> 语：'我找到了刀'）, ich habe das Messer gefunden（德语：'我
> 找到了刀'）, j'ai trouvé le couteau（法语：'我找到了刀'）
> 这样的句子中，一系列特殊的过去动作已被识解为已完成动作。
>
> （Whitney 1875：91）

19 世纪下半叶，德国学者的许多论著讨论了一些问题，现在才发现语法化研究对这些问题同样感兴趣。其中尤其值得关注的是 Wegener（1885）的研究，特别是他的语言生活（Sprachleben）的概念以及他对话语语用模式发展为形态结构式的描写。此外，对语法化理论做出重要贡献的还有 Riis（1854）和 Christaller（1875），两人是研究加纳特维语（Twi）的传教士，他们展示了描写从词汇范畴到语法范畴的变化过程的新框架（Lord 1989）。在 Georg von der Gabelentz〔（1891）1901：250–251〕提出螺旋式演变的概念来描写语法范畴的发展之时，"今之词缀都是曾经的独立词"这一范式几乎已经成为语言学界的一个共识。Gabelentz 尝试用两个"驱动力"，即"惰性、懒散性"和"明确性"两个术语解释语法化，这对 20 世纪早期语法化的观点有着重要影响："现在，语言的发展中并行着两股对立力量：一是语言的'舒适'，

即促进音素使用方面的力量；一是语言的'表述清楚'，即促进
语言使用，而非破坏、使其退步的力量。词缀正逐渐弱化，最后
会消失殆尽。然而，其功能或类似作用却总会留下一些痕迹，进
而根据其表现形式重新构成新的表现形式。"［Gabelentz（1891）
1901：256］

之后几代语言学家关注的是对这一过程更为细致的描写。例
如，19世纪末语义学家Michel Bréal指出，"在某一类词的所有
成员中，总有一个词，由于某种语法印迹而逐渐区别于这类词中的
其他成员。这个词从该类词中脱离出来，成为负载这一语法概念
印迹的显著代表。同时，它失去其个性价值，仅仅成为一个语法
工具，成为短语的'车轮'之一"（Bréal 1897，引自 Matisoff，
付印中）。

Bréal 的同胞 Antoine Meillet 可以被称作现代语法化研究的奠
基人。他的《语法形式的演变》（1912）一文标志着现今仍然流
行的语法化研究视角的开始。Meillet 不仅引入了"语法化"这一
术语（1912：133），还证明了语法化作为语言科学领域一项主要
活动的合法性。

在讨论词从他所称的"词汇项"（mots principaux）到"语法
语素"（mots accessories）的转变时，Meillet 继承了 Bopp 而非
Humboldt 的观点，他认为语法化是历史语言学的一个解释参项。
同 Gabelentz 的观点一致，他支持语言演变是一个螺旋过程。并且，
他所讨论的对"弱化"（affaiblissement/weakening）和"强化"
（intense/intensive）表达的区分也使人联想到 Gabelentz 两种动因
的区分。

Meillet 认为只有两种途径能产生新的语法形式，一是通过类
推创新，二是通过语法化（= 给一个独立的词赋予语法意义）。前
者并不影响整个语言系统，后者则通过引入之前没有语言形式的

新语法范畴而引起整个系统的改变："类推可以改变语法形式的细节，但多数情况下仍会保持原来体系不变；而某些词的语法化则会产生新的形式，引入没有语言形式的范畴，并改变整个体系。"（Meillet 1912：133）对 Meillet 而言，区分类推和语法化是十分重要的，尤其是这一区别使他将自己的观点同当时非常强势的新语法学家的观点区别开来。Meillet 认为他们只知道两类现象，即"语音规律"和类推创新。[①]

Meillet 认为，从词汇项（*mots principaux*）到助动词或其他承担语法功能的语素（*mots accessories*）［或称"虚词"（*mots vides*）］的演变是一种连续统，[②] 尽管他也强调这同时具有离散区别性。我们将证明，Meillet 观察到演变过程所具有的这种双重特点，因而抓住了任何语法化理论在进行解释时都无法忽视的一个方面。Meillet 的另一个重要发现是，在向语法语素演变的过程中，一个成分使用频率的增加同其表达价值的降低存在反向关联（Meillet 1912：135–136）。

在 Sapir 的《语言论》（1921）中，一些关于语言结构的概括如今已经成为语法化理论的核心概念。书中的第 5 章主要涉及句法类型，却包含着大量关于语法化的观点。例如今天我们所称的"漂白模式"（bleaching model）（见 4.4），即 Sapir 所说的"稀释过程"（thinning-out process）；而我们的语法化过程中"形式和意义不对称性"的概念（见 8.1），即 Sapir 所描写的"现在形式比它本身的概念内容存在得更久"（Sapir 1921：98）。

Sapir 对于"具体—抽象"连续统及其同语言表达的关系的描

---

① Meillet（1912：133）认为，Herrmann Paul 的《语言史原理》［（1880）1920］实质上是类推理论。

② "实词和语法语素之间存在不同的中间等级。"（Meillet 1912：135）

述与现代语法范畴发展的研究（见第 2 章）也有着密切关系。[①]
下面的描述可以说明 Sapir 对语言结构的理解："普通读者足以
感到，语言通常在语言表达的两个极之间挣扎——物质内容和
关系——这两极由一串很长的过渡概念所连接"（Sapir 1921：
109）。不过，他并没有将语法化作为一个重要范式纳入他的框架内。

语法化的 Bopp 视角作为传统印欧语言研究中一个不可或缺的
部分，在 Kuryłowicz［（1965）1975］和 Benveniste（1968）的研
究中也同样表现得十分明显。前者给出了这一术语的定义，这个
定义被广泛接受，尽管不是普遍接受（见上文 1.1）。

Benveniste 提出了"创新变异"（innovating mutation）和"保
守变异"（conservative mutation）的区分，这很容易让人联想到
Meillet 关于类推创新和语法化的区分：两种区分都对比了形态句
法变化的两种主要类型，并且提醒人们注意语法化是其中一种类
型。不过，Meillet 的语法化主要涉及从一个词范畴向另一个（语法）
范畴的转变，而 Benveniste 的"保守变异"侧重于所涉及的形态
句法过程，即他所说的迂说结构式：Benveniste（1968：86）认为
保守变异的作用是"使用一种具有相同功能的迂说范畴替代语素
范畴"，因而格的屈折形式被介词短语等形式替代。Benveniste 所
展示的语料包含了对拉丁语中迂说结构式"habere+ 过去分词"演
变为完整体范畴和法语中"habere+ 不定式"演变为将来时范畴这
两个演变过程的深刻描写。

直到 1970 年，语法化主要被看作历史语言学的一部分，是一
种分析语言演变、重构某个特定语言或语族的历史，或者建立现

---

① 他的著名分类将具体—抽象连续统分为四类：（1）基本连续统，（2）派生连续统，
（3）具体关系连续统，（4）纯关系概念连续统。这与具体程度的降低和抽象
程度的增强相关联：第一种是具体的，第二种是具体性较少，第三种更为抽象，
第四种是完全抽象的（Sapir 1921：101）。

代语言结构同早期语言使用形式之间关系的手段。[①] 这样的传统研究已经在个体语法发展，以及这种发展如何有助于更好地理解共时语言状态方面获得了丰富的资料。例如 Lockwood 对德语中从指示代词到定冠词的演变做了如下描写："人们常常想要引发他人关注有定或熟悉的事物，赋予这一想法时语言表达的自然方法是使用指示代词，即用表示'这（个）'或'那（个）'，或兼有这两个意思的词，限定提到的名词。然而在这一新功能里，该词的指示力自动减弱并最终完全消失；当这种情况发生时，冠词便产生了。"（Lockwood 1968：86）

后来 Greenberg（1978a）使用更为准确的术语对这一演变做了界定，该演变解释了为什么德语指示范式如今有两种形式 der，die，das "这 / 那"：一种形式仍然保留着重音，保存着作为指示代词的初始功能；与此形成对照的是，另一个形式"原来的指示代词如今已经没有重音，变为了一个纯粹、单一的冠词"（Lockwood 1968：87）。

到 1970 年左右为止，语法化概念已经被许多语言学者视为构成语言演变的一个重要因素。例如，Anttila（1972：149–152）在《历史和比较语言学导论》一书中就同词汇化一起讨论了语法化，将它看作所研究的语义演变中观察到的过程之一。

1.2.2 近期研究方法

1970 年之后，语法化研究的一个重要功绩在于，人们逐渐开始关注语法化提供的作为理解共时语法解释参项的潜力。对现存语法描写模式的不满是转向语法化的一个重要动机，人们视其为超

---

① 对于 19 世纪和 20 世纪初的许多语言研究者而言，历时性（diachrony）被认为是理解语言结构的唯一合理视角。

越"静态"的语法分析方法，尤其是超越结构主义和转换生成语法的分析方法。一种批评意见指出这样一个事实：结构主义和生成主义的分析方法，尤其是乔姆斯基一派的转换语法范式，很难解释空间、时间、方式等认知域之间的关系，以及隐喻和其他修辞方式等创造性过程对语法结构产生的影响。在 20 世纪 70 年代早期，已经有大量论著关注该议题，其中许多论著是受了 Fillmore 的格语法观点的启发。

　　一个值得称道但鲜为人知的尝试是 Lambert（1969）的研究，他试图调和生成理论与关于隐喻、转喻、提喻及其他认知过程的发现。通过采用一种改良的 Fillmore 格语法系统，他提出一种扩展模式，称为"改良的格语法"。该模式的核心部分是"识解规则"，其功能是一方面通过创造性语言过程，另一方面通过隐喻来解决特征冲突。[①] 他认为后两者并不相同，"创造性语言过程"在词汇特征与格特征存在兼容性（虽并不等同）时才会出现；而使用隐喻则是为了解决特征冲突。通过在格语法框架内植入这种认知活动，Lambert 得以证明语法描写和词汇编纂描写可以大大简化。在早期 Weinreich（1966）、McCawley（1968）及其他研究的基础上，他还提出一个常用解释模式目录表，用于解决那些先前语言学派未能解释的棘手的问题，例如"特征冲突"问题。

　　根据另一种大家可能更为熟悉的研究范式，语法中出现的许多结构都可以追溯到空间域："空间表达式在语言学中是更为基础的……可以说，它们提供了其他表达式的结构模板"（Lyons 1977：718）。这条研究路子被称为"方所主义假设"（localist hypothesis）或者"方所主义"（Lyons 1967；Anderson 1971；

---

① "隐喻"这一术语被 Lambert 赋予更广泛的意义。除此之外，它还包括以下这些修辞：明喻、暗喻、通感、转喻、借代、夸张，以及类比（Lambert 1969：1，494）。

Pottier 1974）。Diehl（1975）对这一观点进行了扩展，提出一个以自我为指示中心的可区分四种空间类型的空间层级。这些空间以"内在—外在"的连续形式排列，"社会空间"距核心最近，"逻辑空间"最为边缘（见 2.4.1）。每一个空间都有自己的直陈中心，以下是 Diehl 的注解：

社会空间	我
空间地理	这儿
时间空间	现在
逻辑空间	在这种情况下

当 Lambert，Diehl 及其他一些学者在语言学普遍流行的范式内解释语言结构时，另外一些学者则认为现有的语言学分析模式是不足的，需要引入一个新的视角，该视角认为语言结构是非语言现象的结果，最主要是认知过程的结果。其中最值得关注的成果大概是 Talmy（1972，1975，1978，1983，1985a），Lakoff & Johnson（1980），Lakoff（1987）， 以 及 Langacker（1981，1982，1986）。

对主流理论的另一大严厉指责是关于语言理论的解释问题。对于结构主义及其他一些死板共时研究模式局限性的不满促使一些学者认识到，需要某些能以非循环的方式对语言行为进行解释的参项。研究者开始关注新的参项，其中之一是历时性和语言演变，这主要归功于 Talmy Givón 的研究。受益于诸如 Greenberg（1963b）这样的类型学论著的启发，一种新的分析视角产生了。在 Givón 早期的一篇文章中，他这样概述该视角："为了理解一种语言当前的形态和形态配列，就必须构拟关于该语言历史发展过程中之前某一阶段的句法规则和转换结构的具体假设。"（Givón 1971b：394）。Givón 直到目前仍然经典的论断"今天的词法是昨天的句法"（Givón 1971b：413）可能受到了 Hodge 对埃及语中一种循环类型演变的描写的影响，它标志着语法范畴发展研究进入了一个新时期。① 同 Hodge（1970）的观点相一致，Givón 认为语言演变是循环的，是从自由词素到黏着词缀的演变，它经历磨损，最终同词干融合，而这又成为一个新循环的开始。（Givón 1971b：411-412）。

之后的几年，Givón 的论著中出现了修正的研究方法。自 20 世纪 70 年代中期开始，话语语用开始被视为理解一般语言结构的主要参项，特别是理解句法结构和语法范畴发展的主要参项。在分析新几内亚托克皮辛语（New Guinean Tok Pisin）关系小句结构形成过程的基础上，Sankoff 和 Brown 得出如下结论："我们发现关系化所涉及的发展过程具有更广的话语功能，而关系化只是运用信息组织中所使用的一般'括号'装置（'bracketing' devices）的一个实例。在这种情况下，句法结构可以被理解为话语结构的构件成分和衍生物。"（Sankoff & Brown 1976：631）

除了他早期的口号"今天的词法是昨天的句法"之外，Givón 还提醒人们关注语言演变的另一种典型实例，这一实例可以大体表述为"今天的句法是昨天的语用话语"。Givón 认为，在语法化过程中，交流中的语用方式要让步于更具句法性的方式。根据这一视角，松散、意合的话语结构发展为封闭的句法结构。鉴于后者随着时间推移，通过形态化、词汇化以及语音磨损而发生磨蚀，结果形成如下一种循环波（Givón 1979a：208-209）：

话语 > 句法 > 形态 > 形态语音 > 零形式

这条研究路子为语法化研究打开了一个新窗口，它支持将语

---

① 比较 Hodge 的断言："一个人的词法是另一早期人的句法。"（Hodge 1970：3）

法化视为不仅仅是"从词汇成分到语法成分的重新分析"，而且是从语篇模式到语法模式，以及从语篇功能到句子层面语义功能的重新分析（Hopper 1979a，1979b，1982；Herring 1988，付印中；Thompson & Mulac，付印中）。一些新发现，例如 DuBois 的新发现，认为反复出现的语篇形符（discourse token）模式会对语言类型产生影响，这些发现尤其推进了对于语篇频率作为新语法模式产生指标的研究（Givón 1984b；Bybee & Pagliuca 1985；DuBois 1987；Durie 1988；Hopper 1987）。我们在之后的章节将再次讨论该问题（见 7.2.2，8.7）。

Li & Thompson（1974a）清楚地阐释了语法化过程对理解共时语言结构的重要性。同 Givón 一样，他们把语法化作为解释某些语言结构的参项，例如解释汉语从 SVO（主—谓—宾）基本语序到动词居后的 SOV（主—宾—动）句法的参项。

当时流行的研究模式，如 Vennemann（1973），认为新语序是简单小句内句子成分直接重组的结果。Li & Thompson（1974a）并未借助于这样的模式，他们认为，汉语从 SVO 到 SOV 的转变是动词承担语法功能这一过程的结果。在 SVO 语言中，S—V1—O—V2 语序中的第一个动词（V1）被语法化为一个格标记时，V2 承担了句子中唯一动词的角色，结果便出现了 SOV 结构。Li 和 Thompson 认为这在汉语中确实发生了，例如随着作为动词 V1 的"把"语法化为一个宾格标记，V2 变为主要动词，由此 SOV 语序便出现了。结果产生如下一种结构转变：[①]

S=V1=O=V2>S—宾语标记—O—V

---

① 注意这一演变在汉语中还没有完成，当主要动词（V2）是单音节时仍然为 SVO 语序，尽管在这方面"现存的 SVO 句子目前面临另一替代的 SOV 形式的竞争"（Li & Thompson 1974b：203）。

Li 和 Thompson 得出这样的结论，语序的渐变可以解释汉语语法的许多特点，例如为什么某些句子具有 SVO 语序，或者为什么在源于 SVO 语序的 SOV 语言中格标记用在名词短语之前而不是之后（Li & Thompson 1974a：210）。这些发现不但有助于我们理解共时结构，而且也为重构语言变化的早期状态提供了新技术（Claudi 1988，1990）。

在 Elizabeth C. Traugott 的研究中，出现了一个新的语法化框架。她关注的重点是语法化过程中语义演变的原则（参见 Traugott 1980：46）。在韩礼德的语言功能三分的基础上，她主张语法化过程中主要的变化是从命题或概念的功能语义构件成分经由语篇的功能语义构件成分，最后到人际的或表述的功能语义构件成分的变化："在语法化过程中如果出现意义的转变，这一转变蕴涵一个功能—语义成分到另一个功能—语义成分的转变，那么该转变更可能是从命题通过语篇到表述的转变，而不是相反。"（Traugott 1982：256）Traugott 认为，相反的演变，即从表述通过语篇到命题功能的变化，"在任何一个语法标记的演变历史中都是非常不可能的"（Traugott 1987：1）。这种被认为更趋向于意义的语用化的过程被 Traugott 称为"主观化"（subjectification），因为随着时间的推移，"意义趋向于较少表示客观情境，而更多地表示主观情境（包括说话者观点）；较少表示所描述的情境，而更多表示语篇情境"（Traugott 1986a：540）。[1]

最近，Traugott 提出一个修正的框架，其中区分了如下三种语

---

[1]　我们下面会看到，情况更为复杂。许多例子表明，命题/概念结构可能形成语篇或人际结构，不过很难找到从语篇到人际功能转变的清晰的例子，然而与之相反的转变的例子却很常见。例如在许多语言中可以找到从疑问代词（如，**Who** came?）到关系小句标记（I don't know **who** came）的变化，这可以看作从疑问到小句从属的转变，因此是从人际功能发展为语篇功能。关于泰米尔语（Tamil）中正反问句的更多例证，参见 Herring（1988）。

义—语用变化趋势（参见 Traugott & König，付印中）：

I	外部的描写情境	>	内部（评价 / 感知 / 认知）情境
II	外部或内部情境	>	语篇情境
III	（语篇情境）	>	说话者的主观信念状态

Traugott 引用古英语（Old English）hwilum '有时'到中古英语（Middle English）while '在……（时间）内'，再到当代英语 while '尽管'的变化为例：'有时'含义"指称现实世界中视为可见的一种情境"，因此是语言命题成分中的一部分；'在……（时间）内'含义"不仅指示现实世界中两个事件之间的衔接时间关系，而且指示两个小句之间的衔接时间关系，因此它具有很强的语篇标记功能"；最后表让步意义的'尽管'主要是说话者态度的表达（Traugott 1987：1）。

关于这些演变是如何产生的问题，Traugott 提醒人们注意信息性的强化、对话蕴涵和转喻在语法范畴发展中的作用（参见 Traugott & König，付印中）。这条研究路线对于我们当前提出的研究框架有着相当大的影响（特别参看第 3 章）。

一些早期论著，如 Givón 的论著中，提出了语法化在哪儿产生和在哪儿结束的问题，Heine & Reh（1984）则关注了语法化过程的内在机制。他们注意到这一过程影响语言结构的所有层面，他们区分了功能、形态句法和语音三个过程：

a）功能过程：去语义化、扩展、简化、合并；

b）形态句法过程：组合、复合、黏着化、附缀化、固化；

c）语音过程：适应、磨蚀、融合、消失。

（Heine & Reh 1984：16ff.）

在很大程度上，这三组之间和内部的过程排列反映了它们作用的时间顺序。例如功能过程时间上先于形态句法和语音过程，即如果一个语言单位经历了去语义化和黏着化，那么前者很可能时间上先于后者。此外，Heine & Reh（1984：67）列举了一些对语法化过程做出的更普遍的观察，例如一个特定语言单位经历的语法化过程越多，

a）它会失去越多的语义复杂性、功能意义和 / 或表述价值；

b）它会失去越多的语用意义并获得句法意义；

c）与它同属于一个形态句法范式的成员数量会越少；

d）它句法上的可变性越低，也就是说它在小句中的位置会变得越固定；

e）它在某种语境中的使用会越具强制性，在其他语境中则不合乎语法；

f）它会越常与其他单位在语义、形态和语音上结合；

g）它会失去越多的语音实体。

1971 年至 1975 年间积累了大量非印欧语言中由词汇范畴到语法范畴变化的资料。这项研究的一个重要议题是展示诸如从动词到格标记、标补词或时 / 体范畴的语法化对共时语法及重构先前语言状态具有何种意义（Givón 1971a，1975a；Li & Thompson 1974a，1974b；Li 1975a；Lord 1973，1976）。

大概十年后又发展出一条新的研究路线，它关注词素到语法标记发展过程的语言学本质。基于大量相互没有关联的语言的证据，Heine 和 Reh 得出这样的结论：“语法化是一个演变连续统，任何试图将它分割为离散单位的想法在某种程度上都是武断的。”（Heine & Reh 1984：15）

描写词素到功能词语法化过程的连续统性质的最早尝试之一

出现在研究汉语的语法论著中。在 1980 年之前发表的论著中，汉语中的"同动词"（co-verbs）常常被归入实义动词或介词，或者从这两类词派生而来的某种范畴，如 Gao（1940：32）的"准动词"（quasi-verbs），尽管动词和介词用法之间存在的这种历时和共时关联已经被充分认识和描写（参见 Chao 1968；Hagège 1975；Li & Thompson 1974a，1974b；Li 1975a；另见 Li & Thompson 1981）。[①]

首先指出汉语中同动词是动词到介词两极之间的连续统，因而具有"两属性"（amphibious nature）的，大概是 Chang（1977）。五年后，Paul（1982）描写了这一连续统，她对六个同动词的分析表明，不仅每一个同动词都形成了一个"动词性减弱"（decreasing verbality）的连续统，而且它们（仍然）展现了动词性特征的程度各不相同，可以在相对动词性特征量表上依次排列。在量表的一端的是同动词**用**（"使用、凭借"），它比另外的动词，例如**到**（"到达、到……去、直到"），具有更大范围的动词性特征，量表的另一端是**把**（"拿"，直接宾语标记），它具有最小范围的动词性特征。

随后，有两篇更详细的论著在汉语之外的其他两种语言，分别是泰语（Kölver 1984）和埃维语（Hünnemeyer 1985）的基础上，也对动词到介词这一连续统结构进行了研究。最近的研究显示，除了连续统结构外，语法化还存在链的特征（参见 Heine，Claudi & Hünnemeyer，付印中）。

在 1985 年发表的一篇重要论文中，Bybee 和 Pagliuca 提醒人们注意语法化的一些显著特征。第一个特征涉及泛化过程或语义

---

① Hockett et al.（1945：18）的汉语口语词典中首先使用了"同动词"（co-verb）这一术语。

内容弱化。先前的研究者也曾提及："应该注意，泛化概念具有双重性。一方面鉴于更泛化的语素可以用于更多的语境，它因而具有更广泛的分布；另一方面它缺乏意义的特定具体特征而更泛化……所以，我们所说的泛化指语义不再具有其具体特征。"（Bybee & Pagliuca 1985：63）

　　另一项研究发现与使用频率有关。Bybee 和 Pagliuca 不仅注意到经历语法化的词素具有"高频率和高度泛化用法"的特点（参见 Bybee & Pagliuca 1985：72），而且注意到一旦经历这样的过程，其使用频率将进一步提高，"随着意义泛化、使用范围扩大，使用频率也随之提高，这自然会导致语音磨损甚至语音融合"（Bybee & Pagliuca 1985：76）。此外，他们提出隐喻扩展是泛化底层的重要机制，通过隐喻扩展具体词汇项用于表达那些"就其本身而言必然是抽象的"的语法功能（Bybee & Pagliuca 1985：72）。然而在他们后期的论著中，隐喻不再被当作语法化的一个参项。

　　Bybee & Pagliuca（1985）的研究框架似乎是受了 Givón（1981）的影响。Givón 曾指出，从数词"一"到指称性不定冠词标记这一世界很多语言中出现的变化，有两个前提条件：数词较高的语篇使用频率和"语义漂白"或"泛化"过程，这两个条件在时间上存在先后关系（Givón 1981：51）。

　　"泛化"（generalization）概念和 Bybee（1985a）在她的形态学专著中提出的"普遍性"（generality）形成对照。Bybee 认为派生形态是词汇表达式和屈折表达式之间的过渡，她提出"词汇—派生—屈折连续统"（Bybee 1985a：82），这个连续统可以描述为两个参项："关联性"（relevance）和"普遍性"。前者涉及一个成分直接影响或改变另一个成分的意义的相对程度；后者则指在一个特定句法结构式中的任意性程度（Bybee 1985a：13ff.）。高关联性涉及低普遍性，反之亦然。

　　图 1.1 以图示的方式简单地展示了这些关联。所有语法成分都处于这一从词汇项到屈折成分的形态连续统上的某一点。例如，数词范畴一般位于格范畴的左边，在多数语言中数词大都具有较少的屈折性，因而与格相比具有较高的关联性和较低的普遍性 [①]。Bybee, Pagliuca & Perkins（付印中）详细讨论了测量语法化相关度的量化方法。

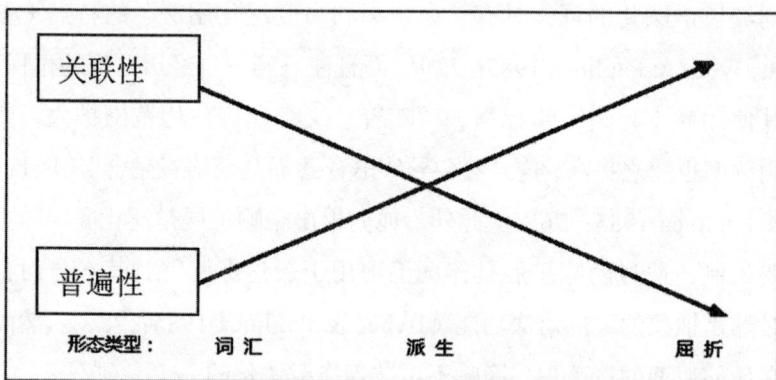

图 1.1　词汇—派生—屈折连续统的底层参项（据 Bybee 1985a）

　　对描写语法化共时参项的探索在 Lehmann（1982，1986）的文章中也非常明显，不过作者提醒人们关注的是这一过程中历时和共时层面的区分。对于共时层面，Lehmann 的兴趣主要在于寻找测量"语法性"的方法（见上文）。为此他提出六个参项（见表 1.1），这六个参项的建立基于涉及决定语言形式自足性的三个方面，分别是"轻重"（weight）、"连贯性"（cohesion）和"变化性"（variability），以及这些概念与聚合选择（paradigmatic selection）和组合连接（syntagmatic combination）的关系。

[①] 不少研究者指出（参见 Dressler 1983；Ramat 1987；Lehmann 1989），在从派生形态到屈折形态的转变之外，还存在相反方向的变化，不过后者显然是少数。

表 1.1　语法化的共时参项（据 Lehmann 1982，1986）

	聚合层面	组合层面
轻重	整合性	域
连贯性	聚合性	"黏着性"
变化性	聚合变化	组合变化

　　这六个参项可以在一个语法化共时量表上排列语言成分，例如它们有助于确定融合的格附缀比置词的语法化程度高，置词比关系名词的语法化程度高（Lehmann 1986：3）。此外，一旦六个参项的"关联性增加或减少"都得到量化，它们便可以用来描述过程而不是状态。

　　为了展示语法化的过程性本质，Lehmann 提出了六个过程，即磨损（attrition）、范式化（paradigmatization）、强制化（obligatorification）、减缩（condensation）、黏聚（coalescence）和固化（fixation）。这些过程被诠释为表 1.1 所列共时参项的"动态化"。表 1.2 描述了这些过程与表 1.1 参项关联的方式。从原始印欧语 *esti 发展到英语 is（'是'；通常为 z）是语音整合性降低（即"语音磨损"）的一个例证；从拉丁语 hac hora '在这个小时'到西班牙语 ahora '现在'是语义整合性降低的例证（在此例中，失去了时间单位规格），也就是说是语法化聚合参项的一个例证。

表 1.2　语法化的参项和过程（据 Lehmann 1986）

参项	低语法化	过程	高语法化
整合性	一组语义特征；可能是多音节的	磨损	较少语义特征；较少音段或单音段的
聚合性	语项松散地参与语义场	聚合性	小而紧密整合的范式
聚合变化	根据交际意图自由选择语项	强制化	系统限制的选择，很大程度上强制性使用

参项	低语法化	过程	高语法化
范围	涉及任意复杂性成分的语项	减缩	语项限定语或词干
黏着性	语项独立并置	黏聚	语项是负载体的附缀或语音特征
组合变化	语项可以自由转移	固定化	语项占据固定槽

Lehmann 提出的过程与之前研究者提出的过程非常不同，例如 Lehmann 提出的过程并未限定在语言结构的特定领域。Heine & Reh（1984）依据语言层次区分了功能、形态句法和语音过程（见上文）；而 Lehmann 的过程则跨越了语言结构的不同层面。例如 Lehmann 的"磨损"（attrition）同时指语义内容、语音实体和屈折能力的减损（Lehmann 1986：6-7）；对照 Heine & Reh（1984）提出的不同过程，这里的"磨损"既指"去语义化"的功能过程，也指"磨蚀"语音过程。

像该课题的其他研究一样，Lehmann 的框架主要基于对已完成的，即易识别的语法化过程的观察；将该框架运用于那些尚未导致语法结构"习语化"（idiomatization）或"规约化"（conventionalization）的过程时则较为困难（参见 Nichols & Timberlake，付印中）。Paul Hopper 因此提醒人们注意语法化过程的早期、较难识别的阶段，他提出了据他认为可以作为语法形式产生基础的如下五个原则（Hopper，付印中）：

a）分层（layering）：当在一种功能域内出现新层次时，旧层次并不一定被舍弃，而是与新层次共存和相互作用。

b）分离（divergence）：该原则指这样一种现象，当某一语项经历语法化时，结果是产生"一对或多个具有共同语源却功能不同的形式"。

c）择一（specialization）：这是指"标示将出现语法结构式特征的选择变窄"。

d）保留（persistence）：当一个语法化的意义 B 形成时，并不意味着早期的意义 A 就一定消失；至少在尚未经历"形态化"（morphologization）的情况下，意义 B 很可能会反映意义 A。

e）去范畴化（decategorialization）：语法化导致相关语项的首要范畴性（cardinal categoriality）降低，这一方面隐含着范畴性的可选标记（如限定语）的消失，当然另一方面也隐含着语篇自主性的消失。[①]

对于语法化在语篇与语法相互作用中所起作用的研究已经开辟了一个重要的新研究领域。例如，当前越来越意识到这样的事实：时和体范畴可能来源于语篇功能（Fleischman 1983；Herring 1988），语法上的并列和主从结构源于语篇结构规约化进而语法化（Haiman & Thompson 1988：x），小句并列可以理解为语篇修辞结构的语法化（Matthiessen & Thompson 1988）。

这些研究大多受了 Paul Hopper 的启发，他提出了著名的基于语篇的语法化观（discourse-based position on grammaticalization；Hopper 1979a，1979b，1982，1987）。Hopper 还比较两种语法：他称为"先验语法"（a priori grammar）的先前的语言学方法和他的浮现语法（emergent grammar），即定义为持续向结构运动的语法；他反对"用固定的规则框架看待言语（utterance）的习惯"，他关注的主要是建构语篇过程中反复出现策略的识别。

---

① Hopper & Thompson（1984）对该现象进行了详细描写，在 8.5.1 节中我们将对此进行进一步讨论。

十年之前，Gillian Sankoff（1977）曾经提醒人们关注语言使用中的临时策略和句法规则的区别，她提出"句法化过程"（syntactization process）这一术语来表示从前者向后者的转变。[①] Hopper 认为，要么根本就没有语法，要么"语法是浮现的但从不出现"（grammar is emergent but never present）——存在的是语法化（他使用的术语为 grammaticization），即向结构的变化（Hopper 1987：145-148）。在之后的不同章节中，我们还将提及这一点（特别参看 3.3.3）。

在过去十年的语法化研究中，其中一个范例涉及**将来时**范畴的结构。在 Suzanne Fleischman（1982a，1982b，1983）对拉丁语族中**将来时**标记的形成进行全面分析后，这一时范畴也成了 Bybee 和她的同僚们进行比较类型分析的课题（Bybee & Pagliuca 1987；Bybee，Pagliuca & Perkins，付印中）。这些以及其他各种关于**将来时**语素形成的研究中涉及一个问题，即"语义漂白"在语法范畴出现过程中所起的作用。

自 19 世纪 70 年代起，一种观点开始盛行，该观点认为语法化形成一种过滤装置，导致各种被称为"漂白"（bleaching；Givón 1975a；Lord 1976：183）、"语义损耗"（semantic depletion；Lehmann 1982：127）或者"语义内容弱化"（weakening of semantic content；Bybee & Pagliuca 1985）的现象产生。Sweetser（1988）也持这一观点，他认为实际上存在一种意义的核心部分"削弱化"（fleshing out）或"抽象化"（abstracting out）的变化，在这个过程中唯一保留下来未被影响的是所涉及语项的意象图式（image-schematic）结构或拓扑（topological）结构。

---

① "我的观点是，我们可以把从开始阶段的临时的说话策略到后来可以相当肯定地描述为句法规则的转变描述为句法化过程（syntacticization processes）。"（Sankoff 1977：62）

然而 Sweetser 认为，语义内容的失去仅仅构成这一过程的一部分：通过从源域到某一特定目标域图式结构的转变，后者的意义被增加到转变语项的意义中（Sweetser 1988：400）。因此除了语义丢失，语法化过程中也存在语义获得。

过去的 20 年间，为了解释语法化提出了许多参项。在对此前文献的简要回顾中，Willett（1988）讨论了下面一些用于解释语法化过程中观察到的"语义泛化"（semantic generalization）的主要假说：

a）"隐喻扩展"（metaphorical extension）假说，这一假说认为一个表达式的具体意义用于更抽象的语境。

b）"包含"（containment）假说，这一假说认为语法意义是其词汇来源所带有的内在语义结构的一部分。

c）"蕴涵"（implicature）假说，这一假说认为产生次要意义——即逐步取而代之成为主要意义的意义——的主导机制是蕴涵的规约化。

Willett 以 Bybee & Pagliuca（1985）为 a 假说的代表，以 Givón（1973）为 b 假说的代表，以 Dahl（1985）为 c 假说的代表。在关于示证（evidentiality）标记跨语言调查的基础上，他得出隐喻扩展假说最可靠的结论。

1.2.3　展望

在前面章节中，我们从语法化研究的众多议题、方法和观点中选取了一些突出点。我们仅仅讨论了一部分论著，略去了那些我们认为在某些方面对语法化发展过程有启迪作用的论著。

在我们讨论的过程中出现了一些语法化研究者尤其感兴趣的主要议题，其中一个议题是语言或语系的演变。最迟从 1822 年

Humboldt 提出他的黏着理论（agglutination theory；参见 Humboldt 1825）开始，学者们一直试图证明语言是以螺旋式 ［Gabelentz （1891）1901: 251；Meillet 1912］或循环式（Hodge 1970）演变的。 与此密切相关的另一个议题是类型变化，从 Humboldt 到 Givón （1975a，1979a；另见 Claudi 1990），对该议题的讨论从未间断过。

依据另一研究传统，语法化被描述为一个趋向降级或衰减， 例如趋向习语化（idiomatization）或化石化（ossification）的单向 性过程（参见 Lehmann 1982；Heine & Reh 1984）。

此外，另一条研究路线可以追溯到 Bopp（1861）和新语法学 派（neogrammarians），该研究路线把语法化当作历时语言学的一 个解释参项。Traugott 对语义演变的探索（参见 Traugott 1980）也 许可以看作该研究传统在现代的延续。

第五个主题涉及语法化研究对理解共时语法和 / 或语言共性 的贡献（参见 Lehmann 1982；Bybee 1985a；Bybee，Pagliuca & Perkins，付印中）。

第六个主题是新近的一个研究方向，这一研究方向认为语法 化位于语篇语用之中，即语法化是语篇语用张力的一个伴随性特 征、一个结果，甚至是一个固有成分（Sankoff & Brown 1976； Givón 1979a；Hopper 1979a，1979b，1982，1987；Herring 1988， 付印中）。

最后，还有新近的另外一条研究路线，这一研究路线认为语 法化的基础应该在语言结构之外寻找，造成语法化的主要因素本 质上是认知（参见 Claudi & Heine 1986；Svorou 1988；Sweetser 1988；Heine，Claudi & Hünnemeyer，付印中）。该观点也是本书 后面章节的主要关注点。

1.3 本书的研究

当前已获得关于语法化过程的丰富资料，不过仍然有许多问题需要解决。在本书中，我们将重点关注下面所列的一些问题（参见 Traugott & Heine，付印中，导言）：

a）语法化的动因是什么？

b）语法化是一个渐变/连续的过程，还是一个非连续的过程？

c）隐喻和其他一些相关现象在语法化过程中起什么作用？

d）语法化多大程度上是语篇语用张力造成的结果？[①]

e）语法化输入端在概念选择方面存在什么样的限制？

f）语法化输入端和输出端之间的语义关系是什么？后者是前者的简化或"漂白"形式吗？[②]

g）如果一个给定的语法范畴源于一个以上的输入端，那么输出端的意义会反映出这种不同吗？反过来讲，不同的输入端一定有共同的语义特征吗？[③]

h）语法化如何帮助我们理解语言结构？例如，如何提供

---

① 例如 Herring（1988：21）提到语法化有两种，分别指"语篇语法化"（discourse-grammaticalization）和"词汇语法化策略"（lexical-grammaticalization strategies）。这种区分的根据似乎是语法化研究所采用研究方法的不同，而不是所研究的实际现象本身。例如在 Herring 看来，语篇–语用、篇章研究方法更适合处理"语篇语法化策略"，而形态方法则更适合处理"词汇语法化策略"。

② 多数情况下，输入端包含词汇项，而输出端包含语法项。然而，同样有可能输入端是一个更复杂的结构，例如整个命题结构（见 2.2.2），或者输入端和输出端都是语法语素，只是前者比后者语法化程度更高。

③ Lehmann（1987：221）列举了诸如德语的 werden '变为'、英语的 shall/will '将要'、西班牙语的 '去'，以及通俗拉丁语的 habere '有'形成将来时的例子。他认为，尽管这些动词没有一个共同的语义核心，所讨论的所有语言的输出端却是功能大致相等的时范畴。

解释参项？

　　i）语法化在语言学中的地位是什么？是属于历时语言学还是共时语言学？还是同属两者？或者两者都不属于？

　　另一个问题也不断激起语言学家的兴趣，这个问题是语法化所包含的原则是否同语言演变其他领域观察到的原则一致？不同尝试证明，语法化作为一种演变过程同其他语言变化没有任何不同（参见 Sweetser 1988；Hopper，付印中）。[①]

　　这些并未穷尽语法化理论需要回答的所有问题。语法化可能受不同因素的影响，包括我们的生理构造、神经生理装置、社会文化环境，以及我们行为时的情境、语言接触、特定语言书面和口语形式之间的干扰、整体类型变化等。这些因素需要另外著书讨论，我们这里将不作考虑。[②] 本书的目的并非呈现教科书式或者语法化的某种百科全书式的讨论。我们主要关注的是为理解语法化提供一个新框架。该框架基于这样一种假设，语法化肇端于语言结构之外的张力。本书所使用的方法（详见第 2，3，4 章）涉及介于语言和外部世界或"真实"世界之间的认知层面（参见 Svorou 1988：55）；它是一个我们所体验的世界的层面，即 Jackendoff（1983：28）所称的投射世界（projected world）。

　　Givón（1979a：3–4）曾经提出解释语言结构的八个参项。这里我们将主要关注其中的三项以及它们的普遍相互关系。这三个参项是认知结构、世界观语用学和历时变化。

　　我们都是非洲语言研究者，所以我们所使用的例子大部分限

---

① Hopper（付印中）令人信服地证明，他所区分的描写语法化的五项原则在名词 mistress '女主人' 变为称谓形式 Miss '小姐' 和 Mrs '太太' 的发展过程中也同样起作用。

② 关于其中某些因素的讨论，请参看第 2，8，9 章；另见 Traugott（1982：265）。

于非洲语言中的证据。不过现有的关于语法化的许多论著则是基于印欧语言的研究成果，通过利用其他语族语言的资料，我们希望证明迄今为止所得到的一些结论并非仅限于印欧语言，它们或许具有普遍意义。

也许有人会质疑，主要依赖几乎很难有历史资料的语言中的证据来研究语言变化问题是否合理？我们希望下面章节中所提供的资料会证明这一方法的合理性。下面的观察有助于理解这一合理性。首先是通过历时语言学的方法，如通过内部重构和比较法，许多非洲语言和语族的前期状态可以并已经得到很好的重构。因此，与普遍的观点相反，实际上存在一些非洲语言历史和语言变化的资料。此外，在很多情况下，通过系统地比较成组的关系密切的语言和方言，我们可以获得一个历时的视角。

例如，在许多非洲语言中同一语言表达式同时具有表动词义"去"和将来时的语法功能。基于本书提出的研究框架，我们可以做出如下预测，即这种语法功能历史上来源于动词义。通过观察相关语族内重构的作为现代口语形式原始形式的语素，这一假设得到强化：最有可能的是"去"义而不是"将来"义出现在重构式列表中。该预测通过观察具有足够历史资料的语言，例如法语和英语，得到证实，这些语言同样使用一个兼表"去"动词义和将来时的语素。

术语"语法化"在本书中的用法，同前文 1.1 中引用的 Kuryłowicz［（1965）1975：52］提出的用法大体相同。Kuryłowicz 的定义相对较窄，下面章节将讨论一些严格来说不能归入语法化的例子。因此（本书中的）语法化不仅仅涉及词或其他形态语段，还可能涉及语篇或小句模式，或者语序这样的非语段结构。

例如，研究发现，极性问句可能语法化为条件小句（参见 Haiman 1978；Traugott 1985a）。如果在某一特定语言中，这种问句仅通过语序区别于陈述小句，那么语法化的结果可能是语序成为语法化过程中涉及的唯一区别特征。德语似乎就是一例，德语极性问句中动词居首（VSO；动词—主语—宾语）的句法扩展到用以标记条件小句（Lockwood 1968：221）。尽管存在这种扩展用法，为了区别语法化和其他类型的过程，如有必要我们仍将回归到 Kuryłowicz 的定义。

本书的一些术语在语言学和其他学术领域中被用来表示不同的意义，因而可能会产生误解。一个典型的例子是"演变"（evolution），本书中将用它表示语法单位或结构根据其内在倾向性在发展过程中的变化（参见 Svorou 1988：213）。需要注意的是，我们这里并不是讨论"语言的演变"，而是讨论语言特定成分的演变。这些（特定成分的）演变怎样或在何种程度上影响所讨论语言的整体结构，这是一个超越本书下面章节范围的议题。

其他以某种方式与语法化研究有关联的术语，或者因为它们同当前主题的关系不太清楚，或者因为它们的使用可能会产生歧解，进而引起误会，这样的术语本书都尽可能回避。例如"相似性"（similarity）或"类推"（analogy）这样的术语，后者经常出现于"类推转移"（analogical transfer）、"类推扩展"（analogical extension）、"类推变化"（analogical change）等短语中。有些学者认为语法化和类推必须严格区分（参见 Meillet 1912；Lehmann 1982：142），然而在 Givón 新近的论著中，类推却成为核心概念（Givón 1989，付印中）。首先，对于类推在语法化中所起作用的不同看法并不都是不同理论立场的结果，可能仅仅是不同的学者将该术语用于不同的指称。其次，尽管从 Aristotile（*Poetics* 21）开始，类推在隐喻过程的作用已经得到充分论述，它仍然应该被看作一种关系，而不是隐喻转换和 / 或语法化过程的原因，而且就其本身而言，它似乎并不能构成或提供任何解释性参项（参见 Quine 1979；Nöth 1985；Ricoeur 1986：179）。[1]

　　本书主要关注语法化的初始阶段，尤其关注语法化过程的原因。我们将不关注 Heine & Reh（1984）所描写的形态句法或语音过程，不关注语法化过程的后期阶段，即当语法形式失去其意义或功能时，或者当它们经历去语法化（Greenberg，付印中）时会发生什么，也不关注语法化过程会怎样影响所涉及语言的语音结构，如引发音位音变（phonogenesis；Hopper 1990）和其他语言变化。此外，我们也不关注新语法形式的产生如何影响现存语法表达式的网络，例如导致这些表达式内容重组或者产生"零表达式"（zero expressions；参见 Bybee 1990）的问题。最后，我们还将忽略如何处理语法化和与它密切相关的语言过程——词汇化（lexicalization；参见 Anttila 1972：149-152）的关系问题。正如新近研究（Lehmann 1989）所指出的，这两种过程之间的区分在未来的研究中需要得到更多的关注。

---

[1] 请注意，对于一些学者而言，类推并不是隐喻的强制性特征。例如 Greenberg（1985：277）指出存在两种隐喻：一种包含类推关系，另一种不包含类推关系。

2 认知过程

对于任何语言来说，用独立词或根成分（radical element）表达每一个具体的想法是不可能的。经验的具体性是有限的，最丰富的语言的资源也是受限的。语言必然需要以具体的想法或半具体的想法为功能中介，将无数概念放在某些基本概念之下。

（Sapir 1921：84）

2.1 关于语法化的动机

这里提出的主要观点是语法化不但提供理解语言行为的重要参项，而且语法化本身就促发于语外因素，最主要是认知因素。

2.1.1 语法概念

本书探讨的一个焦点问题是，对于以前没有表述方式（designations）或者需要新的表述方式的概念来说，人们怎样获得概念标签？下面似乎是最明显的选项：

  a）发明新标签，也就是创造声音的任意组合；

  b）从其他方言或语言借用；

  c）创造符号表达式，例如拟声词；

d）从已经存在的词汇或语法形式创造或派生新的表述方式；

e）扩展已经存在的形式去表达新概念，常被描述的策略包括类推转移（analogical transfer）、转喻、隐喻等。

这些策略可能，并且通常组合出现，例如借用翻译（loan translations）就涉及策略 d 和/或策略 e 及 b。在我们熟悉的语言中，策略 c 很少使用，策略 a 几乎从不使用。剩余策略的共同点是它们都有动机。人们很少创造新的表述方式，而是利用已经存在的语言形式或结构（参见 Boretzky 1987：54）。

策略 b～d 通常用来丰富特定语言中词汇项的量，不过人们很少通过符号主义（symbolism）或构词的方式去借用或创造语法成分。策略 e 也被用来引入新语素项，不过它同时也是创造语法表达式的首要手段。

根据本书的主题，我们这里主要关注策略 e。更确切地说，我们将关注用来表达称为"语法概念"的特定范围认知项的策略。这些概念可以，并且已经描述为具有下列特征：

a）它们比其他概念更"抽象"；[①]

b）它们包含 Sapir（1921：101）的派生概念和关系概念，因而区别于其基本或具体概念（例如物体、动作和质量等）。[②]

c）"具体概念"是自语义的（autosemantic），也就是说，它们"自身具有语义"；语义概念则被描述为合成语义的（synsemantic），也就是说，它们通过与其他概念组合获得语

---

① 比较 Bybee 的断言："语法意义是所有意义中最抽象的，是母语者的直觉最不容易感知的，同时也是语言学家最不容易描述的。"（Bybee 1985b）值得注意的是"抽象"概念并不一定是语法概念（参见 2.3.2）。虽然"抽象"这一术语在许多语义研究中都会出现，却没有人给它下过令人满意的非循环的定义。我们对于该术语的使用亦是如此（参见 2.3.2）。

② 同时比较 Sapir 对于材料内容（或词汇意义）与关系内容（或语法意义）的区分。

义（参见 Sasse，付印中）。

d）词汇成分承担大部分认知显现的内容，语法概念则倾向于决定其结构（参见 Talmy 1988）。

e）它们可以描述为拓扑结构和意象图式（参见 Sweetser 1988）；

f）它们在语言学上通常编码为助动词、小品词、黏着成分、词缀、超语段单位、语序区别等非词汇形式；"具体概念"的成员是开放的，语法概念则表达为构成封闭类的语言范畴。[①]

根据这里的观点，有一个特定原则可以认为是产生用来表达语法概念的语言形式的原因。Werner & Kaplan（1963：403）把这一原则称为"用旧手段表达新奇功能原则"。通过这一原则，具体概念被用来理解、解释或描述不太具体的现象。通过这种方式，具有清晰外形和 / 或清晰结构的项被用来概念化具有不太清晰外形和 / 或不太清晰结构的项，非物理经验被理解为物理经验，时间被理解为空间，因果被理解为时间，抽象关系被理解为物理过程或空间关系（参见 2.4.1）。

从一个稍有不同的角度，Traugott（1980：54）以下面的方式评论语法化过程中观察到的意义变化："说话人需要具体化新关系，或者强化一个已经存在但已被侵损的关系……必须清晰表达的迫切性引导说话人使用尽可能具体的词语。"这个原则同样意味着导致语法化的认知活动本质上是自我中心的（egocentric）和自我直陈的（egodeictic）；它从接近人类经验的概念化域通向更远的域。这同样意味着语法化现象可以描述为自我中心距离的量表（参

---

① 下面章节将会发现，这一断言需要修正。Fillmore（1983：318）认为可以将"封闭类"视为在一类内容词内可操作。例如在一些日耳曼语中，"坐""站""躺"这样的动词似乎形成了封闭的、界限明确的集。

见 Fleischman 付印中；Diehl 1975；参见下文）。

根据这一观点，语法化可以解释为以解决问题为主要目的的过程的结果，这一过程通过一个物体解释另一物体。毋庸多言，这一过程不限于语法化，例如 Lakoff & Johnson（1980）认为它通常是隐喻的主要特征。与此相类似，Traugott（1988：413）认为语义变化可以解释为解决问题。

在我们语法化是解决问题的结果这一断言的底层，有几个基本假设。第一个假设是概念形成和概念命名是两个不同的事物，在语法化过程中前者先于后者。第二个假设是将某一给定语言学术语用于新概念涉及这样一个过程：两个不同的概念隐喻对等，用于其中一个概念的术语也扩展到指称另一概念。我们将在第二章详细讨论这一过程，我们称这一过程为概念转移，所涉及的项分别称为源概念和目标概念。第三个假设是概念转移是创造性行为（见下文）。

这一过程与语言结构的关联方式表示为图 2.1 的简化形式，图 2.1 表明在话语语篇中表示某个语法功能（功能 1）的需要，导致征用词汇形式表达这一功能。结果是相关词汇形式获得语法状态（语法化形式 1）。接着可能存在另一更抽象的利用语法形式 1 表达的语法功能（功能 2）——结果是出现第二个语法化形式（语法化形式 2）。这一运作中使用的策略构成本书的主题，我们会在第 4 章进行总结。

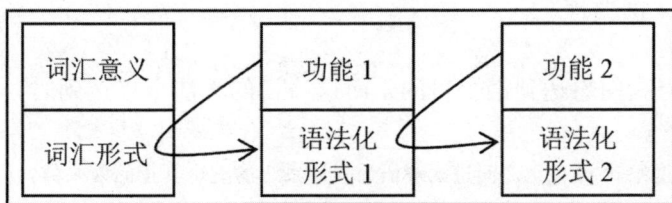

图 2.1　语法化作为解决问题策略的步骤

图 2.1 中的过程似乎表明，语法形式的产生，是由未完成的交际需要或存在没有适当语言指称形式的认知内容所促发的。不过许多语法化研究者也注意到，即使存在旧的、功能相等的结构，新的语法形式也可能产生。Bybee 用下面的例子证明这一观点：

> 美国英语中有 will 和 gonna，它们在特定语境中可以互换。西班牙语和法语中有综合将来时存在，不过同样也出现了 go- 将来时。美国英语 can 现在和 may 一样，用作表允许，虽然 may 和 might 的认识可能性（epistemic possibility）用法已经存在，但 could 新近也形成了认识可能性用法。荷兰语的 hebben gewerkt '已经工作' 和简单过去时 werkte 可以互换；法语中复合过去时（passé composé）和简单过去时（passé simple）相伴产生，并且最终取代后者。在上述情况中，两个语法形式并非在所有用法中完全同义，不过它们具有相当多的重合功能，足以证明语法形式在语言中只以对比鲜明的相反配对集合的形式存在的观点不成立。
>
> （Bybee 1985b）

Radden（1985）认为，英语用 11 个空间前置词来表达因果——虽然英语已经有五个专门表示因果的前置词供使用——König（1985：280）提醒人们注意创造性语言使用原则，这一原则认为总是存在用其他词汇表达同一（语法）意义的尝试。[①]

2.1.2 创造性

当我们想达到某个目的，而这一目的无法直接达到时，我们

---

① 14 世纪和 17 世纪之间进入英语前置词系统的五个真正的因果前置词包括 because of, due to, on account of, owing to 和 as a result of。下面是 Radden 所列具有语法化了的因果用法的空间前置词：with, on, over, in, for, at, from, of, out of, by 和 through（Radden 1985：184–185）。

2 认知过程 | 43

就需要运用解决问题（problem solving）策略。这涉及三个方面：原始状态、目标状态和规则（Manis 1971：301）。在我们的研究中，原始状态是一个存在语法概念（例如**将来时**），但不存在合适的语言表达式表达该概念的状态。找到这样的表达式，例如意愿动词（"想要、渴望"）或运动动词（"到……去、到……来"），就达到了目标状态。从原始状态到目标状态的规则是利用现存术语库去寻找表达该语法概念的术语。这预设在两个相关域之间，本例中在通常是词汇概念域的具体概念域（即来源域）和更抽象、更具语法性的概念域（即目标域）之间建立概念联系。建立这一联系所采取的活动称为"创造性"。

　　学界为创造性提出了很多定义，到目前为止还没有一个广为接受的方式去衡量创造性。创造性被简单描述为导致某个新事物存在的能力（Taylor 1975），或者被描述为形成新组合的多样化联想（Mednick 1962）。创造性的一个重要因素是以原创的方式看待事物的能力，不过在原创性之外，一个创造性行为也具有某种值得去做的目的（Manis 1971：218）。依照 Matlin（1989：347），我们说创造性就是找到既不寻常又有用的解决方案。①

　　在本书中，我们会限于创造性的一个方面，即用具体域概念化抽象认知域的能力，例如用物理物体去概念化空间域、用空间概念去概念化时间域、用时间概念去概念化逻辑关系域的能力。这一创造性活动的结果是词汇结构用来表达语法意义，语法结构用来表达更具语法性的意义。因此，我们这里涉及的创造性

---

① 我们意识到这一描述只涵盖这一现象的一个方面，例如 Newell, Shaw & Simon（1963）提出创造性的四个标准，并且认为如果一个答案具有创造性，必须至少满足下列四个标准之一：（1）对个体或社会具有新奇性和实用性；（2）要求我们抛弃先前接受的思想；（3）源于强烈的动机和坚持；（4）源于澄清一个以前模糊的问题。

是从具体概念到抽象概念，从词汇表达式到语法表达式的单向性活动。这一活动是**不寻常的**，因为它首先要求在两个完全不同的认知域之间建立新联系，其次要求来自一个域的概念表达式转移到另一个域；这一活动又是**有用途的**，因为它为表达尚无恰当名称的概念提供了手段。在目前提出的各种创造性中（参见 Taylor 1964），我们将主要讨论发明型创造性，它涉及旧词的新用法（Arieti 1976：16）。

　　似乎有必要区分三种不同类型的创造性，它们分别是普遍创造性、社区创造性和个体创造性。普遍创造性对于人类全体来说很常见，社区创造性则限于社会文化、政治或其他单位，例如民族团体、语言社区、国家等。个体创造性涉及个体表现，例如在区别"具有创造性的"人和"不太具有创造性的"人时会有所表现。[①]根据 Arieti（1976：10）所提出的区别，有的个体创造性可以被视为"平常"创造性，有的可以被视为"伟大"创造性，普遍创造性和社区创造性更多是"平常"创造性。

　　我们可以用一个例子来说明这三种不同的创造性。例如普遍创造性可以被视为用身体部位或环境地标等具体物体去概念化空间定位点的一般能力（Svorou，付印中）。因此在我们知道的所有语言中，身体部位的术语都可以用来表达空间指称，例如用身体部位"头"或"胸"表达**前**这一空间概念，用身体部位"背"或"臀部"表达**后**这一空间概念。另外，用动词表达时、体或语气的能力，也可被视为普遍创造性的例证。

　　不过人们利用这一能力的方式和程度却存在地区的、民族的、社会文化的或者其他的差别。例如我们在第 5 章会看到，有些社

---

① 一般来说，具有创造性的人相对不墨守成规，更适应混乱和复杂事物，更依赖自己的资源，在坚持他们的独立判断时非常坚定，等等（参见 Manis 1971：218ff.）。

群用"头"和"肛门"或"臀部"分别标示上和下的概念，而另一些社群则分别用"天空"和"地面、土地"等地标表达这些空间概念。我们假定这些区别显示的是社区创造性的区别，也就是说，在一个给定社群或语言社区中将具体物体的域用于更抽象域的概念化的方式的区别。

概念操控的个人区别中则会显示个体创造性本身，它的显示方式是不同认知域之间通过转喻、隐喻等修辞手法建立联系。当某人用特定物理物体作为隐喻载体，用新奇的方式描述某个空间概念，例如在某个社群或语言社区中，在房间的内部和"肚子"之间的概念联系不常见的情况下，用前者去指称后者时，个体创造性可能就出现了。

更可能的情况是，语法化过程始于个体创造性，个体创造性在特定情况下导致社区创造性，二者都受到概念操控的普遍策略的影响。不过，我们还不是很清楚这些不同创造性在这一过程中发挥作用的方式和相互影响的方式。

2.2　源结构

Jackendoff（1983）所指的构成语法化来源或输入端的投射世界，似乎具有有限数量的基本认知结构。本书第 5 章将详细考察这一输入端，在 2.3 和 2.4 部分，我们将讨论这一过程中输入端和输出端之间的关系。

2.2.1　概念

在绝大多数例子中，语法化使用的源概念由具体物体、过程或方所构成。值得注意的是，"源概念"应该理解为相对概念，一个给定项只有在参照另一较"抽象"概念的情况下，才是源概念，而较"抽象"概念有可能是另一更加"抽象"概念的源概念。举例来说，一个具体的物体，例如身体部位（如"背"）可能充当空间的源概念（如英语 three miles back '往回三英里'），而空间又可能是时间的源概念（如英语 three years back '三年之前'）。因此，我们将区分不能派生于更具体的项的"基本源概念"（例如身体部位）和充当其他概念来源同时本身又派生于"基本源概念"（虽然这一派生关系对于某些例子来说，在共时角度甚至历时角度都不明显）的"派生源概念"（例如时概念）。这样，在下文中，无论什么时候谈及"源概念"，我们都特指基本源概念。

源概念被描述为"典型话语情境中的（在功能上具有符号性和直陈性的）基本成分"（参见 Traugott 1982：246）。它们具有常见用法和通用用法（Bybee & Pagliuca 1985: 72），不过可以想象，它们的常见用法源于它们是"基本成分"。另外，它们在很多情况下被描述为 Rosch（1973b，1978）所定义的范畴性基本层级的客体，范畴性基本层级为物体提供了"最有用的，因此也是最常用的"名称（Rosch 1978：35）。这样，物理状态的基本层次动词，例如"坐""站""躺"，构成了语法化的极其常见的来源（Van Oosten 1986）。

值得注意的是，并非所有的源概念都是基本层次客体，许多源概念，例如"人""物体""做"，似乎属于上位范畴层。这似乎同样适用于"去"这样的动词，"去"与"走"不同，根据 Rosch 的标准，前者是一个运动的上位层动词（参见 Rosch 1977；另见 Sweetser 1988）。

另外，并非所有的基本层客体都可以充当源概念，事实上，我们下面将会发现，只有一小部分基本层客体可以是源概念。目前，还不很清楚这一小部分基本层客体该如何定义，不过自我中心性（egocentricity；参见 Diehl 1975）似乎是定义这些源概念的相关参数之一。[①]

　　如果在现阶段存在更具概括性的观察的话，那么这个观察应该是下位层范畴而不太可能充当源概念，Sweetser 指出："（我们的）概括似乎是命名下位层范畴的词汇项，不是可能语法化的词汇项；对语义上最常见的助动词（have，be，take，give，make，come，go）的粗略观察，当然不包含下位层项。"（Sweetser 1988：492）

　　语言学上，源概念基本上被编码为语素。它们和词汇统计学上的"基本词汇"，也就是比其他语素更不可能被取代的语素，非常相似。二者都包含"头""胸""背""腹""手""脚"等身体部位词，地和天等自然现象，"人""父亲""母亲""孩子"等人类项，"来""给""拿/拿住"等动态动词，"站""坐"等姿势动词，"说"等思维过程动词，"一""许多"等数量词，以及基本指示语（参见 Swadesh 1951；Gudschinsky 1956）。另外，二者的共同点是它们都包含很大程度上与文化无关的项，也就是说，二者在不同语言边界、不同种族边界中的构想非常类似。不过，我们也将会观察到，二者也存在某些显著的不同。

　　可以说源概念指的是某些最基本的人类经验；它们通常派生于物理状态、行为或人类的直接环境，并且在人类思维或交际中经常被提及。不管我们怎么定义，它们都很可能是"人类思维字母表"的一部分，并且隶属于语义原始性的普遍集合（Wierzbicka 1988，1989）。

　　源概念适用于语法化过程的原因，是它们为唤起联想的人类定位提供了"具体"的参照点，因此被用来理解"不太具体"的概念（参见 2.1），例如人类身体就为空间定位提供了非常便利的

[①] Kuryłowicz（1964：245）提醒我们注意下面的观点："直接基于话语情境的基本范畴（ego 或 hic，nunc）是描述更高层次（语法）范畴的起点。"

参照点库。这样，由于其相对位置，身体部位就成为表达语法概念的源概念："背"或"臀部"表达**后**空间；"胸""胸膛""脸""眼"甚至"头"表达**前**空间；"腹部""胃"或"心"表达**内部**空间；"头"表达**上**空间；"肛门"或"脚"表达**下**空间（参见第 5 章）。[①]其他身体部位，例如"肝"，同样属于词汇统计学上的基本词汇，不过似乎并未成为空间定位的参照点，因此它们并未唤起表达空间概念或其他相关语法概念的联想。

另一方面，方所也不是身体部位特征中被利用的唯一特征，还存在一些其他替代联想。例如手中抓一个物件和拥有该物件之间的联想，导致身体部位词"手"在某些西非语言中形成领属标记（参见 Claudi & Heine 1986；见下文 2.2.2）；作为智力活动的中心，头负责人类行为，这一观察可能导致"头"被选为表达某些更抽象的概念（如**目的 / 原因**）的参照点；后者又导致"头"在这些语言中语法化为表**原因/终结**的附置词和/或标补语（见 2.3.2）。值得指出的是，不同身体部位，包括"身体"这一术语本身，在许多非洲语言中提供了形成反身代词的提喻来源（Keith Allan, Derek Nurse，私人交流；Essien 1982；Awolaye 1986）。

有几个原则似乎对定义源概念有用。实质上基于两个主要参数，Wierzbicka（1989：8）决定在她的普遍语义原始性中包含作为常见源概念的"说"（关于"说"语法化为标补语，参见 Saxena 1988a）。

例如除了其他作用外，英语动词 say 实现的概念对定义

---

① Svorou（1986：526）指出有三类名词形成方所附置词：（1）**身体部位名词**：头、心、肛门、口、脸、脖子、耳朵、前额、背、耻骨、肋骨、身体、胸、胸膛、血、脚、腰、腹部、胃；（2）**客体部分名词**：前、边、上、背、底部、侧、侧翼、尾部、中间、入口、周围、外、内部、外部、上部空间、中间空间；（3）**环境地标**：地、地面、峡谷、天空、房子。

数以百计的英语言说动词有用，这些动词包括 ask，demand，apologize，curse，scold，persuade，criticize 等。相反，chase，persuade 这样的词，在定义其他词的过程中却不能发挥类似作用。另外，我们已经知道，在英语中实现为 say 的概念，在其他数以百计的语言中都有完全一致的语义对等，事实上据我们所知，没有一种语言中没有表达这一概念的词语。与此形成对照的是，chase 或 persuade 这样的英语词高度依赖于特定语言，在其他任何语言中是否存在完全一致的语义对等都有疑问，更别说在所有语言中有完全一致的语义对等了。

这两个彼此独立的标准（定义能力和普遍性）相结合，为基于纯粹推测所提假设的范围提供了强大的经验验证，并且为通过这种途径定义的研究项目赋予了强烈的经验特征。

（Wierzbicka 1989：8）

关于过程，源概念构成了"做""拿/拿住""完成""说"等某些最基本的人类活动，或者"去""来""离开"或"到达"等基本人类运动。另外，许多定义位置或状态的项也属于最常见的源概念，这些源概念通常在语言上编码为"是/存在""在""坐""站""躺（下）""停留/生活"之类的状态动词。某些表达愿望（"想/喜欢"）或义务（"将要""应该"）的概念在许多语言中也提供了源项。另一方面，词汇统计学者在基本词汇中也能找到一些词汇，人们认为这些词汇可能是源概念的候选项，它们却不是。这些词汇包括"喝""听""唱""打击""死"，以及其他许多词汇。

虽然目前已经进行了很多尝试，我们还是无法用非循环的方式定义充当语法概念来源的项的范围。目前提到的某些因素，例如使用频率、概念简单性、语义非标记性或者语用凸显性等，它们本身都不能充分地用以理解源概念的实质。

例如现有证据证明，"男人""人"等人类名词提供了语法化的方便项，事实上这些项是表达代名范畴的常见来源：比较拉丁语 homo '人、男人' 和法语 on（非人称主语代名词）、德语 Mann '男人' 和英语 man（非人称主语代名词）、拉丁语 persona '人' 和法语 personne（否定代名词、否定标记）。另一方面，我们几乎无法想象，语义上更复杂的人类名词，例如"奴隶""佣人""主人""领主"等，会成为语法化的输入端，然而这些名词却恰恰语法化为第一人称和第二人称代名词：日语中，汉语借词 boku '奴隶' 据说已经发展为第一人称代名词"我"；类似地，印尼语代名词 saya '我' 派生于文学名词 sahaya '佣人'。另外，古日语 kimi '领主' 已经语法化为第二人称代名词 '你'（敬体），最终发展为类似英语 thou 的用法；印尼语 tuan '你'（敬体）则源于意义为"主人"的阿拉伯语借词。[1]

人称代名词域似乎是这样一个域：语法化高度依赖于使用该语言的社会文化情境。如果在一个社会中说话者倾向于称自己为社会地位上的下级，而称听话者为社会地位上的上级，那么这样的代名词概念就会很容易出现。然而，只要世界语言话语语篇的确切心理基础、社会基础和文化基础还是个未知领域，关于语法化输入端的概括就仍然是某种意义上的猜测。

2.2.2 命题

在上文讨论的概念之外，还有一些我们初步称为"源命题"的更复杂的认知结构。这些命题表达了似乎是人类经验基础的状态或过程，它们可以表达为通常涉及两个参与项的述谓语言结构。

---

[1] 这些语例选自 Lehmann（1982：41）。

这些述谓结构中最常见的似乎是下面的例子：[①]

（1）X 在 Y	方所命题
（2）X 向 / 从 Y 移动	运动命题
（3）X 做 Y	动作命题
（4）X 是 Y 的一部分	部分—整体命题
（5）X 是（像）Y	等式命题
（6）X 和 Y 在一起	伴随命题

　　源命题用一种基本的方式描述我们在哪儿，从 / 向哪儿移动，做什么，以及我们和其他概念怎么联系。似乎有必要区别类似（1）、（4）、（5）、（6）的静态的或时间稳定的命题（参见 Givón 1979：320–321），以及类似（2）、（3）的动态命题；或者区别类似（1）、（2）的具有空间维度的命题，以及类似（3）、（4）、（5）、（6）的没有空间维度的命题。

　　这些命题中的每一个都可能形成一个不同的语法结构。例如当 Y 所表示的成分槽被名词化的过程动词占据时，方所命题就被用来表达进行体或意向性之类的动词体或语气。[②] 这样，在许多语言中，"X 在 Y（上、内）"就被重新识解为"X 在做 Y"的含义，例（7）荷兰语语例即为此例：

（7）Ik　ben　aan　het　gaan
　　 我　系词　在　冠词　去–动名词
　　 '我正在去。'

Heine & Reh（1984：115）把这类结构式称为 PP 迂回式，这类结构在世界范围内的许多语言中已经语法化为进行体或类似的体；它们事实上是进行体形式的主要来源（参见 Blansitt 1975；Heine 1990）。这种结构式可以形成表示意向性的语法范畴，这有点令人惊讶，不过已经证明在埃维语中出现了这一过程。埃维语中"X 在 Y 的地方"的结构已经取得"X 将要／有意向做 Y"的含义，并且已经语法化为在该语言的语法中表示"开始体"或"意向性"的动词体。因此，埃维语的句子（8a）历史上派生于（8b）：

（8a）me-le   yi-yi   gé
　　　1SG–COP   去–动名词   INGRES
　　　'我将要去／我打算去。'
（8b）*me-le   yi-yi-'   gbé
　　　1SG–COP   去–去–NOMI   地方／范围
　　　'我在去的地方／范围。'

另外，这一方所模式还形成了动词性领属表达式（见下文），在这种情况下，X 被重新识解为领有物，Y 被重新识解为领有者成分。这一类型概念化的底层，似乎存在"在 Y 地点的东西属于 Y"的蕴涵义（见 2.4.1）。[1]

一个源命题可能形成多个语法范畴，同时一个语法范畴也可能派生于完全不同的命题。例如，动词性领属（"有、拥有"）一方面可能派生于方所模式（见上文），另一方面也可能派生于动作模式，后者基于从"Y 拿／拿住 X"到"Y 拥有 X"的隐喻转移。前者是埃维语中发生的情况，该语言中动词性领属（"Y 有／拥有 X"）派生于"X 在 Y 的手中"的结构式，下例可以展示这一过程：

---

[1] "在 Y 的地点"这一短语，在个体语言中可能指的是"在 Y 的家""在 Y 的手中"等。

（9）xɔ   le   así-nye

房子   系词   手–1SG. POSS

'我有一所房子。'

动作命题用作动词性领属来源，在很多东库施特语族（Eastern Cushitic）的语言中可以找到例证。这些语言中类似 "Y 有 / 拥有 X" 的小句，在语言上表达为 "Y 抓住 X" 的小句，这一用法可见于下面肯尼亚海岸奥罗莫语（Oromo）瓦他方言（Waata）的例子：

（10）ani   mín   k'awa

我   房子   抓住

'我有一所房子。'

需要进一步研究在语法化过程中这种源命题所起的确切作用，特别是它们与前面段落讨论的概念之间的相互关系。需要着重指出的是，这种命题可能，但不一定在语法化过程中出现。例如，当一个概念以经历语法化结构式的从属成分，而不是以中心成分的形式出现的时候，这种命题就从不出现（见 3.1）。

2.2.3 来源结构和目标结构

语法化分析中最迫切的难题之一，是输入端和输出端之间的关系，也就是说，这一过程的来源和目标之间的关系。这一难题主要包含下面的问题：

a）哪一个源概念和 / 或命题形成哪一个语法概念？

b）给定某个语法范畴，是否可以无争议地定义其非语法来源？

c）来源结构和目标结构，以及两者之间的关系，在多大程度上具有普遍确定性？

虽然在过去的十年中许多与这些问题相关的数据得以呈现，研究者们也尝试进行了一些有价值的归纳，不过从预测的角度，我们还远远不能在一定程度上有把握地回答这些问题。目前，已经被广为接受的是，一个源概念可能产生多个目标概念；反过来，一个给定的语法范畴也可能在历史上源于多个源概念或结构。

北乌干达库利亚科语支（Kuliak）的索语（So）的一个例子即可说明这一点。这种语言的动词 ac '来'一方面形成表示向说话者或直陈中心移动的动词性派生后缀 -ac（"向近体"）；另一方面形成助动词，并且最终形成表示将来时的动词性前黏着成分。不过，还存在派生于另一个运动动词 gá '（到……）去'的第二个表示将来时的动词性前黏着成分 gá。[①] 这样，我们在此例中既发现了一个来源形成两个语法范畴的例证，也发现了一个语法范畴以两个不同词汇概念为来源的例证。

这样，就出现另外一个问题：我们能否定义那些决定选择现有可选来源的因素？反过来，在什么条件下，一个给定源概念形成语法范畴 A 而不是语法范畴 B？或者形成语法范畴 B 而不是语法范畴 A？或者二者皆形成？下面的章节将会讨论诸如此类的问题。

2.2.4 使用频率

作为语法化来源的语言表达式有一个共同的语用特征：它们的使用具有高频率和普遍性。关于这一课题的研究经常做出这一

---

① 索语还存在语源不明的第三个将来时标记 ko-[特佩斯（Tepes）方言]。值得注意的是，将来时标记 ac 很大程度上仅限于特佩斯方言中使用，将来时标记 gá 则在索语的卡丹姆（Kadam）方言中出现。索语的动词 ac 和 gá 具有相反的直陈内容，不过它们的共同点是都需要一个目标格。

论断，某些论著给我们造成的印象是高出现频率造成某个语素容易被语法化。对斯瓦希里语（Swahili）这一特定语言情境的简单观察，有助于我们评估这种论断。

在她关于斯瓦希里语词频的研究中，Bertoncini（1973）分析了包含 3 700 个类符的 40 000 个形符的语料库。她最常用的类符词列表包含 1 443 项，每个类符词在她的文本样本中至少出现过五次，所有已经语法化的语素都包含在 278 个具有最高文本频率的语素中。换句话说，斯瓦希里语中作为语法概念来源的概念库，出现在这些大约占 20% 的最常用语素中。这些发现似乎印证了对其他语言的某些观察（参见 Bybee & Pagliuca 1985），这些观察发现很少使用的语素不太可能被语法化。

不过，值得注意的是，15 个最常用的词却都未充当语法化的来源。词频列表中第一个被语法化的词占据第 16 位，即动词 -toa '扑灭'。[1] 其他动词，如 -ona '看'（第 6 位）、-wa na '有'（第 9 位）、-enda '去'（第 11 位）和 -sema '说'（第 14 位）等，具有更高的文本频率，但是并未被语法化。与此相类似，被语法化的具有最高文本频率的名词是 mwana '孩子'，占据了第 105 位；不过许多更常使用的名词，例如 mtu '人'（第 8 位）、siku '天'（第 27 位）、kazi '工作'（第 29 位）等，却并未被语法化。[2] 这一观察似乎表明，高使用频率本身不足以解释语法化，它很可能只是用于语法化的概念的一个伴生特征。

---

[1] 该动词已经语法化为否定不定式标记 to-，如 ku-to-sema［（不–不定式–说）；比较 -sema '说'］。

[2] 名词 mwana '孩子' 在 mwana-maji '水手'（比较 maji '水'）、mwana-sheria '律师'（比较 sheria '法律'）等名词中用作派生前缀，获得了有限程度的能产性。

2.3 从来源到目标

描述语法化过程中从来源到目标转变的途径之一，是通过内涵和外延的逻辑区别：这一过程的结果是相关概念的内涵内容减少，外延内容增加；也就是说，与源结构相比，目标结构具有更小的内涵和更大的外延。

虽然这一描述对于语法化过程中观察到的多数变化成立，它仍然存在一些缺陷。首先，它不适用于这一过程的所有语例。其次，它并不能帮助我们理解这一过程为什么会发生。人们提出很多备选方案来描述这一过程的性质。在这方面的两个术语，"漂白"（bleaching）和"抽象化"（abstraction）特别为学界所熟知，因此我们这里简要讨论一下这两个术语。

2.3.1 "漂白"

Givón（1973）研究了从动词到时、体、情态语法范畴的发展，他认为这些范畴的意义大多可以预测，因为它们是其词汇来源的内在语义结构的一部分。Willett（1988：80）将这一观点称为"包含假说"（containment hypothesis）。

其他研究者所持的观点稍有不同，称这一假说为"语义漂白"（semantic bleaching；Givón 1975a；Lord 1976：183，189）、"语义减少"（semantic depletion；Lehmann 1982：127）、"语义弱化"（semantic weakening；Guillaume 1964：73–86；Guimier 1985：158）、"去语义化"（desemanticization；Heine & Reh 1984）、语义"削弱化"（fleshing out of meaning；Sweetser 1988）或"语义内容的泛化或弱化"（generalization or weakening of semantic content；Bybee & Pagliuca 1985：59–63）。[1] 上述著作从具有"完全意义"的源概念角度观察语法化，这一过程的输出端则被识解为贫化形式，即源概念语义细节空泛化或漂白的形式。

通常这一观点意味着相关过程充当过滤除语义核心外所有意义的装置。通过这一途径，复杂意义简化为不太复杂但更具语法性的内容。这意味着作为同一语法化路线一部分的所有语言形式具有某些共同的语义特征。Lehmann 说："我们在一个语法化路径中会发现其中所有成分具有共同的功能，成分之间的差别主要是量的性质的差别。也就是说，一个语法化量表上相邻的两个成分实现的是同一个功能，不过存在程度的差别。例如指示代词和定冠词都具有定指功能，不过指示代词的定指功能比定冠词更具体。"（1982：124–125）[2]

Sweetser（1988）和 Traugott（1988）对我们所说的"漂白模式"（bleaching model）进行了批评性的讨论。他们认为漂白确实会发生，不过只是在语法化的后期阶段，例如在标准英语中 do 从主要动词到虚助动词（dummy auxiliary）的发展过程中（Traugott 1988：407）。[3] 我们在 4.4 节将这一模式和其他模式进行对比的

---

[1] Heine & Reh（1984）认为去语义化本质上是从"词汇"义到"语法"义的转变，Greenburg（付印中）则用这一术语指特定语素失去其语法（或词汇）意义，从而成为"功能空白"语段的过程。

[2] Lehmann（1982：125）意识到另一个视角也具有语法化量表的特征。"不过当在量表上的距离变大时，相邻项之间的量的差别会累加，肯定存在一个量变到质变的点。例如从长远来说，指示代词可能语法化为词缀性名词标记（名词性的标志），我们可能不会说这两个标志之间的差别仅仅是量的性质的差别。不过它们仍然具有共同功能基础，可以说它们的功能在量表中最语法化的成员（如名词标记）中是赤裸呈现的，而在不太语法化的成员（例如指示代词）中则被特定功能样貌所叠置。"

[3] Traugott 的"漂白"（bleaching）概念，似乎和 Greenburg 的"去语义化"（desemanticization）定义类似（Greenberg，付印中；参见本页附注[2]）。

时候，会再次讨论这一模式。

"漂白模式"抓住了语法化的一个重要方面，不过它似乎也忽略了这一过程的某些其他特征（参见 Sweetser 1988）。在语法化过程中，源意义可能会彻底消失（参见 Traugott 1980：48），它也可能被从共时角度来看似乎完全不相关的意义或功能所取代，例如法语否定标记 *pas*，*personne*，*point* 和 *rien*（分别源于表示"步骤""人""点""东西"的名词），在某些法语口语用法中 *ne* 被省略，*pas*，*personne*，*point* 和 *rien* 成为唯一否定表达式。[①] 在合适的语境中，语法化可能会选择漂白模式难以解释的发展方向。

下面的例子可以展示这一过程，众所周知的一个事实是，身体部位词是表达某些空间概念最常见的来源，例如"背"表示"在……后面"、"胸"表示"在前面"等，我们会在第5章更详细地讨论这一话题。身体部位词可以归为时间恒定的静态项，派生于身体部位词的空间概念也可以归入此类：它们多数时候专指静态空间关系。不过，也有一些例子显示身体部位词也可以语法化为动态空间关系，也就是说，它们可以形成方向方所词，例如依博语（Igbo）"手"形成"从……"，帕帕戈语（Papago）"眼"形成"到……，朝……"（Svorou，付印中）。如果我们局限于将语法化视为语义贫化的框架，那么将很难解释这些变化过程。不过，如果我们重构导致相关变化的认知和语用环境，我们就有可能明白静态概念为什么可能语法化为动态概念。例如，Svorou（付印中）这样解释帕帕戈语从 wui '眼'到方向标记"从……、朝……"的变化过程："从朴素的观点看，目光是从人类身体内放射出去的，它朝向外部世界。眼睛是视力的器官，可以用转喻的方式比作目光，

---

① 这并不意味着相关名词，例如"步骤""人""点""东西"，未经历"漂白"，只是说基于"漂白假设"（bleaching hypothesis），很难解释这些原来的名词怎么会在现代法语的某些用法中专门表示否定。

事实上'目之所及,她看不到任何活物'这样的表达并不少见。因此,目光的假想方向性使得名词"眼睛"可以成为方向语法语素的词汇来源。"

另外,似乎很难解释这样的事实:在某些西非语言和南非语言中,"拿"或"放任,让"这样的动词产生了差别非常大的功能,这些功能包括完结体焦点标记功能和完整体标记功能(见 8.7;参见 Hopper 1979a,1979b,1982)。下文(特别是第 4 章)将证明,语法化是认知和语用相互作用的结果,任何只考察其中一个参数的尝试,都可能错过关于所分析过程的重要观点。我们希望下面章节能解释清楚,为什么"漂白"用作语法化的描述或解释参数并不充分(如见 4.4,8.6)。

2.3.2 "抽象化"(Abstraction)

许多讨论已经指出,语法化的输出端比输入端"更抽象"(例如参见 Žirmunskij 1966:83;Traugott 1980:46–47;Matisoff,付印中;Lehmann 1982:128)。[1] 我们主要基于直觉使用"抽象化"和"抽象性"(abstractness)这两个术语,来根据语法概念各自的来源描述其性质。

在语言学论著中,非语法性意义和语法性意义之间的区别,经常被描述为"具体"意义和"抽象"意义之间的区别。例如,Lyons 认为格屈折和前置词的语法功能和方所功能反映了"具体"和"抽象"之间的区别,在下面的论断中,他提出了一种"抽象化量表"(abstraction scale):"作为'方所'区别的例证,我们

---

[1] "起初的意义更丰富、更细节化,它也就更容易感知、更容易想象('直观的'),从这个意义上说,它更具体;强语法化标记的意思,例如'……的''将要''和'的意思不产生思维图像,不容易阐述,在这个意义上说,它更抽象。"(Lehmann 1982:128)

的例子是完全'抽象'和完全'具体'之间的中间层，我们讨论
'方所'和'方向'之间的对立，它没有'主观性'和'客观性'
之间的区别那么'抽象'，但也没有'外部'和'内部'之间的
区别那么'具体'。"（Lyons 1967：303）

关于具体性/抽象性之间区别最著名的语言学讨论之一大概是
Sapir（1921）所做的，他对四种（语言学）概念的分类可以归纳为
表 2.1。类型 I 由"根本概念，话语的具体必要手段"构成（Sapir
1921：93），包括物体、动作和质量。类型 II 比类型 I 更抽象，不
过也有"具体内容"。在这方面，它与类型 III 和类型 IV 不同，这
两种类型涉及关系而不涉及物质内容（Sapir 1921：101–102）。

表 2.1　Sapir（1921）的概念类型

	概念类型	抽象度
I	基本（具体）	具体
II	派生	不太具体
III	具体关系	更抽象
IV	纯关系	纯抽象

虽然 Sapir 抽象化的概念与语言范畴化方式有很强的关联，不
过二者之间存在某些分歧。例如，他注意到这些类型的两个极端
情况，即类型 I 和类型 IV，倾向于由同一语言单位，即由"不可
分析的独立词"表达。

Diehl（1975）提出完全不同的"抽象化"概念的分析方
法，他在他的自我直陈远距连续统（continuum of egodeictic
remoteness）和他所说的"具体—抽象连续统"之间建立关联。在
他对格语法的讨论中，Diehl（1975：98ff.）提出四种空间，即社
会空间（SOC）、空间空间（SPA）、时间空间（TEM）和逻辑空
间（LOG），这四种空间显示出与自我（EGO）之间逐步增加的

远距性或相异性：

> 可以用来展示这一空间内顺序所固有的某种远距性层次
> 的另一参数是**具体—抽象**连续统。SOC（社会空间）中关系的
> 亲密生动性，代表的是（从认知角度识解的）具体性或清晰度
> 的高点：一个人自己的行为、体验或个人领属的现实性或存在
> 性的强度和明显的清晰性不需要解释。对于其中的空间位置，
> 特别是物理物体的确认，通常伴随某种（认知意义上的）直接
> 性，这种直接性即使不是现实的，也应该是潜在的；不过时间
> 物体（例如时间、过程等）通常看起来更模糊、更遥远。
>
> （Diehl 1975：104）

在"抽象化"被赋予的众多类型的用法中，有三种用法对我
们的讨论来说特别有趣。一种称为"概括抽象化"（generalizing
abstraction），即减少一个概念的区别性特征，直到只剩"中心特征"
或"核心（义）"。这种抽象化推动分类推理，例如在 Berlin,
Breedlove & Raven（1973，1974）所描述的生物系统的民俗分类
中似乎就出现了这种抽象化，作者把分类群（taxa）分为具体（如
栓皮栎树）、类属（栎树）、生命形式（树）和独特初始等级（植
物），这种分类不断失去其区别性特征。概括抽象化的核心概念
是其包含性："在一个分类中，某个范畴的包含性越高，它的抽
象性也就越高……因此一个分类中抽象性层次这一术语指的是某
一特定包含性层次。"（Rosch 1978：30；另见 Kay 1971）

第二种类型是"分离抽象化"（isolating abstraction），它剥
离某个不一定是该概念的"中心"或"核心特征"的性质或特征，
分离抽象化可以识解为概括抽象化的特殊类别。

当我们用漂白（bleaching）分析语法化的时候（见 2.3.1），
概括抽象化和分离抽象化似乎也出现了：通过失去其语义细节和

不断简化到其核心义（概括抽象化）或意义的特定部分（分离抽象化），语素变得更加"抽象"。两种抽象化都隐含输出端应该是输入端的一部分；也就是说，语法化过程中所发生的是概念仅仅简化其内涵意义，其外延意义则增加了。

另一种类型被称为"隐喻抽象化"（metaphorical abstraction；参见 Schneider 1979），这种类型似乎更复杂，因此也更难描写。它的作用是在"更抽象"内容和"更具体"内容之间建立跨概念域联系，后者是前者的隐喻载体。学界可见的关于语法化的一些更常见区别在表 2.2 列出。[①]

表 2.2 隐喻抽象化的特征

域	载体的特征	主题的特征
概念域	清晰描述的、紧凑的	模糊的、散漫的
	物理的（可见的、有形的等）	非物理的、思维的
	类事物的物体	性质
	社会物理互动	思维过程（Sweetser 1982：503）
	过程	状态
	空间	时间、因果、方式
	个体	物质的、类的、不可数的
	自足的	关系的
语篇域	"真实世界"	"语篇世界"
	较少基于语篇	较多基于语篇的或"基于说话人的"（Traugott 1986：540–541）
	指称的	非指称的
	新信息	旧信息
人际域	表达的	非表达的

---

① 这些区别之间大多存在紧密关联；某些区别可以视为用不同方式表达实质上的同一内容。这里关于概念（ideational）域、文本（textual）域和人际（interpersonal）域的划分，是基于 Halliday（1970b：143）的研究。

位于语法化底层的是隐喻类型的抽象化，而不是其他类型的抽象化。这种类型的抽象化涉及我们理解和概念化周围世界的方式。离我们近的事物被清晰地结构化和线性化，它们比更远的、结构化和／或线性化更不清晰的事物更不"抽象"。抽象化还与语篇中的指称性和可操控性相关联。有指称的物体、作为自足话语参与项的物体，比显示低程度指称性和可操控性的物体更不"抽象"（参见 Givón 1982；Hopper & Thompson 1984；另见 8.5.1）。

存在各种不同类型的隐喻抽象化，从语言学角度来看，有两种特别有意思。第一种可以称为"结构保留抽象化"，它不影响相关语言项的范畴状态。第二种则可以称为"结构改变抽象化"，它导致某种语言转变，例如从一个语素或成分到另一个语素或成分的转变。

我们可以用埃维语（Ewe）名词 ta′ '头' 来展示这两种抽象化之间的不同。"结构保留抽象化"的结果是这一身体部位词被用作表达更抽象的概念，例如"智能能力""主要议题""焦点问题""分部、部分、章""组、党""种类、类"或"数量"的隐喻载体。在所有这些用法中，ta′ 实质上保留了名词特征。另一方面，"结构变化抽象化"则导致了新语言结构的出现，特别是状语成分的出现：ta′ 发展为后置词或小句从属标记。在这方面，它取得了"越过""在……上""在……中""为了、为了……目的"和"因为、鉴于"等意义（参见 Westermann 1905：447-448）。

这两个抽象化层级之间区别底层的认知基础是什么？这有待于进一步研究。我们在本书中仅关心后一种隐喻抽象化。

2.4 隐喻

如果隐喻像一个域的模型、地图或类比物，那么它们总的来说应该像模型、地图或类比物；隐喻如果有用和成功，它们最好比其模仿的复杂域更简单、更理想化、更容易掌握。

（Levinson 1983：160）

"隐喻"这个术语被用作多个含义，这些含义可以解释围绕这一术语的诸多争议和误解，虽然不是所有争议和误解。例如，"隐喻"一方面被用作表示所有修辞格的类名词，因此 Lambert（1969）在她关于转喻、提喻和夸张等修辞格的格语法扩展框架中使用了这个术语。另一方面，也存在"隐喻"的更窄的定义，这些定义中隐喻区别于转喻等其他修辞格。在本书中，我们的目的是坚持该术语的窄定义（见下文），不过同时将该定义用于迄今为止不视为具有隐喻结构的概念域之间的关系。

我们在其他地方证明，语法化底层主要过程中的一种具有隐喻结构（Claudi & Heine 1986；参见 Sweetser 1987）。其他研究者也曾对这一课题做过类似的观察。例如 Matisoff（付印中）将语法化视为隐喻的子类，并且将其定义为"趋向抽象的隐喻转移"。Bybee 和 Pagliuca 发现通过"语义内容的泛化或弱化"过程，词汇意义发展出语法意义，这一过程中的一个重要机制就是隐喻扩展："一个具体的词汇项用来表达更抽象的概念。……这一词汇内容的空泛化是语法化的先决条件，因为语法功能本身应该是抽象的。"（Bybee & Pagliuca 1985：59，72）

Willett（1988：80-81）评估了描述语法化的三条可能路径，即他所说的"隐喻扩展"假说、"包含"假说和"蕴涵"假说，其结论是在这三个假说中，隐喻扩展提供了最合理的解释。与此类似，Ransom（1988：372）指出隐喻扩展导致从具体词汇指称物到抽象语法标记（例如标补语）的发展过程，其原因是某些语义场，例如定指和存在，通常在认知上和真值相关联，方向则和将来、可能性或目的相关联。

有些研究者的研究清楚地表明他们指的是隐喻现象，但他们却不用"隐喻"这一术语。例如，Schelesinger 用"语义同化"（semantic assimilation）概念，指的是"出于语言表达的目的，某一概念关系被处理为与另一不同概念关系相似的语例"（Schelesinger 1979：317）。作者讨论了英语前置词 with 工具格功能和方式功能的关系，他比较了（11）和（12）这样的句子，并且认为"方式格已经被吸收进工具格，也就是说，热情、谨慎和智慧已经在隐喻上被称为做某事的方式"（Schelesinger 1979：318）：

（11）He did it *with* enthusiasm. '他**用**热情做某事。'
（12）He did it *with* a crowbar. '他**用**撬棍做某事。'

可以用下面的句子展示语法范畴形成过程中隐喻的作用：

（13）Henry *is going to* town. '他**在去**城里。'
（14）The rain *is going to* come. '雨**就要**来了。'

这两个句子都用 is going to 动词形式，但意义却有相当大的不同，事实上我们可以说，这两个意思"在共时意义上无关"（Palmer 1965：163）。我们知道（14）这样的句子历史上源于（13）这样的句子，在 15 世纪之前不太可能说（14）这样的句子（参见 Jespersen 1911：217）。我们也知道这里讨论的是语法化的例证，句子（13）中的运动动词 be going to 形成（14）中的将来时，事实上 Palmer（1965：163）认为这是英语中"最纯粹的"将来时形式。

这里的断言是，从（13）中的动词性动作到（14）中的将来时范畴的转变具有隐喻性质，这主要基于以下原因：

a）隐喻的特征涉及一个称为"字面义"的意思和一个称为"转换义"或"隐喻义"的意思。在我们的例子中，is going to 在（13）中是"字面义"，不过我们似乎有某些理由称（14）中的意思为"转换义"。

b）隐喻涉及转换或者涉及意象图式从一个概念化域到另一个概念化域的映射（Sweetser 1988：393）。这就是本例所能观察到的转换，这里空间移动域被用作隐喻载体来指称直陈时间域：表示物理动作的动词 go to 充当概念化语法概念，即直陈时间的结构平台。

c）根据对于隐喻的不同描写，像 go to 这样的具体移动比时范畴这样更抽象的域概念"更容易掌握"。

d）Hoffman（1982：11）发现"从技术上讲，隐喻是不正常现象，因为隐喻违反了将词义归在一起的规则"；Ortony（1979：200）认为隐喻将语言拉伸到了超出其弹性限度的范围。根据最常提及的定义性标准之一，隐喻是偏误或错误断言，这一断言与我们的预期相抵触（参见 Davidson 1979；Ricoeur 1979：143；Swanson 1979：162）。我们推测，（14）这样的结构式进入英语并与（13）并列恰恰是这种情况，因为这涉及下面类型的不正常现象、规则破坏等：（i）动词 go to 通常要求人类主语，（14）中却是用非有生主语；（ii）语义上，动词 go 和 come 具有相对照的直陈状态。[①]

e）原因 d 很清楚地揭示，动词 go to 通常与人类世界相关联：从（13）可以看出它隐含人类施事和人类行为。然而在（14）这样的句子中，我们面对的世界却不一定是人类世界：

---

① 我们将在第 3 章看到，这一识解只抓住了相关发展过程的一个方面。这一过程涉及的第二个主要构件是第 3 章描述为语境引发的重新识解、连续体和转喻等概念的过程。

主语和动词都可以指称无生概念（具体分析参见7.1）。

　　f）隐喻表达式的一个常见但并不普遍的特征是，在特定语境中，隐喻表达式也可能理解为它们的字面义和非转换义。结果是形成了其字面义和转换义之间的语义模糊性，特别是"同义性"，这在 be going to 语例和语法化其他语例中都可以观察到。（15）句有歧义，它既可以识解为属于（13）的结构式类型，即 to work 是方所状语短语，也可以识解为属于（14）的结构式类型，这里它是动词不定式形式。[1]

　　（15）I am going to work. '我正在工作。/ 我将要工作。'

这些观察显示，从（13）到（14）转换的最明显描述是将其描述为隐喻。不过我们下文将观察到，情况稍微有点复杂。

　　除了隐喻之外，有人认为许多其他认知因素也是语法化，特别是语法化过程的原因。Jackendoff（1983：209-210）讨论话题和方所之间的对应关系，认为所涉及的"不仅仅是某些域具有其他域的结构，而是所有域实质上具有**同样的**结构"；他不用隐喻，而是提出某个"能够通过适当的具体化应用于任何域的抽象组织形式"。Traugott（1985b：49）提醒人们注意某些"具体化和空间化关系的上位认知组织形式"。

　　Brinton（1988：197）借用 Peirce 关于"伪像似"不同形式（"hypoicon"，即隐喻、意象、图解等；Peirce 1932：157）之间区别的论述，[2] 得出的结论是空间表达式和体表达式之间的关系，可以描述为图解性图标驱动，而不是隐喻性图标驱动。因为它基于

---

① 我们这里忽略了存在语音分化手段的事实，参见美国英语口语中 I'm going to work 和 I'm gonna work 的区别（Bybee，私人交流）。

② 三者都通过相似性运作，不过图解（diagram）显示的是部分之间的类推关系，而隐喻和意象据说和表示物（signata）之间具有相似性或共同特征。

"空间（或空间移动）中的物体和历时发展的情境之间的部分类推关系"。作者认为隐喻象似性基于真实平行，而图解象似性则基于结构平行。如果我们选择的视角与 Brinton 分析英语体系统的视角相似，那么这可能很有道理；不过我们下面段落的分析显示，导致语法化的转移模式不限于相关载体和话题之间的结构平行。

我们把这些区别放在一边，试图证明隐喻转移构成语法范畴发展过程中的主要推动力之一，也就是说为了表达更"抽象的"功能，就得征用具体项。我们所知的唯一主要反驳观点涉及语法化的连续统性质，这一性质更多显示为转喻结构的特征（参见 Traugott & König，付印中；Brinton 1988：198）。我们将在第 3 章和第 4 章证明，转喻和隐喻不但相互兼容，而且构成了语法化过程中必须出现的互补层面。

在目前研究阶段，我们还不清楚这里提出的框架是否或者在多大程度上为语言行为提供真实解释，不过在某种程度上，2.1 介绍的利用旧手段表达新功能的原则，可以视为提供了解释参数。另一方面，我们将构成本书核心概念之一的隐喻视为可以帮助理解，而不是解释语法化或语法行为的认知策略。

2.4.1 范畴隐喻

在类似 2.2 部分所描述的源结构发展成目标结构的过程中所发生的一切，大多可以描述为几个基本范畴。根据各自隐喻"抽象性"的相对程度，这几个基本范畴可以在下面的量表或链中做如下排列，我们将在下文做出证明。[1]

（16）人 > 物体 > 活动 > 空间 > 时间 > 质量

---

[1] Claudi & Heine（1986）提出并讨论了与此略有不同的量表。

值得注意的是，（16）不是本书提出的关于隐喻范畴的唯一量表，我们在第 6 章还会提出另外一个量表。

上文提出的范畴代表的是原型项，每个原型项包括一系列感知上和 / 或语言学上定义的概念，每个原型项可以被视为代表一个对结构化经验来说很重要的概念化域。每个原型项之间的关系是隐喻性质的，也就是说，其中的任何一个都可以用来概念化其右边的任何一个范畴。因此上面的排列可以识解为包含许多我们所说的"范畴隐喻"（categorial metaphors），例如**物体到空间**或**空间到时间**范畴隐喻等。其中第一个范畴是隐喻载体，第二个范畴是隐喻话题。例如在许多语言中，身体部位"背"的语素被用作表达空间概念"在……后面"的隐喻载体（**=物体到空间**，参见第 5 章）；后者又成为表达时间概念"在……之后"的隐喻载体（**空间到时间**）。①

活动范畴在 Claudi & Heine（1986）的研究中被称为"**过程**"，大体对应于 Lyons（1977：483）所说的"动态情境"（dynamic situation），它包含行为、活动、事件和过程。所有这些项中最模糊的是**质量**范畴，很可能将来的研究将证明**质量**范畴是多种差异很大的概念化的某种总称。例如它可以指与动态情境相对的状态，或者与物理概念相对的非物理概念。

Claudi & Heine（1986：308）提出**空间到过程**隐喻，根据这一隐喻，**过程**范畴隐喻派生于**空间**范畴。更多新近研究显示，这一观点不具有充分的证据基础。现在看来这两个范畴的顺序应该反过来；因为有明确的证据证明，空间概念一般派生于表示活动的概念。在许多过程动词重新分析为方所小品词的语言中可以找

---

① 在许多语言中，使用另一个**时间到质量**隐喻，其结果是语素"背"又获得"思想上落后、沉闷"的含义（见下文）。

到这种证据。例如在埃维语（Ewe）中，很多动作动词已经语法化
为方所副词（Hünnemeyer 1985：92-114）。这样，在（17）中，
动词"下来，下去"具有动词的所有特征；而在（18）中，它只
具有意为"向下"的副词功能，不再具有类似动词的表现特征，
也就是说，它不再具有人称、时、体、否定等方面的屈折变化：

（17）me-ɖi   le   sɔ́   dzí
　　　1ST-下来   系词   马   上
　　　'我从马背上下来。'

（18）me-tsɔ́-e   da   ɖi
　　　1ST-拿-3SG   放   下
　　　'我放下它。'

　　与这些语例类似的语例，对于学界讨论较多的方所主义假
说（localist hypothesis）来说也很重要。根据方所主义假说，空
间概念比其他概念更基本，因此显然为后者提供了模板（参见
Anderson 1971；Lyons 1977：718ff.；Jackendoff 1983：210）。这
一假说在某些语法领域，例如格标记中得到支持（参见 6.4），对
于某些更"具体"的概念，例如这里讨论的概念，却不成立，这
里可以很清楚地证明**空间**范畴是派生范畴。更多证据参见 7.2.3。

　　值得指出的是，我们讨论的是隐喻的特定类型。首先，我们
将在第 3 章证明（同时参见第 4 章），这一类型的隐喻似乎基于
转喻性质的概念链结构。其次，它可以松散地被指称为"经验隐喻"
（experiential metaphor），其主要功能是用具体的或不太复杂的现
象去描述和 / 或理解抽象或概念上复杂的现象。这意味着这里不讨
论用来增强话语表达力的表达性隐喻（expressive metaphors）或者
用来掩盖或模糊化事实的禁忌隐喻（taboo metaphors；参见 Claudi
& Heine 1986：299）。

　　许多研究者或隐含或明确地认为，不管我们研究词汇还是研究语法，语言中所观察到的隐喻过程是一样的。我们自己的观察显示，语言结构的这两部分在适用隐喻类型方面的表现有很大不同。词汇允许所有上述三种类型的隐喻，语法范畴则似乎只涉及"经验隐喻"。这一事实可以解释这两部分表现的核心区别：语法语素的发展是单向性的，它是从更"具体的"意义到更"抽象的"意义的变化（参见 2.3.2）；词汇的发展则没有这一限制。

　　我们可以用下面的例子展示这一区别。斯瓦希里语（Swahili）mbele '前边，前部'经由身体部位词隐喻派生于意义为"乳房"的名词，根据这一隐喻，身体部位词提供了概念化空间定位的便利载体（参见第 5 章）。mbele 进一步语法化为方所格［"前部、在（……的）前部"］和时间标记（"在……之前"）；通过这一途径，mbele 变得"更加抽象"（具体参见第 5 章）。然而作为名词性语素，mbele 则获得"更加具体的"意义：它被用作禁忌隐喻的载体，从而获得（"前">"前部">"雄性性器官"）的意义。

　　Claudi & Heine（1986）讨论了范畴隐喻这一术语及这一术语与 Lakoff & Johnson（1980）所提出的概念隐喻的区别方式。一个主要区别性特征是前者比后者更具包容性；一个范畴隐喻通常包含几个概念隐喻群。有一个例子可以充分展示这一区别。Lakoff & Johnson（1980：14–21）提出许多概念隐喻，这些隐喻都有一个相同点：都用上和下的差别作为隐喻载体，即下面的例子：

（19）高兴是上；悲伤是下。

　　　　有意识是上；无意识是下。

　　　　健康和生命是上；生病和死亡是下。

　　　　具有控制或力量是上；被控制是下。

　　　　更多是上；更少是下。

高地位是上；低地位是下。

好是上；不好是下。

美德是上；邪恶是下。

理性是上；感性是下。

这些概念隐喻的相同点似乎是为了概念化物理的、社会的、心理的、道德的或者其他的状态或质量而使用空间定位，或者简而言之，为理解"X是什么"或"X的感受""X在哪儿"充当了隐喻平台。这一概念隐喻群出现在上文（16）包含的一个范畴隐喻，即**空间到质量**隐喻之中，这一隐喻将情境、状态或质量隐喻表达为方所概念。

范畴的排列是单向性的；它从左到右进行，可以用"隐喻抽象性"（metaphorical abstraction）定义，即每个既定范畴比左边的任一范畴"更抽象"，且比右边任一范畴"更不抽象"。这与我们的观点相一致：语法化是解决问题策略的结果，根据这一策略，更直接接近人类经验的概念被用来表达不太接近人类经验的更抽象的概念。

存在一些违反单向性原则的例子（见1.1）。上面展示的范畴隐喻之一（=**空间到时间**）要求时间概念化为空间，这通常会发生；不过也存在一些相反的例子，也就是证明时间充当表达空间概念平台的例子。下面的句子似乎就是一例。这个例子中，时间标记still和already获得空间意义：[1]

（20）Buffalo is still in the States, but Hamilton is already in Canada.

'布法罗仍在美国，但汉密尔顿已经在加拿大了。'

---

[1] 我们打算称这些标记为反预期标记，关于这些标记，参见7.3。

在词汇借用和皮钦化过程中，偶尔可以观察到时间源项在接受语中获得一系列含义，包括空间含义。例如 Keesing（付印中）通过观察发现，在所罗门群岛（Solomon Islands）的皮钦英语中，源于英语 first time 的 fastaem 形成时间前置词［如（21）］；某些所罗门皮钦语较年长的马莱塔语（Malaita）使用者将其用作空间标记［如（22）］：

（21）fastaem long faet
　　　'战斗之前'
（22）fastaem long haos
　　　'房屋之前'

另外，学界也报道了一些去语法化（degrammaticalization）的例子（参见 Greenburg，付印中）；Campbell（付印中）展示了爱沙尼亚语（Estonian）副词 ep '对，确实，是这样的，那么' 的例子，副词 ep 据说产生于非能产性断言后缀，作者认为这是去黏着语素化（decliticization）的例证。[1] 这样的例子非常少见，在下面的章节中将被忽略。

参照 Pepper（1970：85ff.）和 Mac Cormac（1985：47–48）所引介的术语，我们可以说范畴隐喻是"根隐喻"（root metaphor），而概念隐喻则通常是"传送隐喻"（conveyance metaphors）：前者用来理解整个人类经验域或物理世界域，后者则一般基于孤立经验，只提供有限域里的隐喻理解。例如 Mac Cormac（1985：48）发现许多用来拟人化器官或物体的隐喻，一般用作个体根隐

---

[1] 这一变化涉及语素边界的重新分段，词干末尾的元音被重新分析为后缀的一部分，进而最终成为新副词的唯一元音。（Ariste 1973：37；Campbell，付印中）

喻。① 这恰恰是（16）中所包含的**人到物体**隐喻，根据这一隐喻，无生或非人类物体（**物体**）概念化为人类物体（**人**）。在 Lakoff & Johnson 的论述中（例如 1980：34，47，48，134），许多概念隐喻似乎可以被归入范畴隐喻，如（23）所示：

（23）工具是同伴

通货膨胀是对手

主意是人

爱是病人

我们将在 7.1 更详细地讨论根隐喻。

范畴隐喻的出现在整个话语语篇、命题、单个概念，或者使用特定范畴的语境中皆有不同反映。例如许多语言中有表示"和……一起"的伴随格置词，它们和无生命名词合用时表示工具，和某些抽象名词合用时表示方式。在这种情况下，隐喻的结果是将工具概念化为伴侣，将质量概念化为工具，下面的例子似乎就是这种情况：②

例子	语法功能	隐喻范畴
（24a）He fought with John. '他和约翰一起战斗。'	伴随格	**人**
（24b）He fought with a knife. '他用一把刀战斗。'	工具格	**物体**
（24c）He fought with skill. '他灵巧地战斗。'	方式	**质量**

前置词"with"表达完全不同的范畴或经验域，这似乎是它使用于

---

① Mac Cormac 用"基本隐喻"（basic metaphor）取代"根隐喻"（root metaphor）的概念。

② 比较上文提到的**工具即伴侣**概念隐喻（Lakoff & Johnson 1980：134–135）。

不同语境中的功能，而不是其本身概念特征的功能。

在（24）隐喻范畴链的底层，似乎存在一个可以用自我中心距离（egocentric distance）描述的，从最接近人类经验的范畴（**人**）到最远离人类经验的范畴（**质量**）的认知活动。①

在目前研究阶段，我们还不清楚不同隐喻范畴是否如上文的论述所证明的那样构成线性结构。我们假定这些隐喻范畴的底层存在某个自我直陈（egodeixis）的规则，Diehl（1975）在研究格语法中的一系列可比较项时也做了类似的假定。这些隐喻范畴之间的相互关系可以更恰当地描述为大体表示为图 2.2 的内部 / 外部演进（inward/outward progression；参见 Diehl 1975：117）。在这一结构中，很多概念域很难定位，**领属**就是其中之一。在现有证据的基础上，特别是基于下面的观察，我们可能会认为这一域位于**活动**和**空间**这样的域的右边。

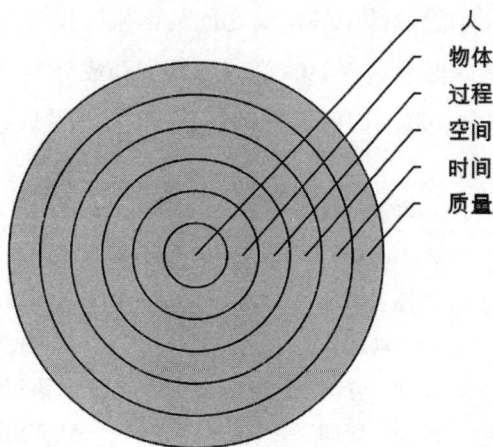

图 2.2　内部 / 外部演进中的隐喻范畴

① 许多研究者也做了类似的观察。例如 Fleischman 认为，人类语言是"本质上以人为中心的"（fundamentally **egocentric**），因为"人们倾向于谈论他们自己和与他们直接'相关'的事情：人类直接世界中的物体、事件和其他人"（Fleischman，付印中）。

领属不具有空间左边任何范畴的任何显性特征：例如它不具有类物的、空间的或过程的轮廓，我们最好把它理解为非物理的、时间稳定的项，与质量和状态类似。[1]

对于非洲语言领属结构式的调查显示，表达领属的最显性供给域（donor domain）是**空间**（"Y 在 X 的地方" > "X 拥有 Y"）和**活动**（"X 抓住 / 拿住 Y" > "X 拥有 Y"）。鉴于语法化底层的单向性原则，我们应该假定领属位于这两个范畴的右边，这两个范畴充当了领属概念的来源。

不过情况略微复杂一点，我们将在第 7 章看到，存在另一个更"抽象"层级的概念化，**领属**和其他一些关系范畴位于该层级（参见 7.2.3）。

2.4.2 范畴及其关联

上文所展示隐喻链中的范畴之间的区别，反映在语言结构的各种层面。例如似乎这些隐喻范畴与词类和成分类型的区分之间存在某种形式的关联，因此可以建立下面的原型关联：

范畴	词类型	成分类型
人	人类名词	名词短语
物体	具体名词	名词短语
活动	动态动词	动词短语
空间	副词、置词	状语短语
时间	副词、置词	状语短语
质量	形容词、状态动词、副词	修饰语

Croft（1984）讨论语义、语用和句法范畴化之间的关系，认

---

[1] 另外的观点参见 Lyons（1967）。方所结构可能构成领属概念的最常见来源，不过这一事实并不能使领属本身归入方所格。

为句法范畴与它们的语用和语义表现之间存在值得注意的关联。作者的研究方法基于 Jakobson 标记理论和原型研究有关发现的结合，其结论是原型名词、动词和形容词具有下面的"自然"关联：[①]

句法范畴	语篇功能	语义类别
名词	指称	（物理）物体
动词	谓词	（物理）动作
形容词	修饰	（物理）属性

正如 Croft 的描述所显示，他所定义的三个范畴和这里区分的范畴之间存在大致对等的关系：名词 = **人**或**物体**，动词 = **活动**，形容词 = **质量**。

另外，学界区分的语序或成分顺序的决定因素，似乎按照与底层认知模型类似或相同的方式排列（参见 Allan 1987）。例如 Givón（1984b：174）提出的格层级，似乎通过下面的方式与这里区分的隐喻链之间建立关联：

格功能	原型范畴
施事格	**人**
受益格	**人**
与格	**人**
受格	**物体**
方所格	**空间**
工具格及其他	**质量**

与此相类似，人称层级、社会地位层级和角色层级这样的结

---

① Croft（1984：59-60）提到只有核心成员展示其范畴的完全语法表现。例如，名词包括数、定指性、性、格、NP 移位；动词包括时 / 体、语气、主语、宾语、一致关系、谓词语序；形容词包括比较级、层级性、修饰语形态句法。

构（参见 Allan 1987：57ff.）似乎隐含一个基本模型。根据这一模型，人类范畴先于非人类范畴，非人类范畴先于涉及非物理、类质量指称物的更抽象的范畴。

2.4.3 范畴的内涵

2.4.3.1 范畴和代名词

语言结构中最清晰反映上文所区分范畴的领域是代名词领域，疑问代词一般以很大程度上反映这些范畴的方式组成词汇结构。为了更详细地研究认知分类和形态-语言分类的关系，我们进行了一个涉及 14 种语言的小范围即兴调查。[①] 我们抽取表达下列疑问范畴的代名词表达式：

范畴	注解	范畴	注解
人	'谁?'	时间	'什么时候?'
物体	'什么?'	质量 / 方式	'怎么?'
活动	'什么?'	目的	'为什么?'
空间	'哪儿?'	原因	'为什么?'

这个调查的目的是获得某种证据，以证明代名词的形态结构能否或者在多大程度上能够佐证某些范畴的认知轮廓，这些范畴是导致语法化的隐喻转移的一部分。在 2.4.1 讨论的范畴之外，我们选取了两个"更抽象的范畴"，即**目的**和**原因**。我们的目的是找到某些可量化的跨语言数据，不过我们并不苛求这些例子一定

---

① 我们只调查了我们能方便地获得资料的语言，包括 6 种印欧语系语言（荷兰语、英语、法语、德语、意大利语和瑞典语），7 种尼日尔-刚果语系语言［班巴拉语（Bambara）、博勒语（Baule）、埃维语（Ewe）、瓜里语（Gwari）、伊博语（Igbo）、科兰科语（Koranko）和斯瓦希里语］，一种亚非语系语言［阿姆哈拉语（Amharic）和一种马来-波利尼西亚语系语言［通加语（Tonga）］。我们感谢 Jürgen Broschart 提供的通加语语料。

具有代表性。

这项调查的一个我们并未预见到但值得提及的结果是，我们观察的 14 种语言中，没有一种语言使用不同的形态表达式表达**物体**和**活动**。因此在这些语言中，疑问代词"什么"不但表示具体项（如"你喝什么？"中的"什么"），而且表示动作或事件（如"她干什么？"中的"什么"），这一事实似乎证明这两个范畴之间存在特殊认知关系。[①] 鉴于在我们所观察的这些语言中**物体**和**活动**具有同样的形态表达式，在本章剩余部分我们对二者不加以区分，我们将用**物体**概念总括二者。[②]

有三个疑问代词显示语音和形态方面的最小复杂性，这三个疑问代词是表示**人**、**物体 / 活动**和**空间**的疑问代词，这三者在多数语言中表示为单语素或单音节形式。**时间**和**方式**范畴稍微复杂一些：它们通常也表达为包含单个语素的形式，但单音节代词却不太常见。

不过有一种语言，即通常引为分析–孤立语（analytic-isolating language）例证的埃维语（Ewe），却不遵循这种模式。在该语言中，疑问代词通常由两个语素构成，一个语素是一个名词，另一个语素是一个疑问修饰词（"哪一个"），如下例所示：

埃维语		注解
ame-ká	人–哪个	'谁？'
nú-ká	东西–哪个	'什么？'
afi-ká	地方–哪个	'哪儿？'
re-ká-yi	小时–哪个	'什么时候？'

① Keith Allan 认为**活动**隐含命题，它本身就是个抽象物体（私人交流，1987 年 9 月 28 日）。

② 不过，Ultan（1978c：229）指出，在有些语言中存在疑问动词替代结构，例如汉语中的"干吗"和西部沙漠语（Western Desert）的 ya.ltji-。

　　某些皮钦语的发展过程中也可以观察到同样的模式。例如在肯尼亚皮钦斯瓦希里语［Kenya Pidgin Swahili（KPS）］，即肯尼亚内陆地区使用的一种皮钦化的斯瓦希里语变体中（Heine 1973），标准斯瓦希里语的疑问代词已经丢失，一套特定的名词被用来引入代名词概念的新范式。这些概念和上文区分的认知域完全相符：

域	概念类型	KPS 名词充当代名词表达式的来源	
人	人类概念	m-tu	'人'
物体	通常的非生物概念	kitu	'东西'
活动	事件、过程和动作	kitu	'东西'
空间	空间关系	ma(h)ali	'地点'
时间	时间关系	saa	'小时'
		siku	'天'
质量	状态和质量	namna	'方式，类'

　　与特定修饰语结合，从这些名词发展出两种代词：和 gani '哪一个？'结合时发展出疑问代词，和远指指示语 ile '那（个）'结合时发展出关系小句从属代词。

标准斯瓦希里语形式		KPS 疑问代词		KPS 关系代词
nani	'谁？'	mtu gani	'谁？'	mtu ile
nini	'什么？'	kitu gani	'什么？'	kitu ile
wapi	'哪儿？'	mahali gani	'哪儿？'	mahali ile
lini	'什么时候？'	saa gani	'什么时候？'	saa ile
		siku gani	'什么时候？'	siku ile
vipi	'怎么？'	namna gani	'怎么？'	namna ile

值得注意的是，有两个构成时间代词来源的名词：saa '小时'和 siku '天'。在 KPS 代词中，这两个词之间的语义区别得以保留，但是以稍有变化的形式保留：saa gani 和 saa ile 指短于一天的时间段，siku gani 和 siku ile 指长于一天的时间段。

在表示单语素形式时，我们忽略了在许多语言的疑问范式中出现的"次语素"（sub-morphemic）成分。例如德语中有个成分 w- 引导疑问代词：w-er '谁？'、w-as '什么？'、w-o '哪儿？'、w-ann '什么时候？'、w-ie '怎么？'、w-ozu '为什么？'、w-arum '为什么？'。斯瓦希里语有两个这样的成分 -ni 和 -pi：na-ni '谁？'、ni-ni '什么？'、li-ni '什么时候？'、wa-pi '哪儿？'、vi-pi '怎么？'。虽然这些成分可以在形式上与现有语素建立联系，但它们不是相关语言形态库的能产性部分。[①]

根据它们的形态表现，这里讨论的代词可以分为两类。第一类包含所有表示 2.4.1 中所区分概念范畴的代词（见下表）：

范畴	代名词意义
人	'谁？'
物体 / 活动	'什么？'
空间	'哪儿？'
时间	'什么时候？'
质量 / 方式	'怎么？'

这些代词在大多数语言中表达为一个单词形式。第二种形式包括**目的**功能和**原因**功能，它们表现出更复杂的形态。多数语言至少使用两个词表达二者，其中一个词派生于上文的某一代词〔几

---

① 例如斯瓦希里语代词 vi-pi '怎么'可以分析为包含名词类前缀 vi-（8 类名词）和疑问词根 -pi '哪一个'。

乎总是派生于**物体**代词（什么）]，另一个通常是格标记语素。①

　　我们现在还不清楚代词的语言形式和认知结构之间的确切关联性，不过我们可以初步得出几点假定：首先，代词所展示的相对形态复杂度很可能在某种程度上和相对认知复杂度之间存在关联。这和 Clark & Clark（1978: 230）提出的"复杂度原则"（complexity principle）相一致，这一原则认为"思维的复杂度通常反映为表达的复杂度"。例如一个跨语言表达为双语素形式的疑问代词，很可能在概念上比仅表达为一个语素的疑问代词更复杂。其次，不同类别的名词范畴之间的形式相似性，可能显示这些范畴之间存在某种概念关系。我们引用了物体范畴和活动范畴的例子，这两个范畴在我们所有的样本语言中具有相同的形态形式（例如英语 what？）。基于这一假设，我们提出下面的概括。

　　表示人范畴、**物体/活动**范畴、**空间**范畴、**时间**范畴和**质量**范畴的疑问代词，显示最低的形态复杂度，在我们考察的所有语言中，这些都被明确加以区分。这可能显示，一般而言，语法化过程包含的隐喻范畴实际上是范畴领域的突显类。

　　鉴于**目的**范畴和**原因**范畴的表达需要更复杂的语言形式，与上述范畴相比，这两个范畴似乎具有不同的性质。不过这二者在多数情况下表达为由一个表示**物体**范畴的代词加上某一（某些）附加形态成分构成的符号，这一事实似乎显示这两类范畴之间存在某种系统的关系。**目的**范畴和**原因**范畴具有更复杂的语言表现，这一事实似乎和下面的观察相联系：它们构成了更"抽象"概念化层的一部分，我们在第6章和第7章（特别是7.2.3）将做进一步讨论。

---

① 像英语中疑问代词 why 这种仅包含一个语素的情况，在我们的语言样本中占绝对少数。

2.4.3.2 Jackendoff 的本体范畴

Jackendoff（1983）提出与上文范畴类似的一系列项，他的项表示为"本体范畴"（ontological categories），其现今的对应概念如下：[①]

范畴	Jackendoff 的主要本体范畴	范畴	Jackendoff 的主要本体范畴
人	……	……	方向
物体	东西	时间	……
活动	动作	质量	方式
……	事件	……	数量
空间	地方		

这两个列表之间的区别，在某种程度上反映了所追求目的的区别。我们这一章的主要兴趣点，是反映在隐喻行为中的范畴化，Jackendoff 则似乎一方面关心本体范畴和特征之间的关系，另一方面关心（句法）短语成分和概念成分之间的区别（参见 Jackendoff 1983：67）。这一观察似乎可以解释这样一个事实：**人**范畴和**物体**范畴之间的区别对于我们的框架来说至关重要，对于 Jackendoff 的解释来说则在很大程度上不相关。另一方面，Jackendoff 提出**数量**是主要本体范畴，但它似乎不是隐喻化的主要范畴。**动作**范畴和**事件**范畴、**地方**范畴和**方向**范畴，这两对范畴是否可以分别归入两个更普遍的范畴——**活动**范畴和**空间**范畴，有待将来的研究做出评判。

2.4.4 两种隐喻

本书的主要部分之一是讨论隐喻转移。不过值得注意的是，我们仅仅讨论死亡的或"固化"的隐喻；我们的核心工作是，当认知活

[①] 正如 Jackendoff 所指出的，这一列表并未穷尽所有可能性："这些范畴仅仅碰巧是语言证据和视觉证据都最突显展示的范畴"（Jackendoff 1983：56）。

动在现今语言使用中出现时，对其进行重构。与此相适应，我们在任何时候讨论隐喻，都指的是在过去的某个时间已经发生的过程。[①]

在 2.4.1，为了描述在语法化过程中观察到的隐喻，我们引入多种类型区别。我们指出，我们感兴趣的仅仅是我们称为经验隐喻的隐喻，表达隐喻和禁忌隐喻与定义语法化无关。另外，我们指出我们这里不研究基于孤立经验或范围受限的隐喻，例如 Pepper（1970；Mac Cormac 1985）的传递隐喻，也不研究 Lakoff & Johnson（1980）的概念隐喻，我们只研究一种包含较多类型的根隐喻，我们称之为范畴隐喻（Claudi & Heine 1986）。

最后，我们增加了另外一种对于更好地理解下面的章节来说至关重要的类型区别：我们将区别两种形式的隐喻，因为缺乏更合适的术语，我们分别称二者为"创造性"隐喻（"creative" metaphors）和"浮现隐喻"（"emerging" metaphors）。[②] 二者的区别仅仅是它们各自的来源，这并不是说创造性隐喻不会在某种程度上"浮现"，或者浮现隐喻不涉及创造性。

隐喻有时被描述为偏异谓词（deviant predication），或者与我们的预期相违背的和 / 或涉及故意违反规则（有目的地破坏规则）的不实命题或错误命题（参见 Winner 1979：472；Davidson 1979；Ricoeur 1979：143；Swanson 1979：162）。这恰恰是创造性隐喻开始的标志：形成了新表达式，它包含不实谓词和涉及有意违反概念 / 语义规则。在理想状态下，例如当 Ernest Rutherford 和 Niehls Bohr 提出物理学上的"一个原子就是一个太阳系"隐喻（Hoffman 1982：8-9）的时候，从未有人说过这一表达式。用

---

① 我们在第 9 章将看到，这并不意味着我们在这里只讨论属于历时领域的现象。

② 这一区别很大程度上对应于 Cohen（1966）和 Ricoeur（1986：90，111）关于创造性隐喻（schöpferische Metapher）和功利性隐喻（Gebrauchs metapher）或习惯性隐喻（Gewohnheits metapher）的区别。

编码的规则不能解释创造性隐喻：隐喻载体域离话题太远，因而隐喻谓词必定构成对编码的违背。

另一方面，浮现隐喻出现时则不会形成新表达式，它们的出现基于已经存在的谓词。它们出现的原因是现有谓词（不少时候还是常用谓词）被引入新语境或被应用到新情境，从而获得扩展义，例如当表达式 to have a clean slate '有清白历史'和 to clean the slate '洗清历史'在 slate 的最初意义"石板"不再适用的情境下开始使用。在这种隐喻中，载体通常被视为话题的概念扩展，而不是属于一个完全不同的概念域。

这一区别的更显著特征之一，似乎涉及心理和语用各自所起的作用：创造性隐喻心理动机高，但语用动机低；浮现隐喻则是相反情况（参见 Levinson 1983：161）。浮现隐喻实际上是语用驱动的。它们的存在，得益于话语蕴涵和特定语境重新识解这样的张力，它们的发展更涉及转喻，而不是编码违背或概念"跳跃"（参见 2.4.5 和第三章）。

这一简单的描述可能给人造成这样的印象：我们研究的是明晰的类型区别。实际并非如此，即使不是不可能，我们通常也很难分辨出在什么地方或者在多大程度上涉及创造性行为、编码违背行为、话语蕴涵行为或其他类似行为。这两种隐喻似乎可以被理解为由二者特征构成的量表的极点，这些特征有不同比例的差别。

在共时平面，我们很难，甚至在很多情况下不可能分辨出某个隐喻是创造性隐喻还是浮现隐喻。尤其是因为本书剩余部分不再讨论创造性隐喻，所以继续区别二者仍有必要。我们只关心浮现隐喻，因为它们呈现的是语法化过程中能够观察到的唯一类型的隐喻转移。不过值得注意的是它们和隐喻的原型概念并不完全对应；事实上，不少研究者只接受创造性隐喻为"真正的"隐喻，关于这一话题的多数论著也仅限于讨论创造性隐喻。

2.4.5 隐喻和转喻

在这里提出的框架内隐喻仅仅构成语法范畴形成过程中涉及的思维活动的一种。另一个主要活动是转喻，我们可以把转喻定义为一个项的名字被用来指称另一个与该项具有某种临近性的项的修辞格（参见 Taylor 1989：122）。不过，我们将在更广意义上使用该术语，它包含相关修辞格，例如基于临近性来指称相关性的提喻（参见 Lakoff & Johnson 1980；Rudzka-Ostyn 1988：521；Traugott & König，付印中）。

这里做出的断言是，语法化是隐喻和转喻二者相互作用的结果，我们在第 3 章和第 4 章将会更加详细地讨论这一断言。事实上这里讨论的隐喻，即"浮现"型的隐喻（参见 2.4.4），似乎预设某种转喻。这一观点似乎与许多语言学家、哲学家和心理学家表达的观点有所不同，他们认为或暗示隐喻和转喻形成相互区别、相互排斥类型的表达式。

在这方面最具影响力的语言学著作是 Jakobson & Halle（1956），作者将这两种修辞的二分法区别描写为反映"语言（或其他符号系统）的两极结构"，似乎它"对于所有言语行为和普遍人类行为具有首要的意义和后果"（1956：78-79）。他们提供的许多富有启发性的例子显示这个二分法不限于语言结构，最突显的例子归纳为表 2.3。

表 2.3　隐喻、转喻二分法的某些表现形式
[据 Jakobson & Halle（1956）]

隐喻	转喻	语境
相似性	临近性	常规
诗歌	散文	文学体裁
浪漫主义	现实主义	文学流派

续表

隐喻	转喻	语境
超现实主义	立体主义	绘画流派
"认同"和象征主义	"移位"	Freud（1950）
"顺势疗法"或"模仿魔力"	"感染性魔力"	Frazer（1950）

Jakobson & Halle 研究两种类型的失语症干扰（aphasic disturbances），即相似性紊乱（similarity disorder）和临近性紊乱（contiguity disorder），发现前者对隐喻陌生，正如后者对转喻陌生一样。他们的结论是根据隐喻方式，通过二者之间的相似性，一个话题引出另一话题；而根据转喻方式，话语顺着话题临近性的线形成。在他们提供的例子中，下面的例子可以展示这一观点：

> 同样的刺激产生了下面的替代性反应：hut 的无谓重复；同义词 cabin 和 hovel；palace 的反义词，以及 den 和 burrow 的隐喻。一个词替代另一个词的能力是位置相似性的例证。另外，这些反应都通过语义相似性（或对比性）与刺激相关联。对于同一刺激（例如 thatch，litter 或 poverty）的转喻反应，结合了位置相似性和语义临近性，并进行对比。
>
> （Jakobson & Halle 1956：77）

作者认为，这两个过程在口语行为中都持续发挥作用，不过在文化类型、个性和 / 或口语类型的影响下，人们会偏向一个过程，而舍弃另一个过程。

不过，这一二分法也被描述为"引力极"（gravitational poles）：相似性关系在某些语境下胜出，而临近性关系则在另一些语境中胜出。例如在俄语抒情歌曲中，隐喻占主导；在英雄史诗中，转喻则占主导。另一方面，当出现涉及相互排斥选项的时候，二分法就会出现，因此失语症会固定于两极之一，并排斥另一极。

在本书中，我们关注的焦点是隐喻和转喻关系的另一略微不同的视角。确实存在某些只有隐喻没有转喻，或只有转喻没有隐喻的例子，不过人类语言中观察到的更常见的范式似乎是二者不相互排斥，而是相互补充。

Goossens（1989）在其关于修辞表达式，尤其是关于英语身体部位词修辞表达式的调查中，讨论了"没有转喻的隐喻"和"纯转喻"的例子。作者将 put words into somebody's mouth 或 bite someone's head off 这样的表达视为前者的例证，而把 keep one's mouth shut 或 be on one's feet 视为后者的例证。不过 Goossens 关于身体部位词的样本中，超过一半的语例项既非纯粹的隐喻，也非纯粹的转喻，而是两个过程都有涉及。他认为隐喻和转喻相互作用的方式存在两种主要模式，即下面两种模式：

a）转喻在隐喻中起作用：表达式主要是隐喻性的，不过转喻也是它的一部分［例如：to bite one's tongue off, to stick in one's throat, to catch someone's ear 等，即"隐喻中的转喻"（metonymy within metaphor）］。

b）隐喻和转喻在修辞表达的某些用法中并存：隐喻识解是正常的识解，不过也可以说隐喻识解源于转喻识解。一个例子是 close-lipped，在转喻识解的情况下，这一表达式可以改述为 having one's lips closed。在隐喻识解的情况下，所涉及的人的嘴唇通常不合起来［"源于转喻的隐喻化"（metaphorization from metonymy）；Goossens 1989：15，19-20］。

Goossens 进一步认为，从一个认知域到另一个认知域，这两个过程相互作用的方式会有所不同，他通过观察声音表达域来展示这一观点。非人类声音，例如动物声音（bark, cackle, purr, squeal 等）或人造声音表达式（harp on, pipe down/up 等）在表达人类说话方式时通常用作隐喻表达。人类声音，例如 giggle，snort, wheeze 等，总是用作转喻表达，"这时转喻可以很容易地发展为隐喻"（Goossens 1989：16）：giggle 可以表示"傻笑着表达或说"（转喻识解），也可以表示"像傻笑的人一样做某事"（隐喻识解）。后者就是隐喻派生于转喻的例证。

我们将在下面的章节证明，Goossens 关于"转喻和隐喻总的说来有清晰的区分，在实践中二者并不总能分开"（1989：19）的观点，与语法结构的概念化有特别的关联。

3 语境诱发的重新识解

> 正因为我们的概念图式是一个滑动量表而非体验的哲学分析，所以我们事先不知道该将一个指定概念放在量表的何种位置。换句话说，我们必须舍弃井然有序的范畴分类。
>
> （Sapir 1921：107）

在第 2 章中，我们将隐藏在语法化底层的过程描述为问题解决策略（problem-solving strategy）的结果，即用不太"抽象的"概念理解"抽象的"概念这一策略的结果。这一过程在本质上是隐喻，它含有从一个认知域到另一认知域的离散步骤的转换。在本章中，我们会证明该转换仅仅构成相关过程的一方面，我们主张存在另外一个视角，这个视角认为该过程也是渐变的和持续的，而非离散的和间断的。

3.1 间断性与持续性

我们将举概念"背"（BACK）为例证明这一点。我们的例子涉及埃维语（Ewe）中的名词 megbé '背'。[1] 上文已经提到从身

---

[1] 我们将专门关注这个词素的认知结构。它的形态句法相关性将在 8.4 讨论，同时参见 5.3。

体部位名词（"背"）发展为前置词和／或状语词性语项（"在……
之后、后面"）这一变化。根据 2.4.1 所讨论的范畴隐喻的结构，
这一变化可以用埃维语语素 megbé 进行重构，主要涉及如下范畴：

（1）物体 > 空间 > 时间 > 质量

因而，在（2）句中 megbé 表示身体部位，是一个物体范畴；在
（3）句中，megbé 表达的却是方所内容（**空间**）——它或者作为
副词［如（3a）］，或者作为后置词［如（3b）］；而在（4）中，
megbé 表达的是一个时间内容（**时间**）；最后，在（5）中 megbé
带有另外一个意义，即"智力迟钝"，这个意义既不表示类事物
概念，也不表示时空概念，而是表示一个**质量范畴**。

（2）épé   megbé   fá

  　3SG. POSS 背   系词.冷

  　'他的背是凉的。'

（3a）é-le   xɔ   á   megbé

  　　3SG-系词   房子   DEF   在……后面

  　　'他在房子后面。'

（3b）é-nɔ   megbé

  　　3SG-停留   在……后面

  　　'他待在后面。'

（4）é-kú   Ie   é-megbé

  　3SG-死   系词   3SG. POSS-在……后面

  　'他死在他之后。'

（5）é-tsí   megbé

  　3SG-保持   在……后面

  　'他落后了／木讷。'

虽然这种依据隐喻转换的识解能够解释 megbé 的许多"多义"现象，但还是存在一些问题，其中一个问题涉及语义模糊性。在许多使用这个语素的句子中，megbé 可能同时指称多个上文区分的范畴。例如在句（6）中，megbé 可以同时指身体部位（"背"）和一个无生（inanimate）物件的"后部"；在（7）中它可以指一个物体的"后部"或该物体"后部空间"；句（8）中，它可以有空间或者时间的意义；最后，句（9）［＝（5）］则既有时间意义，也有质量的意义。

（6）megbé　　　keke- áɖé　　　le　　　é-sí
　　　背　　　　　宽-INDEF　　　系词　　3SG. POSS-手
　　　（a）'他有宽背。'
　　　（b）'它的后部很宽。'

（7）dzra　　　xɔ-á　　　　　pé　　megbé　　ɖó
　　　准备　　　房子-DEF　　的　　背　　　　准备好的
　　　（a）'准备房子的后墙。'
　　　（b）'准备房子后的区域。'

（8）é-le　　　　　megbé　　　　ná-m
　　　3SG-系词　　在……后　　　向-1SG
　　　（a）'他在我后面（空间上）。'
　　　（b）'他落后了。（＝他不能与我同步）'

（9）é-tsí　　　　megbé
　　　3SG-停留　　在……后
　　　（a）'他停留在后面 / 迟到了。'
　　　（b）'他落后了 / 木讷。'

看来这些意义交叠的例子并非偶然，而是构成从身体部位名词到语法语素发展的一个固有部分，因此**物体**、**空间**、**时间**和**质量**这些范畴并不是彼此孤立的。

这种类型的交叠并无特别之处，它是语法化过程的一个普遍特征，被 Heine & Reh（1984：57—59）描述为"分裂"（split）。[①] 例如 megbé 从一个"类物"（**物体**）向一个空间项（**空间**）的转变并不一定意味着后者对前者的突然替代，而是存在一个阶段，在这一阶段至少某一段时间内，前者和后者共存并产生交叠。

下面是同上文隐喻结构有关的第二个问题。隐喻结构可以识解为离散但重叠的范畴链，也可以同样识解为内部没有明确界限的连续统。我们注意到句（2）至句（5）中显示存在**物体**、**空间**、**时间**或**质量**这些相互区别的范畴，不过我们同样可以区分出处于这些范畴中间的概念项。例如下面的例子显示**物体–空间**链至少由四个这样的项构成：在（10）中，megbé 指身体部位"背"（**物体/人**）；在（11）中它从人（或动物）的身体转换到另一物理项，意义为"背部"（**物体**）；[②] 在（12）中 megbé 进一步从 X 的"背部"转换到 X 的"后部空间"，也就是说，它表示仍被构想为一个物理项（**物体/空间**）的空间项；最后，在句（13）中，它指一个纯空间概念（**空间**）。因此，在名词性含义"身体的背部"和副词性含义"在……后面"之间有两个中间点：

（10）（=［2］）épé　　　　megbé　　　　fá

　　　　　　　3SG. POSS　　背　　　　　冷

　　　　　　　'他的背部很冷。'

---

① "几乎所有变化的一个特征是，当一个给定语言单位经历某一过程时，其所有用法不一定都经历该过程，而是倾向于保留以前的状态。这样，该（语言）单位就有两个共存形式：一个仍表示以前状态，而另一个则标记语法化产生的新状态。"（Heine & Reh 1984：57）

② "**物体/人**"这个标签表示这是一个通常和人类相联系，但有时也和动物相联系的一个**物体**概念（参见 Heine 1986）。

（11）e-kpɔ́   xɔ-a   pé   megbé nyúíé má a
2SG–看 房子–DEF …… 的 背   好看的 那 Q
'你看到那房子的漂亮后墙了吗？'

（12）xɔ-á   megbé   le   nyúíé
房子–DEF 背   系词   漂亮
'房子后面的地方很漂亮。'

（13）（=［3a］）é-le   xɔ-á   megbé
3SG–系词   房子–DEF   behind
'他在房子后面。'

用类似的方法能够找到**空间**范畴和**时间**范畴之间的中间点：megbé 既可以概念化为（14）中的一个时间项（'在……后的时间'；**物体/时间**），也可以概念化为（15）中的一个纯时间概念（**时间**）。由此这个语素所表达的概念区分范围现在增加到了 7 个，可以用图 3.1 表示。

（14）é-dzó   le   núḍuḍu-a   pé   megbé
3SG–离开 系词 食物–DEF …… 的 在……后面
'他在吃饭后离开。'

（15）（=［4］）é-kú   le   é-megbé
3SG–死   系词 3SG. POSS–在……后面
'他死在她之后。'

这几个例子说明在像**物体**和**空间**这样的范畴之间不存在间断性。事实上，如果考虑更多语境的话，可以找到更多中间项。我们期望的是，这些为数不多的例子能够使人们形成从**物体**到**空间**这一过程或者任何其他范畴本质上是"连续统"的观点。我们从这些观察中得出的结论是，依据离散隐喻跳跃的分析方法仅能捕

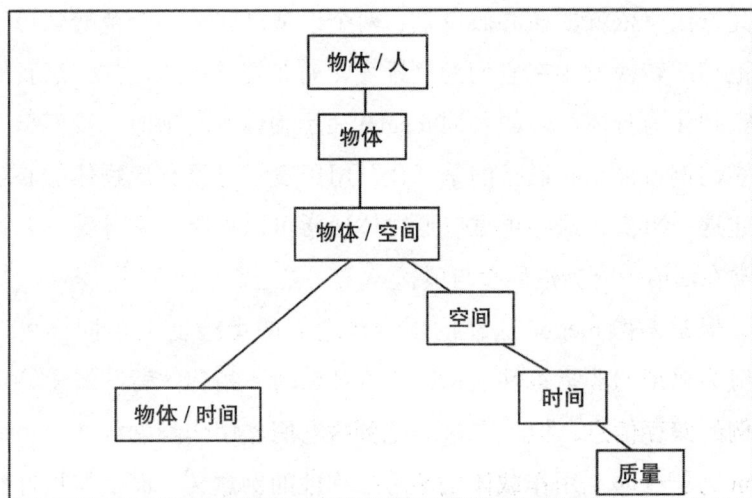

图 3.1 埃维语名词 megbé 的概念网络

捉该过程的一个方面。语法化涉及间断性和持续性，或者涉及隐喻转换和逐步扩展。这些截然不同的认知活动的出现似乎是概念分类行为和语用语篇策略两者相互作用的结果，下面我们来证明这一点。

3.2 例（Token）和类（Type）

语素 megbé 的"多义性"还涉及另外一个视角，该视角涉及概念的内部结构。一些论著分别对以例形式出现的概念和以类值（type value）形式出现的概念进行了相应的区分。Jackendoff（1983：78–88）提议要区分例概念（token concepts）和类概念（type concepts），前者是潜在复杂内部结构的心智建构，而后者"是有机体学习一个范畴时所创造并储存的信息"。

在本书中，我们认为概念既有例维度（token dimension）也有类维度（type dimension）（参见 Givón 1982）。上文概述的隐喻研究方法所依赖的核心假设是，两个语项之间从一个范畴到另一个范畴的转换发生在它们的例维度，而非类维度。例如，当我们观察到作为身体部位的名词 megbé 表示**物体**范畴项时，我们指的是它的例特征。我们指的是"背"用于表示可见有形物体的心智构建这一事实，这些可见有形物体通常可以被限定和计数，并且通常在话语中充当指称参与项。

但是，像 megbé 这样的项，在它们的类维度上也同样可以理解为典型的非指称性建构，或者理解为不指称"背"概念特定语例的储存信息，似乎在这一范围内它们才用作隐喻载体。当称 John 为驴子时，用作载体的不是指称性的例意义，而是非指称性类维度。① 同样，当像"背"这样的概念用作空间定位表达时，在作为身体部位的 megbé 和作为空间语项的 megbé 之间形成相应联系的，不是作为指称/存在单元的身体部位，而是指称身体部位与某个明确指称点之间方所关系的单一内涵特征或类特性。

现在假定后两个语项有一个共同的特性，会存在这样的问题：我们是否确实在讨论两个不同范畴之间的转换？"隐喻"是否胜任对相关过程的描述（见3.3）？从身体部位到无生命物体的转变可以解释为某一类特征（"一个在后面的部位"）得到突显的过程——带来的效果是概念"背"的原型结构得以扩展，也就是被重新定义（参见 Givón 1989），或者是出现了一个新原型和一个

① 这里没有提及的问题涉及概念用于类维度时原型联想所起的作用。采用"例"和"类"的区分，我们仅突显了相关现象的一个方面。可选的其他方面涉及某些概念的区别，包括指称与蕴涵的区别、外延与内涵的区别等。比较 Kittay（1987：179）的观点："意向主义者（intensionalists）和情感主义者（emotivists）相似，所主张的观点是隐喻解释需要关注一种区别于隐喻用词通常认可的外延义或指派义的意义，这是一种潜在的内涵义，它在外延义受阻的情况下得到突显。不过意向主义者认为我们关注的意义仍然是认知的，对于意向主义者而言，隐喻解释涉及不协调性，它导致对载体指派义的抑制和对载体内涵义的支持，内涵义生成可以归入隐喻主题的谓词。"

新概念。

诸如此类的观察的目的在于提醒人们注意隐喻仅是语法化过程中所涉及的一个因素，存在第二个同等重要的因素，它构成了本章的主题。

3.3 从转喻到隐喻

我们已经指出类似第 2 章中所构建的隐喻研究方法存在的两个主要问题：一是语法化程度较低的意义和语法化程度较高的意义共存，二者用同一语言形式表示，"这给人意义连续统的印象"（Brinton 1988：183）；二是从语法性较低的意义到语法性较高的意义的转变是渐进的，而隐喻显示的则是从一个概念域到另一概念域的离散转换（见上文）。第一个问题可以被忽略，因为在字面意义和转换意义之间产生歧义是隐喻的固有特征，不过第二个问题很难同隐喻的通常概念相一致。

转喻和隐喻被许多学者看作人类概念化的两个互相排斥的现象，而在认知模式的某些例子中也确实如此（见 2.4.5）。我们将努力证明，对于语法概念的结构而言，转喻与隐喻，至少与"浮现"（emerging）型的隐喻（见 2.4.4），不是互相排斥的，而是互相补充的——也就是说，如果不存在一个不同概念域通过转喻理解得以贯通的中间阶段，那么从词汇项到语法标记的发展是不可能的。

3.3.1 语境诱发的重新识解

这里提出的分析受到 Traugott & König（付印中）的启发，他们认为这些情况下的转喻主要起着"强化信息性"的作用（见 3.2.2；又见 Traugott 1987）。按照他们的观点，这种类型的语义演变同那种涉及隐喻的语义演变形成了对比，因为它"涉及解决交际中具有信息性和关联性的问题"，而隐喻则"涉及解决表征问题"。
（Traugott & König，付印中）

我们在前面段落中所做的观察表明，从认知到语法的过程既
有离散的视角也有连续的视角。前者在本质上主要是心理的，因
此依据隐喻来进行分析；后者实质上是语用的，它具有高度的语
境依赖性，并且显示为转喻结构。考虑以下句子：

> （16）Henry is going to town.
>
> '亨利正在去镇上。'
>
> （17）Are you going to the library?
>
> '你正在去图书馆吗？'
>
> （18）No，I am going to eat.
>
> '不，我正要去吃饭。'
>
> （19）I am going to do my very best to make you happy.
>
> '我将会尽全力来让你幸福。'
>
> （20）The rain is going to come.
>
> '要下雨了。'

（16）和（20）作为隐喻的例子在前面一章［2.4 中的例（13）
和（14）］中已经提及：going to 在（16）中具有字面意义，表达
一个空间移动；在（20）中具有转换后的意义，表示时间直陈（将
来时）。在 2.4 的语境中，我们没有提及的是 going to 的字面意义
和隐喻意义之间不存在间断性。在（16）和（20）中间能够插入
许多中间层的句子，说明 going to 在（16）和（17）中的动词性行
为和（20）中的时态标记语之间存在一个最小差异概念影射的连
续统或者连续链——大体上是我们在 3.1 中碰到的那种类型。

（18）和（19）提供的仅是这种中间层级影射的两个例子。（18）
是对（17）的回答，going to 的首要意义是**意图**（INTENTION），

带有**预测**（PREDICTION）的次要意义，但仍有（16）或（17）的空间动词性意义特征的某种遗留。（19）的意义看起来与（18）的意义类似，但是不再有空间意义。在（20）中，going to 不再有意图意义，它仅有的意义是**预测**。

Brinton 在解释英语中从空间意义到体意义的转变时也进行了类似的观察：

> 前缀和小品词首先出现在空间意义为首要意义的语境中，与位移动词或者表示物理动作的动词一起使用。不过在许多这样的语境中，空间意义和体意义两者都有可能出现。这是从空间意义到非空间意义的焦点"变化轨迹"……这样一个"关于整体情境中细节的视点转换"就是 Stern 所谓的"置换"［permutation; Stern 1931（1964）：351］，但它作为"转喻"的一种类型可能会更容易理解。一旦从空间方向性到情境黏合性的意义变化发生，前缀和小品词就能够自由出现在那些不可能具有空间意义的组合中。
>
> （Brinton 1988：197–198）

导致隐喻产生的是话语语用操作，即概念受到了话段解释中语境因素的制约（Sperber & Wilson 1986：1）。我们把这一过程称为"语境诱发的重新识解"，它含有以下的理想化的阶段：

> 阶段 I：除了焦点或核心意义 A 外，一个给定的语言形式 F 在一个具体语境 C 中出现时获得一个附加意义 B。因为语境 C 中可以蕴含意义 A 或意义 B，这就导致语义上的歧义。到底蕴含哪一个意义，通常但不一定取决于相关交际情境。同样可能的是说话者的意思是 A，而听话者将其识解为蕴含意义 B；或者说话者打算表达意义 A，而听话者却理解为意义 B。
>
> 阶段 II：意义 B 的存在使得相关形式有可能在与意义 B

兼容但排斥意义 A 的新语境中使用。

阶段 III：意义 B 规约化；可以说形成了一个其特征包含意义 A 中没有出现的要素的次要焦点（参见 Dahl 1985：11）。其结果是 F 现在有两个"同义形式"（polysemes）——A 和 B，它们最终发展为"同音同形词"（homophones）。

为了解释语境诱发的重新识解，学界讨论过许多不同的视角和研究方法，最为常见的视角和研究方法（见 4.4）如下：

a）邀约推理（Invited inferences）：基于格莱斯理论框架，B 的出现可以说是概括化的一般会话蕴涵的结果（Grice 1975）。不过，格莱斯理论框架并不完全包含这里提及的语境诱发重新识解的语例类型，它反而更适合来讨论一种特定类型的蕴涵，即 Geis & Zwicky（1971）所指的邀约推理。

b）视角化（Perspectivization）：语境诱发的重新识解可视为视角化这一认知策略的结果。根据这一视角，一个语言形式（F）的不同用法倾向于强调该形式的不同成分或意义（B），这是一个逐渐影射为转喻扩展的过程（Taylor 1989：90）。

c）图式化（Schematization）：在日常使用中，将一个更为具体的概念（A）应用于大量语境（C），背景化个体差异并前景化相同点，其结果是形成代表该概念"理想化"（idealization）的一个图式（B）（Rubba 1990）。

d）原型扩展（Prototype extension）：在具体语境中，一个范畴的某些例证或属性被前景化，这是一个可导致原型结构扩展的过程（参见 Givón 1989）。

我们仍不十分清楚这些方法对于理解语法化起始阶段的相对重要性，但是它们清晰地说明，语境诱发的重新识解既有语用动机也有认知动机。

这里所介绍的图式最引人注目的是语法化自身有两个截然不同的组件。一个组件是隐喻的，涉及一个从包含意义 A 的概念域到另一个包含意义 B 的概念域的转换，其中前一域比后一域更为抽象。第二个组件本质上是转喻的。从阶段 I 经阶段 II 到阶段 III 的转变是连续的，它反映这样一个过程：在该过程中，特定语境诱发具体的概念识解，该识解在阶段 I 是具体的，在阶段 II 可具体，可抽象，在阶段 III 是抽象的。不存在分离意义 A 和意义 B 的离散步骤：两者都在概念上相连。

Brinton（1988：188–189）对英语中从空间意义到体意义的转变作如下描述："鉴于对于英语各个阶段带前缀的动词或短语动词修辞性质的常见观察，我想强调的是这里描述的转换是转喻的，不是隐喻的……而且，虽然隐喻转换在带前缀的动词或短语动词中非常普遍……它们不一定导致从空间意义到非空间意义的焦点变化。"我们对相关变化的识解同 Brinton 的观点是一致的，不同的是，我们主张隐喻和转喻不是互相排斥的，它们是语法化的互补方面。虽然从空间意义到非空间意义的焦点变化似乎是某种转喻力量促成的，但最终的结果可以描述为从空间域到更"抽象"的动词体和体类型域（aktionsarten）的隐喻转换，这种转换始于导致转喻结构的会话蕴涵。值得关注的是，这些蕴涵是单向性的：空间概念可以产生时间蕴涵，而不是相反。也就是说，语法化过程中转喻的方向是固定的；它按照 2.4.1 中描述的隐喻结构，从更具体的域向更抽象的域转变。

语言学家、哲学家和心理学家们一再指出转喻和隐喻构成相互区别或相互排斥的认知策略。不过即使在语法化领域之外，具有转喻基础的隐喻要比人们认为的还多（参见 Goossens 1989；见上文 2.4.5）。

当通过生理现象来描述感觉的概念化时，Lakoff 观察到"生理效果的民俗理论，特别是强调**热**（HEAT）的部分，构成生气最普遍隐喻的基础：**生气是热**（ANGER IS HEAT）"。不过类似这样的隐喻似乎都有一个转喻基础，因此 Lakoff 说："我们大量使用这个民俗理论分辨某人是否生气，主要基于他们的外表，包括显示生气或隐藏生气。这样做时我们使用普遍转喻原则：一种情感的生理效果代表该情感。"（Lakoff 1987：382–383）他认为这个过程产生了生气的转喻系统，包括以下例句：

（21）Don't *get hot under the collar*.

'不要**脖子变热**。'（不要脸红脖子粗。）

（22）Billy's a *hothead*.

'比利是个**头脑热的人**。'（比利是个**急性子**。）

（23）They were having a *heated argument*.

'他们当时正在进行**很热的争论**。'（他们正在**热烈地辩论**。）

似乎很明显的是，生理和感觉这两个人类行为域之间存在联系，该联系可通过隐喻模式和转喻模式进行描述。

看来隐喻和转喻构成了从具体语法概念到更抽象语法概念这种同一过程的不同组件。一方面，这一过程由彼此之间具有转喻关系的连续项的量表构成；另一方面，它还含有少量凸显和间断的范畴，包括**空间**、**时间**或**质量**等范畴。我们在 2.4.1 中简要讨论过这些范畴之间的关系——它是隐喻的，但也可以描述为许多转喻扩展的结果。可以想象的是，转喻是这一过程的更基础组件，因为隐喻以转喻为基础（参见 Skinner 1957；Eco 1979）。可以借用 Tayler 提供的例子来说明这一点 ①："请考虑概念隐喻'**更多即**

———————————

① 但是，正如我们在其他地方所指出的（见 2.4.5），隐喻并不总是以转喻为前提。

向上'（MORE IS UP）。当你给一堆东西加入物件时，这堆东西会变得更高。这个经验在数量和垂直范围之间建立了一个自然联想。严格来说，这个联想就是一种转喻；当有人给一堆东西加上物件时，高度同数量具有关联。仅当'上一下'图式从堆高意象中释放并应用于表示增加的更抽象语例（例如有人谈到**高价格**）时，隐喻才会接管。"（Taylor 1989：138）尽管它们的本质不同，语法化的转喻组件和隐喻组件却具有下面的共同结构：

(24) A → A, B → B

这一点说明在从概念项 A 到 B 的转变过程中存在前一项和后一项共存的中间阶段（A，B）。[①] 这个中间阶段的呈现，在语法化文献中是在如"分离"的标签下被描述的（Heine & Reh 1984：57），它在语言结构中导致某些类型的歧义以及自由变异（见第 8 章和第 9 章）。

这个观点同 Traugott & König（付印中）的观点略有不同，他们认为隐喻和转喻与向不同类型语法功能的转换相关联："隐喻主要关联从处于外部描述情状中的意义到处于内部评估、感知、认知情状以及处于文本情状中的意义的转换；转喻主要关联向处于主观信仰状态的意义或者对于情状的态度（包括语言态度）的转换。"

根据这里的观点，隐喻和转喻都是语法化同一过程的重要部分，虽然在特定的语法功能中其中一个可能比另一个更为突显。Traugott & König（付印中）讨论的让步、因果和标量小品词的形成提供了会话推理（conversatioinal inferences）导致转喻且为概念

[①] Elizabeth Traugott（私人交流）所注意到的事实是这样一个结构并不限于语法化，而是在所有类型的语言变化中都能观察到。

转换（如从时间识解到因果识解）提供主要参数的例子。不过即使在这些例子中也同样涉及隐喻，作为对这一点的说明我们可以观察下列例句，Traugott 和 König 用这些例句展示标补语 since 从时间标记[如（25）]经由一个具有因果蕴涵的时间标记[如（26）]变为一个纯因果标记［如（27）］的变化过程。

标补语：

（25）I have done quite a bit of writing *since* we last met.

'**自从**我们上次见面以来，我已经写了许多东西。'

（26）*Since* Susan left him，John has been very miserable.

'（**自从**）苏珊离开他**后**，约翰一直非常痛苦。'

（27）*Since* you are not coming with me，I will have to go alone.

'**既然**你不同我一起去，我就不得不一个人去。'

这一时间表达式的因果推理基础似乎是**时间到空间**的隐喻：时间上的事件序列用来隐喻表达因果关系中的事件序列。一旦"我先前所做的事情是我后来所做事情的原因"这一含义成为规约义，就会出现从**时间**隐喻范畴到更为"抽象"的范畴（例如**因果范畴**）的转换。从语言学角度来说，最常见的结果是时间补语形成原因补语。①

我们希望再次强调，这种类型的推理或含义都是单向性的：根据 2.4.1 中构建的隐喻结构，它们都是从具体域向抽象域的变化。例如对于**时间范畴和因果范畴**而言，这意味着时间表达式可以允准因果含义，而相反的过程则不太可能发生。

---

① 比较 Traugott（1987：6）："只要 since 只能做时间的识解，那么说它是时间—因果多义就是不恰当的。多义产生于中古英语，这一时期以前的推理意义只能被识解为 since 的实际意义，例如 Since I am leaving home，my mother is mad at me 中的 since。在该阶段，since 变得多义化：其中一个意义是时间性的，但是具有因果的邀约推理；另一个意义则是因果义。"

　　我们并没有刻意去证明"因为 X 早于 Y 发生，所以 X 必定是 Y 的原因"这样的假设可能形成构成更普遍概念化参数一部分的隐喻，这一点我们将在第 6 章讨论。另外，我们这里也不讨论在语法化过程中隐喻组件或转喻组件二者谁更重要的问题，很可能是前者负责确定概念变化的方向，不过这个观点需要进一步研究。

　　提供另外一个例证的是我们所说的**时间到现实性**的隐喻。根据这个隐喻，时间距离在更抽象的域中，例如在认识情态域、断言域、人际关系域、示证域或者"说话者主观性"域（Fleischman，付印中）中，被用作概念化距离的载体。在下面句子中，过去完成时（pluperfect）很明显被用于两个不同目的：

（28）I had helped him.

　　'我曾帮过他。'

（29）I had hoped we might get together tonight.

　　'我曾希望我们今晚可以聚一下。'

在（28）中，过去完成时明显具有时体意义，不过 Fleischman（付印中）对它在（29）中的用法做了如下描述："说话者通过**过去完成时**，使自己远离回绝所蕴含的潜在的丢脸损失……与之隔离开来。"因此，在（29）这样的语境中，过去完成时的一个意义（标示时间距离）更替为新的意义（标示某种情态）。这种语境诱发重新识解的结果是一种隐喻，这种隐喻用时体域，按 Halliday（1970b）所使用的术语是命题-概念域，表达情态这一人际域。

3.3.2　可能的动机

　　多种因素可能导致语境诱发的重新识解。Traugott & König（付印中）提醒人们注意某些概念，我们认为这些概念是理解这一现象的核心：语用强化、会话蕴涵和转喻。①

这两位研究者观察到语法化的某些类型是"信息性的强化"（strengthening of informativeness）或者"表达说话者参与度的强化"（strengthening of the expression of speaker involvement）这一语用过程的例证。据说这一过程是隐喻的补充，被看作一种转喻。借用 Grice 的观点，可以将"生命的渊源……作为规约化的会话蕴涵"（Grice 1975：58），他们认为信息性的强化蕴含着会话推理、规约化为新意义的会话蕴涵或多义现象：

> 虽然不同分析对于多义什么时候出现或者不出现这一问题会有不同观点，但是人们普遍接受的观点是英语中的 after 不是多义词，但在语境中对于优先的直接性允许有多种推理。相反，since 在时间性和因果性之间是多义的。我们认为 since 的多义性形成于较早会话推理的规约化。一般认为这里讨论的推理是原型性推理，因为只有标准推理才可能被合理地视为对表达式的意义具有持续影响或者具有跨语言功能。
>
> （Traugott & König，付印中）

除了这一涉及将时间标记规约化为因果标记的语例外，两位研究者还提供了许多其他语例来说明强化的效果。其中一个语例涉及让步连接词的形成过程，两位研究者讨论了三个语法化渠道（Traugott & König，付印中；又见 König 1985）：

　　a）连接词最初表达即时性或者时间重叠（例如英语 while，still，yet 等）；

---

① 在这里考察的语例中，讨论某一特定类型的含义，即 Geis & Zwicky（1971）所说的"邀约推理"（invited inferences），而非会话蕴涵（conversational implicatures），似乎更为合适。

b）连接词最初表达简单共现或共存（例如英语 all/just the same）；

c）共现的否定说明（例如英语 notwithstanding, nevertheless, nonetheless）。

另外一个语例涉及从时间标记到偏好标记的变化。副词 sooner 在（30）中具有时间意义，在（31）中则具有偏好意义（Traugott & König，付印中）：

（30）Bill died *sooner* than John.

'比尔死得比约翰**早**。'

（31）I'd *sooner* die than marry you.

'我**宁愿**死也不要同你结婚。'

虽然在中古英语 sooner 出现的最早阶段这两个意义就已存在，两位作者提出的证据表明，偏好意义的出现涉及信息性的强化，并且是时间义的会话蕴涵规约化的结果。

3.3.3　浮现语法

DuBois（1988：11）认为语法化吸取了两种截然不同的模式："物质"（substance）模式和"模型"（pattern）模式。当前的框架与多数其他关于本主题的论著一样，都是基于前者。"模型模式"的主要倡导者是 Paul Hopper 和他的浮现语法。

Hopper 主张不存在语法，或者更具体地说，"语法总是浮现的，但从不具体"，语法存在于话段的特定具体形式之中（Hopper 1987：142）。作为"语法"的替代物，Hopper 提议使用语法化这一概念（他的术语是"grammaticization"），并且将其定义为"朝向结构的移动"（Hopper 1987：148）。

Hopper 反对"以固定的规则框架来看待语段这一（普遍）习惯"，他对照自己的浮现语法框架和被其称为"先验语法"（a priori grammar）的语法学家们的普遍观点："浮现语法的概念意味着主张结构或者规则性产生于话语语篇，在持续进行的过程中结构或规则塑造话语语篇，同样也被话语语篇塑造。因此，语法不应被理解为话语语篇的前提……它的形式不是固定的模板，而是在面对面的互动中，根据反映个体说话者过去对这些形式的体验以及他们对当前语境的评估来进行协商。"（Hopper 1987：142）

Hopper 并没有提及诸如语境诱发的重新识解这样的过程，不过他所提出的框架显示，他的分析能够与将语法视为连续的而非离散过程的研究方法，即将语言活动视为"朝向结构的持续移动"的研究方法保持一致。

很难将 Hopper 的概念纳入当前的框架中，尽管如此，二者之间还是存在许多平行之处。一个平行之处涉及语法行为的动态本质——即一种类型语法行为和另一种类型语法行为之间的持续移动（参见 Hopper 1987：147）。另一个平行之处涉及下列二者之间的区分：会话推理或会话蕴涵和会话蕴涵的规约化，这可以和 Hopper 研究中的一个显而易见的区分建立关联：一方面是朝向结构的运动（结构总是临时的，总是可协商的）；另一方面是循环策略、构建话语的规则以及通常通过获得跨语篇一致性从而结构化的"有用"结构式。前一状态似乎具有语境诱发的重新识解过程初始阶段的特征，在这一持续进行的过程中概念控制很大程度上仍然是可协商的、不稳定的和"附带性的"（epiphenomenal）。在第二阶段形态和句法重复的量增加，存在构建话语的反复策略，而且存在浮现语法规则。正是在这一阶段语法概念稳定化或规约化，并发展出不同的"意义"。

3.4　隐喻、语境和创造性

3.4.1　变量

有三个主要变量是理解语法化的关键，它们分别是隐喻、语境和创造性。① 要形成语法概念，必须在不同概念域之间建立关联；要使用该关联，需要有具体语境，同时创造性行为必须能将这些概念与新语境建立关联。因此，利用身体部位隐喻来表达空间定位，首先需要在实体域和空间域之间建立关联，其次需要有适合物理项到空间转换的语境，最后需要有人以能被其他人接受的方式操控概念和语境。

不过，对于语境在多大程度上制约着创造性以及创造性在多大程度上操控着语境，或者更进一步讲，两者是否都不大可能决定于其他某个参数（例如隐喻推理），我们都还不清楚。引入身体部位 foot '脚' 表达空间概念（如 at the foot of the mountain '在山脚下'）预设了一个创造性行为，这一行为可能涉及从人类 / 有生概念到无生概念的转换，并且涉及对认为"可接受"该创造性行为的语境的操控。两个变量中的一个是否比另一个更重要，或者两者是否都受管控于某个更为普遍的原则，该原则允许人体作为山而非其他域的隐喻主题载体，我们在这里不会进一步探讨这样的问题。有些语例可能与隐喻无关，也就是说语法化完全是语

① 我们这里不考虑 Chomsky（1966：11）所使用的"创造性"（creativity）一词的意义，Chomsky（1961）所提到的"创造性"一词的意义同说话者产生新句子——即"那些能够立即被其他说话者所理解的，但同'熟悉'的句子并没有任何物理相似性的句子"——的能力相关。Chomsky 想象中的"创造性"比我们这里理解的"创造性"（参见 Lyons 1970：12；Lyons 1977：77–78）更涉及能产性，我们理解的"创造性"只有在引入新隐喻时才会呈现。它不被规则所制约，而是通常涉及某种形式的规则破坏或者违反（参见 2.1.2）。

境操控的一个结果。① 不过在许多这样的语例中，其他识解看来似乎也是可能的，我们后面会回到这一问题。

应当提及的事实是，像**物体到空间**隐喻这样的策略在不同语言中使用的范围存在差异。在许多非洲语言中，这一策略可以表示山的"胸""背""肛门""头""脖"等部位，但不表示山的"脚"或"手"。② 这是否说明存在特定数量或类型的创造性，或者创造性是相应的社会文化语境、地理语境或者其他语境的一种功能，这仍然需要去研究。

3.4.2 关于"孩子"的命运：埃维语 vi′

我们在上文认为，在语法范畴的形成过程中存在两个主要力量：隐喻转换和语境诱发的重新识解。我们现在通过研究埃维语名词 vi′'孩子'正在发展为派生后缀的过程，来详细考察这两个力量之间的关联性。我们首先考察该词用作双名复合词的中心词时的情况，如（32）：

（32）yevú-ví　　　　　　　　koklô-ví

欧洲人–孩子　　　　　　　鸡–孩子

'幼小的欧洲人'　　　　　　'小鸡'

这个后缀通常被称为小称标记（diminutive marker；Westermann

---

① 据说，波兰语中的语素 a 从话题标记到转换指称标记的转变受到语境的影响："因此我们这里讨论的不是一个隐喻扩展，甚至不是句法的重新分析，它是在新环境中利用一个语素特定功能特征的合乎逻辑的推断。"（Frajzyngier，付印中 b）

② 正如我们将在 5.1 中所展示的那样，身体部位的选择主要依赖于作为隐喻载体的模型种类。可以想象在一个山的较低部分被称作"肛门"或"臀部"的语言中，该模型可能是一个处于坐姿的人；而当指称"山脚"时则可能意味着用一个站姿的人作为模型。至于用身体部位概念表达山的哪个部位，或者参照哪个部位，这些存在较大的跨文化差异。

1907: 122），事实上小称标记确实能够解释这个后缀的大部分用法，
这一点在下面例子中表现得非常明显：

（33）kpé '石头'   kpé-ví '小石头'

   xɔ   '房子'   xɔ-ví '小房子，小屋'

 从表人名词到小称标记的发展能够而且已经很好地解释为范
畴隐喻：范畴人在这里是名词"孩子"，被用来概念化质量，也就
是意义为"小"的后缀（参见 Claudi & Heine 1986：314-316）。
考察下面的习语表达式，这里表人的名词专指质量：[①]

（34）ŋútsu '人'   é- wɔ ŋútsu,

          3SG- 做 人

          '他精力充沛，勇敢。'

（35）amegá '年长的' é- ɖu amegǎ,

          3SG- 做 人

          '他没什么影响。'

但是情况要复杂得多：后缀 -ví 有许多乍看起来似乎不一致的派生
功能，下面几个例子可以说明这种复杂性：

（36）amedáhe '穷人'

   amedáhe-ví '一个真的贫穷悲惨的人'

（37）kesinɔtɔ́ '富人'

   kesinɔtɔ́-ví '一个暴发户，并非真富的人'

 （36）和（37）中都不含有小称功能，而且这两个语例中的

---

① 更为恰当的说法是，这些语例中的隐喻似乎用于短语（如 wɔ ŋútsu '造人'）
 而不是单用于名词（ŋútsu）（参见 Claudi & Heine 1986：308-309）。

后缀 -ví 展示了具有高度对比性的功能：在（36）这样的语例中，-ví 表明所依附的名词是该范畴的典型代表，或者具有该范畴典型代表的所有特性；而在（37）中，它的功能是强调前面的名词不是该范畴的成员，或者最多是该范畴的一个边缘性成员。比较下列句子：

（38）Kofí   nyé   amedáhe   gaké   mé-nyé
　　　科菲　　　是　　　贫穷的　　　但　　　NEG. 3SG– 是

　　　amedáhe-ví   o
　　　贫穷的–　　　　NEG
　　　'科菲是一个穷人，但他并不悲惨，他不是特别穷。'

（39）Mensa   nyé   kesinɔtɔ́   akúakú,   ésiatáé
　　　门萨　　　是　　　富有的　　　真正地　　　因此

　　　mé-nyé   kesinɔtɔ́-ví   o
　　　NEG. 3SG–是　　　富有的–　　　　NEG
　　　'门萨是真的富，她没有假装是富人。'

名词 apé 含有"家""家园"的意义，但是 apé-ví 的意义与之差异很大。[1] 它一方面指"用于日常事务的小屋"，另一方面指"本地居民"或"同胞"。[2]

　　我们现在将证明一旦能够重构从名词到派生后缀的演变过程，就可以解释这些巨大的功能差异。这一过程本质上依赖三个变量：概念操控、相关单位出现的即时语境和创造性。我们仅关注这一过程中更凸显的点，也就是说，我们的描写仅仅提供研究这一变化过程时所应考虑的众多概念和语境分支的概貌。另外除非另有

---

[1]　符号 p 表示一个双唇摩擦清音。

[2]　根据 Westermann（1905：562），apé-ví 指富人用来储存整包贝壳的小房子。

说明（见 3.4.3.2），我们仅限于讨论后缀 -ví 与某一给定名词组合时所展示的焦点意义。

　　为了解释语素 vi′'孩子'的不同语义变化，我们假定存在两个主要组件，分别标示为"**幼小**"（YOUNG）和"**……的后代**"（DESCENDANT-OF）这两个概念标签。也就是说这个语素一方面标示尚未长大的人，另一方面标示 X 的生物学后代。在某些语境中，vi′ 只具有两个意义中的一个，即"**幼小**"，[①] 例如当它表示作为某个更具包容性分类的名词的核心，出现在另一个表示人类范畴中时，如下面例子：[②]

（40）ŋútsu　　'男人'　　　　ŋútsu-ví　　'男孩'

　　　　nyɔ́nu　　'女人'　　　　nyɔ́nu-ví　　'女孩'

　　　　yevú　　'欧洲人'　　　　yevú-ví　　'幼小的欧洲人'

不过，-ví 也可用来表示在新活动领域仍然**没有经验**的某个人，例如可以指进入某个行业但以前没有该行业经验的某个人：

（41）núŋlɔlá　　　'作家'

　　　　núŋlɔlá-ví　　'没有经验的作家'

　　　　núfíálá　　　'教师'

　　　　núfíálá-ví　　'没有经验的教师，刚开始教学的人'

　　孩子不仅没有经验，他／她还处于学习过程中，为了向成人状态迈进，他们必须满足社会对其设定的要求。因此，-ví 还有学生或学徒的含义并不令人奇怪：

---

① 这里用标签**幼小**表示一组特征，包括"性未成熟"和"尚未达到成年人状态"。

② 存在一个明显的例外，我们后面会讨论这一例外：ame-ví（人–孩子）的意义不是"年轻人"而是"体型小的人"。

（42）dɔyɔlá   '治疗师'

　　　 dɔyɔlá-ví   '治疗师的助手或者学徒'

　　　 asitsalá   '市场小贩'

　　　 asitsalá-ví   '市场小贩的学徒'

学徒或某个处在学习过程中的人可能已经懂得该行业的技能，但是他/她还没有满足被接纳为该行业成员的正规要求；也就是说他/她还没有通过考核，如（43）：

（43）βuʹkulá   '驾驶员'

　　　 βuʹkulá-ví   '懂得驾驶但未取得驾照的人'

如果一个 βuʹkulá-ví '懂得驾驶但未取得驾照的人'，没有成功通过驾照考试，就永远不能成为 βuʹkulá '驾驶员'。-ví 的意义事实上也被扩展，用来标记那种一直努力到某一地位而还没有成功的人，如下面的例子：

（44）kesinɔtɔ́   '富人'

　　　 kesinɔtɔ́-ví   '暴发户，并非真正的富人'

　　　 amegá   '长者，老板'

　　　 amegá -ví   '假装长者或老板的人'

比较常见的是，在（44）这样的语境中，-ví 可能获得"**虚张声势**"（BLUFF）这个意义，也就是说它可以指那种假装已经达到某一标准而实际并未达到该标准的人。

　　虽然名词 vi' 被限定于人，当统辖具有驯养义或者具有其他许多动物含义的名词时，vi' 也可以转而表示动物，例如：[1]

---

[1]　关于其他动物的例子，请参见下文。

（45）koklô　　　'鸡'　　　　　　koklô-ví　　　'小鸡'

　　　nyi　　　　'奶牛'　　　　　　nyi-ví　　　　'小奶牛'

　　　dzatá　　　'狮子'　　　　　　dzatá-ví　　　'小狮子'

　　　to　　　　'水牛'　　　　　　to-ví　　　　　'小水牛'

另外，-ví 也已被扩展到某些培植的树种上：

（46）akɔɖútí　'香蕉树'　　　akɔɖútí-ví　'香蕉树苗'

　　　detí　　　'油棕榈树'　　　detí-ví　　　'油棕榈树苗'

人们通常认为列在（45）（46）中的那些物体很小，而且在基因上派生于相应的完全成熟个体，不过最主要的关联还是它们都很**幼小**（YOUNG），也就是说它们还没有完全成熟。因此，我们的语料提供者主动为 nyi-ví 下了这个最常见的定义：

（47）nyi-ví　　　　nyé　　　nyi　　　si　　　matsimatsi

　　　奶牛-　　　　是　　　奶牛　　REL　　不成熟

　　　'小奶牛是还没有完全长大的奶牛。'

虽然一般人们认为称为 ví 的语项通常小于它们的父母，但是其大小似乎并没有成为 ví 的凸显语义特征，这一点可见于（48）：

（48）míá　　　　vi'　　　kɔ́　　　wú-m

　　　1PL. POSS　孩子　　是.高　　打败-1SG

　　　'我们的孩子比我高。'

不管孩子是否在个头上超过成人，他们都可以被称为 vi'，重要的要么是他们的年龄（**幼小**），要么是他们与前辈的关系（……**的后代**），不过多数出现 vi' 派生后缀的情况都具有（**个头**）小（SMALL）的含义。看来这是转换的结果，经由这一转换，孩子的一个隐含特征，即个头小，成为**质量即人**这一范畴隐喻的一部分，这就是隐喻等式的基础。

上文中我们观察到当 -ví 统辖动物名称时，它表示这些动物中的幼小成员。这些动物既包括驯养动物，如 gbɔ '山羊'、dadi '猫' 或 nyi '奶牛' 等，也包括野生动物，如 aβako '鹰'、afi '老鼠' 或 klo '乌龟' 等。在通俗生物学术语中，这些名称表示属分类。不过一旦涉及包容性更强的分类，例如包含几个属分类的生命形式或其他的群，相对年龄或成熟度就不再重要，它们都给（个头的）大小让路：-ví 的意义不再是**幼小**，而是（**个头**）**小**，例如：

（49）lá   '动物'   lá -ví   '小型动物类'

dá,   '蛇'   dá -ví   '小型蛇类'

akpa   '鱼'   akpa-ví   '小型鱼类'

abɔbɔ   '蜗牛'   abɔbɔ-ví   '小型蜗牛类'

núdzodzoé   '昆虫'   núdzodzoé-ví   '小型昆虫类'

xeví   '鸟'   xeví-ví   '小型鸟类'

值得注意的是在这个群中也存在人的分类，实际上是最具有包容性的人类范畴 ame '人'，ame-ví 则指矮人或者个头小的人。不过在多数情况下，只有和无生可数名词一起使用时 -ví 的意义才是（**个头**）**小**，也就是说它明显具有小称意义：

（50）kpé   '石头'   kpé-ví   '小石头'

du   '小镇，村庄'   du-ví   '小村庄'

在这一点上应该注意的事实是，与不带 -ví 后缀的相同语素所表达的概念相比，-ví 的首要功能不是表明某个物体"个头小"，而是表明相关物体具有该大小概念的格式塔（gestalt）。如果我们

将 -ví 的功能同形容词 suɛʹ '小的' 的功能进行比较的话，这一说法就变得非常清楚，如下面的例子：

（51）zikpui　　　　　　　　'凳子，椅子'

　　　zikpui suɛʹ　　　　　'小凳子，小椅子'

　　　zikpui-ví　　　　　　'具有孩子凳子形状的凳子'

　　　hɛ̌　　　　　　　　　'刀'

　　　hɛ̌ suɛʹ　　　　　　　'比一般刀短的刀'

　　　hɛ̌ -ví　　　　　　　'小型刀，如剃刀'

　　　βuʹ　　　　　　　　　'鼓'

　　　βuʹ suɛʹ　　　　　　　'小鼓'

　　　βu-ví　　　　　　　　'放在腋下的一种小型的鼓'

小称标记 -ví 的主要功能是将一个给定概念转换为另一个概念，而不是加入一个限定性要素，这一点可以通过一些例子来说明。名词 ɣletí '月亮' 加上后缀 -ví 时取得 "星星"（ɣletí-ví）的意义。当 -ví 附在 xɔ '一种老鼠' 之后时，其意义就是 "豚鼠"（xɔ-ví）。在身体部位的专门术语中，"小称标记" 通常将更为明显、更大的身体部位变为更小、不太引人关注的身体部位，例如：

（52）alɔ　　'小臂'　　　　　alɔ-ví　　'手指'

　　　afɔ　　'腿'　　　　　　afɔ-ví　　'脚趾'

　　　nuʹ　　'嘴'　　　　　　nu-ví　　'眼睑'

　　　ŋkú　　'眼睛'　　　　　ŋkú-ví　　'瞳孔'

在涉及无形和 / 或不可见实体的语境中，-ví 的意义从个头（小）变为更具体的意义，例如 "不重要的" "弱的" 或 "无害的" 等。下面就是这种扩展类型的例子：

（53）gbe   '声音'   gbe-ví   '微弱的声音'

    ya   '风'   ya-ví   '很轻的风，微风'

鉴于弱的事物通常可能是不重要的，-ví 也获得了含义**微不足道**（INSIGNIFICANT），如下面的名词语例：

（54）dɔ   '疾病'   dɔ-ví   '小毛病，例如感冒'

    nya '事物，单词'   nya-ví '微不足道的事，小事'

最后，另外一个扩展似乎也源于（**个头**）小这个含义，这个扩展可称为"物质名词的可描述部分"（DELINEATED PART OF A MASS）。这种意义多见于"抽象名词"和某些表示大量或无限物质的名词，例如：

（55）súkli   '糖'   súkli-ví   '一块糖，糖块'

    núnono '饮品'   núnono-ví '一口液体'

    dzidzɔ '幸福'   dzidzɔ-ví '（限定情况下的）乐趣'

  另外一个变化的结果是名词 ví '孩子'的两个组件之一，即**幼小特征**，被"漂白"，其结果是第二个组件，即……**的后代**被泛化。这里同样有两个不同的方向，一个涉及……**的后代**关系性的消除，如下例：

（56）megbé   '背'

    megbé-ví   '后来者，在后面出生者，落伍者'

    ŋgɔ   '前面'

    ŋgɔ-ví   '先出生者'

这种类型的名词不关注谁是长辈，仅仅关注出生的相对时间。这一路径并没有发展为一个能产的模式，这里所给出的例子，再加

上其他几个例子，是这一路径仅有的语例，而且它们看起来更趋
向于词汇化。名词 amegbetɔ '人' 是另外一个例子：在特定语境中，
派生形式 amegbetɔ-ví 强调的事实是某人"生而为人"。参考下面
的例子：

（57）amegbétɔ-ví wo-nyé gaké mé-nyé   amegbétɔ o
　　　人－   3SG-是   但   NEG.3G-是 人   NEG
　　　'尽管他生而为人，但他的行为不像人类。'

据说，句子（57）说的是以前的"国王"博卡萨（Bokassa），他
是人的后代，不过他做了人们认为人类不该做的事。

　　不过第二个路径是完全能产的。这很可能是从**父亲：孩子**到
群体：个人这一类推转移的结果，下列例子是典型语例：

（58）Eβe   '埃维人'   Eβe-ví   '一个埃维人'
　　　du(me) '村庄'   dume-ví   '村庄的一个本地人'
　　　pome   '亲属'   pome-ví   '一个亲戚'

因此，在这个高度能产的模式中，-ví 指称一个政治上、社会文化
上或者地理上确定社区中的**成员**（MEMBER）。注意成员关系通
常被认为是血统成员关系，在这方面 -ví 和另一个派生于名词 tɔ '父
亲' 的后缀 -tɔ 形成对比（见 Claudi & Heine 1986）；-tɔ 也指成员
关系，但不一定是血统关系。比较下列例子：

（59）Tógó-ví   '多哥本地人，多哥人'
　　　Tógó-tɔ   '多哥居民'
　　　Dzáma-ví   '德国本地人，德国人'
　　　Dzáma-tɔ   '德国居民（可能出生时是土耳其人或意
　　　　　　　　　大利人）'

不过，有些例子说明 -ví 所展示的"出生关系"组件可能也被"漂白"了，这样 -ví 不再有语义内容；例如 ha′metɔ-ví '俱乐部或社团成员'中的 -ví，ha′metɔ-ví 在很大程度上同 ha′metɔ 同义（见下文）。

-ví 在这种模式中的用法还隐含另外一个特征：-ví 与 -tɔ 相反，表示的是相关群体中的代表性成员，也就是说该成员展示本群体代表性成员应当展示的典型特征。因此，依据语境 Tógó-ví 不仅可以指一个多哥血统的人，还可以聚焦典型多哥好人的特征，包括安静、平和等。在这样的语境中，一个刚到多哥而且还不熟悉该国语言和文化的白人，如果他的行为被识解为一个地道多哥好人所应展示行为的话，他仍可能被称为 Tógó-ví。因此，根据他回答的问题是"他是尼日利亚人吗？"还是"他是个好人吗？"，答句（60）可能会得到不同的识解。

（60）é-nyé　　　Tógó-ví

　　　3SG– 是　　多哥–

　　　'他是多哥人'

如果是前一种情况，回答通常与该人的国籍相关，例如这可以通过出示护照进行回答。而如果是后一种情况，回答强调的是同多哥人有关的道德和其他特征。

某人是某一群体的成员，因而展示该群体的代表性行为，这一蕴涵似乎邀约了另一概念识解，即 -ví 也指遵循该群体**典型行为**（TYPICAL BEHAVIOR）的人。下面就是这种识解的例子：

（61）amedzró　　　　　'外国人，异域人'

　　　amedzró-ví　　　　'举止像异域人的人'

　　　amedáhe　　　　　'穷人'

　　　amedáhe-ví　　　　'可怜的人，因为贫穷而受苦，所以
　　　　　　　　　　　　值得同情的人'

ameyibɔɔ   '黑人'

ameyibɔɔ-ví   '展示典型非洲人行为的人，坚持非
                             洲价值观的人'

例如，句子（62）可以用来描述一个非常贫穷却过着快乐生活的
乞丐［见上文（38）］：

（62）amedáhe   wo-nyé   gaké   mé-nyé
     穷   3SG–是   但   NEG. 3SG–是

     amedáhe-ví   o
     穷–   NEG

     '他是穷人，但没有展示穷人的行为。'

在（62）这样的语境中，……**的后代**特征不再相关。像 amedzró-ví
这样的名词可以用于行为像外国人的人，不论他 / 她是不是外国人。

　　有些例子中群体成员和展示该群体成员典型行为的个体之间
的差异在语义上不再明显，因此在下面例子中非派生名词和带有
后缀 -ví 的名词之间不存在可辨别的差异（见上文）：

（63）haʹmetɔ 或 haʹmetɔ-ví   '俱乐部 / 协会成员'

在这样的语例中，-ví 的意义已经被"漂白"到没有留下语义痕迹
的程度。①

3.4.3 参数

　　在前文讨论的语例中，我们观察了埃维语名词 víʹ 到派生后
缀 -ví 的变化过程。这个名词的语义结构本质上可以描述为包含两
个组件：我们分别表示为**幼小**和……**的后代**。这一变化过程涉及

―――――――――
① 有些受访者认为不可接受 haʹmetɔ-ví，他们使用 haʹme-ví。

概念扩展的几个途径，这些途径可以用图 3.2 表示。图 3.2 中出现的 -ví 的许多意义，例如**幼小、（个头）小、不重要**或**物质名词的可描述部分**，也是其他许多语言小称标记的特征。另一方面，在欧洲和其他语言中所发现的一些小称标记的意义，例如表达喜爱或柔情（见 Taylor 189：145），似乎在埃维语中并不存在。

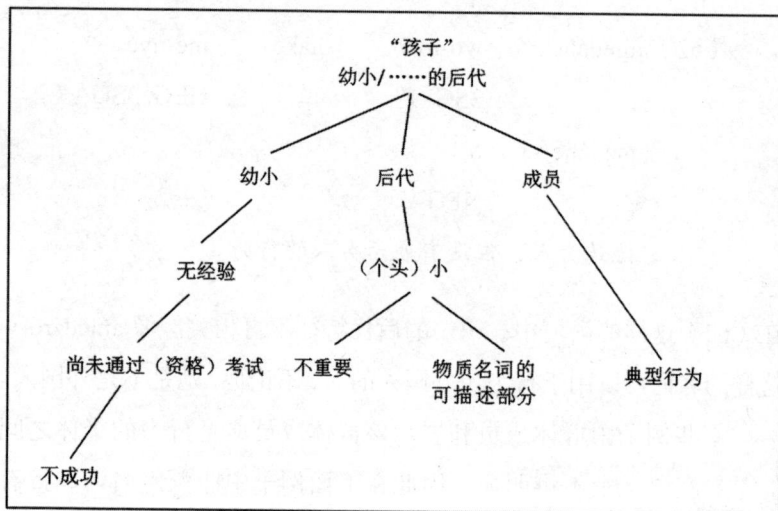

图 3.2　埃维语名词 ví′ 的概念扩展

　　我们现在能够解释上文（36）和（37）中所呈现的高度对比意义：amedáhe-ví 表示'穷人'，它展示了因贫穷而可怜的人的所有**典型行为**；kesinɔtɔ́-ví 则表示期望成为富人的人，或者期望被当作富人，但因为他 / 她还没有获得足够的财富，或者仅因为人们认为他 / 她不具备富人的资格，因而还**不成功**的人。因此，这两个名词派生后缀的意义不同，是涉及完全不同的概念扩展途径的结果。

　　apé-ví 的不同意义也可做同样的解释，它派生于 apé '家、家园'（见 3.4.2）："用于日常事务的小房子"这一意义派生于（**个头）小**特征，而"本土居民或者同胞"这一意义则可归结于**成员**特征，该特征源于隐喻等式孩子：家庭 = 本土居民：方所（见下文）。

本例和前几段中其他语例给人的印象是当一个给定词汇项接受后缀 -ví 时，只能存在一个语义识解。但情况并非如此，许多名词可以选择图 3.2 中所列出的多个意义。请看下面的例子：

（64）megbé　　　　'背'

　　　megbé-ví

　　　（a）'最后生的，落伍者'　　　　　（……的后代）

　　　（b）'狭小的后部'　　　　　　　[（个头）小]

　　　apé　　　　　'家园'

　　　apé-ví

　　　（a）'某个地理单位的本地人'　　　（……的后代）

　　　（b）'小屋子（例如用于日常事务）'[（个头）小]

　　　awu　　　　　'衣服'

　　　awu-ví

　　　（a）'孩子的衣服'　　　　　　　（孩子）

　　　（b）'改小的衣服，如无袖衬衫
　　　　　 或者夹克'　　　　　　　　[（个头）小]

正如我们上文所言，-ví 的功能本质上并非给一个给定概念加上一个限定属性，而是表示一个不同的概念，在这一点上该后缀不同于形容词之类的修饰词。kpé-ví '石头–孩子' 并非 "小石头"，而是概念上不同于一般石头的一类石头，例如鹅卵石；kpé-ví 通常但不一定小于 kpé '石头'。kpé suɛ' '石头 小' 在概念上则与 kpé 并无不同——能够区别它们的仅是它们的大小。派生后缀 -ví 和形容词 suɛ' '小' 之间的概念差异反映了它们的不同句法形态地位：前者统辖其前面的名词，后者却依附于前面的名词。

尽管 -ví 主要用来导入新概念，但它的使用还有更深层的语义蕴涵，例如在民俗分类领域的语义蕴涵。有一个例子可以说明这一点：名词 xe 在埃维语中历史上表示"鸟"，后来引入派生形式 xe-ví，表示展示鸟这一范畴**典型行为**的鸟，以便区别"不太典型的"鸟。这些不太典型的鸟通常不会飞，生活在陆地上，而且体型大，例如 koklô'鸡'或 kpákpá'鸭'等。xe-ví 现已泛化为"鸟"的统指，结果产生三种新分类结构，归结为图 3.3。根据这一分类结构，xe'鸟'的生命形式包括两个次类形式，即"典型的鸟"（xe-vi；也包括 agutó'蝙蝠'）和"不太典型的鸟"（xe）。

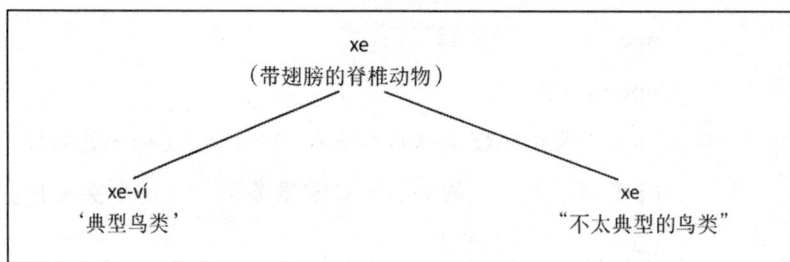

```
                              xe
                        （带翅膀的脊椎动物）


    xe-ví                                              xe
  '典型鸟类'                                      "不太典型的鸟类"
```

图 3.3　埃维语中鸟的生命形式

3.4.3.1　隐喻

这里所考察的内容构成 2.4.1 中所展示的范畴隐喻的典型例子：它涉及从**人**（"孩子"）范畴到反映在（**个头**）**小、不重要、典型行为**（TYPICAL BEHAVIOR）等意义中的**质量**范畴的概念转换。从语言学角度看，这是从名词到派生后缀转换的结果。这一转换并不是从一个范畴直接进入另一个范畴，而是涉及许多中间步骤，这些步骤中最为凸显的部分在前一节中已经讨论并被归纳为图 3.2。

尽管这些中间步骤是连续的，或者是转喻的，它们彼此之间仍然显示出本质上可以描述为"弱隐喻"（weakly metaphorical）的关系（参见 Goossens 1989）。有些例子可以证明这一点：从**幼小到尚未通过（资格）考试**的转变不应视为隐喻，因为后一特征通常和年轻人联系在一起。不过如果这个特征应用到一个成年人身上，

例如用于 βu'kulá-ví '懂得驾驶但并未通过驾照考试的人' 这样的
名词，那么就在孩子和具有与孩子相关特征的成年人之间建立了
隐喻关系。因此如果我们假定隐喻"在字面上是假陈述"（Davidson
1979），或者隐喻是"有偏差的预测"（Ricoeur 1981：143），
或者隐喻是"错误陈述"因而"与我们的期望相冲突"（Swanson
1979：162），那么这就可以应用到下面的语例中。我们的受访者
宣称下面的语例存在"语义偏差"：

（65）*βu'kulá-ví   nyé   vi'
　　　驾驶员–   是   孩子
　　　'*尚未通过驾照考试的人是个孩子。'

同样的观点可以应用到图 3.2 中其他两个直接相邻语义之间的
关系：可以说它们在概念上互相接近，但在某些语境中以一种显
示隐喻关系的方式形成对比。不过在许多情况下，可以辨别出更
为明显的隐喻关系。例如当 vi' 用于像 nyí '奶牛' 这样的动物名称，
或者像 akɔdútí '香蕉树' 这样的植物名称的后缀时，就存在一个
从人域到非人域的转换；也就是说，非人类生物被隐喻地当作人
类看待。注意名词 vi' '孩子' 仅限于指称人，因此下面句子表达
的意思是不可接受的：

（66）*nyi-ví   nyé   vi'
　　　奶牛–   是   孩子
　　　'小牛是孩子。'

Lakoff & Johnson（1980）提出的被称为概念隐喻的其他例子如下：

　　（个头）小的物体是幼小有生体（A SMALL OBJECT IS
A YOUNG ANIMATE）：这一断言是我们的范畴隐喻**物体是**

人（AN OBJECT IS A PERSON）的具体表现形式（见 2.4.1）；这一断言在**幼小含义**（如 nyí-ví'小奶牛'中的意义）转变到无生概念且具有**（个头）小含义**（如 kpé-ví'小石头'中的意义）时成立。

群体即家庭（A COMMUNITY IS A FAMILY）：根据这一隐喻，社会文化的、政治的或地域的群体依据实质上是生物学定义的群体进行概念化。在我们的例子中，这种隐喻的结果是**……的后代**的意义扩展到也表示**成员**关系。

值得指出的是，不仅在我们讨论的语例中名词 vi' 被隐喻化并构成复合词的中心词，类似的变化也可在其他句法结构式中观察到。例如作为代动词 po 的宾语，vi' 从人类域转变到（67a）的动物域、（67b）的植物域，以及（67c）的无生物体域。[①] 注意在这些结构式中 vi' 已经去范畴化（de-categorialized），也就是说它不可以有复数形式或者带修饰词：[②]

（67a）koklô   lá   po   vi'
　　　 鸡   DEF   打   孩子
　　　 '母鸡孵小鸡了。'

（67b）atí   lá   po   vi'
　　　 树   DEF   打   孩子
　　　 '树长出树枝了。'

（67c）tsi   lá   po   vi'
　　　 水   DEF   打   孩子
　　　 '水冒泡了。'

---

① po 的字面意思是"打、打击"，但它也可以在类似下列语例的数以百计的结构式中用作代动词，即在语义上为空的动词替代词。

② 关于术语"去范畴化"，见 Hopper & Thompson（1984）。

除了形成派生后缀外，名词 ví' 也语法化为形容词，另外被不定冠词 ɖé 或 é 限定时也语法化为副词。[①] 这两种情况下的结果都是形成"一点点，少许"［(个头)小］含义，例如：

（68）me-dí   súkli   ví

       1SG–想要   糖   一点儿

       '我要一点糖。'

（69）me-dɔ   alɔ̃   ví(ɖ)é

       1SG–进入   睡   一点儿

       '我睡了一会儿。'

虽然图 3.2 展示的整个特征网络可以描述为隐喻过程，但是仅仅依靠隐喻过程却不能提供令人满意的解释，特别是它留下了许多悬而未决的问题。例如它不能帮助我们理解为什么 -ví 在后附动物物种（如 nyi '奶牛'）时具有**幼小**含义，而在后附更具包容性的动物范畴（如 lá '动物' 或 núdzodzoé '昆虫'）时却具有**(个头)小**含义。对于这个问题以及其他一些问题，分析语境能提供更充分的视角。

3.4.3.2 语境

在本书中，我们一直使用限制意义上的"语境"，我们关注的主要是词汇性上下文（lexical context），其结果是对 -ví 语义做了高度简化的解释。例如我们观察到当后缀 -ví 和名词 akpa '鱼' 连用时，其意义是"小型鱼类"［(个头)小］，不过这只能应用在一类语境中（例如在市场上买鱼的语境中）。在语境是在水中的情况下，例如当看到一个鱼妈妈带着一群小鱼在游时，这群小鱼则可能被称为 akpa-ví（**幼小**）。另外，nyi-ví '奶牛–孩子'

---

① 比较 sukû-ví '小学校' 和 sukû-ví（学校–孩子）'学生'。用作形容词时，ví 仅同少数几个名词同现。

在多数情况下指一头小牛（**幼小**），但在适当的语境中也可能具有其他意义（参见 Hopper 1987：143）：在一群奶牛中，一头明显比其他奶牛小的奶牛可能被称为 nyi-ví〔**（个头）小**〕；而如果要表达奶牛 X 是奶牛 Y 的妈妈，相对于奶牛 X，奶牛 Y 就可以被称为 nyi-ví（……**的后代**）。

我们在这里不关注这些语言的或者语言外的语境。我们关注的是 -ví 与某个给定名词或一组名词连用时，-ví 所具有的最凸显意义或最焦点意义，以及 -ví 与 akpa '鱼' 之类的名词连用时焦点义为**（个头）小**，而与 nyi '奶牛' 连用时焦点义为**幼小**。在许多情况下如果我们考虑语境诱发的重新识解，就可能去预测在既定语境中的各种意义中哪一个是焦点义，即各自语境倾向于邀约的原型含义（prototypical implicatures）。有几个例子可以说明这一点。

如同我们在上文所概述的那样，源名词 ví' 的两个基本语义组件之一是**幼小**。一般的联想是幼小的人缺乏经验，在教育上不成熟，没有达到社会认可其为一个成人的要求，这些含义以多种方式被规约化。正如我们在上节所看到的那样，它们在 núŋlɔlá '作家' 这样的名词构成的语境中形成**缺乏经验**这一焦点义：一个还没有在作家这个行业获得所应有的经验的写手是 núŋlɔlá-ví。一个还没有满足驾驶员这一职业的强制要求〔**尚未通过（资格）考试**〕的开车者不能被称为 βu'kulá '驾驶员'；在获得驾照前，他/她仍是个 βu'kulá-ví '驾驶员–孩子'。

amegá '年老、有影响的人士' 和 kesinɔtɔ́ '富人' 这样的名词指在埃维语社会中每个人都期望达到，但只有少数几个人才能真正达到的具有高度声望的地位。因此当 -ví 用作这类名词的后缀时，其邀约的识解是此人正努力达到这一地位，但并未**成功**，这样的识解并不让人感到惊讶。[①]

---

① 注意 amegá -ví 也可以表示 "受人尊敬者的孩子"，这里 ví 保留了其词汇意义。

名词 Tógó-ví 有各种不同的意义。根据不同语境，它可表示"在多哥出生的孩子"，也就是说保留了源名词的意义；它可以具有**成员**义，也就是说指"多哥公民"。后一种意义会出现在下面的断言中，用来回答"他是德国人还是多哥人？"这个问题。

（70）Tógó-ví　　wo-nyé

　　　多哥-　　　3SG-是

　　　'他是多哥人。'

不过当（70）的断言是对问题"他是一个好人吗？"的回答时，就会创造出一个不同的语境，这种情况下的含义是这句话所涉及的人具有多哥人的**典型行为**。这一含义在后代关系或成员关系都不重要的名词类型（如 amedrzó '外国人，异域人'）中成为焦点意义：amedrzó-ví 是展示外国人典型行为的人。因此，-ví 各种意义中的哪一个是焦点意义，在很大程度上取决于它所依附的相关名词所提供的含义。

我们现在可以转向前一段所提出的问题，为何在动物种类（如 koklô '鸡'）中后缀 -ví 的**幼小**义是焦点意义，而在更具包容性的动物范畴（如 xeví '鸟'）中，（**个头**）**小**义是焦点意义呢？答案看来非常明显：不同意义取决于人类在其环境中形成的不同类型的经验。在动物种类的语例中，最重要的区别是幼小和完全成年的区别，因为这一点决定着人们对相关动物的期望：koklô '母鸡'会下蛋，但 koklô-ví '小鸡'不会；dzatá '狮子'是危险的，但 dzatá-ví '幼狮'并不让人恐惧。对于更具包容性的动物范畴来说，年龄或性成熟不太重要，更为重要的是相应种类的个头大小：个头大的动物物种相对于个头小的动物物种更凸显人类的经验，也与人类经验更直接相关。

同样，有人会问为什么作 detí '油棕树'后缀时 -ví 的**幼小**义是焦点意义，而作 logo '野生树种'[①] 后缀标记时（个头）小义是焦点意义呢？原因是 detí '油棕树' 是一种重要的农作物，这意味着 detí '油棕树' 可以收割而 detí-ví '油棕树苗' 不可以。因此 detí '油棕树' 完全成熟和幼小的区别具有经济上和文化上的相关性，而 logo '野生树种' 这样的植物则没有这种情况。

3.4.3.3　创造性

当后缀 -ví 后附于一个 dɔyɔlá '传统治疗师，医生' 这样的名词时，就形成"治疗师的学徒或助手"义，这既可以解释为基于语境的模式，也可以解释为隐喻模式。dɔyɔlá-ví 通常指能够称为 vi′ 的人，即以成为治疗师为目标的少年，隐性期望是当他/她成年时会被认可为治疗师，且反之亦然。不过如果名词 dɔyɔlá-ví 用于表示一个成年学徒时，以语境为导向的解释似乎不如隐喻解释那样具有相关性，隐喻解释使得弥合孩子域和成年域之间的差异成为可能。

不过有人会认为并不存在这样的差异。传统治疗师的助手经常是成年人，把年龄或者性成熟度作为 dɔyɔlá-ví 的特征不切合实际，起决定作用的还是该人不具有治疗师的资质。因此相比依据从孩子域到成年域的转换来分析这一过程，更恰当的说法是**幼小**特征变得不太明显，而另一个特征，即**尚未通过（资格）考试**特征成为焦点。这是一个渐变的过程：在某些语境中，**幼小**特征可能显现；在其他情况下，它可能被压制但依然隐含；而在另外一些情况下，例如在分析一个成年的 dɔyɔlá-ví 时，**幼小**特征则完全消失。

这里提出的问题是这种类型的创新是否显示创造性。尽管没有明确的证据，答案看起来是肯定的。创造性要求说话者以可理解并最终被语言社区所接受的方式来操控语境和概念，这种操控

[①] 更精确地说，logo-ví 的基本意义是"苗条的野生树种"，而不是"（个头）小的野生树种"；不过 logo suɛ′（野生树种 小）则指（个头）小的野生树种，在特定语境中也指幼小的野生树种。

的方向因语例不同而不同。在 dɔyɔlá 加后缀 -ví 这一语例中，引入的意义是**尚未通过（资格）考试**；在名词 núfíálá '教师' 这一语例中，获得的意义则是**无经验**，núfíálá-ví 指的是刚刚进入行业但缺乏经验的老师。这一差异可能形成于埃维语社会的传统语境，在该传统语境中医疗从业者的学徒比受教育的学生更为普遍，因此更可能在概念上进行区分，不过这似乎仍基于某种说话者出于认知和交际目的，操控语境、概念以及受话者反应的创造性行为。

3.4.4　讨论

从意义为"孩子"的名词发展为小称标记在非洲语言中相当普遍，据说这是非洲语言的一个特征（Greenberg 1959：23），在很多班图（Bantu）语族语言中甚至可以观察到充分发展的小称标记成为该语言名词类结构的一部分（见 Poulos 1986：288–291）。[1] 班图语语例提供了语法化过程中，标记同一语法范畴的相互竞争的策略如何相互作用的例证，特别是在某些东南班图语族语言中，可以观察到小称功能标记从名词类前缀到源于原始班图语（Proto-Bantu）的名词 *-gana '孩子' 的衍生后缀的转变。在文达语（Venda）和松加语（Tsonga）中，名词类前缀和后缀 -ana（源于 *-gana '孩子'）两者都用作小称标记，例如：

（71）文达语（Venda）：

tavha

'山'

ku-tavh-ana

20 类名词–山–孩子

'很小的山'

---

[1]　在多数案例中，具有小称功能的是12/13类名词（*ka-/tu-），不过其他名词类，例如 7/8 类名词、12 类名词或 20 类名词也都用于这一目的。

在祖鲁语（Zulu）和索托语（Sotho）中，名词类形态已经丧失了这种功能，这一功能现在专门由后缀 -ana 来表达：

（72）北部索托语（Northern Sotho）：

taba   '事情'

tab-ana   '小事情'

在一些语言中，派生于名词"孩子"的概念网络的某些特定用法已经规约化。依据 Timyan（1977）提供的语料，在博勒语的科德方言（Kode dialect of Baule）中有一个可能是名词 ba（复数 mma-mũ'孩子'）的语法化形式的派生后缀 ba［或者 (m)ma］，[①] 这个后缀看来已经规约化为我们所描述的埃维语（Ewe）的一个特定网络链：该链从（个头）小发展到物质名词的可描述部分或者其中的某一部分。因此当后附于可数名词时，其首要意义是"……的某一特定部分""……的某一特定实例"或"……的一个更小的种类"，例如：

（73）swa   '房子'   :   swa-ba '里间'

sa   '手，臂'   :   sa-mma '手指'

当后附于一个物质名词时，它就被用作特指标记或单数标记，形成的名词为可数名词，例如（Timyan 1977：111–112）：

（74）ajwe   '米'   :   ajwe-ba '米粒'

sika   '钱'   :   sika-ba '硬币'

在我们的埃维语语例中，我们忽略了与语法化理解不直接相

---

① 博勒语是象牙海岸（Ivory Coast）使用的一种沃尔特科莫埃语（Volta–Comoe）。像埃维语（Ewe）一样，它属于尼日尔–刚果语系（Niger–Congo）的克瓦语支（Kwa）。

关的许多方面，也没有试图在我们的结论和语言描述的流行话题之间建立联系。例如我们没有研究在从名词到后缀的变化过程中，哪些例子形成了能产的派生模式，哪些例子没有形成。下面这些例子似乎是使用 -ví 的高度能产的例子，因而是可预测的：

名词类型	焦点后缀意义
重要的动物或植物物种	幼小
更具包容性的动物或植物范畴	（个头）小
非生命物体	（个头）小
社会文化、政治或地理单位的名称	成员

在所有其他例子中，能产性要么是有限的要么是不存在的，不过这个观点需要单独讨论。

现在的问题是，语法化和词汇化之间的边界位于何处？假定两者都涉及某种类型的"习语化"（参见 Nichols & Timberlake，付印中），可以说在语法化情况下"习语化"具有形态能产性，而在词汇化情况下则不具有。虽然这个问题的答案还不清楚，但是下面的观察却能为何处寻找答案提供启示：相关概念越是互不相同，就越有可能是 -ví 的使用导致词汇化。例如在下列身体部位词语中，-ví 具有（个头）小的含义，不过尽管（75）展示了一个能产性派生模式的例子，受访者的反应却显示（76）提供了后缀 -ví 更为词汇化的用法。在（75）中，大小很明显是区别性特征，而在（76）中 -ví 不仅标记大小的差异，而且也指称不同的身体部位：

（75）tó　　'耳朵'　　　　　tó-ví　　'小耳朵'

　　　así　　'手'　　　　　　así-ví　　'小手'

　　　alɔ　　'小臂'　　　　　alɔ-ví　　'手指'

　　　ŋkú　　'眼睛'　　　　　ŋkú-ví　　'瞳孔'

　　从名词到派生后缀的转换是否被母语者识解为一系列同音词或者扩展的多义词？这个问题不在我们研究的范围。不过我们的咨询对象的反应显示，如果是图 3.2 概念化途径中的直接相邻意义，例如**幼小义**和**（个头）小义**，或者**（个头）小义**和**不重要义**，都被识解为多义词；而更远的意义，如**幼小义**和**不成功**义，则倾向于被视为同音词。

　　需要进一步研究的问题是，在形态句法上名词在何处终结而派生后缀在何处开始。答案可能是复杂的，因为我们面对的是名词性降低和语法性增强的一个难以切分的连续统，不存在可以进行明确切分的语音或形态句法的标准。一种方法是确定每个复合词的"语义核心"，例如通过下面这种释义句：

（76a） X-ví　　　　nyé　　ví

　　　　 X–孩子　　是　　　孩子

　　　　 'X孩子是个孩子。'

（76b） X-ví　　　　nyé　　X

　　　　 X–孩子　　是　　　X

　　　　 'X孩子是个 X。'

这使得我们能够确定 -ví 是具有**后代**义的名词 [例如 megbé-ví（背–孩子）'掉队者，最后出生者'] 的语义核心，因为只有（76a）释义句适用于这些名词；（76b）释义句则可能只适用于具有**（个头）小**义、**无经验**义、**不重要**义或者**典型行为**义的名词。其他一些名词，特别是具有**幼小**义的名词，则可能接受（76a）和（76b）的释义句，不过也有不同程度的差别：像 nyɔ́nu-ví（妇女–孩子）'女孩'这样的名词仅在某些语境中接受（76b）释义句；除非在高度专门化的语境中，nyi-ví（奶牛–孩子）'小牛'排斥（76a）的释义句。因此，这样的参数可能有助于描述名词和语法标记之间的连续统本质，但不一定对两者间界限的确定有帮助。

　　本节所考察的主要问题是隐喻和语境在语法意义发展中是如何互相作用的。我们的发现表明，两个变量形成了与这一发展密不可分的两个方面，并且它们在很大程度上是互补的。语境诱发的重新识解的作用越凸显，隐喻效果的相关性就越低。而且两个给定意义互相之间越接近，依据语境来解释它们的关系就越合适。不过在图 3.2 中描述的概念化途径上意义间的距离越远，依据隐喻来分析就越合理。

　　正如上文已提及的那样，从名词 vi′‘孩子’到派生后缀的变化是**人到质量**隐喻（见 2.4.1）。当考察所涉及的语境类型时，我们能够观察到从人类域到质量和状态域的概念变化量表：

语境（-ví 之前 名词的语义特征）	-ví 的焦点意义
人类	**幼小、无经验**等
动物、植物	**幼小**
具体物体	（个头）**小**
无形物体	**不重要**
物质或抽象名词	**物质名词的可描述部分**

　　这个仅依据 -ví 的一个发展路径而得来的表格表明，语境涉及的范畴和隐喻转换涉及的范畴之间存在整体相关性：两者都可以看作一端为人类范畴，另一端为非物理的高度"抽象"概念的量表。我们将在第 4 章中看到，情况比这个略微复杂，并且还需要考虑其他几个观点。

4 框架概览

在前面几章观察的基础上，我们将提出一个用于描述语法概念发展的框架。

4.1 宏观结构与微观结构

我们提出的框架包括两部分。第一部分涉及在语法化过程中所能观察到的概念分枝的综合网络。图 4.1 显示了这种网络的架构。

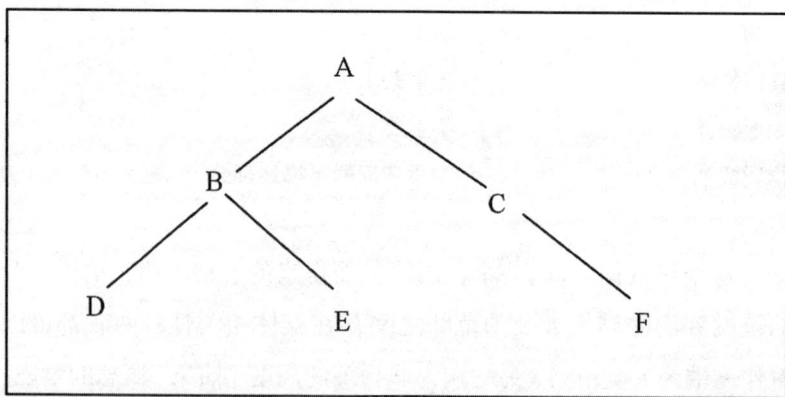

图 4.1 语法化的概念网络

在这一架构中，符号 B，C，D 等分别代表发生语法化的语言单位的不同意义，这些意义都来自源（语）项 A。下面是这种结构的一些突显特点：

a）这一网络可以用树形图表示的分散模型来描述。

b）不同意义之间以概念转换线互相关联。

c）这种概念转换是单向的，由顶部"更为具体"的意义引申到底部"更为抽象"的意义。

d）最顶部（语）项A通常是，但不一定总是词汇项。

我们的识解方式与Lakoff（1986，1987）和Norvig & Lakoff（1987）的词汇网络理论在许多方面是相似的。首先，这种识解方式的前提假设是客观主义方法并不足以解释这里所讨论的概念关系模式。其次，Lakoff的模型，即"一个放射性结构的范畴，包含一个中心成员和由意象–图式（image-schema）转换与隐喻所定义的联系"（Lakoff 1987：460），与我们图4.1中的树形图具有平行之处：二者都有一个派生其他成员的中心或基本成员，而且这两种模型中不同成员间的联系都由隐喻和转喻等认知过程建立（见下文）。

但二者也有一些分歧。最主要的可能是我们只关注语法概念，而Lakoff和他的追随者们主要关注的是词汇范畴（不过请参看Lakoff 1987：462ff.；Sweetser 1988）。这意味着，例如作为语法化的一个核心特点的"抽象化"原则，在他们的模型中却不那么重要。

另一个不同点在于认知结构与语言结构之间的关系。Lakoff和他的追随者们认为，一个词汇项与其所代表的认知实体之间似乎在很大程度上是一对一对应的。因此，英语词素如over或take的所有不同意义都被Lakoff看作是单一范畴的不同成员或"下位范畴"（参见Lakoff 1987：463）。似乎有这么一个隐性的假定，即Lakoff所描述的那种类型的认知发展发生在一个既定的范畴内。而我们这里的例子则表明语法化过程并不在语言或概念范畴的分界线处停止，而是跨语素类及认知分类，例如前面提到的埃维语

（Ewe）的名词 vi'。

我们的框架的第二部分涉及一个意义到另一个意义的转变，例如涉及意义 A 引申到意义 B 时发生了什么的问题。[①] Lakoff（1987：460）提到两种关联：意象–图式转换与隐喻，而 Norvig & Lakoff（1987：197–198）则提出下面六种关联：意象–图式转换、隐喻、转喻、帧加（frame addition）、语义角色分化与轮廓转换（profile shift）。

在目前研究阶段，语法化过程的这些类型如何或在多大程度上与概念操作有关还很难说。我们现在也许可以换个角度来看：一个表达式（如 A）有一个简单的、单一的意义，而这个焦点或核心意义（见下文）有一个非稳定的、特定语境的语用覆盖层，即一系列蕴涵义。现在，这些蕴涵义中的每一个都能发展出一个新的规约化的意义，并获得它自己的一系列蕴涵义。从这个视角来看，B 也许可以识解为 A 的一个规约化了的蕴涵义（参见 Levinson 1983：99，166）。

下面我们以埃维语（Ewe）名词 ví '孩子' 的语法化为例，来看看所涉及的问题。我们在前面注意到，后缀 -vi' 放在表示家养动物或其他动物后面时表示**幼小**，但如果用于更具包含性的动物范畴时则表示**（个头）小**的意思。例如：

nyi   '奶牛'   nyi-ví   '小牛，幼小的奶牛'

lã   '动物'   lã-ví   '小动物物种'

---

① 根据 Norvig & Lakoff（1987：195ff.），两个意义之间的联系涉及"最小变异"（minimal variation）和"简单差异"（simple differences）："当我们说意义 A 是意义 B 的最小变体时，我们的意思是尽管 A 和 B 在很多方面可能不同，但是它们之间的所有差异可以归结为一个单一的差异，而其他差异都可以从这一单一的差异中预测出来。"（Norvig & Lakoff 1987：197）

这是一个高度简化的描述。我们前面（3.4.3.2）已经注意到，依照语用识解规则或埃维语母语者可能使用的识解原则，nyi-ví 也可能指‘小奶牛’或‘小牛’，而 lã-ví 也可以指"年幼的动物""动物的幼崽"或"不重要的动物"（参见 Searle 1979a；Levinson 1983：158）。表示"小牛"和"小动物物种"分别是最突显或最焦点的意义；它们很可能是母语者在翻译时最先想到的、最常用的、最不受语境限制的意义。图 4.2 是对这个情况的一个总结。

意义 语素	'……的后代' （DESCENDANT-OF）	'幼小' （YOUNG）	'（个头）小' （SMALL）	'不重要的' （INSIGNIFICANT）
nyi-ví	……………………X……………………			……………………………
lã-ví	………………………………X…………………………			

图 4.2　埃维语名词 nyi-ví 和 lã-ví 的语义特点
（——= 一系列意义；x = 焦点意义）

"焦点"意义的概念大概可以用这种方式来定义，而要描述什么是"非焦点"意义要困难些，除非与其相对应的"焦点"意义有参照关系。根据视角的不同，下面的对立词汇可以用来描述焦点意义和非焦点意义的区别，例如名词 nyi-ví 的焦点意义**幼小**与其非焦点意义**……的后代**和**（个头）小**之间的区别是：首要意义与次要意义，首要焦点与次要焦点（Dahl 1985：11），外延意义与内涵意义，中心属性与边缘属性，一个范畴的核心属性与识别性属性（Smith & Medin 1981：20–21），原型属性与典型属性（Coleman & Kay 1981：37），或者语义标记与常规特征（Putnam 1978）。

　　用这样的对立词汇以下面的方式来描述从焦点意义**幼小**（如名词 nyi-ví）到意义"**（个头）小**"（如名词 lã-ví'小动物'）的

转变，似乎有一定的合理性：

	幼小	（个头）小
nyi-ví	外延意义 中心属性 核心属性 原型属性 语义标记	内涵意义 边缘属性 识别性属性 典型属性 常规特征
lã-ví	内涵意义 边缘属性 识别性属性 典型属性 常规特征	外延意义 中心属性 核心属性 原型属性 语义标记

或者从语用范式角度，我们可以说名词nyi-ví'小牛'有一个稳定的、单一的或焦点的意义**幼小**，还有一个以一系列蕴涵义为表现形式的"不稳定的、特定语境下的语用覆盖层"（Levinson 1983：99）。其中一个蕴涵义，在这里被标识为概念标记**（个头）小**，在 lã'动物'之类的名词的语境下已经被规约化，而且发展出一个新的焦点意义。

这里我们并不打算判定这些区别的相对重要性，而是希望引起人们对所涉及过程中下列主要组件的关注：

a）语境诱发的重新识解（context-induced reinterpretation）：一旦一系列会话蕴涵义中有一个被规约化，我们就可以说语境诱发的重新识解开始起作用了。我们这里讨论的是 Norvig & Lakoff（1987：198）所指的轮廓转换，也就是说，在由 nyi-ví 这样的名词到 lã-ví 这样的名词的转变过程中，表**幼小**的意义被背景化，而表**（个头）小**的意义被前景化：后者，即表**（个头）小**的意义，原本是名词 nyi-ví 的一个边缘或识别性属性，在 lã 这样的名词语境中发展为一个中心 / 核心属性。在我们所熟悉的所有例子里，前景化都是语境诱发的重新识解的结果。在这一过程中，某一非焦点的意义在特定的语境中被突显，从而发展为一个新的焦点意义。

　　b）隐喻：从**幼小**意义到前景化了的（**个头**）**小**意义的转变涉及一个从**幼小**是重要概念的域（即有生命的域）到幼小与否并不相关的域（通常是无生命概念的域）的概念转换。因此，在后缀 -ví 的焦点意义为（**个头**）**小**的大多数语例中，涉及的都是无生命名词。类似这样的转换可以被理解为具有隐喻特征，因为这通常蕴涵着一个利用有生命域的特征去概念化通常为无生命项的转移过程：即用**幼小**的事物去隐喻表达（**个头**）**小**的事物。

　　要注意的是并非所有会话蕴涵义都是语境诱发的重新识解的实例。也就是说，并非所有会话蕴涵义都被规约化到产生新焦点意义的程度。事实上只有少数特定语境的语用覆盖层发生了这样的演变。我们所掌握的证据显示，有一些类型的蕴涵义永远发展不到语境诱发重新识解这一阶段，也就无法发展为新的焦点意义。例如，在描述将来时范畴的语法化时，Bybee, Pagliuca & Perkins（付印中）认为有一些语言使用非将来时或体来表示将来时。因此，如例（1）中英语现在时的使用就具有与将来时有关的蕴涵义。

　　（1）I go to Chicago tomorrow.
　　　　'我明天去芝加哥。'

　　不仅现在时是这样；Bybee, Pagliuca & Perkins 搜集的全世界范围的语言样本里包含下面一些时 / 体范畴：现在时（9 例）、持续体（9 例）、惯常体（7 例）、未完成体（7 例）、完成体（3 例）

及过去时（3例）。有意思的是，这些被称为"体形式"（aspectual forms）或"体式"（aspectuals）（Ultan 1978a；Bybee, Pagliuca & Perkins 付印中）的表将来的用法，仍然是限于特定语境的非焦点意义；也就是说，它们显然从未发展成为焦点将来意义。[①] 这个观察并不足为奇，尤其是因为从持续体、未完成体或类似范畴到将来时的演变，与我们到目前为止在语法化过程中发现的任何概念转换类型都不相符。不过，这个事实本身并不足以解释为什么有些会话蕴涵义从来没有导致语法范畴的出现，而另外一些蕴涵义却可以；这个问题有待于更多研究。

我们在前面已经观察到，相邻意义之间的联系倾向于仅为"弱隐喻"；也就是说，隐喻的内容极少存在，甚至不存在。两个意义之间的距离越大，隐喻内容可能越明显。因此在名词 ŋútsu-ví（人–孩子）'男孩'和 kpé-ví（石头–孩子）'小石头'语例中，后者的隐喻属性更明显，因为**（个头）小**通过概念**孩子**隐喻表达，这与 2.4.1 中提到的隐喻量表中的"人—质量"的隐喻一致。

语法化包含如此高度分散的组件，语法化的其他研究者也曾提到过这一点（参见 Traugott & König，付印中）。例如 Lehmann 认为语法化量表中相近的项之间只是数量上的区别，但是"随着在量表中的距离变大，这些数量上的区别累积起来，最终肯定会达到量变到质变的点"（Lehmann 1982：125）。

总的来说，在语法化的过程中存在我们所说的"宏观结构"（macrostructure）和"微观结构"（microstructure），我们在表4.1 中总结了这两者的区别性特征。宏观结构性质上主要是心理学的，涉及认知域及认知域间的关系，以往人们用诸如"相似性"

---

① 用 Bybee, Pagliuca & Perkins（付印中）的话说，"体貌将来时发展成为未完成体或完成体，后者正好可以容纳表将来时的解读，但并没有发展出明确的将来的语义"。

（similarity）或"类推"（analogy）这样的术语来描述这些关系（参见 1.3）。隐喻构成桥接不同认知域差异的主要手段。微观结构以语用学为基础，实质上与语境及语境操控相关。[①]（语境）操控触发语境诱发的重新识解，在这一过程中，会话蕴涵义规约化为新的焦点意义，这一过程的性质为转喻。

表 4.1 语法化的宏观结构和微观结构

宏观结构	微观结构
概念域	语境
"相似性" "类推"	会话蕴涵义
概念域之间的转换	语境诱发的重新识解
隐喻	转喻

4.2 焦点意义之间的关系

语法范畴的产生过程既涉及宏观结构也涉及微观结构，这一点可以用英语前置词 with 用法中涉及的一些认知层面来进行说明。我们只考虑这个前置词的两种用法：伴随格（COMITATIVE；"与……一起"）和工具格（INSTRUMENT；"用"）。我们将在第 6 章中看到，这两种用法是更长的概念化链的一部分。不过我们只考虑这些格功能或格意义的原型概念，这里不考虑格语法所提出的更多区别。[②]

人们普遍认为，这两个意义概念上密切相关。这不仅仅适用于英语，事实上世界上很多语言都用同一个语素来表达这两种意

---

① 我们这里并不考虑到底语用学是不是语言学（Taylor 1989）、认知心理学（Sperber & Wilson 1981）或其他学科的一个分支。

② 例如，Lambert（1969：131）把工具格分为三类（工具、材料和作用力）；而 Nilsen（1973：120）甚至将其分为四类（工具、作用力、材料和身体部位）。

义。因此，根据 Nilsen（1973：74–75）的调查，下面这些语言和其他一些语言，可能用同一个语素表达这两种意义：丹麦语（med）、英语（with）、爱斯基摩语（mik）、爱沙尼亚语（ga）、佛兰德语（met）、法语（avec）、挪威语（med）、盖丘亚语（-waeng）、西班牙语（con）和土耳其语［(i)le］。不过需要指出的是，很多语言，如印地语、日语、韩语及泰米尔语，则采用不同的语言形式来表达伴随格和工具格。

可能较少为人知的是，伴随格和工具格这两种用法存在一个不对称的关系，因为我们所掌握的证据显示表伴随格的语素可以产生表工具格的用法，但是反过来不行（见 6.4）。在这种关系背后是一种转换，Lakoff & Johnson（1980：134–135）提出一个概念隐喻，作者称之为**工具是伴侣**隐喻（AN INSTRUMENT IS A COMPANION metaphor）。这一转换的结果是伴随充当表达工具性的隐喻载体；更概括地说，人类域被用来概念化属于无生命概念域的实体（见 7.1）。

在这个与我们前面第 2 章详细描述的视角相一致的框架内，我们处理的是离散的实体，在我们的例子中是两个不同的格功能，二者之间的差异由隐喻这一认知过程桥接。不过可能有人以同样的理由主张，我们所面对的并非认知转移或者从一个范畴到另一个范畴的跳跃，而是一个连续统，例如 Schelesinger（1979）就持这样的观点："但是我想提出一个更强的断言：从概念上来说，工具格和伴随格其实只是一个概念连续统上的两个极端点。"（Schelesinger 1979：308）

Schelesinger 让 30 个被调查对象根据句中前置词 with 的意义更接近伴随格用法（"与……一起"）还是更接近工具格用法（"用"）来给十个句子排序。这些句子以及调查对象所排出的顺序在表 4.2 中列出。这个顺序显示的是一个从前置词 with 最清楚地表示"与……一起"的句 1 到前置词 with 最清楚地表示"用"
的句 10 的连续统。Schelesinger 做了这样的总结："尽管可能有两
个离散的语言范畴，即工具格与伴随格，但是这并不表示我们按
照这样离散的范畴来看待世界。在我们的认知结构中，显然不存
在这样分得很清楚的类别。相反，存在一个连续统，而语言由于
其必然有限的表达方式，在这个连续统上做了分类。"(Schelesinger
1979：309–310)

表 4.2　包含 with 的 10 个句子的平均排序（Schelesinger 1979：310）

		平均排序
1.	The pantominist gave a show with the clown.	1.67
2.	The engineer built the machine with an assistant.	2.90
3.	The general captured the hill with a squad of paratroopers.	3.67
4.	The acrobat performed an act with an elephant.	3.87
5.	The blind man crossed the street with his dog.	4.67
6.	The officer caught the smuggler with a police dog.	6.17
7.	The prisoner won the appeal with a highly paid lawyer.	6.27
8.	The Nobel Prize winner found the solution with a computer.	7.40
9.	The sportsman hunted deer with a rifle.	9.00
10.	The hoodlum broke the window with a stone.	9.40

　　我们在这里并不讨论在这种情况下能否在两种区别——即离
散范畴与连续统的区别和语言结构与认知结构的区别——之间建
立关联。不过 Lakoff 和他的追随者的研究，同时也包括其他一些
学者的研究，似乎已经非常肯定地证明 Schelesinger 所分析的那种
离散范畴不仅发现于语言结构，也发现于认知层面——尽管语言
和认知范畴之间并不需要一对一的对应。[1]
　　在我们这里所提出的框架内，Lakoff & Johnson（1980）和

---

[1] 以往的文献，尤其是民间植物分类的文献（参见 Kay 1971；Berlin, Breedlove &
Raven 1973；Heine & Brenzinger 1988），已经提供了一些认知范畴化与语言
范畴化之间分歧的清晰例证。

Schelesinger（1979）等人的立场并不相互排斥或相互冲突；相反，他们以一种可预见的方式互相补充。[①] 在语法化过程中，例如当一个**伴随格**标记产生一个**工具格**的意义，肯定既有间断性也有连续性：在宏观结构层面，我们处理的是从一个概念域到另一概念域的离散性步骤；而在微观结构层面，我们面对的是一个概念逐渐延伸的连续统。

4.3　一些修正

到目前为止，我们相当简单地描述了导致语法结构或"更具语法性"结构产生的概念变化。我们特别忽略了两个接下来要讨论的因素。因此，前面提出的框架需要做一些修正。

在 4.1 节，我们主要是讨论相关语素的焦点意义，而没有考虑非焦点意义在语法概念变化过程中所扮演的角色。另外，我们单独考虑这些概念的变化，而没有联系相关的概念和范式。与此相适应，我们在前文提出语法化的宏观结构可以用简单的树形图来描述（见图 4.1）。下面我们将看到，这个模型只概括了语法化过程的一个方面。

在讨论埃维语（Ewe）词素 ví '孩子' 的变化时（见 3.4），我们认为在这个名词衍生的后缀的意义中，有一个意义是表示"政治上、社会文化上或地理上定义的社区的成员"。我们也提到还有另一个后缀 -tɔ́ 具有类似意义，这个后缀由名词 -tɔ́ '父亲' 发展而来（参见 Claudi & Heine 1986：315-316）。因此多哥的公民

---

① 值得指出的是，Schelesinger 也提出和 Lakoff & Johnson（1980）非常类似的解释："总之，工具格可能已经被伴随格同化；可以这样说：一个人 '与一个工具一起' 执行了某个动作。"（Schelesinger 1979：319）Schelesinger 的 "语义同化"（semantic assimilation）暗含某种隐喻过程（见 2.4.1；Schelesinger 1979：317-318）。

可能被称为 Tógó-ví 或 Tógó-tɔ́。类似地，pome 的意思是"亲属关系，同一血统的人们"，而一个"亲属"则可以被称为 pome-ví 或 pome-tɔ́。

尽管 -ví 和 -tɔ́ 在很多语境下基本上同义，但是在另外一些语境中它们是明确区分开的。例如，下面的两个句子都可以翻译为"他是一个多哥人，但他不是一个多哥人"：

（2）Tógó-tɔ́ wo-nyé gaké mé-nyé   Tógó-ví o

　　 多哥人 3SG–是 但 NEG. 3SG–是 多哥人 NEG

（3）Tógó-ví wo-nyé gaké mé-nyé   Tógó-tɔ́ o

　　 多哥人 3SG–be 但 NEG. 3SG–是 多哥人 NEG

两个句子都有意义，但每个句子都可能有几个不同的理解。句子（2）最可能的理解可以表示为：

（2a）'他是一个多哥公民，但他祖上并不来自多哥。'

（2b）'尽管他是一个多哥公民，但他的行为举止并不像。'

与句子（3）有关的意义显示如下：

（3a）'（根据出生地）他是一个多哥人，不过他不是或不
　　　 再是一个多哥公民。'

（3b）'他的行为举止像一个多哥人，尽管他不是多哥人。'

为了理解这两个句子的语义，我们得回到描述名词 ví '孩子'的概念扩展（见图 3.2）。图 3.2 所描述的其中一个概念化链为：

（4）……的后代 > 成员 > 典型行为

名词 Tógó-ví 的焦点意义是'成员'（MEMBER）；也就是说，它通常表示'多哥的公民或居民'。但是在（2）和（3）中，这

个意义被语境所排除了：这个意义由名词 Tógó-tɔ́ 表达，与 Tógó-ví 的语义对立。这样的结果是 Tógó-ví 的非焦点意义被前景化。也就是说，一方面是概念靠前的表**……的后代**的意义，即反映在（2a）和（3a）中的意义；另一方面则是概念靠后的表**典型行为**的意义，即反映在（2b）和（3b）中的意义。

虽然后缀 -ví 和 -tɔ́ 有一个共同的焦点意义，但是它们在如（2）和（3）这样的句子中语义对立。不过在其他一些语境中，例如当它们后附于由于语义原因不具有**……的后代**（基于出生的成员关系）这一非焦点意义的名词，如名词 hã′(me) '组，社团，群' 时，它们又基本同义。尽管**典型行为**可能是 hãme-ví 的一个内涵非焦点意义，hãme-ví 和 hãme-tɔ́ 都表示"一个社团或协会的成员"，而且大多数情况下语义相同。因此，在这样的语境下，两个不同的词素 ví′ '孩子' 和 tɔ́ '父亲' 朝同样的方向发生语法化——结果是两个不同的语法化链发生合并。[①]

我们希望举这个例子，使大家注意在我们前面的框架（如图4.1 所示的框架）中忽略的关于概念扩展的某些特点。首先涉及这样一个观点，即以从 A 转移到 B 的方式描述语法化过程只抓住了它的一个方面。例如这种方式忽略了语用引发的变体在语法结构发展过程中的作用，我们在讨论"焦点"意义与"非焦点"意义区别的简单描述中已经尝试做出说明。与其说是分析从 A 到 B 的过程，对于这一过程的一个更合适的表示方式应该是像（5）所示的那样，这里大写字母表示焦点意义，小写字母表示非焦点意义：

（5）xAb > aBc > bCd

一个语法项的意义不仅取决于它的"焦点"意义，也取决

---

① 这同样适用于包含这两个派生后缀的第三个变体 hã′-me-tɔ́-ví。

于它的非焦点意义，这一点在语法化的研究中不断被提及，例如Heine & Reh（1984）称之为"分裂"（split），Hopper（付印中）则称之为"分层"（layering）。在我们的埃维语例子中，特别有意思的似乎是在描述语法意义时不仅要关注概念上"较早"的意义，而且也必须关注那些"较晚"的意义，即关注那些在一定语境中前景化，并且可能在语法化的某个后期阶段发展成为新焦点意义的非焦点意义。

我们前面的框架忽略的第二个特点是语法化过程中涉及的概念网络的性质。在 4.1 节我们借分散模型讨论了这个网络，并在图4.1 中以树形图的形式做了描述。Heine & Reh（1984）已经证明，树形图确实是展示语法化过程其中一个最突显方面的呈现方式，最好的例证是观察同一个词汇项怎样导致一系列不同语法功能的语法化。Colette Craig 提到的"多重语法化"（polygrammaticalization; Craig，付印中）也显示了这个观察与语法化理论的相关性。我们希望大家注意像"去"这样的动词对于语法范畴的概念化所能提供的可能性。例如 Toedter，Zahn & Givón（1989）列出这个动词可能衍生出的语法功能的范围：时-体、情态、格标记、直陈-方向、引语和起始体。另外他们还观察到，在秘鲁北部的帕斯塔萨盖丘亚语（Pastaza Quechua）中，"去"也可以用来引入祈使语和表示去及物化（detransitivization）。这并没有穷尽动词"去"及相关词项促成语法化概念产生的语法化过程的范围。

如果考察的是一个单一语言项的演变，例如在我们的例子中一个名词发展为一个派生后缀或一个动词"去"发展为一系列语法功能的标记，那么分散模型的确是足够的。不过一旦离开语言表达式的范围，看看正在发生的认知过程，那么呈现出来的是另一幅画面：正如埃维语的 -ví 和 -tɔ́ 的发展这样的例子所显示的，概念不仅分裂，而且也合并。这个观察就需要一个比图 4.1 所示的更为复杂的语法化模型，也就是说，除了分散，还要考虑认知合并。因此，似乎图 4.3 更为充分地描述了语法化过程中涉及的这类认知宏观结构。

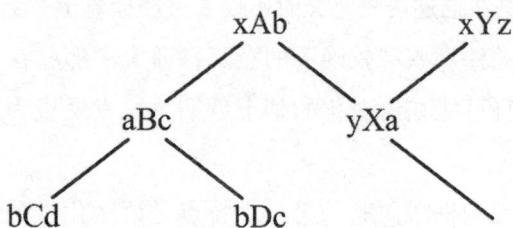

图 4.3　语法化的概念宏观结构
（大写 = 焦点意义；小写 = 非焦点意义）

4.4　以往的模型

以往的研究已经提出一些关于从较低语法化概念到较高语法化概念的发展过程的图式化描述。例如语境诱发的重新识解作为语法化过程中的一个主要组件，可以用下面的一些概念来描述（见3.3.1）：邀约推理（invited inference）和会话蕴涵义（Traugott & König，付印中）、视角化（perspectivization；Taylor 1989）、图式化（schematization；Sweetser 1988；Rubba 1990；见下文）和原型扩展（prototype extension；Givón 1989；见下文）。

Willett（1988：80–81）提出三个主要假设来解释语法化，或者解释作者所说的"伴随语法化的语义泛化"（semantic generalization accompanying grammaticization），分别为：隐喻扩展假设（metaphorical extension hypothesis）、包含假设（containment hypothesis；见下文）和蕴涵假设（implicature hypothesis；见 1.2.2）。在这一节中，我们打算把我们这里提出的框架与以前语法化研究中的一些观点联系起来。为了更好地理解这些观点，读者可以参看第 3.3 节。在那一节里，我们介绍了一些描述语境诱发的重新识解的方法。

　　根据最常见的识解，这个方法所涉及的机制可以设想成一个过滤装置，这个装置漂白了所有词汇内容，只保留相关项的语法内容。我们把这种识解称为"漂白模型"（见图 4.4），这一识解在第 2.3.1 节有详细介绍。

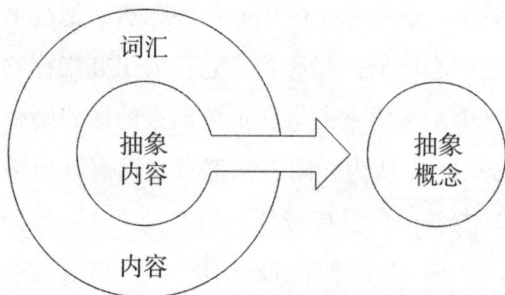

图 4.4　漂白模型

　　这个模型最早的雏形之一可见于 Givón（1973），他指出在从动词到时 / 体 / 情态标记的发展过程中，所产生的语法意义在很大程度上是可预见的，因为这些意义已经包含在动词的意义中。因此，Willett（1988：80）把 Givón 的这种识解称为"包含假设"（containment hypothesis）。

　　这个模型的典型形式在 Lehmann（1982）和 Bybee & Pagliuca（1985）等研究中都有所讨论。后者把从词汇意义到语法意义的发展看成一个"泛化或弱化语义内容的过程"，在这个过程中"意义的特殊性被清空"。结果是原来具体的词汇内容降为抽象的语法功能。这意味着相关语项发展成为具有更广泛分布的"更泛化"的语素，它可以用于更大范围的语境，因而有更高的使用频率（Bybee & Pagliuca 1985：59–76）。

　　漂白并不仅限于语义内容，例如它也影响相关语素的范畴属性，因为这意味着失去原型范畴性以及失去在话语中用作有指参与项的能力（参见 Hopper & Thompson 1984；另见 8.5）。不过，这也适用于下面要讨论的其他模型。

不过其他研究方法都强调语法化不只涉及丧失，也涉及获得。Elizabeth Traugott 的一系列研究中就提到这点。Sweetser（1988：402）区别了意义泛化和隐喻意义转移。在前一种情况中，一个语素通过"抽象出"语素意义的中心层面，然后把这个语素应用到所有包含这些中心层面的指称物，它扩大了其指称物的类别。而在后一种情况中，从语素的意义抽象出来的图式则映射到其他一些意义域。Sweetser 认为，随着词汇意义远离其源域，语法化了的项获得了具有新的、目标域特点的意义，这使得词汇意义的丧失得到弥补。"当一个意象图式结构从一个词汇意义抽象出来时，就存在意义丧失的潜在可能。意象图式并不具有源域中词汇意义的丰富性……但是，如果抽象了的图式是从源域转换到某一特定的目标域，那么目标域的意义会加进这个词的意义中。"（Sweetser 1988：400）

我们把 Sweetser 的模型称为"丧失–获得"模型（"loss-and-gain" model），表示为图 4.5。在从源域到目标域的转换过程中，有一个成分不受影响，Sweetser 认为不受影响的是意象图式或拓扑结构。Jo Rubba（1990）提出一个比"丧失–获得"模型更常被人提及的模型，她在讨论身体部位名词到附置词的语法化过程时，提出在语法化过程中获得的量大于丧失的量。在 Ronald Langacker 的认知语法框架的基础上，她主张附置词的意义比它的派生来源名词更为复杂："前置词的语义实际上比 RELN（relational noun；关系名词）更为复杂，而不是更简单。在 RELN 中，我们有基础域、地标、轮廓化的子部分或空间区域；而在前置词中，我们有基础域和关系轮廓，包括轮廓化的关系、地标、搜索域和动体。"（Rubba 1990：35–36）

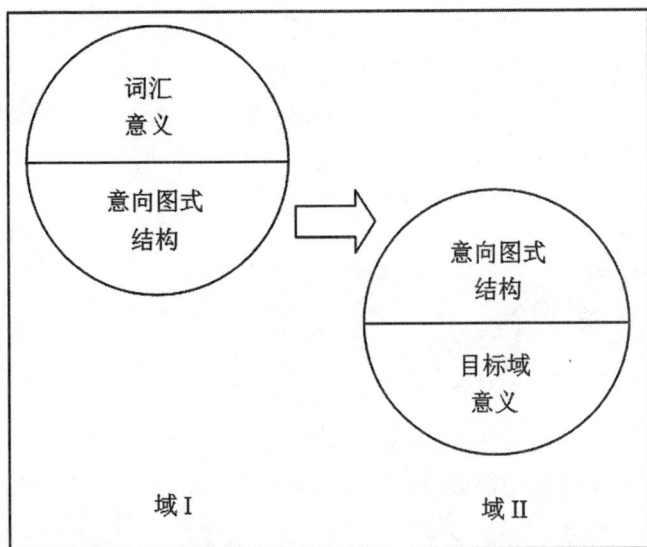

图 4.5 "丧失-获得"模型（Sweetser 1988）

关于丧失组件的性质，学界的意见基本一致，但是学界并不是很清楚如何定义新产生的意义。根据一些学者（这里显然包括Sweetser）的观点，这个"意义"可以用认知-概念结构来描述。其他一些学者则用语用参数来定义这个"意义"（参见 Hopper 1979a, 1982；Herring 1988）。似乎这两种视角一样有效，每一种视角都抓住了相关过程的一个不同方面（见 4.1, 4.2）。

语法化文献中会碰到的第三种模型，这里我们把它称为"重叠模型"（overlapping model；图 4.6）。根据这个模型，从源概念到目标概念的转变涉及一个两种概念共存的中间阶段（参见 Coates 1983）。这是一个有歧义的阶段，因为相关语言形式可被理解为指称它的词汇（或语法程度较低的）意义，也可被理解为指称它的语法化程度较高的意义。

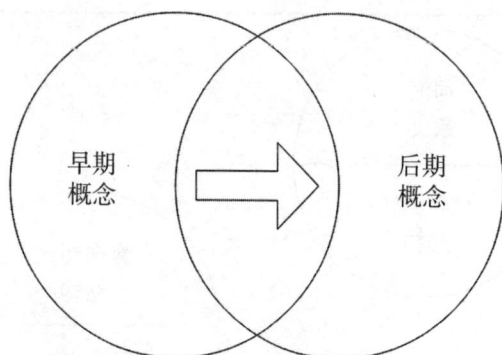

图 4.6　重叠模型

　　所有这些模型都假设语法化涉及两个不同的概念单位或范畴：
一个语法化程度较低；另一个语法化程度较高。不过，还有另一
种观点认为我们所分析的并非从一个范畴到另一个范畴的转变，
而是一个现有范畴的改变，也就是在同一个实体范围内的引申过
程。图 4.7 展示了如何看待这一过程的例证，该模型基于 Givón
（1989）关于类原型范畴如何通过类推或隐喻得以修改或扩展的
观点，不过 Givón 并没有把这一模型运用到语法化分析中。

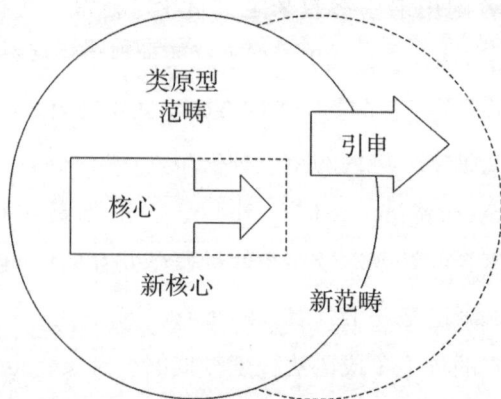

图 4.7　原型引申模型（Givón 1989）

　　每一个模型都捕捉到了语法化过程的其中一个方面。如"漂

白模型"所示，有丧失的部分。就是说词汇内容削弱，结果较高语法性的项在许多方面"比较弱"。语法性较高的项丧失了词汇项的指称自由和众多特点；颜色、形状、绝对大小或时间等方面的区别在语法化过程中被过滤掉了。不过除了丧失之外，也有获得。在语法化过程中，出现了影响新产生的语法概念的性质的新域，也出现了邀约新识解的新语境，该新语境负责新概念的区分。另外，在从一个概念到另一个概念的转变过程中，存在一个重叠的中间阶段，即在早期概念退出之前，早期概念和后期概念共存的阶段。最后，如图 4.7 所示，不把语法化过程看成涉及从一个概念到另一个概念的转变，而看成涉及原型扩展，同样也是可行的。

前面几个段落给人的印象可能是我们实质上讨论的是两种不同的模型：一种蕴含着从一个源项到一个目标项的转换（图 4.4 和 4.5）；另一种涉及范畴内部的发展，例如一个语项的改变（图 4.7）。似乎这种区分对于目前正在讨论的问题而言并不重要。例如如果从语言形式的角度，而不是从概念对比的角度来看待这一过程，就可以用项的改变，而不是项的转换来描述"漂白模型"或"丧失–获得"模型的内容。

我们这里所采用的框架包含了前面提到的几个模型所强调的所有观察。就如我们前面所证明的，语法化过程涉及两种不同的作用力。一个是概念转换，其性质上为隐喻，它把不同的认知域联系起来（如图 4.8 所示）。第二个作用力是由语用促发的，它涉及语境诱发的重新识解和转喻，并且导致重叠意义的产生（如图 4.8 的链结构形式所示）。要注意的是，图 4.3 和 4.8 分别表示的结构并不矛盾；相反，后者侧重于图 4.3 的简单描述中所忽略的语法化过程的某些方面。

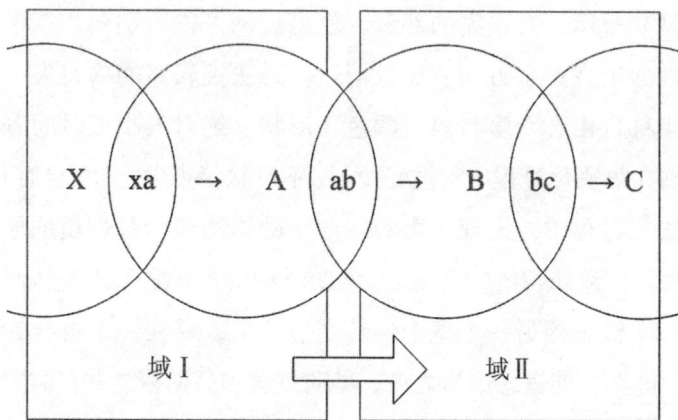

X xa → A ab → B bc → C

域 I   域 II

→ 语境诱发的重新识解

⇨ 隐喻转换

图 4.8　转喻–隐喻模型
（大写 = 焦点意义；小写 = 非焦点意义）

4.5　方所主义

有许多研究方法在某些方面与我们这里提出的框架有某种相关；我们已经在第 1.2 节提到了最重要的一些研究方法。[1] 最有名的研究方法之一是方所主义（Hjelmslev 1935；Anderson 1971，1973；Lyons 1967，1975，1977；Pottier 1974）。根据方所主义，从语言学的角度来看，空间表达式比其他类型的表达式更为基本，因此充当后者的结构模板。这个语言学流派与我们这里的框架之间的联系可以用下面 Lyons 的话来说明："在语言使用中大多数被认为是隐喻的，都可以放进方所主义观点的范围。"（Lyons 1977：720）

如果描述一下 Lakoff & Johnson（1980）的某些概念隐喻，我

---

[1]　最近的例子，见 Svorou（付印中）。

们会发现方所主义假设支持者的一些概念在某种程度上与 Lakoff 和 Johnson 所采用的概念类似。例如，旅程概念在 Lakoff 和 Johnson 提出的若干概念隐喻中充当载体，包括**爱情是旅程**（LOVE IS A JOURNEY）、**婚姻是旅程**（MARRIAGE IS A JOURNEY）、**生活是旅程**（LIFE IS A JOURNEY）和**争论是旅程**（AN ARGUMENT IS A JOURNEY）等。同样的概念也被方所主义者们用来解释一些更为抽象的概念结构：

> 旅程开始于实体离开源头，结束于实体到达目标。离开和到达都是达成（achievements）……如果源头和目标被视为区域，而不是点，那么出发和到达就应该是具有可描述为跨越界限这一更特别的逻辑属性的达成。……在所谓具体运动范式和各种抽象运动范式之间概括这些方所主义概念，那么诸如"X 已经学了 Y"和"X（现在）知道 Y"，或"X 已经忘记 Y"和"X 不再知道 Y"这样的命题对之间的蕴涵关系，与诸如"X 已经到达 Y"和"X（现在）在 Y"，或"X 已经离开 Y"和"X 已经不再在 Y"这样的命题对之间的蕴涵关系，都可以放在同一个框架里。
>
> （Lyons 1977：720-721）

方所主义框架内的研究提供了关于语法化的丰富的发现，也揭示了语法范畴产生过程的一些主要方面。部分发现，诸如表 4.3 总结的一些发现，都得到了大部分方所主义支持者的认可。根据这些发现，时和体的区别、领属和存在的区别、包括时间从属小句在内的时间成分，以及其他一些类型的小句，都可以，或者可能，通过方所结构式来表达。

但是还有一个更为"强势"的方所主义观点，例如下面的表述："总的来说，底层语法功能基本上通过方所和方向的对立来组织。"（Anderson 1973：10）根据这一立场，连与真值、情态、否定或量化有关的语言表达式都被纳入方所主义的范围。我们认为就这些域来说，方所主义似乎已经达到了它的极限：鉴于它关注的只是语法化底层的一个作用力，它只能描述语法化过程中观察到的认知类型的有限的一小部分。

表 4.3　方所主义者提出的一些语法化例证
（参见 Lyons 1977：718ff.）

源头	衍生结构
方所范畴	时间范畴
抽象方所	领属和存在
方所和直陈表达式	过去时和非过去时的区别
方所结构式	进行性或静态性的体概念
方所概念	时间、因果和条件小句

在第 2 章我们观察到，有若干域可以充当语法概念发展的"库"（pools）。我们已经在诸如**人**范畴、**物体**范畴、**活动**范畴等方面讨论了这些域。人们用物体、活动或方所来表达更为抽象的项或结构语篇。在这些参考点中，**空间**只是（形成语法概念的）"库"之一。关于**空间**范畴作为语法化的来源之一所承担的角色，有下面几种主要的可能性：

　　a）**空间**是唯一来源。
　　b）**空间**是几个可能的范畴中的一个。
　　c）**空间**并未充当语法化的一个来源。

有些学者，尤其是方所主义的支持者，已经论证了可能性 a 运用于时间概念的可能性。但我们并没有发现任何以**空间**为唯一来源的**时间**语法范畴。特别是直陈时间（deictic time）概念，它似乎有若干动词性来源，其中很多并不涉及**空间**。例如这适用于情态动词"想（要）""希望""不得不"等，我们在 7.1.1 会看到，它们构成将来时标记的共同来源。因此可能性 a 似乎并不存在，语法化只能用可能性 b 或可能性 c 来描述。关于可能性 b 的相关性，我们可以看方所主义文献中被视为范例的两个语例。

其中一个范例涉及领属："在世界上很多彼此不相关的语言中，显性方所结构用于可以翻译为英语 John has a book（或 The book is John's）的句子。"（Lyons 1977：722）这也适用于非洲语言：大部分非洲语言中，方所结构以某种方式被语法化为领属概念的表达式（参见 2.2.2）。然而**空间**并非领属的唯一来源。另一个常见来源是**活动**范畴，即行为和过程在语言中编码为动词，用来概念化领属概念。用于这一用途的动词主要是"夺取""抓住""拿""获得""得到"之类的动词。鉴于获得的动态概念被用来表达领属概念，尤其是谓词性领属概念——即从"X 获得 Y"到"X 拥有 / 有 Y"——的载体，我们把这一来源称为"获得模型"（acquisition model）。我们在 2.2.2 节已经提请大家注意这个模型与"行为命题"的关系，而且提供了一个奥罗莫语（Oromo）的例子；更多非洲语言的例子可见 Claudi（1986）。

另一个来源可以被称为"同伴模型"（companion model）。这一模型广泛用于表达谓词性领属：根据这个模型，一个类似"X 和 Y 在一起"的命题被重新分析为"X 拥有 / 有 Y"。例如这一模型用于若干班图语（Bantu）和其他尼日尔-刚果语族语言（Niger-Congo languages）：

（6）斯瓦希里语（Swahili）

ni-li-kuwa　　na　　　　　redio　　n-zuri
1SG-PAST-是　和……一起　收音机　CL9-漂亮的
'我以前有个漂亮的收音机。'

一些方所主义者可能认为，甚至诸如"行为"或"伴随功能"之类的概念也有一个潜在的方所结构。[1] 不过，人们可能会怀疑这样一种观点是否具有足够的语言学或其他证据支持。可以理解的是，方所标记、"夺取"义动词和伴随格前置词拥有某一共同的拓扑或意象–图式结构。如果这是事实的话，那么问题在于这种结构是否在本质上一定是方所的。我们并不打算深究这个问题，目前为止我们已经能够满意地得出结论：在用于表达领属概念的诸多模式中，只有一种模式可以证明其本质上是方所的。

方所主义的另一个范例与体标记有关："有很多语言中的进行性或静态性（多数时候特别是偶然静态性）的体概念，是由本源明显为方所的结构式来表达的。"（Lyons 1977：719）Anderson表达了一个更强势的立场："体的区别被理解为主要涉及方所和方向概念，例如进行体被分析为将谓词为'主要动词'的事件视为在特定时间中存在的方所（location-in-existence-at-a-certain-time）进行谓词标注。"（Anderson 1973：5）

在世界上很多语言中，"X 在 Y"这种类型的方所结构式实际上都已经被语法化为进行体（即被语法化为"X 正在做 Y"）。不过这并非进行体的唯一来源，**活动**范畴的概念也可能用作**空间**范畴来源的一个选项。因此在一些非洲语言中，进行体通过过程概念化（参见 Heine & Reh 1984：122–126）。例如在尼罗–撒哈拉语系中苏丹语支的曼武语（Mamvu）中，动词 taju '坐，住，停留'被用来表示过去进行体（Vorbichler 1971：248–250）：

---

[1] 例如比较 Anderson（1973：11），作者认为"与事屈折，例如拉丁文 Mihi est liber 和 Mihi librum dedit 中的与事屈折，不管是从共时角度还是历时角度来看，都代表方所格功能的一个子类"。

（7）ɔ'bɛ　　mu-taju　或　mu-taju　ɔ'bɛ

跳舞　　1SG–坐

'我（那时候）在跳舞。'

在尼日尔–刚果语系乌班吉语支（Ubangi）的恩甘贝蒙杜语（Ngambay-Moundou）中，**活动**［如例（8）］和**空间**［如例（9）］都被用作很大程度上等同于进行体结构式的源范畴（Vandame 1963：94-96；Blansitt 1975：27）。前一种情况使用了连动结构；而后一种情况则使用了 Heine & Reh（1984）所说的"前置词迂回式"（prepositional periphrasis），即谓词在语言上编码为方所补足语。前置词迂回式意味着动词出现在一个名词化形式中，并且受一个附置词管辖：

（8）m-ár　　m-úsaa　　daa

1SG–站　　1SG–吃　　肉

'我在吃肉。'

或

（9）m-ár　　mbaa　　k-úsà　　daa

1SG–站　　为　　　NOMI–吃　　肉

'我在吃肉。'

人们可能会认为像"坐、住、停留"这样的动词可能有某些方所基础。如果这里的例子确实如此，那么方所基础似乎在很大程度上并不相关；重要的是某种活动，而不是空间概念，被用来表示进行体。

根据现有证据，可能性 c 适用于许多语法概念，这些概念不可能派生于方所概念。否定似乎是其中之一，否定标记可以从名词性、副词性或动词性结构派生而来（参见 Givón 1979a：204），但我们还没有发现否定标记具有任何空间来源。

在可以重构否定标记词汇来源的大多数语例中，其来源在最初都具有动词性，这意味着**活动**构成了派生否定概念的主要范畴。可以形成否定语法语素的动词，其表达的意义包括"失败""缺乏""拒绝""否认""减少""缺少"等（参见 Givón 1979a：204），不过也有一些动词并不带有任何内在的否定含义。例如，斯瓦希里语的不定式否定标记 *-to-* 历史上派生于动词 *-toa* '扑灭'。

反对方所主义的还有第二个问题，也许是更为严重的一个问题。尽管**空间**作为一个源域，确实可以形成一系列语法功能，但是这并不意味着它本身构成一个"基本"源范畴：已有证据皆显示方所概念本身派生于更为"具体的"、有指称的项，特别是源于属于**物体**范畴的概念。针对这一过程，我们已经提出一个范畴隐喻：**物体到空间**（OBJECT-to-SPACE；见 2.4.1，3.1）。我们在第 5 章将证明，突显方所概念来源于物理定义的项，包括身体部位和环境地标等。因此在一些语言中，诸如"背部"等身体部位词已经被语法化为方所副词或附置词（"在……后面"等）、时间标记（"在……之后"）、格标记，并且最终被语法化为从属连词。

以上只是说明方所主义的范围定义得太窄，以至于无法解释更广泛的语法结构的一些观察。我们将在 7.2.3 节讨论另一方面。

4.6　自然语法

最近的研究显示语言结构和语言演变底层都存在一些原则，这些研究被归入"自然语法"（natural grammar）标签之下。这一研究方法起源于布拉格学派语言学家，主要是 Roman Jakobson，创立的标记性（markedness）概念。自然语法的支持者事实上倾向于把无标记与有标记之间的区别视为"自然"与"非自然"之间的区别的同义词。自然概念后来被用到音系学中（参见 Stampe 1969；Hooper 1976；Donegan & Stampe 1979），用来表示发音与感知的简单性，主要涉及发音器官张力的相对值。

最近一段时间，关于自然性的研究聚焦于形态学（Mayerthaler 1981；Wurzel 1984，1988；Dressler 1987），这早已经是 Jakobson 论著里的一个重要主题（参见 Jakobson 1962）。这一研究导致人们提出人类语言中"正常且优选的符号化"（normal and preferable symbolization）的主张及一些原则，尤其是下面这些原则：

a）结构式象似性（constructional iconicity）：形式和意义之间存在一个"图解关系"。因此，在诸如 dog-s（对应 dog）这样的例子中数的标记类型被描述为最高程度象似；诸如 geese（对应 goose）这样的例子中则为最低程度象似；而诸如 sheep（对应 sheep）则为非象似。

b）一致性（uniformity）：同一语法范畴"应该"总是用同一形式表达。例如土耳其语复数标记 -ler，可以被认为是一致的（uniform），因为它既表达名词性复数（如：Türk-ler'土耳其人'），也表达动词性复数（如 Türk-tür-ler'他们是土耳其人'）。

c）透明性（transparency）：一个形式只有一个意义，反之亦然。

d）系统充分性（system adequacy）或系统一致性（system congruity）：一个既定形式符合它所属系统的"正常"模式。

e）形态类的稳定性（stability of morphological classes）。

如果一个既定形式符合自然性或标记性的原则，即如果它是象似的、一致的，或透明的，或显示系统充分性和稳定性等，则可以说这个既定形式是（最大限度的）自然的。也就是说，比较自然的形式缺乏语素变体、多功能性，符合它们所属的语言结构或语言类型等。

这些原则可能，而且经常互相冲突。尤其因为语言结构的每个成分都倾向于遵循自己的自然原则，冲突就会出现。语言的自然性与一些语言外的参数，诸如神经生物结构与社会交际结构等有关；一般认为所谓"自然的"就是"对人类大脑来说简单的"（Dressler 1987：11）。如果下面一些观察适用的话，我们就可以认为相关的语法结构和过程是自然的：

    a）在不同语言中广泛分布；
    b）通常通过语言演变而出现，但本身又相对排斥语言演变；
    c）儿童习得相对较早；
    d）相对不受语言障碍影响（Wurzel 1984：165）。

这些观察特别有意思的一点是他们来自语言行为的四个很不相同的领域。例如要注意的是，这里采用的参数在本质上既是共时的，也是历时的。事实上，这些提出的原则与语言的类型方面、共性方面、演变方面和历时方面具有大体相同的关联度；它们行使语言系统的"最优化"（optimalization）功能，（自然）语言变化因此被认为导致了语言有标记单位的衰落和毁坏（"分解"）。

自然语法框架下的研究到现在为止侧重于音系学和形态学问题，也在较小程度上关注句法问题。句法与形态之间的关系问题在这个模型内似乎较难处理，因此 Stolz（付印中，未注明出版日期）提出给这个模型加一个新组件——"自然形态句法"（natural morphosyntax）——即以语法化的成果来解释诸如从句法到形态结构的转变的问题。[①]

我们这里尤其感兴趣的一个问题是，语法化理论如何与自然原则联系起来？尽管这两个方法关注的是语言行为的两个完全不同的方面，但是它们在某种程度上是重叠的，它们之间的界限至少可以说是模糊的。

但是，这两者之间似乎有些显著的平行之处。其中一个平行之处涉及一个事实，即"自然过程"与语法化都是世界语言中广泛分布的过程。另一个平行之处与单向性原则有关，该原则是两个框架的一部分。自然理论的支持者认为语言演变使得"非优先"（nonpreferential）标记现象发展到"优选"（preferential）无标记现象，反之则不行。与此相类似，根据语法化学者的观点，语法化过程从词汇结构发展到非词汇结构，或者从语法程度较低的结构发展到语法程度较高的结构；或者可以用这里采用的主要认知参数来表达，即更为"具体"的概念充当表达较不"具体"或较为"抽象"的概念的结构模板。

第三个平行之处，可能也是更为显著的平行之处，在于某些类型的语言演变在这两种学派中的分析方式是类似的。在一些印欧语言中，格屈折变化的衰退可以描述为反映了自然原则效应（参见 Wurzel 1988: 502ff.），也可以描述为显示语法化已进入最后阶段，Heine & Reh（1984：27ff.）根据诸如简单化和丧失等概念对其进

---

① "不管研究哪种类型的迂回表达式，仅仅运用自然形态学框架内形成的原则是肯定不够的。这有两个原因：首先，相关的标准，除了基本概念，都是为屈折形态和派生形态量身定制的。因此总的来说，它们对于超越词界限的问题的适用性相当有限。第二，这个问题，并非把自然形态的观点和自然句法的观点结合起来就可以解决，因为这两种研究方法都不足以更好地理解形态-句法的中间阶段……对于这些问题以及类似问题，语法化模型的解释力似乎最有前景。这个观点本身就意味着采用这一模型的部分作为自然形态-句法的基础。"（Stolz, n.d.: 14）

行了讨论。

后一个例子提醒我们注意另一种关系。从有标记到无标记语言形式的转变，是自然变化的一个特点，这似乎与作为产生新标记形式策略的语法化的初始阶段相符合。这样可以引进新的认知结构，并取代衰落语法手段的功能。例如通常编码为方所副词／附置词短语的空间概念，在不再有足够的语言手段表达格功能时，构成其最方便的来源（参见第 6 章和 7. 2 节）。与此相适应，在世界上很多语言中，格屈折变化的减少，与引入空间表达式表达格标记有关——结果是方所附置词（"从""在""靠""通过""去""为"等）承担了逐渐减少的格屈折的功能。

Wurzel（1988：502）讨论了德语所有格后缀 -s 衰退的情况，所有格后缀的丧失在某些语境下引起歧义，如下面的专有名词［der Ball Peter-s 'Peter 的球'＞*der Ball Peter '（叫作）彼得的球'］。采用方所策略的结果是（来源／夺格）前置词 von '从'取得了丧失了的格屈折变化的功能（＞der Ball von Peter）。在这种情况下，可以说自然语言变化"引发"了语法化。

尽管有这种相似之处，自然理论和语法化处理的是语言行为的两个完全不同的视角。前者关注的是特定语言内或跨语言不同语言结构之间保持共生性条件和兼容性条件的因素；而后者实质上关注的是语言的创新操控（见 3.4）。一方面，创新有语用基础，涉及语境操控，其结果为语境诱发的重新识解。另一方面，创新又有心理基础，涉及不同认知域之间的概念转换（见 4.1）。

语法化过程中创新的一个主要结果是一个既定的语言符号被用来表达其他概念，其典型结果是多义词。例如一个表示"（到）……去"的动词［如例（10）］在支配动词性语素时被用来表达诸如将来的时范畴［如例（11）］——这一过程可以在世界上很多语言中重构（参见 Bybee，Pagliuca & Perkins，付印中）——这就会

导致违背"一个功能，一个形式"（one function-one form）的原则，
因为同一个语言形式正好表达两种不同的意义或语法功能：[①]

（10）He is going to town soon. '他正要不久后去城里。'
（11）He is going to come soon. '他不久后要去城里。'

但是，一旦创新引起新的语法意义或功能的出现，就要受到
某一我们倾向于认为来自自然领域的原则的制约。这一原则可以
用下面的方式来表达（更多详细信息，可参见 Heine & Reh 1984；
Bybee，Pagliuca & Perkins，付印中）：

　　　如果一个词汇项获得一个语法功能，它可能会在承担这
　一语法功能时失去（某些）语音内容。

在这个原则的基础上，似乎可以预测，例（11）中的"（到）……
去"，由于其语法性较强，倾向于发生语音弱化(见2.4)。[②] 事实上，
Heine & Reh（1984：16-45）所描写的语法化所引发的一些语音、
形态句法和功能过程，可能用自然理论来分析更为合适。

---

① 我们在 3.1 节已介绍一个范式语例。
② 如例（10）的一个简化形式，如 He's gonna come soon。

5 从词汇概念到语法概念

> 对人类而言，不用自己的身体部位或个人的生活经验来描述外在世界……是不切实际的；这正是语言以人为中心（anthropocentric）的原因。
>
> （Allan 1989a：11）

本章着重讨论语法范畴演变的初始阶段。我们在第 2 章证明语法化的输入端是由有限数量的基本认知结构构成的（见 2.2）。而在本章中，我们考察这一输入端及其与输出端之间的关联方式。[①]

我们主要关注 2.4.1 中提出的**物体到空间**这一范畴隐喻。借此隐喻，方所概念被表达为可见、可触摸的物体。接下来，我们专门讨论上、下、前、后、内这 5 个空间参照点的集合，它们很可能在我们知道的所有语言中都做出了区分。这些参照点中的某些成员对应于多个 Soteria Svorou（1998）所定义的位置（即静态空间关系），表 5.1 归纳了这些对应关系。这 5 个空间概念中的每一个都分别对应大量的语言学术语，例如："在……上方、遍于……之上、在……顶部、向上"（表达**上**），"向下、在……下方"（表达**下**），"在……之前、在……前面、向前"（表达**前**），"在……后面、在……之后"（表达**后**），"在……内部、在……之内"（表达**内**）。

---

① 我们感谢 Manuela Noske 提供了本章使用的部分语料。

表 5.1 区域和静态空间关系 [据 Svorou (1988：410-412)]

参照点	区域	空间关系
上	顶部	高处，顶部
下	底部	低处，在……之下，底部
前	前部	前面
后	后部	后面
内	内部	内部

5.1 转移模式

尽管我们只有语言学证据，不过我们讨论编码置词概念的策略，会讨论 Clark（1973）提出的"P-空间"（P-space，即空间的认知构成或认知理解），而不是讨论其"L-空间"（L-space，即空间关系的语言）（参见 Tanz 1980：32）。[①] 我们的研究基于 125 种按语言学标准（语言类型和发生关系）和地理学标准筛选的非洲语言的语料。语料来自非洲所有 4 个语系的语言，即刚果-科尔多凡语系（Congo-Kordofanian）、亚非语系（Afroasiatic）、尼罗-沙哈拉语系（Nilo-Saharan）和科伊桑语系（Khoisan），以及所有非洲语言学领域认可的类型语群和地理语群（详情参见 Heine 1989）。我们的研究方法本质上是"文化客体"（etic）而非"文化本位"（emic）。我们尽可能观察跨文化普遍性，忽略文化多样性，不过我们的某些评论却有助于更好地理解非洲社会如何感知和用语言表达空间定位。

例如"前—后"定位的概念化方式就有许多明显的不同。在欧洲语言中，本身不具有内在的前和后的物体，也就是"无正面"

---

① 对于不少语言研究者来说，区别认知视角和语义视角没有意义。不过关于语言习得和语言演变的研究证明，这一区别可能很重要（例如参见 Nelson 1974）。

（frontless）的物体（Tanz 1980：17）或像山、石头那样"无特征"
（nonfeatured）的物体，往往被理解为面朝说话者或直陈中心。[①]
因此如果我（在欧洲语言中）说"石头在山的前面"，那么石头
就在山和我之间，因为山应当面对着我。但在很多非洲语言中，
人们认为这些物体同说话人或直陈中心面朝同样的方向。[②] 我们
上面的例子，在很多非洲语言中的意思是山在我前方，并且和我
都"盯着"同一方向，因而它"背"对着我；如果一棵树在山和
我之间，那它就应该位于山的后方而不是前方。下面斯瓦希里语
的例子隐含说话者看不见牛，因为牛位于山较远的一侧。[③]

（1）ng'ombe　　wako　　mbele　　ya　　mlima
　　　牛　　　　　系词　　前　　……的　　山
　　　'牛在山的后面。'

　　另外，在西方社会中很多被感知为"无正面"的物体，在某些
非洲社群中却具有内在的正面和背面。例如树这一概念在心理语言
学文献中常被引作"无正面"的物体，但在非洲某些地方，它被看
成是具有内在正面的。在玛尔人（Maa）所使用的东尼罗语支（Eastern
Nilotic）的查牧斯语（Chamus）中，树的正面位于树干倾斜的那一
边。如果树干被感知为完全垂直的，就分别把最大的树枝或数量最
多的树枝所处的方向当作正面，并且前者在次序上先于后者。

---

① 与"无正面"物体相对的是"有正面"（fronted）或"天生具有特征"（inherently
　　featured）指称的物体，例如动物、房子、车、椅子等。

② 这些语言包括豪萨语、斯瓦希里语、图尔卡纳语（Turkana）、卡里莫庸语
　　（Karimojong）和马赛语（Massai）等。

③ 目前，尚没有信息特别说明到底有多少种语言具有这样的特征。在乌干达东北
　　部科里亚科语支（Kuliak）的一种索语（So）中，特佩斯（Tepes）方言具有这
　　样的特征，而另一方言［卡丹姆（Kadam）方言］则具有和西方语言相同的直
　　陈定位方式。

在第 2.2 节中，我们力图缩小用作语法化输入端的概念结构的范围。我们现在可以用置词的例子具体地考察这一问题。

目前的研究仅限于考察**上**、**下**、**前**、**后**、**内**这些空间概念，这显示实际上存在构成上述概念来源的两个域的类型（参见 Svorou 1986, 1988）: 我们简单称其中一个域为"地标"（landmarks），包括"土地""泥土""天空"这些语项；另一个域被我们称为"身体部位"，包括"头""胸""腹部""背"等。在 Svorou（1986）的物体—部分类中似乎还有第三组概念，包括"顶部""前""底部""后""内部"等语项。这些语项不具有清晰的物理体轮廓，而是专门指空间关系。我们将这样的概念称为"关系概念"，不过这里我们并不把它们看作与身体部位和地标这样的概念处于同一层次的源概念，主要因为：只要有充分的历史信息，我们总是发现这些概念派生于地标或身体部位。[1] 斯瓦希里语语素 nyuma '后' 和 chini '底部' 也能用作副词和介词，它们是关系词的例证。从共时角度看，它们与其他语素没有相似之处；不过从历时角度看，它们分别派生于原始班图语 *-nùmá '后' 和 *-cí '土地，土壤'（加上方所格后缀 *-ni）。我们将相应区分表达空间概念**上**、**下**、**前**、**后**、**内**的来源的两种模式，分别是"地标模式"（landmark model）和"身体部位模式"（body part model）。

在 125 种语言样本中，我们只发现两个地标具有统计学意义："土地"概念（"土壤""地面"），它构成了**下**的来源；"天空"概念（"天堂""上方空间"），它构成了**上**的来源。其他概念，

---

① 当然也可以观察到反例，不过这样的例子似乎产生于一种我们称之为"禁忌隐喻"（taboo metaphor）的认知活动。例如斯瓦希里语中 mbele 表示**前**，它派生于 18 类方所词前缀 *mu- 和名词词干 -wele '乳房' 的组合，它在某些方言中获得了"男性性器官"的意义。我们考察的是一个 **＊身体部位 > 空间概念 > 身体部位**的假想隐喻过程，不过这一变化过程似乎产生于两个不同类型的隐喻（参见 Claudi & Heine 1986: 299–300）。

例如"田地"（**前**的来源）或"洞"（**内**的来源）等只存在于个别例子中。

　　直立姿态的人的身体部位的位置，似乎构成了**身体部位模式**的物理基础（参见 Reh 1985a：4）。身体部位提供了明显的潜在可能，它们实际上被用作空间定位的首要手段。表 5.2 展示了那些经常用来表达空间概念的身体部位。表 5.2 表明，某些身体部位很少或从不用来表达我们这里讨论的空间定位，其中包括头的某些部位（如头发、下巴）或身体的某些部位（如手臂、手或膝盖）。其他部位在整个非洲大陆的语言中经常被用来表达空间定位，某些身体部位表达空间定位的方式几乎是可预测的。[①]

表 5.2　身体部位模式的来源概念

身体部位	空间概念				
	上	下	内	前	后
头	40			6	
背	2				80
脸	2			47	
肩	2				
臀部 / 肛门		22			22
脚		4			1
腹部 / 胃			58		
心			2		
眼睛				14	
额头				8	
嘴				6	
乳房				6	
胸				2	
手掌			3		

　　注：此样本包括了 125 种非洲语言。数字指相应的身体部位在样本中的出现频率。

---

① Timberlake & Matisoff（私人交流）指出这并不一定适用于非洲以外的语言。

某些身体部位，特别是"头"和"臀部/肛门"，所表达的空间方位可能存在指称点的差异。这一差异的部分原因可能是：我们前文已经指出，直立姿态的人的身体是我们这里讨论的空间概念类型的主要来源，不过也存在另一替代模式，即空间概念派生于动物的身体。这大体上只出现在东非的牧民社群中，也就是那些通常以畜牧业为生，过着游牧生活的少数民族，包括西尼罗人（Western Nilotic）、东尼罗人（Eastern Nilotic）和东库施特人（Eastern Cushitic），他们居住在东非及东北非的半干旱及干旱地带。应该说当用四脚动物的身体，而不是人的身体，去解释空间概念和特定身体部位位置之间的关系时，就会出现牧民型（或动物型）模式。**上**隐喻派生于"背"，**前**隐喻派生于"头"，**背**隐喻派生于"臀部"或"肛门"，我们认为就是这种情况。

我们可以加上以下证据佐证这一模式（参见 Reh 1985a：5ff.）：

a）在西尼罗语支的丁卡语（Dinka）中，nhom'头'同时指**上**和**前**（Nebel 1954：423）。

b）在西尼罗语支的希鲁克语（Shilluk）中，wic'头'和kwom'背'这两个身体部位词都表达**上**。

c）在东库克特语支的索马里语（Somali）中，dul- 可以表示**背**和**上**。

d）对西尼罗语而言，名词 *tha(a)r'臀部，肛门'可以构拟为通常具有方所义**下**，不过它在希鲁克语（派生于 tha）和阿科利语（Acholi）（派生于 tɛ）中也指**背**。

e）在玛赛语（Maasai）中，同为"肛门"义的名词 o-siadí 和 ol-kurum 已语法化为表示**背**的副词和前置词；名词 ɛn-dʊkʊ́ya'头'已语法化为**前**（Tucker & Mpaayei 1955：43）。

需要强调的是，虽然有很多语言只从人体部位派生空间定位概念，但目前还未发现哪种语言完全从动物身体派生空间定位概念。在我们讨论的所有牧民社群语言中，至少存在某些人类模式和动物模式重叠的情况（参见 Heine 1989）。

Svorou（1988：136–140）认为支持存在牧民模式或动物模式的证据并不仅限于非洲语言。基于 Brugman（1983）提供的数据，Svorou 指出查卡尔通戈–米斯特克语（Chalcatongo Mixtec）表示人的背的词汇（yata）区别于表示动物的背的词汇（siki）；该语言用 yata 表达**后**，而用 siki 表达**上**。

值得注意的是，某些适用于从"具体"概念到空间概念转移的语项，同样也用于别的隐喻转移。很多非洲语言中都能找到这样的例子：

头	>	河流的源头
泥土，地面	>	国家，世界
眼睛	>	脸
	>	泉（水）

根据这些语言，从"眼睛"到"脸"的概念转换可以不通过任何形态标记来实现。因此在班巴拉语（Bambara）中 nyέ 不但表示"眼睛"，还表示"脸"以及"在前方"和"在……之前"。不过"脸"通常派生于"眼睛"加某一方所格标记：例如埃维语名词 ŋkúme '脸'由 ŋkú '眼睛'和方所后缀 -me '内部'构成；与此相类似，卢巴语（Luba）5 类名词 d-îsu '眼睛'进入 17 类方所词（kù-îsu）或 18 类方所词（mù-îsu）时，它的意思变成了"脸"（Kuperus & Ilunga 1987：82–83）。

我们讨论的转换模式在非洲以外的语言中同样较为普遍。Brown & Witkowski（1983）注意到词汇编码身体部位"脸"的常见方法是扩展"眼睛"的词义，这样看来这种转换模式能够称得上是"共性"模式。基于对世界范围语言空间概念的观察，Svorou（1988：143）认为在这一扩展的底层存在一个由较小身体部位到较大身体部位的单向性演变："那样看来，考虑到它们的空间连续性，这一派生演变包含了一个从该语项最初指称的区域到相邻最大有界区域的区域扩展过程。"

表 5.3　源概念类型的量化分布（语料：125 种非洲语言）

源概念	上	下	内	前	后	合计
身体部位	46	26	63	83	103	321
地标	34	50	1	1	0	86
"关系概念"	28	24	30	18	1	101
其他来源	1	4	3	7	2	17
无法确定词源	23	24	21	8	15	91
没有数据	2	6	9	17	13	47

　　表 5.3 总结了 125 种语言样本中各种类型概念源的出现频率。此表显示在表达相关空间概念时，身体部位结构是迄今为止最为重要的来源（见下文）。现有证据显示，"关系概念"组包括**顶、前、底部**等历史上派生于身体部位或地标的概念（见上文）。表中源概念的总量（所有情况共 134 种）超过了 125 种样本语言的总量，是由于在有的语言中某一特定空间概念派生于一个以上的模式。

5.2　几个概括

　　以上提供的量化数据指向某些明显的模式，在表 5.4 中它们依据源模式的选择进行了重新组配。这一量化分布可以进行下面的概括：

a）这里提到的五种空间概念可根据各自的源模式分为两类：一方面，**上**和**下**概念依照大致相同的方式派生于地标或身体部位；另一方面，**内**、**前**和**后**则几乎全部派生于身体部位。

b）在两类空间概念内部，这些概念派生于两种源模式的程度存在进一步的差别。与**上**相比，**下**与地标模式的关联更为明显；与其他任何一个空间概念相比，**后**与身体部位模式的关联更为明显。

表 5.4　来源模式的选择

空间概念	地标模式	身体部位
上	34 （27.2）	46 （36.8）
下	50 （40）	26 （20.8）
内	1 （0.8）	63 （50.4）
前	1 （0.8）	83 （66.4）
后	0	102 （81.6）

注：括号中的数字是百分比，指占所有 125 种非洲语言的比例。

c）身体部位模式比地标模式更显赫。目前还没有发现哪种非洲语言的所有五个概念全部派生于地标模式，不过我们发现不少非洲语言只依靠身体部位模式，也就是说身体部位模式发展出所有五个概念（见下文）。

d）有些时候同一空间概念可能派生于多个模式。例如我们已经提醒读者注意，人体和四足动物的身体可能提供相互竞争的源模式。更常见的是地标模式和身体部位模式之间也存在相互竞争。因此在埃维语中，后置词 dzí（<*'天空'）和

ta′-me（＜＊'头–内'）分别派生于地标模式和身体部位模式。两者在某些句子中大体上是同义词，意为"在……上，上方"，例如：①

(2) é-le　　　　　βu-á　　　　　dzí

3SG–是　　　　　车–DEF　　　　上

'它在车的上面。'

(3) é-le　　　　　βu-á　　　　　tá-me

3SG–是　　　　　车–DEF　　　　上

'它在车的上面。'

总之，我们应该增加另一更广泛的概括。在上文概括 b 中我们发现上、下、内、前和后概念分别派生于地标模式和身体部位模式，其派生范围存在较大不同。我们的调查表明，当在这两种模式中选择时，它们可以按下面的蕴涵量表排列：

(4) 下 > 上，内 > 前 > 后

这一量表包括以下蕴涵：如果这些空间概念中的任何一个派生于身体部位模式，那么它右边的任一概念就不会派生于地标模式。例如如果下派生于身体部位模式，那么上、内、前或后就不可能派生于地标模式；也就是说，它们更可能也派生于身体部位模式。同样，如果上和/或内派生于身体部位模式，那么前和后也应当如此。②

---

① 在其他语境中，这些后置词的语义功能略有不同。

② 有很多例子与这两种模式相反，"关系概念"（例如"顶部""内部""前面"或"后面"）似乎是这些空间概念的来源。我们在上文观察指出，我们有理由推测这些"关系概念"派生于地标或身体部位。由于我们常常不太清楚这些语例到底涉及哪一种模式，我们在这一蕴涵量表中忽略了语源无法确定的"关系概念"。

在我们的 125 种语言样本中，只有一种语言——纽沃尔语（Newole；Thomann 1905）——违反这一模式。

最后，我们主要讨论的是由类物体语项的域（**物体**）到**空间**域类型的认知活动。我们在上文 3.1 中指出，这一过程可能进一步扩展到更加抽象的域，例如**时间**域和**质量**域（这里不做论述），不过有一个问题需进一步思考。

前文给人的印象是，**物体**域到**空间**域的发展过程涉及一个以隐喻转移为特征的离散步骤。虽然有很好的证据支持这一观点，但另一研究视角显示，我们研究的是一个渐变的、连续的发展过程，而非离散的、间断的发展过程（见第 3 章）。与此相适应，由具体物体（如身体部位、环境地标）到空间概念（如**后**或**上**）的转移在理论上具有不定数量的中间阶段。不过这一连续统也有一些更凸显的点，Christaller［（1875）1964：77–78］的特维语（Twi）语法为在该语言中找到的 8 个"处所名词"确定了 3 个凸显点，他这样定义这些点：

a）某处所同时是某事物的一部分（="事物名称"）；

b）某处所虽和我们居住的一般空间、宇宙和直立的人体部位有关，但和特定事物没有联系（="处所名词"）；

c）参照某事物的处所［="关系名词"或"后置词"；Christaller（1875）1964：77］。

这样看起来，在从身体部位到空间概念的发展过程中，非洲语言中可以观察到下面的凸显阶段：

阶段	概念域
0. X 的身体部位	**物体**
I. X 空间定义的下位部位	**物体 / 空间**

II.　作为 X 的一部分，并与 X 相邻的空间　　**空间 / 物体**

III.　与 X 相邻的空间　　　　　　　　　　　**空间**

斯瓦希里语的例子 mbele'前'或许能反映这些阶段。需要注意的是此处没有阶段 0，因为语素 mbele 历史上派生于语素 *-bele'乳房'，不过后者身体部位词的用法目前已经被弃用：[①]

阶段 I

mbele	ya	gari	lake	ni	nyeusi
前	……的	车	他的	是	黑色的

'他的车的前部是黑色的。'

阶段 II

taa	ziko	mbele	ya	gari
灯	是	前	……的	车

'灯在车的前部。'

或

mbele	ya	gari	lake	ni	peusi
前	……的	车	他的	是	LOC.黑色的

'他车前的空间是黑色的。（例如：车在停车场里面。）'

---

① 不过，这个语素在指动物身体部位的名词 ki-wele'（牛、羊等的）乳房'中得以保留。在某些斯瓦希里语方言里，u-bele 或 u-wele 仍被用作"乳房"意义的名词。mbele 一词开头的辅音 m 派生于 18 类名词的方所格前缀 *mu-（Derek Nurse，私人交流）。

阶段Ⅲ

gari   liko   mbele

车   是   前

'车在前面。'

5.3 语言学启示

在第 5.1 节中，我们关注了由具体事物（如身体部位或地标）到空间定位表达的认知活动。这一活动性质上是隐喻，它涉及从一个人类经验域到另一经验域的转移，即用可见、可触摸的物体去概念化空间参照点。我们分别将这些域称作**空间**和**物体**，并把连接这两个域的认知活动称作"范畴隐喻"（categorial metaphor）（参见 2.4.1；Claudi & Heine 1986）。对语言结构来说，这一活动非常重要。在更普遍的意义上，从**物体**域到**空间**域的转换触发下面的语言变化：

a）鉴于**物体**域概念通常编码为名词，**空间**域概念通常编码为副词，我们看到的是从名词性语类到副词性语类（如副词和置词）的转换过程。

b）这一形态转换过程蕴含从名词短语到副词性短语成分的相应句法转换过程。

图 5.1 大体上描绘了这一过程的结构（参见 Svorou 1986）。我们会在本节关注这一变化过程的某些方面；第 8 章会更详细地讨论其语言学启示。

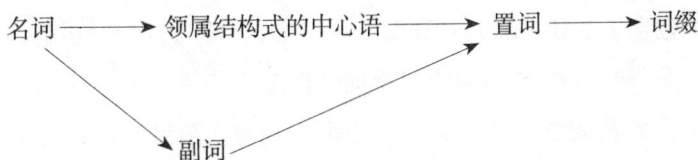

图 5.1 从名词到置词

非洲语言研究者运用大量的范式来定义语法中置词的地位，主要包括下面的观点：

　　a）置词（或"介词"）是在英语、德语、法语等某些基础语（matrix language）[1] 中可译作"介词"的词。

　　b）它们与名词音形相同，意义不同，或者与名词相似。

　　c）它们是名词，或者它们可构成名词的区别性次类。

　　d）它们和名词同源。

　　e）它们历史上派生于名词。

以上每一个观点能捕捉到置词的某个特征，但似乎都未真正把握其实质。不过总而言之，这些观点部分反映了非洲语言中置词底层的结构，要描写这一结构应该考察下面的观点：

　　首先，文化客体/比较视角显示，欧洲语言和非洲语言中的"置词性概念"（如上、下、内、前、后）都会进行某种语言学上的区分（参见上文观点 a）。

　　第二，这些概念都依照 5.2 概述的限制条件，利用派生于"更具体"概念的语项（即表示地标和身体部位的语项）进行编码，

---

① 译者按：基础语（Matrix Language）是接触语言学或语言习得研究中的术语。Myers-Scotton（Myers-Scotton, Carol. 2002. *Contact Linguistics: Bilingual Encounters and Grammatical Outcomes*. Oxford: OUP）在语码转换（code-switching）的研究中区别了基础语和镶入语（embedded language），作者认为前者是语言接触过程中为第二语言提供形态、句法框架的语种。

这既包含了 b 和 c 的共时观点，也包含了 d 和 e 的历时识解。

第三，这些名词用作"置词性概念"的用法越概括化，它们就越丧失名词特征并远离各自的词汇来源。最终的结果是形成一个名词性递减的连续统，任何一个置词都能在此连续统中找到自己的位置（参见下文）。

我们在 3.1 已经证明，在这些情况下我们研究的是更应该识解为链而非量表的线性连续统。不过出于当前的目的，我们仅把线性结构分成许多点，每个点显示某种区别性的语言特征。埃维语用来表达空间概念的后置词上、下、内、前、后可被视为这一线性结构的例证。[①] 下列即为用来定义这些点的参项（每个参项后都附带相应的英文简写）：[②]

    a）可以（+）或不可以（－）表达数形态的差别，即通常加不加复数标记（PL）；

    b）可以（+）或不可以（－）接指示语（DEM）；

    c）可以（+）或不可以（－）接形容词性量化修饰语（ADJ）；

    d）不被领格名词短语修饰时，可以（+）或不可以（－）允准关系化（REL）；

---

① Westermann（1907：52–53）在其埃维语参考语法中将这些后置词称为"方所名词"，他说："方所名词总是位于名词或代词之后，因此我们也称之为后置词。"为了节约空间，我们用概念标签表示这些词素的意义。根据不同语境，每一个词素可以翻译成不同形式，例如：

dzí, ta'-me（上）	=	'顶部，在……上方，在……上'
té, gɔ-me（下）	=	'底部，在……下方，在……下，向下'
me, dɔ-me（内）	=	'在……内，在……之内'
ŋgɔ（前）	=	'前，在……之前，在前面'
megbé（后）	=	'……的后面，在……之后，在……后面'

关于后置词 megbé 的更详细分析，参见 3.1。

② 以下的排列顺序基于对语法化相对等级的观察，详见表 5.5。

e）不被领格名词短语修饰时，可以（＋）或不可以（－）作句子的主语（SUBJ；参见下文 h）；

f）可以（＋）或不可以（－）由第一人称或第二人称领格代词修饰（PRON）；

g）有（＋）或没有（－）领格／属性形态（GEN）；

h）当被领格名词短语修饰时，可以（＋）或不可以（－）允准关系化（REL GEN）；

i）作为领属性名词短语的中心语，可以（＋）或不可以（－）作句子的主语（SUBJ GEN；参见上文 e）；

j）可以（＋）或不可以（－）由第三人称领格代词修饰（PRON 3RD；参见上文 f）。

以这些参项为基础可以构建一个名词性的指数：在原型名词到原型置词的量表上定位某一置词，加号越多表示相应的置词越具有名词性特征，反之亦然。由此所有参项都标记为加号的置词和名词几乎没什么区别，而"原型置词"的所有参项则应该都标记为减号。

我们所研究的非洲语言，置词在多大程度上具有名词性特征的差异颇大。更重要的是同一种语言的置词也存在名词性特征的差异，埃维语的后置词可作为一例。表 5.5 表示埃维语中用来表达上、下、内、前、后概念的不同后置词的名词性等级，这些后置词按相应的名词性等级排列。值得注意的是这些概念中的三个，即上、下、内，每个都用两个置词表达，且每个置词又由两个语素构成：第二个语素 me 也单用作后置词"在……内部"，第一个语素 ta'头'、(a)gɔ'臀部'和dɔ'腹部'分别表示身体部位。

表5.5　某些埃维语后置词的名词性等级

参 项	后置词（概念和词汇来源）							
	té（下？）	me（内？）	dzí（上？）	ŋgɔ（前？）	megbé（后'背'）	ta'-me（上'头'）	gɔ-me（下'肛门'）	dɔ-me（内'腹部'）
a）PL	−	−	−	+	+	+	+	+
b）DEM	−	−	−	+	+	+	+	+
c）ADJ	−	−	−	+	+	+	+	+
d）REL	−	−	−	+	+	+	+	+
e）SUBJ	−	−	−	+	+	+	+	+
f）PRON	−	−	−	+	+	+	+	+
g）GEN	−	−	+	+	+	+	+	+
h）REL GEN	+	+	+	+	+	+	+	+
i）SUB GEN	+	+	+	+	+	+	+	+
j）PRON 3RD	+	+	+	+	+	+	+	+

注：当与第一人称或第二人称代词一起使用并受其修饰（参项 f）时，这些词素表示人的身体部位。因此，ŋgɔ nye（**前 我**）表示"我身体的前部"，而不是"我所拥有的某一物体的前部"。

在参项 g 中提到的领格形态主要指"可让渡"领格标记 pé，参项 g 中加号表示可以加此标记，减号则表示不可以加此标记。① me（**内**）是加号，因为它可以选择性地和领格标记 pé 合用［见（5a）］；té 是减号，因为它不可以和领格标记合用［见（5b）］：

（5a）βu'　　sia　　（pé）　　　me　　le　　yibɔɔ

　　　车　　这　　（……的）　　内部　　是　　黑色

'这车里面是黑色的。'

---

① 值得注意的是身体部位词在埃维语中属于"可让渡"范畴。关于这种语言区分"可让渡"和"不可让渡"形态区别的特殊手段，参见 Claudi & Heine（1986：316—318）。

（5b）βuʼ sia té　　le yibɔɔ　　*βuʼ sia pé　té　le yibɔɔ

　　　　车　这　底部　是　黑色

　　　　'这车底部是黑色的。'

表 5.5 展示的语料显示，所有的方所词素具有三个共同的名词性特征：由领格名词短语修饰时可以允准关系化（h）；当管辖领格名词短语时可以用作主语名词（i）；可以受第三人称领格代词的修饰（j）。例如：

（6）é-dzí　　　　　　kɔ

　　　3SG. POSS–上　系词.干净

　　　'它的顶部是干净的。'　　　（i）

（7）mié-le　　　　　　é-té

　　　3PL–系词　　　　3SG. POSS–下

　　　'我们在它下面。'　　　　　（j）

不过，这些词素可以基于其名词性的度进行区别。té 和 me 表现出三项名词性的特征，dzí 表现出四项。剩下的词素在所有的十个参项上都具有名词性；也就是说，它们实际上和名词没什么区别。

　　不管这些词素用作名词性词素还是副词性词素，也不管它们管辖着名词短语还是状语，我们都可能会发现以上所提到的全部参项中至少有一项涉及这些词素的形态句法状态。下列例子可以说明这一差别。在（8a）中词素 me（内）构成了名词短语的中心语，在（8b）中它构成了状语短语的中心语。我们通过（8a）中的 ésia '这' 或 núká '什么' 来推断 me 的词性为名词，通过（8b）中的 afímá '这儿' 或 afiká '哪儿' 来推断 me 的词性为副词。不过在多数情况下，me 或任何一个类似用法的后置词，都既可以识解为名词短语的中心语，也可以识解为副词短语的中心语。

（8c）即为这种情况，这里的 é me 既可以识解为用 núká '什么' 提问的名词性成分，也可以识解为用 afíká '哪儿'提问的副词性成分。

（8a）asi   á   me   kɔ
　　　市场   DEF   内   系词.干净
　　　'市场是干净的。'

（8b）é-le   asi   á   me
　　　3SG-系词   市场   DEF   内
　　　'她在市场里。'

（8c）me-kpɔ́   é-me
　　　1SG-看   3SG. POSS-内
　　（ⅰ）'我看了它的内部。'
　　（ⅱ）'我朝它里面看了。'

这就是语法化过渡阶段的固有特征：当新的结构（此例中为状语性形态句法结构）出现时，旧的结构（名词性的形态句法结构）通常仍在使用，结果造成了两者的重叠（见 8.4）。

那么现在有人可能要问：

　　　为什么用两类后置词表达上、下、内的概念，却不用两类后置词表达前、后的概念？

　　　为什么会有两套后置词，一套仅由一个语素构成，另一套却由两个语素构成？

我们现有的语料指向下面的答案：语素 té '下'、me '内'和 dzí '上'已经语法化到失去许多先前名词性特征的阶段。为了弥补这一损失，该语言发展出一套新的词素来分别表示下、内、上的空间概念。这些词素具有许多共同特征：它们都派生于身体部位词，① 都以名词性较弱的 me 为中心语，并且都具有完全名词性，即都能出现在 té，me 和 dzí 不能出现的语境中。②

我们似乎讨论的是一个"形态循环"（morphological cycle）。在此循环中，名词性成分发生语法化，而语法化后的语素 té，me 和 dzí 则被新的名词性成分替代，从而开始新的循环。这样就会在参项 a 至 f 都适用的语境中出现表达下、内、上概念的新手段。不过就参项 g 至 i 而言，由于旧手段和功能相等的新手段之间存在竞争而产生某种"同义词"，这就出现两套大体同义的"后置词"：旧的一套"后置词"包含名词性特征缺损的语素（té，me 和 dzí）；新的一套后置词包含根据新模式产生的具有完全名词性的语素（gɔ-me，dɔ-me 和 taʹ-me）。

有人会问是否有理由认定后置词 té，me 和 dzí 确实派生于名词。根据下面的证据，我们断定它们确实派生于名词。当一个词素被语法化时，这个词素通常会在其用法不再具有"能产性"的某些习惯表达的语境中，以"固化"形式保留其早期状态。例如根据表 5.5，这些后置词不能复数化，不能受指示语或形容词修饰，不能和第一人称或第二人称领属代词共现。因此，下列句子是不合语法的：

（9）*βu　　　lá　　　le　　　dzí-nye
　　　车　　　DEF　　系词　　上–1SG. POSS
　　　'车在我的上方。'

---

① 如我们在 5.1 所见，事实上我们所选的身体部位词在非洲语言中最常用来表达空间概念下（<"臀部"）、内（<"腹部"）、上（<"头"）。

② 在很多情况下，特别是在参项 a 至 f 适用的语境中，我们的调查对象做出这样的反馈："té 不能在这个句子中使用；正确的词语应该是 gɔme。"

（10）*me　　wo　　　　　　le　　　　kɔ

　　　　内　　2SG. POSS　　系词　　干净的

　　　　'你里面是干净的。'

不过几乎可以预测，在某些习惯表达中三个后置词都能和第一人称或第二人称代词共现，例如：

（11）é-le　　　　dzí-nye

　　　　3SG-系词　　上-1SG. POSS

　　　　'对我来说它简直是个负担，让我神经绷得太紧。'

（12）dzi　　le　　　me-wo　　　　　a?　　ee,　é-le

　　　　心　　系词　　内-2SG. POSS　　Q　　是　　3SG-系词

　　　　me-nye

　　　　内-1SG. POSS

　　　　'你勇敢吗？是的，我很勇敢。'

（13）é-poe-e　　　　　dé　　té-nye

　　　　3SG-打-3SG　　朝　　下-1SG. POSS

　　　　'他强迫我。'

5.4　讨论

在上文中，我们默认如果某一语言形式既可以指称具体的项（即**物体**范畴概念），也可以指称方所概念（即**空间**范畴概念），那么后者派生于前者。我们也证明如果一个语言表达既可以指身体部位（如"乳房"），也可以指空间关系（如"前"），那么前一意义历史上先于后者。这样看来，证明这一观点的唯一方法就是借助历史信息。

斯瓦希里语的一个例子能充分说明这里采用的步骤。斯瓦希里语的直接祖先是原始班图语（Proto-Bantu），后者隶属于尼日尔-刚果语族。[①] 表5.6列举了斯瓦希里语中用于指称上、下、前、后、内的词语以及在原始尼日尔-刚果语中所构拟的同源词。[②] 表5.6显示，斯瓦希里语的相关方所词 ndani 是唯一例外。我们并未找到它的同源词，从而证明它派生于表达具体的可见物体的项而非派生于方所项。[③]

表5.6　斯瓦希里语中五个空间指称的词源

斯瓦希里语		原始西尼日尔语的同源词 （Mukarovsky 1976–1977）	
juu	'顶，上方'	*-gúlu-	'天空（上方）'
chini	'在……下方'	*-cí	'乡村，地面'
mbele	'前，在……之前'	*-bil-	'雌性胸部，奶'
nyuma	'在……后面'	*-uma	'背，脊椎'
ndani	'在……内部'	无同源词	

从具体概念到方所概念的发展应当出现得较晚。如表5.7所示，它出现在原始班图语阶段：斯瓦希里语的方所词在原始班图语中可以构拟为既具有具体含义，也具有方所含义。实际上这适用于本章讨论的其他所有在历史上可验证的**物体到空间**隐喻的例证。

---

① 根据 Greenberg（1963a）提出的分类标准，尼日尔-刚果语族隶属于一个范围更广的发生学群，作者称之为刚果-科尔多凡语系（Congo-Kordofanian）或尼日尔-科尔多凡语系（Niger- Kordofanian）。

② 尼日尔-刚果语族的构拟摘自 Mukarovsky（1976–1977），他采用的说法是"西尼日尔语族"（Western Nigritic）而非"尼日尔-刚果语族"（Niger-Congo）。注意，这并不仅仅是术语方面的差别："西尼日尔语族"范围较小，特别是它不包括曼德语支（Mande branch；Greenberg 将其归入"尼日尔-刚果语族"），不过这一问题并不影响我们此处提出的观点。

③ 从 Mukarovsky 所列的大量西尼日尔语族语言中反身词的情况看，即便是"天空（上方）"和"乡村、地面"这样的意义也主要指称具体项，例如可见的"地标"。

表 5.7　斯瓦希里语中 5 个方所指标的原始班图语来源

斯瓦希里语		原始班图语的同源词 （参见 Guthrie 1967—1971）	
juu	'顶，上方'	*-gulú-	'天空，上方'
chini	'在……下方'	*-cí	'乡村，地面'
		*-cɪ	'在……下面'
mbele	'前，在……之前'	*-béébe	'胸部，乳房，奶'
		*-bede	'前'
nyuma	'在……后面'	*-numá	'背，后部'
ndani	'在……内部'	*-da	'肠，腹部，里面'

　　"更抽象的"域（如**空间**）概念化为"更具体的"域，我们在阐述这一过程之时，一直在讨论从名词到"后置词"的单向发展过程。它在一个语言共时状态中的表现是一方面名词性渐弱，另一方面在习语表达中出现，成为固化残留形式的线性结构。这些例子表明，用既有的词类描述"置词"很可能会漏掉关于"置词"的某些重要观点。看来旨在描述"置词"的研究方法应该考虑下面的观点：

　　a）表达**上、下、内、前、后**概念的"置词"源于从具体的类物概念域到空间域的认知过程。这一过程具有隐喻结构，它兼具间断性和连续性（参见第 3 章）。

　　b）这一过程的语言学结果是从身体部位、环境地标之类的具体名词到方所语素的发展过程，以及从可以标示数、指称、性和格，可以被形容词、关系小句等修饰的词类到缺乏所有这些特征的词类的发展过程。

　　c）在特定语言的共时状态下，这些发展过程所呈现的形式是语法化链，即可以描述为连续统、量表或链的线性结构。这一线性结构的一端是完全具体名词，另一端是和名词几无相似之处的方所语素。为了描述特定语言中某一"置词"或"置词"

集合的形态句法，有必要确定其在线性结构中可能用法的范围。例如在表 5.5 中，埃维语后置词 té '下' 在参数 h 至 j 方面表现得像名词，而在参数 a 至 g 方面表现得不像名词。在这方面，té 区别于 ŋgɔ '前' 这样的后置词，后者在所考察的所有参数方面都具有名词性。

目前为止，我们展示了形成上、下、内、前和后概念的语言表达的语法化渠道，现有证据显示，可以对充当语法化输入端的概念库进行更窄的定义。在有词源证据的语例中，我们会发现这些概念的来源通常是"天空"或"土地，土壤，地面"或身体部位之类的可以进行物理定义的项；[①] 这样，从语言学角度说，我们研究的是源于具体名词的派生空间概念。

根据 5.2 的蕴涵量表，可以大大缩减来源项的范围。例如如果下派生于身体部位项，那么其他四个概念就不会派生于地标。这样看来，下面这样一个量表表示的是递增的"向心性"（centricity）结构。

下 > 内 > 前 > 后

在这个量表中，下的向心性最弱，后的向心性最强，因为下和上通常在话语情境中很稳定：对于言者和听者来说，二者具有相同的指称；后和前对于言者和听者具有不同的意义，因而对空间"向心性"更敏感。这里的"向心性"主要指的是拟人倾向（anthropomorphic predisposition），Fillmore 说："上/下轴取决于我们认可的重力作用的方向，因而不能解释为语言使用者的自我中心倾向（egocentric predisposition）或拟人倾向……我认为说

[①] "天空"这样的源单位能否被看作"物理定义的项"可能存在争议，但这不影响这里的总体观点。

左 / 右实质上以自我为中心并非误导人……上 / 下轴建立在独立于我们的环境中存在的关系之上。"（Fillmore 1982：36–37）

我们这里只讨论**左**和**右**的区别，人类中心性（anthropocentricity）似乎是区别**前 / 后**轴和**上 / 下**轴 [等同于 Fillmore（1982）的上 / 下轴] 的焦点参数。"向心性"的程度与源模型的选择密切相关：**上**和**下**更常见的关联是地标模型，**前**和**后**几乎总是派生于身体部位模型。

5.5　N–置词和 V–置词

在到目前为止的讨论中，我们只研究了一种类型的置词，即基于名词的置词。[①] 不过上文例句的语言中还存在另一种置词类型可供使用，两种类型出现于相互排斥的语境，具有互为对照的句法功能，并且语法化特征也不同。前者的句法取决于其与所管辖名词短语的关系；后者的句法则定义于主要动词的价（见下文）。我们称前者为"N–置词"，称后者为"V–置词"。[②]

欧洲语言不区分这两种类型，因而许多欧洲语言研究者在研究有必要区别二者之时，并未意识到应该区分这两种类型。[③] 二

[①] 我们感谢 Zygmunt Frajzyngier, Phil Jaggar, Joe McIntyre 对本节提出了宝贵意见。

[②] 如果确实有必要将置词再细分为前置词和后置词，我们将延展这一术语，采用 N–前置词、V–前置词之类的说法。早期对该问题的讨论中（Heine 1989：82–86），我们分别使用了"VA–置词"和"AN–置词"表示"V–置词"和"N–置词"。我们这里改变术语的名称，是因为以前的术语曾误导过读者。

[③] Frajzyngier（1987：88）这样描写原始乍得语（Proto-Chadic）的 V–置词 *a（它和我们在 5.5.1.2 将讨论的豪萨语 V–置词 a 不但同源，而且功能相近）："原始乍得语方所前置词的唯一功能是指示其后的 NP 是一个方所短语；也就是表明事件发生的地点、运动朝向或离开的地点。这一假设听起来没有多大价值，但值得注意的是，原始乍得语的方所前置词和原始印欧语的方所前置词实际上有很大区别。它不但表明其后的 NP 是一个方所补足语，而且表明事件相对于句子中某一论元的空间结构，包括'在某物下方''在某物上方''在某物内部''在某物之外'等。"不过，找不到明确证据证明原始乍得语 *a 的词源。

者具有如下主要特征：

a）V–置词介引小句中的可选参与项或旁格表达，即附接语；N–置词则把名词短语变为状语短语。因此 V–置词属于小句的形态句法，而 N–置词则属于状语短语的形态句法。

b）V–置词的功能是介引附接语，它们从不用于小句的必有参与项，也就是不用于补足语。[①]N–置词则既可以出现于补足语，也可以出现于附接语。

c）因此至少在很多标记相应区别的语言中，V–置词被用来介引构成附接语的副词，而 N–置词不接副词。

d）两种类型的语义特征在某种程度上重合，不过 N–置词通常描述空间关系，而 V–置词则通常定义方向或点；或者用 Kölver 关于泰语的术语，N–置词表达"静态方所关系"，而 V–置词倾向于表达"方向性方所关系"。[②]N–置词通常表示与上文讨论类似的参照点，包括**上**、**下**、**前**、**后**、**内**和许多其他参照点；V–置词表示**地点**、**来源**、**目标**、**路径**和**受益格/与格**之类的概念。

e）根据 Talmy（1985b）提出的框架，我们可以说 N–置词倾向于提供形状和／或背景维度（dimensionality）方面的信息；V–置词更倾向于描写图形与背景之间的关系（参见 Brugman & Macaulay 1986）。[③]

f）两种类型的成员数量有很大差别。V–置词的数量通常高度受限：有些语言，例如肯尼亚和坦桑尼亚使用的东尼罗语

---

① 不过，V–置词可能词汇化为动词的一部分，此时可以介引动词的补足语。

② 注意泰语中的情境和我们这里描写的其他语言的情境有一些不同（参见 Kölver 1984）。

③ 不过，Brugman & Macaulay（1986：323）认为英语中图形和背景的关系似乎体现在前置词。

族（Eastern Nilotic）的玛尔语（Maa）中，只存在一个 V–置词（té；参见 Heine & Claudi 1986b：100–109）；在有数个 V–置词的语言中，一个 V–置词很可能具有"多用途"置词的功能，用来介引旁格表达或可选参与项，即附接语。N–置词数量大得多，在某些语法的描述中 N–置词的成员是开放的。

　　g）我们在前面的小节指出，N–置词很可能派生于表示身体部位或地标的名词，而 V–置词则具有不同的词汇来源（见下文）。

根据上述描述，不区别两种类型置词语言中的可选状语短语，和区别两种类型置词语言中的可选状语短语有很大区别，因为后者需要两个置词；也就是说，后一种类型的语言中可选状语短语的结构是下面的形式：①

　　（14）V–置词—N–置词—NP

来自经常标示这一区别的语言的两个例子可以说明这一结构：

　　（15）埃维语：

　　　　é-no　　　déha　　le　　xɔ　　megbé
　　　　3SG–喝　棕榈酒　在　家　（在）……后面
　　　　'他在家后面喝棕榈酒。'
　　（16）玛尔语［Maa，桑布鲁（Samburu）方言］：
　　　　k-é-wwón　　te sedí　　　　ɛ　　n-kají
　　　　k-3SG–停留　在（在）……后面　……的　阴性–房子
　　　　'他在房子后面停留。'

（15）和（16）都包含两个置词：（15）中的 le 和（16）中的 te

---

① 我们将在下文发现，成分的次序会因特定语言语内因素的制约而不同。

都是 V–置词，而（15）中的 megbé 和（16）中的 sedí 则都是 N–置词。如果省略这两个置词中的任意一个，这两个句子都不合语法。

5.5.1 两个案例研究

在这一节中，我们将通过简单观察两种语言（埃维语和豪萨语）来展示这一区别。① 我们不讨论与当前议题不很相关的某些细节。

5.5.1.1 埃维语

在关于埃维语的语法中，Westermann（1907：52–53）将 N–置词描述为在某些情况下失去其原始义，目前表示地点的方所名词。他补充说："鉴于方所名词总是置于名词或代词后，它们也被称为后置词。"句法上，它们的表现与"去范畴化"（decategorialized）的名词相似，② 充当"不可让渡领属结构"的中心语；也就是说，它们跟在所管辖的名词短语之后，不用任何连接小品词。它们不能复数化，也不接修饰语。Westermann（1907：52–53）提到将近20 个 N–置词，但这些并非该语言的全部 N–置词。在本书 5.3 节，我们讨论了不少这些 N–置词，其他常见的包括 ŋuti '在……外'，gbɔ '在、接近'，dome '在……之间、在……下' 和 tá '在……上、在……上方、因为'。

Westermann（1907：96）将 V–置词放在"从动词到前置词的转变"标题下，作者在这一标题下提到某些埃维语动词取得了前置词功能，倾向于失去其变形能力之类的动词性特征。这样的词近年来更多地被称为"动词衍生词"（verbids）或"同动词"（co-verbs）（参见 Ansre 1966；Hünnemeyer 1985），本书 8.6 中

---

① 豪萨语（Hausa）是尼日利亚和尼日尔北部使用的亚非（Afroasiatic）语系乍得（Chadic）语支语言，它是非洲其他很多国家使用的通用语。

② 有关"去范畴化"（decategorialized）这一术语，可参考 Hopper & Thompson（1984）；另见 8.5.1。

有这些词的列表。它们表达**地点**（le）、**目标**（dé）、**来源**（tsó）、**路径**（tó）和**受益格/与格**（ná）等格功能。

它们中最重要的是派生于动词 le '在' 的 le，它充当某种多功能前置词，介引多种附接语或旁格表达。在（17）中，le 介引包含名词和 N–置词 dzí '在……上，在……上方，顶部' 的前置词短语；而在（18）中 le 则介引副词，因而不包含 N–置词（见上文特征 c）：

（17）me-ɖi   le   sɔ́   dzí
      1SG-下   在   马   在……上
      '我下了马。'

（18）me-wɔ   dɔ'   le   afímá
      1SG-做   工作   在   那儿
      '我在那儿工作。'

埃维语 N–置词派生于名词，V–置词历史上却全部是动词。二者都保留了各自来源的形态句法特征，或者换成共时表述，二者都是一端是名词或动词，另一端是功能词的语法化连续统的一部分。值得注意的是 V–置词位于所管辖名词短语之前，而 N–置词则在其后，我们会在 5.5.2 讨论这一点。

5.5.1.2 豪萨语

豪萨语（Hausa）语法通常区别三种前置词：简单前置词、名词性前置词和合成前置词（参见 Taylor 1959：74）。简单前置词也被称为"名词性短语介引词"（nominal phrase introducers；Kraft & Kirk-Greene 1973：85），大体对应于我们的 V–置词概念，最常见的是 à '在、在……内、在……上'，dà '和……一起'，gà '去、为' 和 dàgà '从'。名词性前置词也被称为"由名词转化的前置词"（denominal prepositions）、"构型状态的名词"（nouns

in the construct state）或"关系名词"（relational nouns），具有
N–置词的特征。[1] 它们大多派生于具体名词，具有和领属结构中
去范畴化中心名词相似的特征，[2] 例如：cikin'在……内、在……
内部'（参见 cikìì'腹部'），gàban'在……前面、在……之前'
（参见 gàbaa'身体的前部'），baayan'在……后面、在……之后'
（参见 baayaa'背部'）等。[3] 每个合成前置词都由两个标记构成，
其中之一一定是 V–置词，它们更加复杂，这里暂时不予讨论。[4]

　　Pawlak（1986：4）提出了与我们略有不同的研究豪萨语（Hausa）
置词概念的方法，作者认为该语言中的空间结构以（19）为基本
结构，（20）为例证，其中 a 是"前置词"（preposition），cikin
（=ciki'内部'+-n 领格）是"方所名词"（locative noun）：[5]

（19）前置词—方所名词—名词
（20）Ya　ba　shi　　takarda　a　　　cikin　ambulon
　　　他　给　他.宾格　信　　　在……内　内部　信封
　　　'他给他装在信封里的信。'

　　Pawlak 的术语"前置词"对应于我们的 V–置词概念；他将"方

---

[1] 存在一些有问题的情况。根据 Pawlak（1986）的研究，前置词 *zuwàà* '到，向'
是 V–置词，而根据其他研究却是 N–置词。基于上文提出的标准，我们更倾向
于同意 Pawlak 的观点。

[2] 说它们"去范畴化"，是因为它们的置词用法没有复数形式，也不能接修饰语（参
见 Pawlak 1986：6；见上文 5.1.1）。

[3] 值得注意的是，派生这些 N–置词的名词以长元音结尾，所派生的状语形式
却以短元音结尾。对于这一事实的解释首先见于 Greenberg（1978a），不过
Newman（1979）和 Newman（1984）则证明实际情况复杂得多。

[4] Brauner & Ashiwaju（1996：110）也将 N–置词和 V–置词的结合，例如 a
kan'在……上'和 a cikin'在……内'视为合成前置词。

[5] 不过还有另一类型的结构式（Pawlak 1986：5–6），我们在这里不做介绍。值
得注意的是，Pawlak 的语料中并未标记声调和元音长度。

所名词"定义为"表示空间碎片的名词"，它对应于我们的 N– 置词概念。因此（19）等同于（14），我们提出（14）是区别 N– 置词和 V–置词语言的基本结构。

另外，Pawlak 提到方所名词显示"临近范畴"，前置词显示"方向范畴"。前者派生于很多表示身体部位的具体名词；据说前置词包含的成员数量有限，它们是：

前置词	功能	Pawlak 的术语	注释
a	地点	方所格	'在,在……内,在……上'
zuwa	目标	向格（adlative）	'朝'
daga	来源	离格	'从'
ta	路径	经由格（perlative）	'经过，越过'

如果前面的动词的价已经包含相关功能，那么就不用这些前置词。例如**路径**标记 ta 不会出现在 wuce '通过，走过' 或 k'etare '穿过' 等动词的后面，因为这些动词的意义本身包含**路径**，例如（Pawlak 1986：33）：

（21）Ya   wuce   gari

　　 他　　通过　　城市

　　 '他走过城市。'

5.5.2　讨论

从埃维语、豪萨语或玛尔语的角度看，欧洲语言的前置词可以被称为**混合型**标记，因为它们结合了 V–置词和 N–置词的功能。其结果是欧洲语言不从形态上区分补足语和附接语，而埃维语、豪萨语或玛尔语却总是区分二者。例如英语（22）和（23）中 here 的形态句法相同；埃维语句子（24）和（25）分别是英语

（22）和（23）的翻译，二者就做出了区分：（24）中 afî 是补足语，不能接 V–置词；但在（25）中 afî 是附加语，所以必须使用 V–置词 le：

英语

（22）He lives here. '他住在这儿。'
（23）He works here. '他在这儿工作。'

埃维语（Ewe）

（24）é-nɔ　　　　　afî
　　　 3SG–停留　　　这儿
　　　 '他住在这儿。'

（25）é-wɔ　　　　　dɔ'　　　le　　　afî
　　　 3SG–做　　　 工作　　在　　 这儿
　　　 '他在这儿工作。'

这里我们特别会问下面的问题：

　　a）为什么有的语言从形态上区分两种类型的置词，而有的语言却不？

　　b）为什么我们所讨论的语言中，V–置词总是在 N–置词之前？

　　c）为什么在豪萨语中 N–置词在所限定的名词短语之前，而在埃维语中却在所限定的名词短语之后？

　　d）造成这两类置词句法特征不同的原因是什么？

回答问题 a 需要进行大量的类型分析，这超出了本书的范围；我们目前不予讨论，留待将来在其他论著中讨论该问题。似乎 N–

置词和 V–置词的区分更常见于埃维语、泰语之类的分析–独立（analytic–isolating）型语言（参见 Kölver 1984），不过 N–置词和 V–置词的区分也不仅出现于这些语言。玛尔语具有黏着语和屈折语结构，它也显示具有这种区分。

这里提出的框架可以回答剩下的问题。我们在 5.1 和 5.2 证明，在所有具有充足资料的语例中，N–置词都派生于名词，特别是表示身体部位或地标的名词。它们的置词用法是概念转移的结果，或者更确切地说，是应用**物体**到**空间**概念转移，即空间定位概念化为身体部位之类的具体项或其他可触摸和／或可见项的过程的结果。

N–置词的形态句法特征可以直接反映这一隐喻的作用。它们被引介为领格／领属结构式的中心语，即使已经语法化，失去原有的名词义并且只表达方所关系，它们很可能还保留用作领格之前的某些形态特征。N–置词在埃维语"不可让渡"领属结构式中占据中心语位置，在豪萨语中保留了领格标记：中心名词是阳性时用 -n，是阴性时用 -r。N–置词通常保留一些名词性特征，失去其他一些名词性特征，例如带名词修饰语或带数、定指标记的能力。

V–置词具有动词来源，而不是名词来源，这在埃维语中很清楚。埃维语的五个 V–置词仍然都以完全的动词形式出现，保留了部分动词形态句法（见 Hünnemeyer 1985；参见 8.6）。在玛尔语中我们只找到一个 V–置词 tɛ̀ '在'，它在历史上可能派生于动词 -tíí '在'（Heine & Claudi 1986b：106）。

豪萨语中 V–置词的词汇来源更难追溯。我们找不到 a 的词源，不过 Frajzyngier（1987：89）认为 a 可以追溯到原始乍得语静态方所前置词 *a。zuwa '到'历史上似乎源于名词化的动词"去，来"，[1]

---

① 可能更确切的翻译是"（向着……）前进"（参见 Parsons 1971/1972：97；McIntyre 1989：109，115–116）。

而 ta '经由, 越过' 则可能源于动词 *tV '在……（内）停止'。[①]

我们对豪萨语 V–置词的历史还不清楚, 不过似乎没有证据表明 V–置词具有名词来源, 最合理的假设还是它们具有动词来源。Frajzyngier 认为在原始乍得语中, "承担标记'到'或'从'方向功能的不是前置词, 而是连动结构式"（Frajzyngier 1987: 94）。

这些观察显示在区别两类置词的语言中可见的"V–置词—N–置词—NP"结构可以重新构拟为（26）：

（26）* 动词 + 中心名词 + 依附性名词短语 > V–置词 +N–置词 + 名词短语

以此构拟为基础, 我们就可以回答上面的问题。V–置词先于 N–置词是因为这一语序是形成两种类型置词的源结构的语序（见上文问题 b）。

Kölver（1984）描述了泰语中类似的情况：在（27）中, 标记 paj 源于动词, 同时似乎具有 V–置词功能; 而 naj 则源于名词, 充当 N–置词（Kölver 1984: 27）。

（27）泰语：

khăw	sàj	caan	paj	naj	tûu
他	放	盘子	去	（在）……内	橱柜

'他把盘子放到橱柜内。'

豪萨语中 N–置词在其所管辖的名词短语之前, 而埃维语中 N–

[①] Frajzyngier（1987: 93–94）提出这一构拟, 他也承认这仅仅是推测。他认为 *dV '去' 可能与豪萨语的 daga '从' 同源, 这一构拟同样也是推测。不过他总结说："和其他许多语言中一样, 乍得语中初始的方所表达, 即'X 去停在 Y'（X goes stops at Y）类型的连动结构式最终形成 tV 前置词; 而'X 去离开 Y'（X goes leaves Y）类型的连动结构式则最终形成 dV 前置词。"（Frajzyngier 1987: 93）

置词则在其所管辖的名词短语之后。这是因为豪萨语具有"中心名词—从属名词"语序，而埃维语的中心名词总是在附属名词之后（见问题 c）。因此埃维语的发展可以构拟为（28），而不是（26）：

（28）* 动词 + 依附性名词短语 + 中心名词 > V–置词 + 名词短语 +N–置词

这些观察也可以帮助我们理解 N–置词和 V–置词句法特征的差异：前者很可能保留了作为领格表达中心词的部分句法，后者则倾向于保留先前谓词功能的残留特征。这对于豪萨语中的 V–置词来说已经不明显，它已经失去了所有词汇来源的特征，发展到了"真正的"置词的程度（参见 8.6）。

5.5.3　结论

置词可能源于两个不同的域——时间恒定的类物项（我们的**物体**范畴）的域和动态项（我们的**活动**范畴）的域——或者用语言学术语来讲，源于名词和动词。两者在许多语言都有使用，在某些语言中这导致出现两个具有明显相互区别的句法功能的置词的集合。不过值得注意的是，除了名词和动词之外，副词是置词的又一重要来源（参见上文 5.3）。这一来源需要另外讨论，此处暂不涉及。另外可能的是，随着时间的推移，N–置词和 / 或 V–置词失去其区别性特征，从而不再反映各自来源的句法特征。

上述讨论已经清楚表明，N–置词和 V–置词这样的术语可能在很多方面具有误导性。在多数情况下，我们讨论的不是对应"置词"标准含义的范畴，而是这样一些语素：其功能范围既可以是具体、有指的意义，也可以是纯语法用法；其形态句法既可能具有词汇项的所有形态特征，也可能具有不变的语法标记的特征。

更确切地说，这些范畴的结构应该描述为语法化链或语法化连续统（参见 8.4）：N–置词指的是从名词到置词的连续统，V–置词指的是从动词到置词的连续统。这些连续统只在某些语例中达到最后阶段，在这些语例中我们研究的是对应传统置词定义的离散语法形式。如豪萨语（Hausa）和玛尔语（Maa）所示，这更适用于 V–置词而非 N–置词。

6 从语法性较低的概念到语法性较高的概念

在第 5 章，我们分别重建了从类事物概念（例如身体部位和地标）到空间概念的发展过程，以及从名词到附置词的发展过程。我们现在来看语法化的一个更抽象的层次：这一层次并非从词汇到语法结构，而是从已经语法化了的结构到更加语法化的结构。我们关注的是格标记。

有些学者认为只有从非语法性成分到语法性成分的发展才叫"语法化"。[①]我们并不打算采用这个狭义的定义，而采用 Kuryłowicz 的经典定义。根据这个定义，语法化"是一个语素从词汇状态向语法状态，或从语法性较弱的状态向语法性较强的状态的推进过程中，语素范围的增加"［Kuryłowicz（1965）1975：62］。

6.1 可让渡性：他的孩子不是他的孩子

卡比伊语（Kabiye）是北多哥使用的隶属于尼日尔-刚果语系的一种古尔语支（Gur）语言，它有两种领属结构。两种结构的不同之处在于一个在领有者和被领有名词短语之间使用了领属小品

---

① 因此 Sweetser 认为，"严格来说，博多语支（Bodic）的例子并非语法化例证，因为其后置词在发展为从属连接词这样一个新的语义和句法角色前，它已经是高度语法化的项。"（Sweetser 1988：394）

词 té，而另一个并不使用领属小品词，只是把两个名词短语简单地并列在一起。① 这些结构式有明确的对比意义，如（1）所示：结构式（1a）是可让渡领属的例子，而（1b）则是不可让渡领属的例子。

（1a）kólú   té   píya
　　　铁匠   ……的   孩子
　　　'铁匠的孩子们（通常这些孩子住在他的场地，但**并非他自己的孩子**）'

（1b）kólú píya
　　　'铁匠**自己的**孩子们'

可以这样描述 té 结构式的主要特点：

　　a）涉及不可让渡名词时，例如，被领有短语包含身体部位、亲属关系或关系名词时，不使用 té 结构式。

　　b）这个结构式只能和指人的领有名词一起使用。

　　c）领属小品词 té 与关系名词 té '家'和方所后置词 té '在，到'"同音形异义"（homonymous），如例（2）和（3）所示：

（2）pɛ   -té   wɛ   déu
　　　他们的   –家   系词   漂亮
　　　'他们的家很漂亮。'

（3）maa-woki   man-dani   té
　　　1SG. NEG–去   我的–她.朋友   到
　　　'我不去我女朋友那儿。'

---

① 情况似乎更复杂，具体可见 Lébikaza（1985）及 Claudi & Heine（1989）。卡比伊语是一种把领有者放在被领有者成分之前的 SVO 语言。

类似的情况也见于其他一些非洲语言。例如阿科里语（Acholi）是北乌干达使用的隶属尼罗-撒哈拉语系的一种尼罗河语支（Nilotic）语言，和卡比伊语既没有亲缘关系，也没有区域关系。这种语言的所有格标记 pà 不与不可让渡名词一起使用，只与指人的领有名词一起使用，它历史上来源于名词 paàco '村庄、家园'，在阿科里语法中也被看成一个"前置词"（Crazzolara 1955；Savage 1956）。类似的情况也见于一些中苏丹语支语言。[1]

这些"会聚"的例子似乎是同一种发展过程的结果，这一发展过程可以这样重建：存在一个表示"家""家园"或"村庄"的名词，它成为表达方所（即表达家、家园或村庄所在地）的平台。这个从具体实体域（即**物体**范畴）到**空间**域的转换的结果是名词具有了副词功能（"在家"），或者如这里举的例子，名词具有了附置词的功能（"在……的家"）。我们在第 5 章详细讨论了这个物体-空间隐喻的范例（参见 2.4.1，3.1）。

本章我们想说明的是概念转换并不一定到此为止。我们的卡比伊语的例子显示，一旦有形的、可见的实体获得空间识解，就可能被用来表达更为抽象的概念，例如领属概念。

在这个过程的初始阶段，空间识解和领属识解是共存的；也就是说，到底一个既定的表达式该理解成空间意义还是领属意义是有歧义的，尽管前者为焦点意义。[2] 例（1）就表示这样一个初始阶段：在表示空间意义时，它指的是住在铁匠场地或村庄的孩子；而在表示领属意义时，例如我们可以认为铁匠对孩子们拥有某些法律权利。

第二，甚至在转换过程已经结束之后，空间 / 方所意义仍然作

---

[1] 更详细的讨论可参见 Claudi & Heine（1989）。

[2] 关于"焦点意义"这个术语，见 4.3。

为一个非焦点意义而存在。例（4）通常可以理解为表示所指的袋子是属于铁匠的财物；也就是说，这里的 té 的焦点意义是标记领属。然而，在一定的语境下，例（4）并不一定指称铁匠自己的袋子，而指存放在他家的袋子。也就是说，方所意义还没有丧失，它只是已经变成一个非焦点意义：

（4）kólú   té   húyiŋ

     铁匠   ……的   袋子

    '铁匠的袋子'

在这个过程的底层，似乎有一个"在我家的属于我"这种类型的隐喻等式，这一隐喻等式具有下面这些影响：

a）因为诸如"家"和"村庄"的名词与人有关，用这些名词作语法化了的领属标记只限于主体是人。

b）"在我家的东西"的概念意味着相关事物并非我固有的部分；相反，它独立于我，我可以从物理上把自己与它相分离。因此，空间–领属隐喻很可能是可让渡类型。

c）这一新的只用于表达可让渡领属的领属结构式的出现，对名词性领属结构式有一些显著蕴涵：前一种标记名词性领属的模式，即简单地把领有者和被领有名词短语并列在一起的模式［参见例句（1b）］，具有一个特别的功能，即指称身体部位、亲属称谓和其他关系项之类的不可让渡概念，从而引入了可让渡领属与不可让渡领属的语法区别。这一过程可见于相当多的非洲语言。[1]

---

[1] 参见 Claudi & Heine（1989）。他们已经发现这在埃维语（Ewe）中可能会导致出现可让渡性的特殊范畴化（Claudi & Heine 1986）。需要注意的是，这里所概述的变化，只是可让渡 / 不可让渡区别可能出现的许多方式中的一个。

6.2 向格标记的概念网络

这一空间概念用作表达领属概念的结构模板的例子，只显示了空间域被用来表达更抽象的关系的一种方式。在本章剩下的部分，我们会看看这种关系更多的情况：我们关注的是由**向格**标记派生格表达式的发展过程。

Wierzbicka（1980：xix；另见 Taylor 1989：143–144）指出格不是纯粹形式的、语义上无意义的项，而是有一个内在的语义结构，这一语义结构可以用家族相似性范畴来描述。Heine（1988）展示了两种非洲语言**向格**功能概念网络的识解。这两种语言是伊卡语（Ik）和卡努里语（Kanuri），前者是分布于乌干达东北部的一种科里亚科语支（Kuliak）语言；后者是分布于尼日利亚和尼日尔的乍得湖盆地的一种语言。伊卡语和卡努里语有一个**向格**后缀，在学界被称为与格或目标格标记。这个后缀，即伊卡语的 -kᵉ 和卡努里语的 -ro，具有很多相关的功能。这些功能及其概念之间的关联被总结为图6.1。

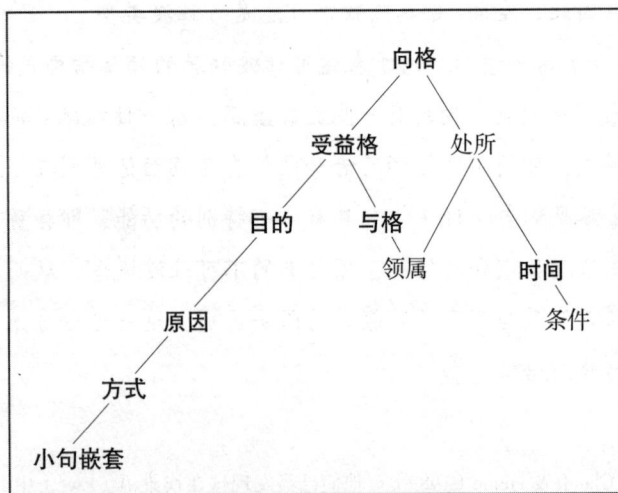

图 6.1　伊卡语和卡努里语**向格**标记的功能
（没有标黑体的功能只限于伊卡语）

下面一些例子足以展示这些格功能。^①　**向格**功能的例子可见于例（5），例（6）则是**与格**的例子，例（7）表示**原因**，例（8）表示**方式**，例（9）是小句从属功能的例子：^②

（5）伊卡语：

…k'e-esá　　　ntsa　　awá-kᵉ

……去–FUT　　他　　　家–

'……并且他将回家'

卡努里语：

suro　fato-be-*ro*　　　kargawo

内　　房子–GEN–　　进.3SG.PAST

'他走进房子。'

（6）伊卡语：

'dó'dá　　　　'yakwᵃ　　　cueé-kᵃ　　　　imá-*k*ᵉ

展示　　　　男人　　　　水–ACC　　　孩子–

'那个男人把水指给孩子看。'

卡努里语：

Makka-ro　lenəmi-ya　　　　wu-*ro*　radio　kude

Macca-ALL　你.去.EMPH–SUB　我–　　收音机　带来

'你去 Macca 的时候给我带个收音机来。'

（7）伊卡语：

ńtá　　k'ó-í-í　　　　　ma-í-í-*k*ᵉ

NEG　去–我–NEG　　系词.生病–我–SUBJUNCT–

'我不能离开，因为我病了。'

---

① 剩余格功能的例子可见于 Heine（1988）。

② 卡努里语的例子来自 Hutchison（1976：80，105，124，92，95）。

卡努里语：

cida-də   dazenyi-də-*ro*   Kano-lan

工作–DET   结束.3SG. NEG.PERF–DET– Kano–在

namng-in

坐下.1SG–IMPF

'因为工作没完成，我将待在 Kano。'

（8）伊卡语：

tódá   ŋıL-ı-kᵉ

说   系词.坚强–SUBJUNCT–

'他坚强地说。'

卡努里语：

dəlfu   fanyena-*ro*   ruwojigəye

方式   听.1PL. PRF–   写.1PL. PAST

'我们按我们听到的写下来。'

（9）伊卡语：

ítétu-ɔ   ro'b-e   ı'BAAŋ-át-i-kᵉ...

到达–VEN–COP 人们–GEN   系词.愚蠢–他们–SUBJUNCT–

'而且她发现人们傻……'

卡努里语：

kərma-ma   isemin-də-*ro*   nowoko

现在–EMPH   来.2SG. IMPERF–DET–   知道.1SG. PAST

'我刚发现你要来。'

同一个语素可能表示图 6.1 所列的众多格功能，这当然并不新奇。英语前置词 for 可以用来表达**向格**［例（10）］、**受益格**［例（11）］、**目的**［例（12）］和**原因**［例（13）］等。

（10）Mary left *for* Paris.

　　'Mary离开**去**巴黎。'

（11）Mary worked *for* her children.

　　'Mary**为**她的孩子们工作。'

（12）Mary worked hard *for* her exam.

　　'Mary**为了**考试而努力学习。'

（13）Mary couldn't sleep *for* pain.

　　'Mary**因为**疼痛而无法睡觉。'

事实上，类似图 6.1 所示的结构也见于很多非洲以外的语言，例如 Genetti（付印中）展示的内瓦里语（Newari），或者 Craig（付印中）展示的拉玛语（Rama）。前者是分布于尼泊尔的一种藏缅语，而后者是尼加拉瓜的一种奇布查语支（Chibchan）语言。这两种语言具有下面的特征：[①]

　　a）这种发展总是从"具体的"语法功能到更"抽象的"语法功能。例如，他们讨论的扩展类型包括下面这些：从**向格**到**目的**，从**受益格/与格**到**目的**，以及**处所**（>**时间**）到**条件**。我们在伊卡语和/或卡努里语中也可观察到这些扩展类型。

　　b）后置词发展为附着于限定动词的小句从属连接词。这样，**向格**或**与格**后置词就语法化为引入**目的**小句的标记。

所有这些现象与其他很多语言中发现的现象的一个显著相似之处在于，名词性格标记用来引入从属小句。

　　人们可能会想，一个和名词性形态句法紧密相关的语素如何能扩展用作表达小句从属关系的手段。正如我们在 7.4 节将会详细说明的，这里也涉及引起语法化的隐喻扩展。根据这个视角，较

———————

① 我们并不考虑所有这些作者所提供的与我们的讨论并不直接相关的信息。

为复杂的项（例如小句补足语）被视为较不复杂的项，即语言学上通常编码为名词的物体。简而言之，小句被隐喻地视为名词。这一过程似乎促发于相关语言结构倾向于支持该过程这一事实。因此，Genetti 在内瓦里语中所观察到的，也以类似的方式适用于伊卡语和卡努里语："从后置词到从属连接词的发展的句法动机，至少可以部分解释为这些语言名词化的强烈趋势。"（Genetti 1986：387）

从名词性格标记到从属小句标记的转变似乎涉及一个中间阶段，即有关成分既不是明显的名词性也不是明显的小句性，或者换句话说，有关成分某种程度上是名词性的，但在某种程度上又是动词性的：形态句法上是一个名词化了的动词或者动词性名词、分词、动名词、不定式动词，或类似的形式，即某种非限定形式的动词。例如在（14）中，伊卡语的**向格**标记 -k^e 附着于一个名词，而（15）却是一个中间成分的例子，因为短语 ot-ésí-e 在形态音系上和语义上既可以理解为一个名词性的成分"为了……的储存"，也可以理解为一个动词性的成分"为了储存……"。最后在（16）这样的句子中，这个标记充当小句从属连接词：

伊卡语

（14）领属：

　　ia　　　ŋóká　　　ń ci-k^e

　　系词　　狗　　　　我-k^e

　　'我有一条狗。'

（15）目的：

　　…bɛr-ɛ-ɔ́　　　lo'dúrú-iké-e　　ni　　ot-ési-k^e

　　……建-FUT-COP　谷仓-PL-GEN　REL　倒-INF-k^e

　　e'dí

　　谷物（GEN）

　　'……然后他们会建粮仓来放谷物。'

（16）从属关系：

na   ats-íde-kᵉ   mo   en-íd-e?

当   来–你们–kᵉ   NEG   看–你们–NEG.Q

'当你们来的时候，你们没有看到它吗？'

实际上，所有从一个格功能到另一个格功能的转变的例子，都可以被认为是由语用决定的，而且都涉及一些中间阶段。这些中间阶段通过会话蕴涵义和语境诱发的重新识解互相联系起来（见第 3 章）。在表 6.1 中，我们展示了图 6.1 中包含的一些格功能的例子，为的是说明这一转变能够设想的方式。A 栏和 C 栏分别代表较低语法化的阶段和较高语法化的阶段，而 B 栏则表示从 A 到 C 的转变中能观察到的可能的中间阶段中的一个。

表 6.1　概念转变的图式：一些来自格标记的例子

A 较低语法化的格功能	B 可以设想的中间阶段	C 较高语法化的格功能
受益格 "X 为了 Y（的利益）做了 P"	"X 为无生命物体 Y 做了 P"	目的 "X 为了 Y 的目的做了 P"
处所 "X 在 Y 的地方"	"X 由 Y 支配"	领属 "X 属于 Y"
时间 "X 与 Y 在同样的时间发生"	"当 X 发生时，Y 也跟着发生"	条件 "如果 X 发生，Y 跟着发生"

6.3　功能邻近假设

如图 6.1 图式所示，伊卡语和卡努里语的**向格**标记的不同功能，构成一个从顶端的更"具体"的功能（如**向格**），到底部更"抽象"

的语法功能（如**方式**和小句从属）的单向性的网络。我们将在 6.4
节提出解释这个网络结构的一些标准（也见 6.6 节）。

Blansitt（1988）在考察**与格**和**向格**功能时，对一些格表达式
做出了概括。从我们的目的出发，下面的概括特别有意思：

a）如果一个附置词既是**宾格**标记又是**向格**标记，那么它
也会是**与格**标记。

b）如果一个附置词既是**与格**标记又是**方所格**标记，那么
它也会是向格标记。

在这些观察的基础上，Blansitt 提出下面适用于附置词标
记的假设，作者称之为"功能邻近假设"（function contiguity
hypothesis）：

宾格、与格、向格和方所格功能，只有当相同标记的功
能依照这一顺序连续时，才会标作相同的功能标记（Blansitt
1988：177–178，186）。

似乎这个假设可以用我们这里提出的框架来解释。在图 6.1 我
们总结了概念扩展的结构，它可以用伊卡语和卡努里语的**向格**标
记重构。其中与这里的讨论相关的部分结构复制如下：

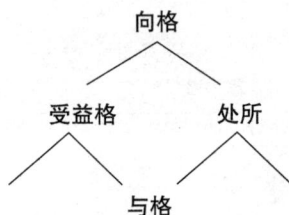

```
              向格
           /        \
        受益格        处所
           \        /
              与格
```

要注意的是，Blansitt 并没有区分**受益格**，而我们的**处所**（PLACE）
功能对应于他的**方所**（LOCATIVE）功能。另外众所周知，在许

多语言中，**向格**标记被扩展用来标记直接宾语，即 Blansitt 所说的**宾格**。[①] 因此，结论是图 6.1 展示的格扩展图式与 Blansitt 的功能邻近假设是吻合的。

不过，我们还想说的是这个结构是有认知理据的：所有相关的格功能都是从更"具体"功能（**向格**功能）到一些更"抽象"功能的同一概念扩展网络的一部分。我们正在讨论两个不同的途径：一个是从**向格**到**与格**，另一个是从**向格**到**处所**。这一事实允许我们指出这些格功能之间关系的另一个特点，即相较于其他一些功能，有些功能彼此之间关系更紧密些。例如根据图 6.1 的树形图，**与格**概念上更接近**向格**，而不是**处所**，因为**与格**和**向格**只被一个节点隔开，而**与格**和**处所**则被两个节点隔开。这种关系在 Blansitt（1988：177）展示的格功能一维排序中并未呈现。

6.4　语法化程度

有一个我们目前还没仔细考虑，却是理解语法范畴之间关系的极其重要的问题：我们如何断定 X 范畴是否比 Y 范畴更为语法化？例如，为什么与**目的**范畴相比，**原因**是格表达式的一个更语法化的范畴？

尽管我们并非总能提供一个明确的答案，但是有一些观察可以帮助我们确定一个既定范畴的相对语法化程度。相关文献中已提出一些描述不同语法化阶段的语音和形态句法参项（如 Lehmann

---

① 尽管已见于其他许多语言中，这一扩展过程却尚未在伊卡语或卡努里语中发生。当这一演变过程真的发生的时候，相关格标记标示新功能的语境通常有一些限制。因此根据 Blansitt（1988：173），西班牙语向格／与格前置词 a 只有"在所指物有特定指称……并且这一指称属于生命度等于或高于主语所指的层级时"才标记宾语。

1982；Heine & Reh 1984；Bybee，Pagliuca & Perkins，付印中）。在这个问题上最具潜力的研究是 Bybee 及其追随者所提出的，他们做出如下归纳："我们可以预见，比较老的语法语素，即经历过更多发展过程的语法语素，与具有同样相关性的比较新的语法语素相比，会更接近词干，更融合，更短或在音段上更减损"（Bybee，Pagliuca & Perkins，付印中）。

下面的参数 a 至 g 提供了一系列假设，可以作为确立格标记域中概念 / 语义语法化的相对程度的一种"发现程序"。

a）如果一个语法范畴词源上派生于另一个语法范畴，则我们可以说前一个语法范畴比后一个语法范畴语法化程度要高。这个可以从单向性原则（见 1.1）直接推出来的历时断言使得我们可以断定，例如英语连词 since 表原因的意义比表时间的意义语法化程度要高，因为前者在历史上源自后者（参见 Traugott & König，付印中；见 3.3.1）。

b）如果两个格功能的区别仅在于一个有空间功能而另一个没有，那么后者的语法化程度更高。这一观察也可表明，所有已考察的格功能里，**空间**是语法化程度最低的。

c）如果两个语法范畴之间的区别仅在于一个通常隐含人类参与项，而另一个隐含无生命参与项，那么后者的语法化程度更高。[1] 例如这意味着**受益格**的语法化程度比**目的**低。二者都含有某种目标导向的特点（Givón 1984b：132），但是它们本质的不同在于**受益格**通常预设人类参与项，如下例（17）中的 Mary，而**目的**则需要非人类参与项，如下例（18）中的 the bedroom。

---

[1] 但是参见上面的 b；这些参数是分等级排序的，即 c 以 b 为前提，而 b 又以 a 为前提，等等。

（17）I bought a dressing table *for Mary*.

'我为 Mary 买了梳妆台。'

（18）I bought a dressing table *for the bedroom*.

'我为卧室买了梳妆台。'

这也意味着**目的**范畴比**原因**范畴的语法化程度低，因为**目的**通常预设人物施事和活动，而**原因**并不预设这些。基于同样的理由，可以说**伴随格**比**工具格**的语法化程度要低，因为前者通常隐含人类参与项，而后者不隐含（参见 4.2，又见下面论述；更多的例子参见 7.1）。

d）一个范畴指称有三个潜在物理维度的概念，另一范畴指称只有一个可能维度的概念，前者的语法化程度比后者低，后者又比指称物不显示任何物理维度的范畴低。这个参数可能有助于我们确定**空间**的语法化程度比**时间**低，而**时间**的语法化程度比**条件**或**方式**这样的范畴低。

e）如果两个范畴之间的区别仅在于一个表达时间关系而另一个表达某种"逻辑"关系，那么后者的语法化程度更高。例如这样可能确定，作为范畴的**原因**和**条件**，其语法化程度比**时间**范畴高（参见 Traugott & König，付印中）。

f）如果两个范畴之间的区别仅在于其中一个范围更广，即在一定的语境下可以包含另一个，那么范围更广范畴的语法化程度更高。这一观察与 Bybee & Pagliuca（1985）的泛化概念一致。因此如果**人称**和**物体**范畴（见 2.4.1）同属于一个语法化路径，那么后者的语法化程度更高，因为后者可以包含前者，反之却不行。例如问句 What is this? 可以指称**人**（如 a boy）或**物体**（如 a car），而 Who is this? 这样的问句则只能指称**人**（* a car）。与此相类似，与**工具**范畴相比，**方式**范畴包含的范围更广，也因此其语法化程度更高。例如**方式疑问词** how（How did he do it?）既可以用来指**方式**表达式（如 carelessly），也可以指**工具**表达式（如 with a gun），而问句（如 What did he do it with?）却不行（参见 Lyons 1977：722）。

g）如果一个既定语素既支配名词短语也支配小句，那么后者语法化程度比前者高。例如英语语素 for 既可以作前置词（即支配名词短语），也可以作引进从属小句的连词（至少在有些英语变体中）。在参数 g 的基础上，我们可以说 for 前置词用法的语法化程度比连词用法要低（见下文）。

在很多情况下，上面列出的标准中不止一个适用。我们可以举些例子证明。在世界很多语言中，只有一个语素既表示**伴随格**功能也表示**工具格**功能（见 4.2）。根据参数 a，**伴随格**是来源而**工具格**是派生概念：在有历史资料的情况下，总是显示**伴随格**的用法先于**工具格**的用法，而不存在相反的情况。例如 Priebsch & Collinson（1968：91）是这样评论原始日耳曼语的："所谓**工具格**似乎主要是一个伴随格或社交格（social case），表示某人或某事与另一个人或物相关。从这产生出合作的概念，进而产生工具性。"与此相类似，埃维语中前置词 kplé '和……一起' 的**伴随格**用法早于其**工具格**用法（见 7.2.3）。这一观察也被参数 c 所证实。

根据参数 a，英语 for 的前置词用法比其连词用法的语法化程度低：在具备历史证据的情况下，都显示一个既定语素的前置词用法很可能早于其小句从属连接词用法。因此 for 首先被用作前置词，到十二世纪才开始被用作连接词。更多的证据可见于参数 c：for 的前置词用法包含**受益格**标记用法，**受益格**标记通常引入一个人类参与项。作连词的 for 显然并不引入人类参与项；因此其**受益格**前置词用法的语法化程度要比小句从属连接词用法的语法化程度低。参数 g 同样可以预见这个事实。参数 g 似乎基于 7.4 节将讨论的一个隐喻。根据该隐喻，小句可以被视作名词，反之却不行。

介绍参数 c 时，我们提到**原因**范畴的语法化程度比**目的**范畴高。这得到两个额外观察的支持。第一个是历时的。例如在梵语的历史上，标记 íti 在阿闼婆吠陀（Atharva Veda）时期获得**目的**小句从属连接词的用法。很久以后，在吠陀散文（Vedic Pros）时期，íti 才开始出现于**原因**结构式中。最后在古典语中，它被确立为**原因**小句的从属连词（Saxena 1988b）。

第二个标准是类型学性质的。基于分布于全世界的四十种语言的语料库，Saxena（1988b）提出一个由意义为"说"的动词或翻译为"因此"的标记派生的从属连接词的蕴涵性等级：[1]

（19）**说 > 知道 > 相信 > 希望 > 目的 > 原因**

在这个等级量表的基础上，可以按照这个从属连接词所能表达的功能范围给语言分类。因此在一些语言（俄语、古波兰语、阿卡底亚语、拉萨藏语、努比亚语等）中，表示"说 / 因此"的从属连接词只和"说"类动词一起使用；而在其他一些语言（盖丘亚语、米佐语、古吉语、［E］波莫语）中，表示"说 / 因此"的从属连词可以和"说"及"知道"一起使用；在另外一些语言（本巴语）中，可以和"说""知道""相信"一起使用；在另外一些语言（泰语、克利奥语）中，可以和"说""知道""相信""希望"一起使用；在其他一些语言（埃维语）中，可以和"说""知道""相信""希望"一起使用，同时充当**目的**小句的标记；还有一些语言（拉祜语、

---

[1] 我们不考虑与这里的讨论不相关的几个范畴；具体见 Saxena（1988b）。另外，我们的**原因**对应于她的**因为**（BECAUSE）范畴，后者包括原因和理由。**说、知道、相信**和**希望**这些标签指的是母句动词的意义，另一方面，**目的**和**原因**意味着标补语分别引出**目的**小句和**原因**小句。

拉达克语、孟加拉语）中，可以和所有这些动词一起使用，同时又作为**目的**小句和**原因**小句的标记。

这个蕴涵等级表允许下面的概括：如果在一个既定语言中，一个由"说"或"因此"派生的从属标记被用来表示这一量表上的某一特定功能，那么它也用来表示这个功能左边的任何一个功能。意思就是，如果一个语言用"说／因此"标记来引入**原因**小句，那么它也用这一标记来引入**目的**小句，不过反过来不一定成立。[①]

Saxena（1988b）把这个等级表解读为一个"语法化历时扩展空间"："说／因此"标记表达的上述功能越多，语法化程度越高。因此，一个表达（19）中除了**原因**外的所有功能的标记，其语法化程度要比一个表达包括**原因**在内所有功能的标记的语法化程度低。相对应地，**原因**范畴的语法化程度比**目的**范畴的高。

参数 a 至 g 并不用来构成定义性标准，尤其是因为有些参数只是量的归纳。但是放在一起，它们提供了一些确定特定语例中语法化相对程度的原则。在这些观察的基础上，格功能可以排列为下面的语法化递增链：[②]

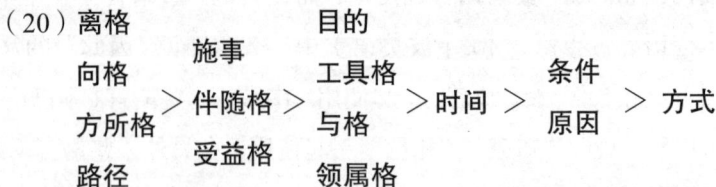

（20）
离格		目的		
向格	施事	工具格		条件
方所格	> 伴随格 >	与格	> 时间 >	> 方式
路径	受益格	领属格		原因

鉴于第一栏的领属格功能（**方所格**、**向格**、**离格**和**路径**）都包含某种**空间**构件成分，这个语法化链也支持方所主义假设。根据该假设，**空间**概念比其他概念更为基本，也因此充当理解非空间概念

---

① 后者适用于例如埃维语。埃维语用标记 bé '说'来表示包括**目的**，但不包括**原因**的所有功能。例子可见于 8.6 节。

② （20）中的符号 ">" 表示符号左边范畴的语法化程度比右边范畴的低。

的模板（Anderson 1971；Lyons 1977：718）。类似的观点也见于其他一些文献中，如 Jackendoff 就认为"如果空间域有任何首要性的话，那是因为这个域得到非语言认知的强烈支持；它是视觉、触觉和行动这些基本官能的共同基础"（Jackendoff 1983：210）。

有些观察与理解（20）展示的等级表有关。首先，（20）中所展示的范畴只包含了格标记域中有限的一部分范畴；也就是说，还可以考虑更多的格功能。其次，在（20）底层似乎有一个更普遍的结构，这个结构实质上涉及如下所示三个认知域：

a）首先是空间概念域，体现在第一栏所列类型的格关系中。

b）其次是人类中心概念域，如第二栏和第三栏的格功能所示，这些格功能通常指某些人类参与项，或隐含涉及某些人类施事的命题，或两者都有。因此，在**伴随格、受益格、与格**和**领属格**这些格功能的"原型"用法中，所指的参与项是指人的；而包含**施事格、伴随格、受益格、目的、工具**和**与格**中任何一个格功能的"原形"命题则涉及某些人类发起者或施事。

c）第三是无生命概念域，体现于最后三个栏的格功能中。

考虑到**时间、条件、原因**和**方式**这些功能可能，而且经常，被用于涉及人类施事和活动的命题，人们可能会想为什么这些功能在认知域 c 里。这些功能与认知域 b 中格功能的区别在于它们不一定需要指称人类参与项。它们可以被用来指称人类参与项是因为无生命概念域比人类概念域包含的范围更广：就如我们前面已经提到的，无生命范畴通常比人类范畴更广，因为它们可以包括后者，但反之却不成立。

因此，（20）底层更普遍的范畴化似乎可被表示为以下等级表：

（21）空间关系 > 人类关系 > 无生命关系

这个等级表与 2.4.1 中的隐喻范畴等级有一个重要的区别，因为后者中的空间出现在**人**、**物体**或**活动**等范畴的右边。隐喻范畴等级可见于下面（22）。

（22）**人** > **物体** > **活动** > **空间** > **时间** > **质量**

我们正在处理的是概念化的两个不同的层次。等级表（22）表示的是"具体"项的层次，通常由词汇（如名词和动词）表示。这是指称单位的层次，是时空中的人、物体和事件的层次，正如我们在第 2 章所见到的，其中有形的、可见的单位构成最"具体"的类。另一方面，等级表（21）见于关系概念层次，包括格功能的关系概念，在语言中用附置词、附着词素或屈折形态来表示。在这个层次中，**空间**提供最"具体"的概念域。我们将在 7.2.3 详细分析这个区别。

6.5 意象–图式保留的重要性

基于 Talmy（1985b）的语法意义本质上具有可剖析性和图式性而词汇意义却没有的观点，Sweetser 认为语法意义局限于意义的图式结构，而意象图式则是从一个域到另一个域的隐喻投射过程中保留下来的最稳定的结构之一（Sweetser 1988：390）。这项研究可能会产生有关语法化底层认知过程的最有意义的成果。当前仍有许多值得关注的问题，其中一个问题涉及哪些语法功能可以简化为意象图式再现。

以下观察源自 Sweetser 有关"去"义动词语法化为将来时标记的讨论，这一语法化过程广泛见于世界许多其他语言（见 Bybee, Pagliuca & Perkins，付印中），能说明所涉及的问题。下列图式推理据说在由"去"义到将来义的隐喻投射过程中得以保留（Sweetser 1988：391–392）：

　　a）各方所之间关系的线性特征；

　　b）自我在线性路径源头的位置（正如我们当前的位置在空间上临近，我们当前时间也在时间上临近）；

　　c）离开临近源头的位置向远处目标的移动。

　　因而，Sweetser 认为这些推断源于对"去"意象图式的解析，而正是这一解析结构在从"去"到将来时意向图式的隐喻投射中得以保留。不过，一些观察证明这一分析存在问题。例如虽然表示"去"义的词汇项构成了将来时的普遍来源，但在世界很多语言中表示"来"义的动词也是将来时的普遍来源。[①] 这似乎可以排除掉推断 b 和 c。

　　这些观察并不是要否定意象图式的方法对于语法化研究的作用。也许有人会说，将来范畴发展过程中的解析结构与直陈或方所之间的关系无关，而与目标导向有关。事实上 Sweetser（1988：393）使用该图式就是为了说明空间移动（**向格**）向意图性动作和向某个终点的定向运动的投射，**目的**表达式即为此例。以 Genetti（1986）关于博多语支语言（Bodic languages）中后置词发展为从属连词的讨论为基础，Sweetser 提出了以下有关目标、来源和处所的基本意象图式（Sweetser 1988：393）：

○	→	离格、作格
→	○	向格、与格
（○○）		方所格、伴随格

[①] 在其由 17 个将来时标记前身是位移动词的语言组成的世界语言语料库中，Bybee, Pagliuca & Perkins（付印中）发现其中有 8 个将来时标记派生于"去"义动词，有 9 个将来时标记派生于"来"义动词。

同时，她还补充道："如果与格仅仅是主格或宾格没有覆盖的某个语法功能的标记——在句法的不规则变化或与其他格的对立可能占主导的情况下，一个脱离语义的标记只能承担此格功能——我们就不能解释由与格标记发展为表达目的的，**而非（例如）表原因的**，从属连接词这一规则性演变。"（Sweetser 1988：394-395；黑体部分为作者添加）

这里需要弄清两点。首先，根据上面所概述的框架，我们这里讨论的并非从**与格到目的格**的发展，而是从**向格到目的格**的发展：虽然**与格和目的格**是，或者可能是，相同概念扩展的一部分，但它们并不具有相邻性；相反，它们属于不同的概念分支（就像我们在图 6.1 中观察到的那样）。其次，更重要的是，和 Sweetser 的预期不同，**向格和目的格**确实会演变为表达**原因或理由**的从属连词（就像我们的伊卡语和卡努里语语例所显示的那样，这些语例总结为图 6.1）。

英语里提供了一个相关的观察。Radden 发现英语里有两套表达原因的前置词。只表达原因的第一套包括下列前置词：because of，due to，on account of，owing to 和 as a result of。这些前置词据说都源于法语，在 14 和 17 世纪之间进入英语（Radden 1985：184-185）。第二套包括 11 个兼具表达空间和原因的功能，因而被 Radden 称为"空间因果前置词"（spatiocausal prepositions）的前置词："**原因**与前置词 with，on，over 和 in 一起使用时被视为**地点**，与**前置词** for 和 at 一起使用时被视为**目标**，与 from，of 和 out of 一起使用时被视为**来源**，与 by 和 through 一起使用时被视为**路径**。另外，因果关系还被看成各种空间维度。"（Radden 1985：84）

Radden 认为这种情境反映了从空间义到因果义的发展，这正是隐喻扩展的产物。这里有趣的是来源和目标前置词都发展出了

因果意义。所以（23）句是因果义派生于 Radden 所说的目标义的
例子，而（24）则显示因果义派生于来源义：

> （23）I couldn't sleep *for* pain.
>
> '因为疼痛，我睡不着。'
>
> （24）John died *from* his excessive drinking.
>
> '约翰死于过度饮酒。'

然而，这一观察也提出了一个问题：是否有某种解析结构一方面
与**向格**和**目的格**有共同点，另一方面还与**原因格**有共同点吗？或
者目标（**向格**）和来源（**离格**）之间是否有某种解析结构？如果有，
如何定义？ Sweetser 所提及的目标导向或任何其他意象–图式，在
向格或目的到**原因 / 理由**的发展过程中似乎都未得到保留。不过可
以设想的是，将来的研究能够确定"抽象"解析结构之间的联系，
从而能让我们即使在这种性质的语例中，也能证明存在某种形式
的意象–图式保留。

　　我们在上文中认为这些功能在概念上相邻，为这两者之间似
乎存在语境引发的重新识解（见第 3 章）这一事实所证明。例如
在我们熟悉的所有语言中，都可以找到表**目的**的小句可能邀约因
果蕴涵的语境，或者原因问句（如 Why did he come?）可能诱发**目
的**应答［如（25）］或原因应答［如（26）］的语境：

> （25）He came *in order to* collect his salary.
>
> '他**为了**拿他的工资而来。'
>
> （26）He came *because* he wanted to collect his salary.
>
> '他过来是**因为**想拿他的工资。'

6.6 一个多维度的认知空间？

对（20）中所提出的语法化链的独立证据支持在许多关于格功能的文献中都能找到。我们在 Quirk, Greenbaum & Svartvik（1972：320）中可以找到某种程度上类似的观点，即"前置词意义场"（fields of prepositional meaning）的概念，作者用这个概念指"一系列或不同范围的意义，首先作为单个范畴，然后细分为不同的交叠类"。比如"方式—手段—工具—施事—刺激物"的语法化链就构成了这样的系列或范围。在本节，我们将关注一项可能会对表 4.1 和 4.3 所提出的二维结构概念提出挑战的研究。

在分析英语 with 的某些功能时，Schelesinger 展示了该前置词用法底层的很多认知连续统，例如：伴随—工具、伴随—组成部分、组成部分—工具，以及工具—方式的连续统，[1] 并且得出以下结论：

> 假设存在一个一维的连续统不足以很好地分析这些情况；相反，我们需要一个（至少）二维的空间。假设组成部分—伴随连续统和组成部分—工具连续统都能被证明存在的话，这两个连续统和伴随—工具连续统就是这一 n 维空间的轴线……这些例子表明我们的认知结构不应当在孤立的一维连续统里赋值，而应在多维系统里赋值。
>
> （Schelesinger 1979：321）

回顾 Schelesinger 的分析表明：一维结构实际上不足以解释他的语料中所反映出来的概念变体。这些语料表明，图 4.1 和 4.3 所构建的二维模型才和这些语料相吻合，我们下面将对此进行证明。

Schelesinger 的讨论说明**伴随—工具**和**工具—方式**能被合并进

---

① 有关伴随—工具连续统的讨论，可参考 4.2 节。

下列扩展连续统：

（27）伴随—工具—方式

看下面这些句子：

（28）She went shopping *with* her husband.

'她和她的丈夫**一起**去购物。'

（29）The blind man crossed the street *with* his dog.

'盲人和狗**一起**穿过街道。'

（30）He did it *with* a crowbar.

'他**用**铁撬撬开的。'

（31）?He did it *with* intelligence.

? '他**用**智力办事。'

（32）He did it *with* enthusiasm.

'他**用**热情干事情。'

　　with 在（28）中有清晰的伴随义，在（30）中则有清晰的**工具**义，但可以说（29）是处于这两个意义之间的中间阶段。所以它可以像（29a）中那样被解读为**伴随**义，也可以像（29b）中那样被解读为**工具**义或**手段**义：

（29a）The blind man crossed the street *together with* his dog.

'盲人和他的狗**一起**穿过街道。'

（29b）The blind man *used* his dog to cross the street.

'盲人**利用**他的狗穿过街道。'

注意这些意译的句子不一定同义。例如含有 use 的意译句通常引入一个有意识的行为，而前置词 with 却不一定引入有意识的行为（见 Nilsen 1973：91）。

例（31）和（32）似乎属于前置词 with 表达**方式**义的例子。两个句子都可以通过用相应的副词替换 with 短语意译，即（31a）和（32a）。

（31a）He did it *intelligently*. '他**聪明地**做了这件事。'

（32a）He did it *enthusiastically*. '他**热情地**做了这件事。'

但（31）和（32）并不相同：在（31）中可以说 with 保留了某种**工具**义，而在（32）中似乎没有。因此只有（31）而非（32）才能意译为通常和**工具**义结合的 use 结构式，即（31b），而（32b）似乎不是非常恰当的语段：

（31b）He *used* intelligence to do it.

'他**用**智力做了这件事。'

（32b）?He *used* enthusiasm to do it.

?'他**用**热情做了这件事。'

这是对**伴随—工具—方式**连续统的简化展示，特别是我们只限定在这个连续统的三个点上；但事实上还能区分更多的中间阶段。[①] 另外，像**伴随**或**工具**这样的格形式是按照原型义使用的。这里忽略了某些区分，例如 Lambert（1969：131）对**工具**的三种格区分（器具格、材料格、作用力格）或 Nilsen（1979：120）对**工具**的四种格区分（器具格、作用力格、材料格和身体部位格）。

就像我们上面观察到的，Schelesinger 认为另外有些连续统显示 with 的用法不能只局限于类似**组成部分—伴随**和**组成部分—工具**的线性、一维结构，Quirk, Greenbaum & Svartvik（1972：331）提出"组成部分"功能，用于描述（33）和（34）这样的句

---

① 更多详情见 Schelesinger（1979）。

子中 with 的用法。

（33）He cooked the meat *with* potatoes. '他用土豆煮肉。'

（34）He cooked the meat *with* wine. '他用酒煮肉。'

把这一功能放在**伴随—工具—方式**连续统中考察，我们并未发现有什么问题，哪怕这两句属于这一连续统的不同阶段。在（33）中 with 似乎介引了某种"无生命的伴随物"，因而接近连续统的伴随端，这得到下面事实的证明：（33）可以意译为 together with 结构式［如（33a）］，却不可以意译为 use 结构式［如（33b）］。另一方面，（34）却接近**工具**义，它可以意译为 use 结构式［如（34a）］，却不太适合意译为 together with 结构式［如（34b）］。

（33a）He cooked the meat *together with* potatoes.

'他和土豆**一起**煮肉。'

（33b）*He *used* potatoes to cook the meat.

*'他用土豆煮肉。'

（34a）He *used* wine to cook the meat.

'他用酒煮肉。'

（34b）?He cooked wine *together with* the meat.

?'他和肉**一起**煮酒。'

正如我们在第 3 章和第 4 章中所强调的，概念连续统，例如我们这里讨论的连续统，主要由语用参数，特别是语境决定。实际上，with 的"组成部分"功能似乎是**伴随—工具**连续统中高度依赖语境的变体：这种功能仅见于"做"义动词后（Quirk, Greenbaum & Svartvik 1972: 331）。

因此，这些例子可被描述成一维的连续统。但其他一些例子表明英语的前置词 with 表现出类似于本书其他地方所观察到的概念网络，因此第 4 章（图 4.3）提出的二维模型更能解释该前置词用法底层所使用的认知策略。这里我们不做具体阐释，仅靠一例就足以说明我们到底考虑的是哪一种认知策略。Quirk，Greenbaum & Svartvik（1972: 327）提及 with 的另一种用法，就是表达"拥有"，即某种 **"领属"** 概念用法，如（35）：

（35）a man *with* a red nose '一个有红鼻子的男人'

这种用法有"陪伴"的意义（Schelesinger 1979: 320），它将 with 和**伴随**义联系在一起。另一方面，这种用法出现的语境和 with 的其他用法出现的语境有很大不同：它受名词短语的管辖，因此构成了较稳定的时间情境的一部分。虽然**领属**义可能直接派生于**伴随**义，但它不能处在**伴随**和**工具**之间的任何一个阶段，因此它不属于**伴随—工具—方式**连续统的一部分，它似乎属于独立的一支。我们由此可以建立一个有关 with 的概念网络（如图 6.2 所示）。注意图 6.2 并不以 with 的所有用法为依据，它只涵盖上文涉及的那些意义。

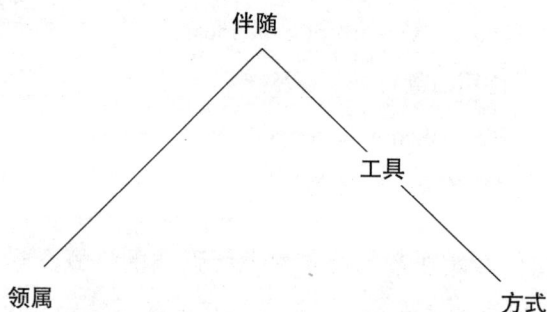

图 6.2　with 的某些语义的概念网络

总而言之，我们手头的证据表明，with 的各种功能底层的认知结构与本章前几节讨论过的格形态相一致，同时也与前面几章讨论过的语法化的案例相一致。

6.7　结论

本章的观察显示伊卡语（Ik）和卡努里语（Kanuri）中的**向格**标记所体现出的相似性并非偶然的，而是可以解释为由同一过程造成的，即"抽象的"意义概念化为更"具体的"意义——结果是先前用来表达后者的形态扩展到用来表达前者。这一方面意味着表达更具体功能（例如表达标记方所）的格标记，也用来标记更抽象的功能（例如标记状语成分的派生形式或小句的从属成分）。另一方面，这也意味着名词性形态转移到标记小句的从属成分。

结果是很多语言中部分编码名词性格表达式的形态，同样也用来编码从属小句，如英语小品词 after，as，before，but，like，since，till 和 until，或者是形态表达式用于表达下列情况：

　　a）**空间形态**表达式在特定语境中也用于表达**时间、原因、方式**等；

　　b）**时间形态**表达式也用于表达**原因**或**条件**；

　　c）**受益格**表达式也用于表达**与格或目的格**；

　　d）**目的格**表达式也用于表达**原因**等。

前面几节我们关注了格功能发展过程中的概念转换模式。当我们观察格功能及其表达手段之间的关系时，会发现一派完全不同的景象。观察下面由 Lehmann（1983）提出的格层级：[1]

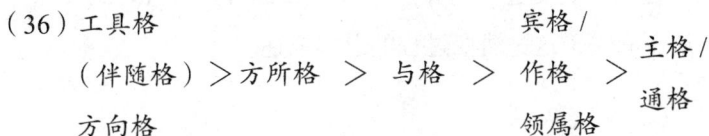

（36）工具格

　　（伴随格）＞方所格　＞　与格　＞　作格　＞　宾格/主格/通格

　　方向格　　　　　　　　　　　　　领属格

---

[1] 在**工具格、方向和离格**的左边，Lehmann 又区分了另外两种格形式，他把它们称作"更具体的非方所格"和"更具体的方所格"。斜线代表"或者"。

处在**与格**左边的格统称为"具体格"，而处在**与格**右边的则称为"语法格"。① Lehmann（1983：366）认为**与格**在一些语言中属于"具体格"，而在另一些语言中属于"语法格"。（36）的排列和（37）的排列具有较强的相关性，它根据相对语法化程度罗列了那些用来表达格功能的主要手段——（37）的最左边标示语法化的初始阶段，最右边标示终止阶段：

（37）词汇项 ＞ （副词＞） 附置词 ＞ 格附缀 ＞ 零形态

词汇手段多数情况下包含连续动词或关系名词。可以用类似下面的概括描述（36）和（37）的相互关系（Lehmann 1983：369）。如果特定语言的某个格使用零形态，那么这种格就应该是**主格**或**通格**；要是还有格使用零形态，那么这种格就应该是**宾格**和 / 或**作格**或**领属格**。特定格越靠近（36）的左端，这种格越可能用靠近（37）中左端的语言形式表达。

我们在 6.4 节的讨论中，并未涉及（36）中最右边的格功能，也就是宾格、作格等格功能。这些格虽然"较不具体"和"语法性较强"，它们却很可能遵循与前面关于**向格**标记的讨论中涉及的概念模式类似的概念模式，不过这一点还有待进一步研究。这同样适用于表达格功能的语言形式。当前证据表明格标记的演变常常遵循（37）概述的模式，主要由名词性和动词性形式经由附置词和格附缀（和副词）发展到格标记的消失。虽然很多论著都谈到过这一演变过程的部分（参见 Kahr 1975，1976），但目前为止还没有关于这一演变过程的总体描述。

---

① Lehmann 的格标记等级并不完全对应于 6.4 介绍的格功能等级，但这对我们的讨论而言无关紧要。

7 某些"抽象世界"

在第 2 章中我们介绍了许多范畴，每个范畴代表人类经验的某一基本域，包括人、**空间**、**时间**等。这些范畴通过我们称之为隐喻的认知活动相互联系起来。正如已经指出的那样，我们这里探讨的隐喻有许多特征，特别是下列特征：它是"经验"型的，而非表达型的或禁忌型的；它具有根隐喻特征而非传送隐喻（conveyance metaphor）特征（参见 2.4.1）；它属于"浮现"隐喻类而非"创造性"隐喻类（参见 2.4.4）；另外它还涉及基于会话蕴涵和语境诱发的重新识解的概念链，此二者在本质上是转喻的。

本章有两个目的：一方面，为 2.4.1 中所提出的隐喻范畴的重要性提供进一步的证据；另一方面，提醒人们注意其他一些隐喻化的更抽象层级，这些更抽象层级似乎与理解语法化相关。

7.1 可能世界

拟人化是我们理解周围世界的一个主要策略。通过将物理项和抽象项描述为人的感觉、动机和活动，我们就能够描述那些否则很难理解的现象。例如为了理解一个像"通货膨胀"这样的非物理概念，我们赋予它人类的特征，即"通货膨胀"具有敌手的特征，这一点在后面句子中非常明显（参见 Lakoff & Johnson 1980）："通货膨胀已经掠走了我的积蓄，而且它培育出大脑中只有金钱的一代；我们当前最大的敌人就是通货膨胀。"① 同样，"婚姻"概念也可以在隐喻上被看成一个人，不幸的婚姻则可以被看作一个病人，正如下面句子所示："他们的婚姻走到了最后一站，已经成为厌事；婚姻已经死亡——是不可能复活的。"②

我们现在试图证明同样的策略，即根据人的特性来看待非人项，能够导致语法中的各种变化。我们可以在词库中广泛研究一个效应：例如动词"跑"或者"吃光"通常指人类行为而且要求主体是人，如（1）；然而通过隐喻创新，我们可以依据人类特征来描述无生命概念，（2）似乎即为此例。③

（1a）Harry *runs* into the woods.

'亨利**跑**进了森林。'

（1b）Alice *ate up* all my spaghetti.

'爱丽丝**吃光**了我所有的面条。'

（2a）The roads *runs* into the woods.

'道路**延伸**进森林。'

（2b）Inflation *eats up* all my savings.

'通货膨胀**吞掉**了我所有的积蓄。'

此外，**人到物体**的隐喻似乎导致了语法意义的扩展。例如全世界的许多语言，包括英语，使用相同的格标记来表达伴随格［如（3）］和工具格［如（4）］短语：

---

① Lakoff & Johnson（1980：33-34）为这种行为提出的概念隐喻是**通货膨胀是敌手**（INFLATION IS AN ADVERSARY）。

② 比较 Lakoff & Johnson（1980：49），他们引入的概念隐喻是**爱是个病人**（LOVE IS A PATIENT）。

③ 很显然所有例子中讨论的"隐喻创造性"已经被规约化或"习语化"，也就是说，我们这里讨论的是"死亡的"或"冻结的"的隐喻。

（3）Bill fought with John.

　　'比尔同约翰打架。'

（4）Bill fought with a knife.

　　'比尔用刀打架。'

看来凡是这两个功能中的一个在时间上先于另一个，那么在时间上先的一定是伴随格功能。这一点同 Lakoff & Johnson（1980：134-135）所提议的**工具是伴侣**（AN INSTRUMENT IS A COMPANION）的概念隐喻一致。根据这一隐喻，伴随物作为隐喻载体表达工具性；也就是说，像工具这种无生命词项概念化为人类（见 6.4，6.7）。在接下来的两节中，我们证明通过将某些语言结构的用法从人扩展到无生命概念，词素可能变成语法标记，而语法标记则可能获得语法性更高的功能。

7.1.1　从意愿到将来

在其对世界语言将来时的调查中，Ultan（1978a：114ff.）得出结论："将来时主要源于情态动词，特别是那些表达强制、意愿、不确定性或者非真实性的情态动词，较少源于体标记或者目标导向范畴的标记。"[1] 除去情态范畴之外，意思是"去"或"来"的表示直陈位移的动词形成了将来时表达的最主要来源（参见 Givón 1973）。关于这一语法化途径，鉴于学界在这个问题上存在某些困惑，有两个观察应该给予特别关注。[2] 第一个观察涉及直

---

[1] 我们"将来时"术语的用法遵循 Bybee，Pagliuca & Perkins（付印中）的观点。将来时标记的典型用法是标示关于将来时间的预测或者断言。预测是"说话者对于命题中的事件状态在将来某一时间为真，或者在将来某一时间被认为为真的断言"。

[2] 两个观察在 Bybee，Pagliuca & Perkins（付印中）以及他们的其他论著中都有提及。

陈词在"去"或"来"发展为将来时标记过程中的作用。迄今为止，所有已发现的例子都说明这些动词的直陈性内容并不导致语法化的发生。因此在 Bybee，Pagliuca & Perkins（付印中）的世界语言语料库中，有 8 种语言是"去"派生将来时，而与之相对的却有 9 种语言是"来"派生将来时。这些动词表达位移也不是形成将来时的原因，因此 Bybee，Pagliuca & Perkins 认为"位移语义本身不足以产生将来时意义"。

看来关键的事实是这些动词，不管是显性的还是隐性的，都标记目标。因此，不是意义为"来"或"去"的动词，而是意义为"来到"或"去向"的动词发展为将来时标记。这些动词经常是及物动词，例如克鲁语支（Kru）语言就是这种情况（见 Marchese 1986）。

从情态动词的一种类型演变为另一种类型需要存在使用相关语素的特定语境。在初始阶段概念主要或者专门表达意愿，通常存在命题的主语是人且具有意愿性这一语境限制（参见 Aijimer 1985：13；Bybee & Pagliuca 1985：67）。在最后阶段主语可能是无生命的，因而不具有意愿性，因此关于使用意愿动词的重要限制就消除了。

语境限制中的这种变化存在某些清晰的语义相关性。在初始阶段，相关概念表达意愿，也就是义务情态或者根情态。然而存在一个中间阶段，这一阶段要素成分开始同无生命主语一起使用，并基于以下显而易见的理由导入某种类型的"认识性概念"预测：当与无生命主语（通常是非施事）一起使用时，意愿动词不太可能表达施事定位。[1] 因此在这一阶段，与上文所描述的相关语境区分有关联的两种类型的情态共存：和人类主语一起使用时，动词倾向于表达意愿；与非人类主语一起使用时，则表达预测。在

---

① 不过关于预测，参见下面 7.1.2。

最后阶段预测意义被泛化，甚至扩展到使用人类主语的命题中。

不过存在一些意愿语义可能得以保留的语境。事实上根据我们的观察，即使可能，也很难找到一种语言的将来时标记不具有某种额外的非将来时意义。例如我们已经观察到在现代英语中将来时"几乎是 will 仅有的意义"（Aijmer 1985：13），然而几乎不需要证明的是，英语 will 到现在为止仍保留意愿动词的部分语义。[①]

这里讨论的例子可识解为又一个**人到物体**隐喻的结果，即用与人类行为相联系的概念去理解或描述通常是非人类概念的根隐喻作用的结果（见 2.4.1）。与人类行为相联系的意愿动词（"X 想要""X 渴望"），被用来表达一个非人类概念，例如预测将来状态（从"X 想要发生"到"X 将会发生"）似乎即为此例。这种从**人**概念到**物体**范畴概念的转换的语言学含义相当丰富：

　　a）意愿动词出现的语境不再是仅为人类参与项保留的那种语境。替代有意愿性人类施事的，可能是不具有人类意愿行为的非人语项。

　　b）这就意味着表达意愿的、施事导向义的概念变成表达预测之类"认知"义的概念。结果是一个将来时标记展示动词的形态句法特征，直到该动词被语法化为一个附着成分，并且在许多语言中最终成为一个时附缀。

尽管这种分析强调的只是相关过程的一个方面，但它确实能够解释许多现象，这些现象是从意愿动词到将来时范畴变换过程

---

① 比较 Strunk & White（1972：51）提供的例子："说话者表达对于将来行为或状态信念的表达式是 I shall'我要'；I will'我会'，确定他的决心或赞同。处于困境中的游泳者哭喊：I shall drown; no one will save me!'我会淹死的；没有人会救我！'。而自杀的人会使用另一种表达方式：I will drown; no one will save me!'我要淹死自己；谁也不要来救我！'。

的一部分，这些现象包括：

　　a）从动词到时标记和从施事导向情态到预测的转变，是用更为"具体"的经验概念化更为"抽象"的经验的更普遍人类策略的一部分，在这一语例中是用像意愿这样具有一般人类特征的行为去概念化时范畴。

　　b）在这一过程中，在动词的认知意义被泛化之前，存在两个范畴共存的中间阶段。

　　当运动动词而不是意愿动词被用来表达预测时，似乎发生了本质上相同的变化。注意下面涉及英语中 be going to 的例子（Bybee，Pagliuca & Perkins，付印中；Coates 1983）：

阶段	例子	原型意义
I	I am going to draw this...so that he can have a full picture. '我想去画这个……这样他就会得到完整画面。'	目的
II	It's going to be hot today. '今天会很热的。'	预测
III	We are going to have a new mom. '我们会有一个新妈妈。'	预测

在阶段 I，我们讨论的是人类范畴：句子的主语通常是有行为目的，且对情境有掌控的人。在阶段 II，表达目的的动词允许不掌控情境的非人主语，这样就排除了目的意义而且邀约一个涉及预测的蕴涵义。新的识解在阶段 III 被泛化，预测意义现在被扩展到人类主语的句子中。

　　在对这一主题的最新和最详细的研究中，Bybee，Pagliuca & Perkins 区分了四种不同途径，这四种途径都形成了把将来时作为其意义组件或含义的范畴。对于形成这些途径的相关来源结构，

Bybee，Pagliuca & Perkins（付印中）表述如下：

　　a）主要功能是标记像未完成体或完成体这样的范畴的体形式；

　　b）表示施事导向情态，例如**渴望**（DESIRE）、**强制**（OBLIGATION）和**能力**（ABILITY）等情态的动词；

　　c）表示朝向目标移动的动词，通常具有"到……去""来到"意义的动词，即具有向格组件的直陈动词；

　　d）时间副词。

　　鉴于我们主要关注这一过程的某些突显特征，这里不讨论其他几个能够被加入的高度受限的途径。[①]另外根据 Bybee，Pagliuca & Perkins（付印中）的观点，我们这里也不考虑 a 和 d。体标记把将来时作为其意义组件之一，通常是以语境隐涵义的形式存在，也就是说将来时"仅是更宽泛语义的一种识解"，但是它们不会发展出"显性的将来时语义"（Bybee，Pagliuca & Perkins，付印中）。因此，体标记的发展不同于其他类型将来时的发展。时间副词构成将来时标记的来源这种情况较为少见。表面上看，这种途径似乎仅仅是时间副词的附着化，即像"明天""后天""实际上""很快""后来"或"此后"这样的时间副词被重新分析为一个时范畴（参见 Heine & Reh 1984：132-133；Marchcsc 1986：256；Bybee，Pagliuca & Perkins，付印中）。Marchese（1974）提供了克鲁语支语言中这一过程的详细描述。

　　我们将剩下的来源结构，即 b 和 c 的发展概要描述为图 7.1，图 7.1 主要基于 Bybee，Pagliuca & Perkins（付印中）的分析，但

---

① "成为"（BECOME）将来时，如德语 werden，在世界语言已经发现的将来时范畴中属于极少数。

是提供的解释与之略微不同。Bybee，Pagliuca & Perkins 重点区分不同"将来时代"（future age 缩写为 FUTAGE）的意义组件，我们则主要关注的是展示一个演变图式。图 7.1 仅显示他们的**将来时代 1，2 和 3**：

将来时代 1	义务、渴望、能力
将来时代 2	目的、根可能性、离心、向心、直接将来时
将来时代 3	将来时

将来时代 4 包括概率（probability）、可能性、祈使、补足语中用法、条件小句中用法，鉴于**将来时代 4** 不在这里的讨论之列，图 7.1 并未列举。基于已有的证据，离心和向心的语法表现不同于其他意义组件的语法表现，因此图 7.1 也未涉及。

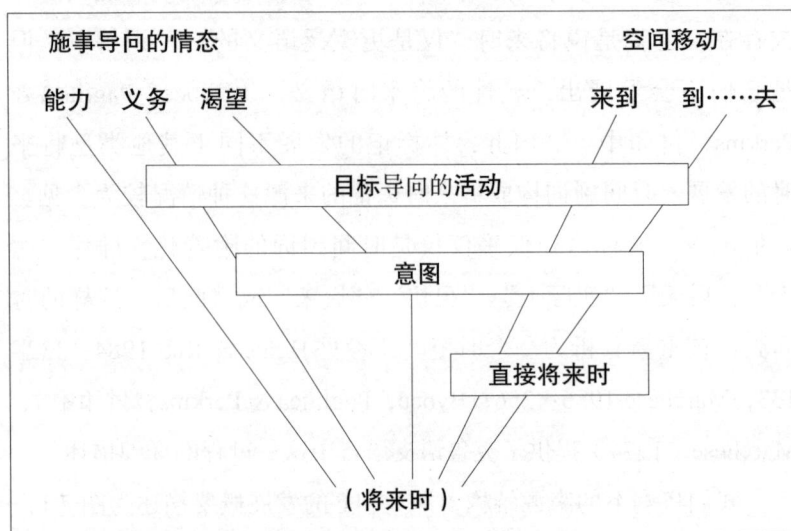

图 7.1　将来时标记的主要语法化途径（基于 Bybee，Pagliuca & Perkins，付印中）

现将图 7.1 所描述的主要发现总结如下：

a）存在由将来时两种主要来源共享的某种拓扑结构。基本观点是存在某种能够、应当、必须或可能实现的目标。这恰好就是Ultan（1987a）所指的"目标导向"（goal-oriented）活动，我们会在当前的研究中使用这一术语。

b）所有的来源项（**能力**可能除外），不管它们是否表达意向、义务或空间方向，都形成**意图**概念。

c）在Bybee，Pagliuca & Perkins（付印中）所提到的9个**来到**将来时的例子中，有6个具有"直接将来时"用法。这似乎也适用于由**到……去**所派生的一些将来时。我们初步提出这种用法在认知上处于我们提出的**意图**和**将来时**两个概念之间。

这个描述看起来支持上文提出的分析，根据这种分析**目标**导向的**活动**通常与人类行为相联系：只有人类才会具有目标或为目标而努力。**目标**导向的**活动**可能，而且事实上经常扩展到非人类概念；看来例（6）［等同于（2a）］是这种扩展的语例。当这种扩展发生的时候，所涉及的表达式很可能在某些方面被去范畴化（见Hopper & Thompson 1984），这意味着例如它具有缩减的形态句法表现。例（6）中的动词run已被去范畴化，因为它不再用于特定时或体中（*The road is *running* into the woods '*道路正向森林中**延伸**'），而在（5）［等同于（1a）］中它却不受此限制：

（5）Harry *runs* into the woods.

　　'亨利**跑**进了森林。'

（6）The roads *runs* into the woods.

　　'道路**延伸**到森林里。'

同样，斯瓦希里语动词 -taka '想要，预期'通常要求人作主语且可接受任何类型的时或体前缀，如（7）。然而，在其作为将

来时标记的语法化形式中，它可以接人类主语和非人主语，但不接受任何时或体前缀，如（8）：①

   （7）Juma   a-li-taka   ku-ja
         朱玛   CL1–PAST–想要   INF–来
         '朱玛曾想来。'

   （8）Mvua   i-taka-yo-ku-ja   karibuni…
         雨   CL9–FUT–CL9. REL–INF–来   很快
         '很快会下的雨……'

意图通常以类似方式构成人类范畴。然而一旦**目标**导向的**活动**用法和意图用法转移到非人类概念，那么就可以自由地重新识解为**预测**义，从而形成时范畴。

7.1.2　从义务情态到认识情态

从意愿或意图到将来时的变化似乎是一个更普遍过程的一部分，这一过程包含从义务情态到认识情态的动词性意义的形成过程。我们这里不会考察将来时在本质上是不是，或者在多大程度上是认识情态这一问题。Sweetser（1982：489）指出在义务情态识解［如（9）］和认识情态识解［如（10）］之间有其自身的明确区分，下面的对比即可显示这种区分：

   （9）He will be home soon.
      '他很快会到家。'

  （10）He will be home by now (since he is usually asleep around this time.)
      '他这时候该到家了(因为他在这个时间通常已经睡觉)。'

———————
① 作为一个将来时标记，除在关系小句结构式中外，-taka 一般被缩减为 -ta。

这种对比不限于英语或其他欧洲语言，我们也可以在其他语言，如斯瓦希里语中，观察到这种对比：

（11）a-ta-kuwa　　　　nyumbani　　　kesho
　　　3SG–FUT–是　　　家　　　　　明天
　　　'她明天会到家。'

（12）a-ta-kuwa　　　　nyumbani　　　sasa
　　　3SG–FUT–是　　　家　　　　　现在
　　　'她现在一定在家。'

有多种不同的方式可以描述义务和认识之间语义的区别。据说义务情态被用来描述被说话者强制实施的"真实事件"或"现实世界力量"；① 另一方面，认识情态涉及推理过程、信念和说话者所得出的结论（参见 Sweetser 1982；Traugott & König，付印中）。我们不想去综述为了定义两种情态所提出的各种区分方法的文献；不过 Lyons（1977：791ff.）讨论了某些术语沿例。出于当前目的的考虑，我们假定它们所具有的共同点是，两者都分别表达了涉及事件实现（在义务情态情况下）或说话者结论的真值（在认识情态情况下）的可能性或确定性的特定程度。

我们这里实质上关注的是狭义的认识情态，也就是关注反映说话者知识状态或者信念的内容，而不是关注标记说话者信息来源的示证性（见 Traugott 1987：2-3）。现有证据显示，存在一个从义务情态到认识情态的单向性过程，且这一过程与语法化相关。

---

① 作为对"义务情态"（deontic）的替代，某些研究者和 / 或语言学流派所使用的术语是"根情态"（root modality）。例如 Coates（1983：20-21）认为，"某些语言学者（如 Lyons 1977：823）所使用的情态逻辑术语'义务情态'，对我来说似乎是不合适的，因为它指强制逻辑和许可逻辑……典型的根情态，例如**必须**（MUST）和**可以**（MAY），包含许多意义，在这些意义中**强制**和**许可**代表的只是核心义"。

表达认识情态的结构比那些表达义务情态的结构的语法化程度更强，这在相关语言结构式的形态句法表现中有所反映。因此 Bybee 和 Pagliuca 认为："尽管施事导向（即义务）情态表达为黏着助动词或小品词结构式的情况非常普遍，但我们极少看到施事导向的情态表达为动词性屈折。反过来说，屈折性标记的情态几乎都是认识情态。"（Bybee & Pagliuca 1985：69）

从义务情态到认识情态的转换被反复描述为隐喻的结果。因此，根据 Bybee 和 Pagliuca 的观点，have to 对作用于有意愿施事者的某些条件进行谓词表述，即 X 对 Y 有义务。认知意义是强制义隐喻扩展到一个命题真值：X（命题）必须为真。同样，Sweetser（1982）认为义务（如表许可的 may）和认知（如表可能的 may）域之间唯一可能的链接是隐喻，因为我们把逻辑必要性看作社会物理力量的思维类推，并把逻辑可能性看作真实世界中许可的思维（或认知）类推。她还认为，义务情态意义"能适用于两个世界，真实（社会物理的）世界和认知世界"，并且人们在隐喻意义上认为认识情态是真实世界或根（=认知）情态（Sweetser 1982：492–495）。①

事实上义务情态和认识情态之间的关系可被看作本质上是隐喻的，它涉及两个概念化域之间的转换。前者隐含一个由行动着的，有可能把自己的意愿强加于别人的，有意志力的人组成的"动态"世界。后者根本上隐含一个"静态"世界，这一世界可能但无需与人类参与项有关联。因此 Lyons（1977：823–824，843）指出义

---

① 我们的术语"义务情态"包含 Bybee & Pagliuca（1985）以及 Bybee, Pagliuca & Perkins（付印中）的"施事导向情态"（"agent-oriented" modality），并且与其他研究者（参见 Sweetser 1982）的"根"情态相对应。Bybee, Pagliuca & Perkins（付印中 b）区分了"施事导向情态"和"说话者导向情态"，而且认为前者发展为说话者导向情态和认识情态。

务情态涉及负有道义责任的实施者所执行行为的必要性或可能性，而认识情态则与命题真值有关。

在义务情态到认识情态转换的底层似乎是一个从以存在者能够、被允许、应该或必须行动为特征的世界，到"静态情境"或事实的世界的过程；或者是一个从可能、能够、应当或必须发生，到可能、能够、应当或必须如此的世界的过程。[①] 下面句子可说明这一点：

(13a) John *may* go.

'约翰**可以**去。'

(13b) That *may* be true.

'那**可能**是真的。'

(14a) John *ought to* go.

'约翰**应该**去。'

(14b) That *ought to* be the right answer.

'那**应该**是正确答案。'

(15a) John *needs to* go home.

'约翰**需要**回家。'

(15b) He *needn't* be German, he could be Irish.

'他**不必**是德国人，可能是爱尔兰人。'

(16a) He *must* leave immediately.

'他**必须**马上离开。'

(16b) John *must* be crazy.

'约翰**一定**是疯了。'

能够把显示义务情态的（a）句和显示认识情态的（b）句区分开

---

① 不用赘言，我们忽略了这一过程的其他方面，例如说话者参与度、辖域的转换等。

来的是如下这些特征：^①

> a）（a）句通常隐含过程；（b）句则隐含状态。
>
> b）同样，（a）句隐含（潜在）行为；（b）句则是（潜在）行为或状态的结论。
>
> c）（a）句的主语通常是人；（b）句没有这种限制：主语可以是人，也可以是非人。

总的说来，义务情态与一个动态世界相关联——这个世界是行为或促成行为的人的世界——而认识情态的世界在本质上是静态的。这个世界与话语语篇的参与项是否人类没有太大的相关性，它所展示的是评估、信念、有关状态的结论或者构想为状态的行为，而且它本质上关注的是情境像什么而不是发生了什么。^② 因此像（17a）这样一个显示为义务情态的句子，一旦同"静态"体形式［如（17b）的完成体或（17c）的进行体］联系在一起，它就接受认识情态解读，在这种情况下通常不再与人类主语相联系［如（17d）］：

（17a）He *must* go immediately.

　　'他**必须**马上走。'

（17b）He *must* have gone already.

　　'他**肯定**已经走了。'

（17c）He *must* be going around this time.

　　'这个时间他**肯定**在到处走走。'

（17d）The fever *must* have gone.

　　'烧**肯定**已经退了。'

---

① 有关这类区分的某些更详细分析，参见 Sweetser（1982），Bybee & Pagliuca（1985），Bybee，Pagliuca & Perkins（付印中），以及 Traugott（1987）。

② Antinucci & Parisi（1971）认为认识情态表达信念，Sweetser（1982：491）却更倾向于讨论结论，"因为根据推理过程，结论恰好是我们必定采纳或不采纳的信念类"。

因此，我们同意上文所提到的研究者的观点：义务情态与认识情态之间的关系本质上是隐喻的，前者是理解和描写后者的载体。看来这种关系构成了**人到物体**隐喻的又一例证，这个隐喻认为认识情态世界，即一个不隐含人类范畴出现的世界，是根据义务情态世界来概念化的；义务情态世界展示的是施事和行为所构成的世界，即典型的人类世界。

如果我们假定义务情态表达的是某事将会发生的可能性的程度，那么认识情态可被理解为表达的是某事属实的可能性的程度，这说明两种情态的区别可以描述为事件和状态之间的区别。这种区别也适用于将来时的使用。从（18a）这样的句子派生出认识语段［如（18b）］，所涉及的区别是将会发生什么［如（18a）］与什么可能属实［如（18b）］之间的区别，也就是说是（可能）事件和（可能）状态之间的区别：

（18a）He *will* be home soon.

'他很快**会**到家。'

（18b）He *will* be home by now（he is usually asleep around this time）.

'他这时候**该**到家了（因为在这个时间他通常已经睡觉）。'

从义务情态到认识情态的转变，仅仅构成从"具体"情态到"抽象"情态语法化过程的一例。总的说来，应该关注概念转变的另一种常见类型。Suzanne Fleischman（付印中）所描述的这种转变，可被称为"时间到现实性隐喻"（time-to-actuality metaphor）。其结果是时间距离，更精确地说是直陈时间的区别，被用来概念化或表达其他认知域中轴上的距离，包括情态（认识相对于义务）、断言性、人际关系（例如涉及礼貌程度）、示证性或"说话者的主观性"等认知域中轴上的距离（Fleischman，付印中）。[1]

通过这种隐喻，例如在时间域内与"现在"的距离，可以转变为更主观的距离；通过这种转变，说话者可以将情境描述为"时间上非真实"来拒绝认可情境的真实性、确定性或现实性。语言学上的效果之一是同现实的距离越大，过去时就越久远，这可以用来表示认识距离。因此在下列句子中，**非过去时**、**过去时**、**过去完成时**三者之间的区别——分别表示为（19）、（20）和（21）——大致表达"**可能/真实**""**不太可能/潜在**""**不可能/不真实**"的认识情态区别。

（19）If I have time, I'll write to you.
　　　'如果我有时间，我会写信给你。'

（20）If I had time, I would write to you.
　　　'如果我有时间，我会写信给你的。'

（21）If I had had time, I would have written to you.
　　　'如果我有时间，我早就写信给你了。'

这是证明在英语和其他许多语言中存在一个模式的例证，根据该模式时间上的遥远被当作载体来概念化情态遥远以及其他认知域中的遥远。[2]

---

[1] 关于后一种人际关系，Taylor（1989：150–153）提出的隐喻将（时间或空间）距离图式应用到参与度域：过去时被用作"语用舒缓器"（pragmatic softner），因为它帮助说话者将自己同正在实施的话语行为区分开来。因此，过去时句子（ii）是比（i）更圆滑的介入个人隐私的手段：

（i）Excuse me, I want to ask you something. '劳驾，我想问你一点事情。'

（ii）Excuse me, I wanted to ask you something. '劳驾，我曾想问你一点事情。'

[2] 关于与此稍有不同的识解，见 Lyons（1977：819–820）："甚至可以说在英语和其他语言中传统上被主要当作时态的对立，即过去时和非过去时的对立，更应被视为久远和非久远（remote vs. nonremote）区别的特例（正如'当时'和'现在'的区别是'那儿'和'这儿'区别的特例一样）。在这种识解情况下，时态是情态的特定类型；情态与直陈语有更紧密的关系。"

7.2 语篇世界

到目前为止，我们主要关注"表达内容"的语法结构的浮现，也就是将"现实世界"的人类体验概念化的语法结构的浮现。这一基本语言功能就是韩礼德（Halliday 1970b：143）所谓的概念功能（ideational function）。不过，语法的变化不限于这一功能。一个人不仅需要用言语表达体验，还需要以能够被当作语篇来理解的方式，而不是以一团毫无关联项的方式来组织词语。韩礼德称之为"语篇功能"，根据这一功能"语言努力建立与自身的关联，同时也努力建立与所处情境的特征的关联"（Halliday 1970b：143）。

事实上，语法范畴发展中的基本隐喻之一，涉及从感观运动经验的世界、可见真实物体的世界、运动过程的世界、空间关系和时间关系的世界到话语世界的转换，涉及从外部情境语境到说话者和受话者共有知识的交互主观性体验所创造的语境的转换（参见 Lyons 1977：672）；或者用 Traugott 的说法，涉及从"被谈论的世界"到"在说话行为中说话者对该世界的组织"（Traugott 1980：47）的转换。这个从"真实"世界到语篇世界的转换，或者从**从物信念域**（a domain *de re*）到**从言信念域**（a domain *de dicto*）的转换，如同 Frajzyngier（付印中 a）所说，有一系列的语言表现形式。

关于这一主题的许多论著认为空间语项是用以组织语篇的语法概念的主要来源，甚至是唯一来源。本章中我们认为存在用于这一目的的某些更深层的域。

7.2.1 从空间直陈到语篇直陈

7.2.1.1 空间到话语隐喻

Ger Reesink（1988：17）提出一个被称为**空间到话语**的隐喻，该隐喻依据空间范畴化来构建话语世界——其结果是空间概念被用来表达话语中的点和关系。指示概念中的空间直陈用作编码"话语直陈"（discourse deixis），这提供了这一隐喻的范式案例。

这个隐喻的一个常见结果是在许多语言中通过空间指示语来表达定指成为可能，这在许多语言中导致指示语发展为定指标记，最终成为非类指标记，Greenberg（1978a）已经对这一点做了详细描述。

指示语也为命题复指表达提供了概念库。正如 Frajzyngier（付印中 a）所指出的，对于整个命题，而不是对于短语的指称，需要使用远指指示语；这一点可见于下面的英语例子，尽管这个现象不仅限于英语（见下文）。① 值得注意的是（23）是不合法的，因为它隐含对名词短语（a car）的指称。

（22）John bought a car last night. *That* proved to be a disaster.

'约翰昨晚买了一辆车。**那**被证明是个灾难。'

（23）*That proved to be a lemon.

'* **那**被证明是个柠檬。'

另一结果可见于复指指示语用于表下指照应，即用于表预期照应指称［如（24）］，其结果是指示语可能发展为标补语［如

---

① 依据标记理论，远指指示语在这些语言中被描述为无标的，而近指指示语则是有标的（参见 Lyons 1977：647）。

（25）］；这一现象在英语、德语以及其他日耳曼语中发生。[①]

（24）John said *that*: the Bakers have left.

'约翰说：贝克一家已离开了。'

（25）John said *that* the Bakers have left.

'约翰说贝克一家已离开了。'

这种演变可以在斯堪的纳维亚方言——法罗语（Faroese）中得到证明：指示语发展为标补语的初始阶段在（26）中得以保留，指示语 tadh 仍然是主句的宾语。在（27）中，指示语已经成为引导从属小句的标补语。[②]

（26）eg sigi tadh：hann kemur

　　我 说 　那 　他 　来

　　'我说：他来了。'

（27）eg sigi 　at 　hann kemur

　　我 说 　那 　他 　来

　　'我说他来了。'

从指示语到小句从属连接词的发展至少有以下蕴涵义。首先，鉴于部分主句被指派给从属小句，这一过程导致了句子结构的重新分析，特别是导致边界转换（见 8.2；Langacker 1977：64）。其次，这一过程可能导致了先前指示语 tadh 的磨蚀，它在非重读位置上失去了开头的辅音（tadh 变成 at；Lockwood 1968：222-

---

① 更多细节，见 Lockwood（1968：223）。

② 从历史来看，更可能的是（27）比（26）要古老。不过 Lockwood 指出［"历史总是重复自身"（1968：223）］，这似乎涉及一个循环，即（27）标示较早循环的高级阶段，而（26）则是后一个循环的开始阶段。关于这些演变中循环的相关性，见 8.8。

223）。[1]

标补语源于指示语这一事实已经是语言学界至少一个世纪以来的共识。例如 Wegener 描述了德语指示语演变为标补语的过程：

> 这些句子从语源上也可这么理解。参照这一模式形成许多德语组合，例如德语 ich glaube dass er kommt '我相信他会来'。开始的时候 dass（指示代词）只是动词 ich glaube '我相信'的宾语，在无法识解的情况下我们加上插入语或同位语 er kommt '他会来'。和 dass（指示代词）合用的动词最初限于及物动词，不过当代词不再被视为代词的时候，它被识解为后面小句的连接词，该结构式的扩展不再有限制。
>
> （Wegener 1885：36）

依据不同域之间的隐喻投射来识解所产生的问题是，如果比邻程度不同的标记之间有一个选择，它们中的哪一个该用来承担某一特定话语功能？尤其是空间是三维的，而语篇在时间上通常被构想为从较早点到较晚点的一维结构，这对话语标记的选择有何影响？ Greenberg 考察了这一联系：

> 我们发现第三人称代词或冠词派生于距离指示语或用得太广泛而在用法中包含距离直陈功能的非标记指示语。大概主要的因素是距离指示语很容易扩展到那种在叙述中缺位，或者在叙述中出现，但因过于遥远或在说话者背后而不可见的情境中。因此它就成为某些表达式的自然选项，这些表达式所表达的内容前面已经提及，但在多数情况下不会在实际话语情境中出现。
>
> （Greenburg 1985：282）

---

[1] 关于语法化中的"磨蚀"，见 Heine & Reh（1984：21-25）。

远指指示语发展为关系小句标记，例如德语中的 der/die/das，很可能也是这种情况（Lockwood 1968：243-244）。

Frajzyngier（付印中 a）展示的涉及方所副词而非指示语的情况也是如此。（28）和（29）分别含有一个近指副词（here）和一个远指副词（there），然而相应的照应词却都是由远指副词派生而来，正如 Frajzyngier 对下列语例的观察：

（28）Put the book *here*!

'把书放**这儿**！'

（29）Put the book *there*!

'把书放**那儿**！'

（30）If you took the book from this box, put it back *there*/?*here*!

'如果你从这个盒子里拿书，要把它放回**那儿**/?**这儿**！'

不过值得注意的是，这个普遍模式也有例外。在埃维语中，近指指示语〔si(a)〕和远指指示语（ma）之间有明确的区别，是前者形成了通用关系代词 si，例如：

（31）me-kpɔ́   ɖeví   ma   si   vá   etsɔ   lá

1SG-看   孩子   那   REL   来   昨天   SUB

'我看到了昨天来的那个孩子。'

像这样的观察说明从"真实世界"到话语世界的转换可能有如下含义：

a）一旦相关的词汇或语法单位承担一项语篇功能，空间指称中的区别就会被消除。

b）通常是远指标记，或者远指标记中的一个用于这一目的。

c）存在一个模糊的中间阶段，在这一阶段，指称标记既可以指"现实世界"，也可以指语篇世界，从一个域到另一个域的转换过程总是如此。我们将在下一节（7.2.1.2）中探讨这一点。

Lyons 提出空间指称和话语指称之间的关系模式如下：[①]

空间直陈＞时间指称＞语篇直陈

这事实上似乎是所涉及的语法化的主要路线，虽然不是唯一路线。实际上在从物域（domain *de re*）中话语的距离不一定会预设时间的距离，它可能直接派生于空间直陈。在英语之外的其他许多语言中，例如拉丁语、西班牙语、法语、土耳其语或德语中，为了表示早先提及的指称物（"前者"）和后来提及的指称物（"后者"）之间的照应区别，近指指示语（相当于英语 this）和远指指示语（相当于英语 that）之间的空间区分被转换到话语世界。这种从"从物空间"（*de re* space）到"从言空间"（*de dicto* space）的转换看来并不要求从物时间（*de re* time）的中间层：如果语篇被构想为一维空间，那么"与直陈中心的相对距离"这一概念就可以直接从空间定义的指称物转换到话语定义的指称物。这样，我们可以认为**空间到话语**的隐喻存在与图 7.2 大致相似的结构。从物域和从言域特别共享两个特征：在两个世界中，有时间存在且有一个直陈中心；与此相适应，时间导向和直陈成为经常出现从一个域到另一个域的转换的区域。

---

① "在照应直陈和语篇直陈与时间指称之间建立联系的，是语段时刻语境中的相对接近性概念；至少在很多语言中，把时间指称和更基本的概念——空间直陈——联系起来的是更普遍的方所化原则。"（Lyons 1977：669）

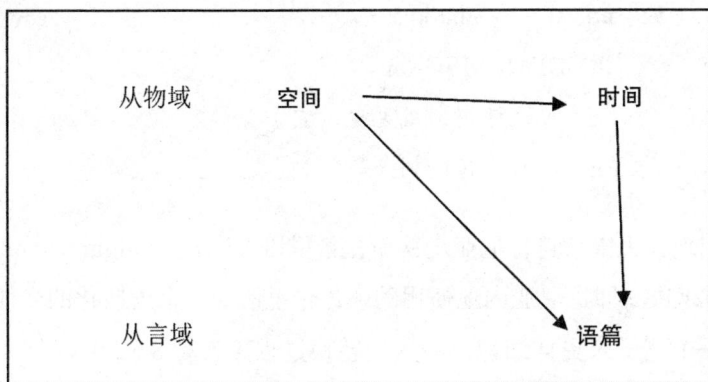

图 7.2　空间功能到语篇功能的转换模式

7.2.1.2　从指示语到关系小句标记

　　在前一节中，我们一直讨论的仅仅是一个例子，这个例子涉及从"真实世界"概念到属于语篇世界的更抽象概念的转换。[①]我们主要关注的是作为断续过程的从一个域到另一个域的转换。这一断续过程中也有一个连续组件，这在语法化中总是发生，我们在下面一节将讨论这一连续组件。

　　上文中我们提到从"真实世界"概念到话语世界概念的转换过程中，有一个相关表达同时指称两个世界的模糊中间阶段，例如一个指示代词可能识解为空间直陈标记或小句从属标记（也就是关系代词）。这一中间阶段或"混合"形式（见 8.5）的轨迹能够在许多语言中找到，甚至在那些从空间直陈到话语直陈的转换已经完成的语言中也可以找到。

　　例如，Westermann（1907：62）指出（32）中的埃维语标记 si 可以解释为（32a）的指示语或者（32b）的关系代词：

---

① 迫切需要系统讨论两个域之间的关系。较为详细的讨论，见 Traugott（1982）和 Frajzyngier（付印中）。

（32）atí si   me-kpɔ́

　　　树 DEM   1SG-看

（a）'这棵树，我见过（它）。'

（b）'我见过的树。'

我们现在提供来自肯尼亚皮钦斯瓦希里语（Kenya Pidgin Swahili，简称 KPS，即肯尼亚内地使用的斯瓦希里语的一个皮钦化的变体）的一个例子来更详细地说明这一转换过程（又见 8.5.2）。[①] 关于涉及另一皮钦语——托克皮辛语（Tok Pisin）——的相似例子，参见 Sankoff & Brown（1976）。

肯尼亚皮钦斯瓦希里语（KPS）通过皮钦化过程派生于海岸地区或"土著"斯瓦希里语。这一过程发生于 20 世纪初肯尼亚高地的城市中心区和种植区，在这些地区斯瓦希里语在非洲人口内以及非洲劳动者、英国定居者以及亚洲移民间被用作通用语。这个过程的主要结果是班图语中几乎全部屈折和派生形态特征都被放弃，海岸地区或标准斯瓦希里语的黏着结构被分析-孤立结构所代替，并且作为语篇构建方式的主从结构让位于并连结构。随着名词类系统和性-数一致关系的解体，该语言就丧失了标记句法关

---

① 肯尼亚皮钦斯瓦希里语并非肯尼亚境内使用的斯瓦希里语的唯一皮钦语形式。其他变体还包括印度移民社区和欧洲移民社区分别使用的变体。最近，肯尼亚皮钦斯瓦希里语正在让位于标准斯瓦希里语（Standard Swahili；Kiswahili sanifu），它通过教育体系和"肯尼亚之声"的广播节目以及其他非肯尼亚语的广播服务得以传播。值得注意的是，肯尼亚皮钦斯瓦希里语远非一个统一的方言，它更应该被描述为一个连续统，连续统的一端是标准斯瓦希里语，另一端是最大皮钦化的斯瓦希里语。这里所讨论的语料代表的是该语言的一个变体，这个变体靠近连续统的后端。这些语料是由 Heine 于 1968 和 1969 年在内罗毕以及肯尼亚中部和西部的其他许多城镇中收集的（参见 Heine 1973）。我们的主要受访者是 Juvenalis Inya，来自西部肯尼亚的一个银行职员，其母语是特索语［Teso（Ateso）］，该语言是尼罗-撒哈拉语系东尼罗河语支的一种。下面所有的例子都是出自他自愿叙述的文本。Inya 先生大约死于 1980 年，他是乌干达一个银行抢劫案的受害者。

系的主要手段（Heine 1973，1978）。因此，肯尼亚皮钦斯瓦希里语的更早期形式可以重构为由几百个词汇项、较少数量功能词以及少数语序规则所构成的"行话"。① 下面的这个例子是选自Heine（1969）所记录的一个故事，它展示了这种高度依赖语境的"行话"：②

（33）

Hawa	hapana	jali	na-toa	mtu	huku
他们	NEG	在意	NF-移开	人	那里
na-peleka	huku	na-kufa	halafu	na-wacha	huku
NF-带	那里	NF-死	然后	NF-离开	那里
halafu	fisi	na-chukua	yeye		
然后	鬣狗	NF-带	他/她		

'他们不在乎，他们把那个男人拖出来，拖到那里直到他死，然后把他丢在那儿，以便鬣狗来把他吃掉。'

屈折形态的衰落也影响了在海岸地区斯瓦希里语中构成关系小句和其他几种小句从属的后缀 -o。-o 的消失导致肯尼亚皮钦斯瓦希里语中无连接词关系小句的形成，这一点可用例（34）来说明：

（34）

…wewe	na-pata	kila	kitu	wewe	na-taka…
你	NF-得到	每一个	事情	你	NF-想要

'你会得到你想要的一切。'

---

① Carol Scotton 对作为坎帕拉（Kampala）口语的皮钦化斯瓦希里语做出下列评价，该评价也同样适用于肯尼亚皮钦斯瓦希里语的较早发展阶段："事实上正在消失的是关系结构式和在标准方言中标记复杂句子的从属结构的其他形式。结果是形成主要由内容词构成的一个'缩减'句法，听者负责连接这些功能词。"（Scotton 1969：101）

② 缩写的"NF"表示非将来时，它是一个指称现在和过去情境的时范畴。

然而随着时间的推移，皮钦语发展出一种新机制来标识关系小句。所采用的策略同语法化的普遍原则一致：远指指示语 ile '那'被用于这一目的。① 大概来说，这种发展的第一个阶段是 ile 仍具有指示语功能，但同时被用来引入一个关系小句，如（35）：

（35）hakuna   baridi   sana,   kwa sababu   ile   li-kuwa
　　　是.不　　 冷　　　 非常　　 因为　　　　 那　　 PAST-是
　　　ndani ya   frich   watu   kwisha maliza yote …
　　　在……内　 冰箱　 人们　 PFV　　 完了　　 所有
　　　'真没有冰冻的（啤酒）了，因为冰箱里的啤酒都已经被喝完了。'

在下一个阶段，引入关系小句成为 ile 的主要功能，虽然其指示功能的解读依然存在，如（36）：

（36）…wewe na-weza ona Fort Jesus ile na-jeng-wa
　　　　你　 NF-能 看 堡垒 耶稣 那 NF-建造-PASS
　　　na   watu   ya   Portugal
　　　被　 人们　 的　 葡萄牙
　　　'你能看到葡萄牙人建造的耶稣堡（或者：你能看到耶稣堡，葡萄牙人建造的那个。）'

在最后阶段，ile 只具有关系小句标记功能。例如在（37）中，它不再具有指示功能：它是一个引导限制性关系小句的从属连接词：

（37）kila   mtu   ile   na-ambi-wa   mambo   hii
　　　每个　 人　 REL　 NF-告诉-PASS　 事　　 这

---

① ile 派生自海岸斯瓦希里语 i-le，它由 9 类名词前缀 i- 和远指指示语词干 -le 组成。在肯尼亚皮钦斯瓦希里语中，ile 是不变标记。

na-shangaa

NF-是. 惊讶

'听到这个故事的每个人都很惊讶。'

上述语例仅仅是几个可以解释为代表语法化连续统中 ile 不同阶段用法的语例，这一连续统始于纯指示功能，结束于语篇功能（即标记小句从属关系的功能）。不过需要注意的是这个连续统中 ile 出现的相对频率有相当大的不同。在基于大约 4 000 个单词的文本取样中，我们计算出上文所讨论各阶段的数据，如下表：

阶段	用法类型	文本中出现的次数
0	无关系小句标记	13
I	ile 同时具有指示语和关系小句标记功能	4
II	ile 主要用作关系小句标记，但不排除 指示语解读	30
III	ile 专门用作关系小句标记	9

在 0 阶段的所有例子中，关系小句由一个无定名词引导，但是在所有其他阶段有定和无定中心名词都可能出现。根据上文所给出的阶段图，我们认为 ile 存在下面的从指示语发展为小句从属连接词的过程：

a）0 阶段仍反映并联结构的"行话"情境，尤其是标记为使用无连接词的关系小句结构。不过随着 ile 用于标记关系小句的新机制的产生，无连接词结构用法仅限于无定名词引导的小句。

b）先前的指示语从空间直陈到语篇直陈的概念转换，涉及一个"混合"阶段（即阶段 I），在这一阶段 ile 同时表达两种类型的功能。

c）阶段 II 用法的高频出现，证明 ile 的语法化已经达到主要功能为关系小句标记的发展点，即使它可能仍然隐含指示功能。

d）与此同时，如表格中 9 个语篇语例所示，这一发展已进入最后阶段（即阶段 III）。

我们对肯尼亚皮钦斯瓦希里语（KPS）中指称标记 ile 的概述，证明**空间到话语**的隐喻，即从"真实世界"概念到主要存在于语篇世界中的概念的转换，也具有一个在语言结构中既表现为演化连续统形式，也表现为一系列使用模式的连续组件，也就是说它表现为构成泛时性空间（见第 9 章）的语法化链（见 8.4）。

7.2.2 话语功能

我们可以在位移动词到话语功能标记的语法化过程中看到**空间到话语**隐喻的另一个结果。Karen Ebert（1987）已经证明，在喀拉语（Kera）以及其他亚非语系乍得语族中，意义为"来"和"去"的动词发展出一个次要意义——标记语篇连贯性的意义。这些动词承担的话语功能包括标记动词性复指和标记非预期事件的序列。

事实上，语言表达的许多功能与句子、小句或短语这样的成分没有联系，而是与叙事语篇这样的更大的信息单位相联系。这样的功能包括事件线性的前景化，事件的序列、背景、话题延续性和话题转换等。Hopper 认为："世界语言的感知编码总是发生在话语框架内，而非句子框架内。"（Hopper 1982：6）

表示某种话语功能的标记，可以表达"展示该话语功能的语法化了的语义扩展"（Hopper 1982：4）的额外功能。Hopper 所给出的例子是马来语（Malay）中的后附着形式 -lah，该后附着形式"不是一个形态层次的形式，而是一个用来个体化前景化动词，因而间接跟踪时间序列线上一系列事件的话语小品词。如果在实施这一话语功能的过程中，-lah刚好将一个本为状态的谓词'转变'为一个过程谓词，这只是它基本功能的副产品"（Hopper 1982：14）。因此在下面相反的谓词中，-lah似乎从状态谓词派生出了过程谓词：

（38）状态：mati　　　'死的'　　　lemah　　　'弱的'

（39）过程：mati-lah　'去死'　　　lemah-lah　'已变弱'

这个话语小品词用法的另外一个副产品是独立于任何话语环境时，它可以接受一个等同于完成体的识解，如下面的马来语句子：

（40）Mati-lah　　　anak raja　　　itu

　　　死的–lah　　王子　　　　定冠词

　　　'王子（现在）死了。'或'王子已经死了。'

　　假定话语功能本质上属于"语篇世界"而非"真实世界"（见上文），那么问题是就话语功能的语法化来说，如何界定这两个世界之间的关系？Hopper的马来语例子证明时体意义可能派生于焦点这样的话语功能，[①] Herring（付印中）在泰米尔语（Tamil）中所做的类似观察同样证明这一结论。不过，Hopper认为体不是句子层级的功能，而是话语层级的功能："我从每一端来考察体，可以说它显示一种由话语派生的，在某种意义上具有普遍性的核心功能；它也显示不具有普遍性的，代表话语功能语法化了的语义扩展的附加功能（虽然某些附加功能可能很常见）"（Hopper

---

[①]　"从类型学角度看，存在从焦点标记到时标记历时演变的**可能性**。"（Hopper 1979b：48）同时比较："至少在一个例子（马来语例子）中，可以在某些环境中追溯话语小品词成为时体标记过程的开始。"（Hopper 1979b：37）

1982：4）。了解这些"语法化了的语义扩展"的确切状态是什么，也就是说，它们是否仍然属于"文本世界"，如果不属于，这是否显示向"真实世界"的转换，以及它们在多大程度上必须被视为语境诱发的含义而不是规约化的语法意义，这些非常有趣。

尽管就"真实世界"和"语篇世界"的区分来说，我们还很不清楚标记话语的策略有何表现，但某些证据显示，凡是能够追踪到话语标记词源的，它们都很可能源自于"真实世界"中的词汇项。例如 Herring（付印中）所讨论的泰米尔语中的各种语篇语用功能都派生于动词 vitu '离开，让'（见 8.7）；瓜里语（Gwari）中的标记 lá 和努布语（Nupe）中的标记 á 都同时表示完成体和焦点（参见 Smith 1967, 1969；George 1971；Hyman & Magaji 1971；Heine & Reh 1984），二者都以动态过程动词 lá '拿，带' 词汇来源（更多细节见 8.7）。

7.2.3 方所主义和格功能的发展

在 4.5 中，我们关注与本书研究方法具有诸多相似之处的语言研究方法，即方所主义（Hjelmslev 1935；Anderson 1971, 1973；Lyons 1967, 1977），这种研究方法认为空间表达式在语言学上比其他任何表达式都更为基础，因而为其他表达式提供了结构模板。正如我们在 4.5 中所看到的那样，方所主义者所采用的范围太局限，不能对更大范围的语法现象做出解释，根本上是因为它限于单一来源域（即**空间**域），并且也因为**空间**认知域本身也派生于其他更具体的认知域（见第 5 章）。

为方所主义者的假设提供特别有力的证据支持的领域似乎是格标记。在 6.4 中，我们根据相对语法化程度排列了许多格功能，得到的量表复制如下：

（41）
$$
\begin{matrix}
\text{离格} \\
\text{向格} \\
\text{方所格} \\
\text{路径}
\end{matrix}
>
\begin{matrix}
\text{施事格} \\
\text{伴随格} \\
\text{受益格}
\end{matrix}
>
\begin{matrix}
\text{目的} \\
\text{工具格} \\
\text{与格} \\
\text{领属格}
\end{matrix}
>
\text{时间}
>
\begin{matrix}
\text{条件} \\
\text{原因}
\end{matrix}
>
\text{方式}
$$

根据这一量表，所有带某种空间基础的格功能都处于最左栏，也就是说它们可以形成表达其右边功能的载体。这与方所主义者的假设是一致的。在当前的研究阶段，我们还不清楚为什么**空间**是格功能的首要来源，不过我们尝试做出了如下解释：格标记的功能之一是组织句子层面的语篇，这样做的最明显策略似乎是把语篇当作一维空间，并且依据空间关系来概念化格关系。

与此同时，上文给出的格功能量表却与 2.4.1 中总结的隐喻范畴的排序不一致；根据隐喻范畴排序，**空间**是比**人**、**物体**或者**活动**更抽象的范畴。这有明显的理由（见 6.4）：我们这里研究的是两个差别很大的抽象化层级。一方面，存在用作更抽象功能模板的“具体”指称概念和运动过程的层级。在这一层级，类似物体的项，例如身体部位，用作表达空间概念的载体。为了方便起见，我们把这一层级称为层级 A。另一方面，存在更“抽象”项的层级，用来表达句内或者小句内关系的概念就在这一层级。在这一层级，**空间**构成了最“具体”的范畴，并且被用来表达更“抽象”的关系。因此，时间关系概念化为空间关系概念化，因果关系或条件关系概念化为时间关系，诸如此类。这一层级可被看作层级 B。两种层级间的差异由隐喻来桥接：层级 B 中的范畴概念化为层级 A 中更为“具体的”范畴。**空间到话语**隐喻形成了实现这一功能的更为显著的隐喻的一部分，但并非唯一部分。我们还应该关注另外一个隐喻，即**活动到话语**隐喻。

我们可以通过考察埃维语格标记的性质来说明这一隐喻的重

要意义。在该语言中，领属格标记都具有某种方所基础；也就是说所有位于（41）最左栏中的项都直接派生于动词。如果将这个框架描述为共时框架，那么**向格**、**离格**、**方所格**和**路径格**这些格功能在该语言中都是通过某些词表达的，这些词的意义和形态句法构成一端是完全动词性特征，另一端是命题特征的连续统（见5.5；Hünnemeyer 1985；Frajzyngier 1975）。

这并不能穷尽埃维语中所发现格标记的动词性来源的范围，我们还可以加入下面的额外例证：**受益格**和**伴随格**功能也有动词性来源。鉴于每一种格功能都形成其他更为语法化的格功能，我们的结论是所有在（41）中列出的格功能，如表7.1所示（又见8.6），都是或可能是派生于动词，[①] 可能例外的是**条件**和**领属格**。[②]

表 7.1 埃维语同动词（co-verb）的主要格功能

动词	动词意义	格功能
dé	'到达'	向格
tsó	'来自'	离格、施事格、时间
le	'处在'	方所格、领属格、时间格、原因、方式
tó	'经过'	路径、施事格、原因
ná	'给'	受益格、目的格、与格
bé	'说出'	目的格
tsɔ́	'拿'	工具格、方式
kplé	'碰到'+'到达'	伴随格、工具格、方式

---

① 我们暂不考虑有助于更好地理解所讨论语素的语言结构的许多细节，例如它们在动词性状态方面就有相当大的不同。tsɔ́'拿'的形态句法在几乎所有方面都完全是动词性的；而é'移动到'则丧失了大部分动词性特征；kplé的动词性证据完全是历时的，从共时方面来说kplé可被用作连词和介词。

② 条件标记是né，目前还没有对这个词的来源的令人信服的分析。**领属格**功能有两个主要来源：名词性领属标记pé派生于一个名词（"地方"），而动词性领属则主要通过短语le...(ame) sí'在（某人）手中'来表达。

　　总之，埃维语中的格标记系统几乎全部具有动词性来源；这似乎是基于从行为和过程概念化的格功能，即从显示**活动**认知域的动态情境概念化的格功能。值得注意的是，这些格功能中的某些功能在某些个体语言中可能派生于不属于**活动**认知域的概念，例如**伴随格**功能就经常概念化于不一定显示为**活动**域的名词性语项。在爱沙尼亚语（Estonian）中，伴随格标记 -ga 就源于一个意思为"在（……的）陪伴下"的方所结构。①

　　图 7.3 是简化了的导致格功能出现的概念分叉图。如图所示，在格功能发展中涉及两个维度：第一个维度同"真实世界"概念的层级有关，它包括**活动**和**空间**这样的更"具体的"范畴。第二个维度从"真实世界"范畴层级扩展到格功能层级，它在本质上属于"语篇世界"（层级 B）。图 7.3 说明同一个格功能可能派生于多个"真实世界"范畴。

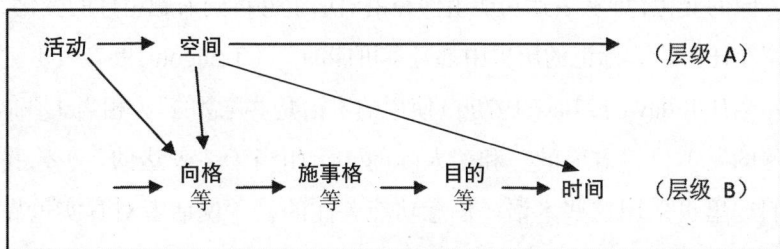

图 7.3　格标记和抽象二维空间

----

① 迟至 16 世纪，sen Issan KAES '和这个父亲**一起**' 类型的格迂说式仍占主导地位，这种结构式由领格结构（=Issan '父亲的'）的（中心）名词和在内格（=kaes '在陪伴'）的（从属）名词构成。这一结构式语法化过程的下一步是在 19 世纪早期完成的，在这一阶段领格结构中具有区别性的 -n 通过语音变化这一相当规则的变化消失，从而导致形态化。黏合语素自身逐渐缩减到它的第一个音节，清音 -k- 在两个元音中间位置经过同化成为浊音 -g-。最终，这些变化的某种共同作用产生了现代爱沙尼亚语中的格后缀 -ga（例如 isaga '同父亲一起'；Stolz，付印中）。

7.2.4　从概念功能经人际功能到语篇功能

自从 Karl Bühler（1934）提出语言功能的三分法，即区分表征、表达和表意这三者以来，大量的研究致力于回答这样一个问题：如何确切地在这种区分与语言使用和语言结构之间建立关联？试图在语法化理论范围内整合这种区分的是 Traugott（1982）。她对命题组件、语篇组件和表达组件的区分是对 Halliday & Hasan（1976）所提观点的修正。[①]

基于较大语料库数据的发现，Traugott 认为在语法化过程中所涉及的主要变化是从命题组件经由语篇组件，再到表达功能组件的变化："如果在语法化过程中发生了意义转变，并且该转变蕴含从一个功能（语义组件）到另一功能（语义组件）的变化，那么这一转变更有可能是从命题组件经由语篇组件，再到表达功能组件的转变，而不是相反方向的转变。"（Traugott 1982：256）她认为相反方向的变化，即从表达功能组件经由语篇组件再到命题组件的变化，"在任何语法标记的历史中都是不可能的"（Traugott 1987：1）。

Halliday（1970a，1970b）使用的术语是"概念的"（相当于"命题的"）、"语篇的"和"人际的"（相当于"表达的"），我们这里也采用这些术语。概念功能关注的是"说话者对真实世界的体验，包括对他自身意识的内在世界的体验"的表达；语篇功能关注的是语篇的结构；人际功能用于说话者个性的表达和形成，并且使其能够同其他人互动（Halliday 1970b：143）。[②] 需要注意的是，Halliday 指的不是语言组件而是语言功能。

---

① 注意她所使用的术语"表达性"（expressive）并不与 Bühler 的"表达"（Ausdruck）完全对应。

② 为了替代"概念的"或"命题的"等术语，学界有人提出"描写的""感知的""指称的"或"指定的"等术语（Lyons 1977：50–51）。

我们对"真实世界"和"语篇世界"的区分大体上分别对应于 Halliday 的概念和语篇的含义；为了同我们在 7.2 节导语中所做的观察保持一致，我们认为能观察到的一个常见转换模式是语法化从概念功能到语篇功能的变化。这个观点同 Traugott 的发现是一致的。

就人际功能来说，情况要更为复杂。在这个功能中，我们可以区分"说话者导向"组件和"听众导向"组件。前者关注"说话者大脑里有什么"，也就是他的态度、判断和信仰等，这对应于 Lyons 的表达功能；后者用来建立和维护社会关系，这对应于 Lyons 的社会功能（参见 Halliday 1970b：159-160；Lyons 1977：50-53）。不过至少可以说，这两者间的界限是模糊的。

尽管我们还远远不能在这里所提出的框架内定位人际功能，但至少部分解决问题看来是可能的。上文所提 Traugott 的假设主要讨论这个功能中说话者导向组件。一旦我们考察听者导向的组件时，就会出现不同的情况。听者互动最清楚的语例涉及那种"用以强加给听者某种义务的指令"的语段（Lyons 1977：53），最主要是提问和命令。这些语段也具有同语法化相对的清晰表现：它们可能，而且经常发展为主要功能是构建语篇，建立句子之间衔接关系的结构（参见 Halliday 1970b：143），并且它们在多数情况下会介引从属关系小句。

支持从听者导向的人际功能到语篇功能这一发展过程的主要证据，来自那些涉及将疑问结构重新分析为从属结构的例子；这一重新分析的结果是疑问标记语法化为小句从属标记，这在许多语言中发生。在欧洲的许多语言中，像"谁""哪一个"这样的疑问代词已经发展为关系小句代词这样的语篇标记。另外一个有趣的例子是将极性问句（polar questions）重新分析为条件小句（参见 Jespersen 1940：374；Haiman 1978：570–572），^① 其 结 果 是疑问标记语法化为条件小句标记。Traugott（1985a：291ff.）已将这一途径确定为条件形态发展的主要来源之一。Herring（付印中）提供了另外一个例子，作者描述了在泰米尔语（Tamil）中叙事话语修辞疑问如何被重新分析为小句从属标记。

作为说话者导向语言活动次重要形式的祈使式发展为一个带有语篇功能的标记，这较不常见。然而在许多语言中存在情态上的有标结构，包括刚好获得语篇功能（如标记条件小句功能）的祈使性动词形式，可将英语中的 suppose '假设' 看作典型例子（参见 Traugott 1985：291）。

在从人际功能到语篇功能转换的背后，看来说话者应用了一种策略来建立听者同语篇的联系，例如通过把听者的注意力吸引到语篇的一个特定部分或者激发听者对该部分的兴趣。重新分析和语法化的结果是听者和语篇之间的关系被逐步重新识解为语篇不同部分之间的关系。因此至少就人际功能的听者导向组件而言，我们可以说语言功能的发展有如下结构：

概念功能 ＞ 人际功能 ＞ 语篇功能

7.3 预期世界

7.3.1 反预期

在我们知道的所有语言中，都存在某种手段以表达共同规范

---

① Haiman 对这一事实做出如下评论："对于条件句和疑问句之间相似之处的解释，在我看来，是条件句（像其他话题句一样）在语篇中作为具有形式机制的既定事实或语项已被接受，说话者通过这一形式机制寻求受话者对于这些事实或语项有效性的认可。这个常见的形式机制就是疑问句 '你知道……吗？' 这样条件句和主题句都有共同的疑问词形态。"（Haiman 1978：572）

所对应的情境与偏离该规范所对应情境这两者之间的区分。这种区分通常的编码是后者使用某种标记，而前者则保持无标。因此在下面的句子中，语素 too 和 only 可以被识解为标示所做出的断言与说话者所在情境的规范存在某种不一致；也就是说，它表达的是符合规范和标准的断言与偏离规范和标准的断言的对比，这些规范和标准具有说话者在相关情境中所熟悉的世界、想到的世界，或者说话者认为听话者在相关情境中想到的世界的特征。（42）中的偏差在于房子的大小（"太小"）和房子中所住人口的数量（"只有两个人"），也就是说小品词 too '太' 和 only '仅' 表达了与一般公认的"合适"的偏离（John Bybee，私人交流）：

（42）Your house is *too* small, even if you are *only* two.
　　　'你的房子**太**小，即使**只**有两个人住。'

像 too, only 这样的小品词和句子副词，我们称之为"反预期标记"［counterexpectation（CE）markers］。它们特别具有如下特征：

　　a）它们的使用意味着所断言的内容与预设、预期或假定为规范的内容之间的对比。

　　b）前者同后者不一致，反预期标记的主要功能就是把断言与预设、预期和规范世界联系起来。

这一预期世界对说话者和听者来讲通常是相同的，但无须一定如此。它可以因年龄、性别、社会地位、文化背景、意识形态等而有所不同。在（43）中说话者 A 和听者 B 的预期世界就不同，因为二者度周末的方式是不同的。

（43）A: Let us play on Sunday at 8.
　　　'我们周日八点开始打（网球）。'

B：That's *too* early；I am *still* asleep at that time.

'那**太**早啦，我那时**还**在睡觉呢。'

看来 B 使用两个反预期标记的主要原因在于这样的事实：他对于什么时候打网球合适的预期偏离了 A 的预期（too early '太早'），而且他还偏离了 A 所提出的标准（still asleep '还在睡觉'）。

再看（44），预期差异的原因在于说话者和听者具有不同知识状态这一事实（参见 Hoepelman & Rohrer 1981：110）。尽管两者都认可这里所描述的情境不同于预期，但是对于所涉及的偏离类型有不同意见：

（44）A：By 8 A.M., Peter was *already* in his office.

'早晨 8 点时，彼得**已经**在他的办公室了。'

B：Already? He was *still* in his office；he had worked all night through.

'**已经**？他**仍然**在办公室，他整晚都没有休息。'

下面的表格列举了功能包括反预期的一些英语词汇的例子，它们用法的"原型"域一并列出：[1]

标记	粗略解释	典型域
too '太'	'大大超过适当的度'	任何域
nevertheless '然而'	'与预期相反'	任何域
only '仅仅'	'少于适当的度'	**数量域**
already '已经'	'早于预期开始'	**时间域**
not yet '尚未'	'晚于预期开始'	**时间域**

---

[1] 这些例子仅仅代表英语中反预期标记的一种类型。例如 Levinson（1983：162）提醒人们注意"英语话语小品词 well, oh, so, anyway, actually, still, after all 等；这些词可被描述为'最大规避'，它们为受话者指出这些词引出的语段如何匹配合作期望"。

续表

标记	粗略解释	典型域
still '仍然'	'晚于预期结束'	**时间域**
no longer '不再'	'早于预期结束'	**时间域**

正如我们在下文将见到的一样，这类信息所掩盖的超过其所揭示的。至于如何解释同一个反预期标记用法差异的相关文献，可以参看 König（1977），以及 Hoepelman & Rohrer（1981）。[①]

在某些情况下，涉及反预期可能不容易看出来，如下列语例（Bybee，私人交流）：

（45）As usual, he was *not yet* up at noon.

'与往常一样，他到正午**还没**起床。'

（46）Just as I expected, the meeting was *still* going on at 8 P.M.

'正如我所预期的那样，在下午8点会议**仍**在进行。'

看起来这些情况涉及两种不同的规范：一种由 as usual '与往常一样'、just as I expected '正如我所预期的那样'之类的短语确立；另一种隐含于（45）（46）中的主要预测的底层。这些句子中的反预期标记 not yet 和 still 仅同后者关联。

应当注意的事实是反预期标记有可能涉及完全不同的形态句法或语音表达式。尽管副词可能是反预期标记的最常见形式，然而反预期标记可以是超音段的；下面的例子中，在 not 上的重音标示着（47）中的断言同"蝴蝶博士会来"这一预期形成对比：

（47）Dr. Butterfly will *nót* come.

'蝴蝶博士**不会**来。'

---

① König（1977：174ff.）讨论了某些更早的解释。

在德语语例（48）中，当与表示无标记疑问语序的相应问句
（49）做比较时，反预期被表达为语序上的一个差异；当与相应
的肯定句（50）做比较时，反预期则通过疑问语调表达：

（48）Er raucht?

　　‘他抽烟？’（我没有想到他会抽烟）

（49）Raucht er?

　　‘他抽烟吗？’

（50）Er raucht.

　　‘他抽烟。’

因此，对于像英语或德语这样的语言而言，有一系列的语言
形式可以在断言与预期世界和规范世界之间建立联系，并且将它
们表达为反预期。我们现在将会看到，埃维语已经形成一个更统
一的标记反预期的策略。

7.3.2　埃维语中从动词到反预期标记的变化

为了将反预期表达为一个语法范畴,埃维语使用动词kpɔ‘看’。
参考下面的句子：①

（51）A：e-kpɔ-e　　　　　a

　　　2SG-看-3SG　　Q

　　　‘你见过它？’

　　B：εε,　　me-kpɔ-e　　　kpɔ

　　　是的　　1SG-看-3SG　　看

　　　‘是的，我真见过。’

---

① 注意在宾语代词 e 之前，kpɔ 中的开元音 ɔ 变成合元音，即 kpó。

B 对 A 问题的回答可被另外识解为"我是亲眼见到的（因此你没有理由怀疑）"；也就是说，B 想强调他 / 她确实看到了，即使这同 A 的预期不一致。因此句尾的 kpɔ 具有反预期标记功能。

在（51）中句末的 kpɔ 还可能承担一点动词性意义"看"，不过有明显的理由说明在（52）中这种意义已被排除，（52）中的 kpɔ 专门用作反预期标记。

（52）e-se-e　　　　　kpɔ　　a

　　　 2SG–听见–3SG　　看　　 Q

　　　'你真听到过那事 ?/ 你曾经听到那事吗 ?'

作为一般语法化过程的特征，从动词"看"到反预期标记的转换过程涉及一个中间阶段，在这一中间阶段 kpɔ 的用法是模糊的：它既可能蕴含动词性意义，也可能蕴含语法意义。下面这些例子显示了这一中间阶段的存在：

（53）Kofí　　á-vá　　　kpɔ

　　　 科菲　　FUT–来　　看

　　　'科菲会来看一看。'

（54）Kofí　　á-vá　　　kpɔ　　a

　　　 科菲　　FUT–来　　看　　 Q

　　　（a）'科菲会来看一看吗 ?'

　　　（b）'科菲真的会来吗 ?（我表示怀疑）'

（55）Kofí　　á-lolo　　　　　kpɔ　　a

　　　 科菲　　FUT–系动词.大的　　看　　 Q

　　　'科菲真的很胖吗 ?'

在（53）中 kpɔ 的用法是词汇义"看"；在（54）中 kpɔ 的意义是模糊的，它是（53）的疑问形式：它的意义既可以是（54a）

的意义"看"，也可以是其扩展意义，即（54b）的大概为"科菲会保证他来吗？"或"科菲**真的**会来吗？"这样的意义。（54b）这种用法的底层似乎暗含着某种隐喻转换，通过这种转换，可见的体验用来表达"真实体验"，因此 kpɔ́ 标示所做的断言构成一个事实。强调某事"真的"或"事实上"发生倾向于隐含这一命题同预期相反。当用于疑问句时，不管疑问的内容是否"真的"为真，像"真的，事实上"这样的标记表达的都是**怀疑**。这样，疑问句"约翰真的富裕吗？"意味着疑问内容可能同说话者的预期不一致，因此对这个问题最明显的回答是"不"，也就是说"真的"可被解释为反预期标记。与此相类似，（54b）的说话者希望标示他/她并不预计科菲会来，因此 kpɔ́ 具有表达强烈**怀疑**的反预期标记功能。

在（55）中 kpɔ́ 不再具有动词性意义，它专门用于反预期标记功能。预设是某个人预期科菲会长得比现在更胖，说话者用他/她的疑问来表达对于这个预设是否合理的怀疑。

（54）隐含哪种含意是由各自的内容来决定的。我们在其他地方已经证明（见 3.3），在语法化过程中新意义的导入，最主要是语境诱发的重新识解的结果。另外一个例子可以说明这一点：

（56）é-xɔ   Máwú   dzí   se
      3SG–得到   上帝   在…上   听
      '他信上帝。'

（57）e-xɔ   Máwú   dzí   se   kpɔ́   a
      2SG–得到   上帝   在…上   听   看   Q
      '你真信上帝吗？'

（58）me-xɔ   Máwú   dzí   se   kpɔ́
      1SG–得到   上帝   在…上   听   看
      '我不再相信（上帝）。'

（59）nye-mé-ga-xɔ　　　　Máwú　　dzí　　se　　o

　　　1SG–NEG–又–得到　　上帝　　在…上　　听　　NEG

　　　'我不再信上帝。'

我们已经看到 kpɔ́ 被用来表示反预期断言，用于疑问时则表达**怀疑**。句子（57）的说话者使用反预期标记词 kpɔ́，其预期是听者的态度可能不同于句子（56）主语的态度。所有这些句子中使用的时态都是不定过去时，这种时态根据语境的不同可以指过去的情境，也可指现在的情境。更常见的是它具有过去时意义，当其后有反预期标记时，过去意义就被泛化。因此（58）更贴近原文的意思应该是"我确实相信过上帝（也就是说，我不再相信了）"。过去时意义同一个反预期标记结合的结果是（57）被识解为一个否定断言，因此（58）在很大程度上等同于否定句（59），更合适的翻译为"我真的相信过上帝，也就是说，我不再相信了"。这样当与具有不定过去时的状态动词一起使用时，语境诱发的重新识解的结果是形态上肯定的断言得到否定解读，而反预期标记 kpɔ́ 的语义则被另外一个意义"不再"强化。

　　在某些涉及状态动词的语境中，kpɔ́ 的意义可能从**"不再"**发展为否定标记意义（NEG），如（60）；或者当句子已经是否定意义时，它就进一步发展为肯定标记，如（61）：

（60）xɔ　　sia　　kɔ́　　　　kpɔ́

　　　房子　　这　　系词.高的　　看

　　　'这房子不高（我的印象是它还要高一些）。'

（61）xɔ　　sia　　mé　　kɔ́　　　　kpɔ́　　o

　　　房子　　这　　NEG　　系词.高的　　看　　NEG

　　　'这房子确实大（我记得它好像小得多）。'

不过，这并没有穷尽 kpɔ́ 的功能的范围。我们可以用更多的例子来说明语境诱发的重新识解的结果。我们在上文已经看到，它的功能是指出某一事件发生了，虽然并没有被预期发生。它在某些语境中指非过去时情境，其结果是最好翻译为"不过"（NEVERTHELESS）的意义，如下列例子：

（62）é-ga-vá   kpɔ́

       3SG-又-来   看

       '不过他还是来了（尽管他知道来也没有用）。'

（63）Kofí   á-nɔ   nú   ɖu-gé   kpɔ́

       科菲   FUT-COP 事情   吃-INGR   看

       '不过科菲会继续吃（大家都相信这对他没有都助）。'

意义"不过"似乎产生了另外一种解释，这种解释也限于非过去时情境。在（62）、（63）这类句子中隐含的假设是某人实施了行为，即使他/她没有成功。因此在那些具有非过去时间参照的句子中，kpɔ́ 可用来表达"尝试做某事（无论成功与否）"的意义。（64）、（65）、（66）都是这种句子的语例：[1]

（64）va   kpɔ́!

       来   看

       '无论如何尽量过来（虽然你可能遇不到我）！'

（65）m-á-tu   xɔ   kpɔ́

       1SG-FUT-建造 房子 看

       '我尽力去建一所房子（虽然我对建房子一无所知）。'

---

① 在具体语境中动词义"看"被重新识解为"尝试"义能够在许多语言中观察到，如英语的 I'll see if I can do it '我试一下看我能不能做这件事'（Bybee，私人交流）。

（66）m-é-le   é-dí-ḿ   kpó   o

NEG–3SG-COP   3SG-寻找-PROG   看   NEG

'他甚至不努力去找它。'

7.3.3 时间用法

尽管在目前为止所展示的例子中，反预期标记表达的是预期事实或情境与断言事实或情境之间的对比，我们也碰到一个获得时间意义的语例［见上文（59）］。事实上，我们的语料说明到目前为止，kpó 的时间用法超过非时间用法。再次申明，从非时间反预期标记到时间反预期标记的转换似乎是语境诱发的重新识解的结果。例如在句子（67）中，除了它的非时间意义（**真的**）外，kpó 可接受一个时间的识解（**曾经**）。在某些语境中，后一种意义可能成为最显著或焦点意义，如（68）和（69）。那些包含反预期标记的疑问句的主要特征是所预期的答案是否定的［如（70）］，**曾经**所对应的否定词为从不：

（67）e-kpó-e   kpó   a

2SG-看-3SG   看   Q

（a）'你真的看到它了吗？'

（b）'你看到它了吗？'

（68）e-vo   kpó   a

2SG-系词.自由   看   Q

'你自由过吗？'

（69）e-se   kpó   bé   amegbetó   wɔ   nenémá   a

2SG-听   看   CONJ   人   做   像.那样   Q

'你曾听说过有人那样做事吗？'

（70）ao,　　nye-mé-se　　kpɔ́　　o

不　　　1SG–NEG–听　看　　NEG

'没有，从来没有。'

　　像（67）至（70）这样的句子指称那种与过去有关联且无指称的情境。在某些情境中，某一事件从未发生这一事实会邀约该事件**尚未**发生这一蕴涵义；某一事件将会发生这一事实在肯定句中则会邀约该事件**已经**发生这一蕴涵义。因此（67）就有第三种可能义：'你已经看到过它了吗？'。同样，句子（71）可以说是模糊的；（72）是对（71）的一个回答，它也是模糊的：

（71）e-tu　　　　xɔ　　kpɔ́　　a

2SG–建造　房子　看　　Q

（a）'你曾建过房子吗？'

（b）'你已经建了房子吗？'

（72）ao,　　nye-mé-tu　　xɔ　　kpɔ́　　o

不　　　1SG–NEG–建造　房子　看　　NEG

（a）'不，我从没建过房子。'

（b）'不，我还没建房子呢。'

值得注意的是（71a）、（72a）中的宾语是无定的，而（71b）、（72b）中的宾语是定指的。埃维语中**曾经/从不**和**已经/尚未**的区别与指称性有密切关系，这可以从（73）这样的句子中得到证明，在（73）中 kpɔ́ 的意思只能是**曾经**。为了用**已经**替代**曾经**，补语 Lome 不得不接受定冠词 -á，如（74）：①

---

① 尽管定冠词 (l)á 位于其所限定名词之后，但在名词 Lome 中它是中置的，即 Lo-á-me。

（73）e-yi   Lome   kpɔ́   a

      2SG-去   洛美   看   Q

      '你曾去过洛美吗？'

（74）e-yi   Lo-á-me   kpɔ́   a

      2SG-去   洛美-DEF   看   Q

      '你已经去过洛美吗？'

存在从 kpɔ́ 中派生出来的另一时间意义：在非过去时情境中，通常当它前面的动词被构建于进行体中时，kpɔ́ 就分别表示不同的意义，在肯定句中表示情境的结束被意外延误（**仍然**），而在否定句中则表示情境的结束已早于预期发生（**不再**）：

（75）e-le   é-dí-ḿ   kpɔ́   a

      2SG-COP 3SG-找-PROG 看   Q

      '你现在仍在找它吗？'

（76）ao, nye-mé-le   é-dí-ḿ   kpɔ́   o

      不   1SG-NEG-COP 3SG-找-PROG 看到 Q

      '不，我不再找它了。'

7.3.4 kpɔ́作为第一动词

埃维语的主要类型学特征之一是它的形态句法由连动结构支配。反预期标记 kpɔ́ 出现的主要原因是在连动结构（V1-V2）中，第二个动词（V2）发展成了语法语素。这一发展的结果是 V2 丧失了所有的动词性特征，包括标记时／体、否定、人称或带宾语补语的能力等；它的表现更像一个副词，也就是固定地跟在所修饰动词（V1）后面的词。

但是，这并不是动词 kpɔ́ 被语法化为反预期标记的唯一方式。还有第二个发展路线，可以构拟如下：

a）语法化涉及的是作为 V1 而非 V2 的 kpɔ́；

b）虽然作为 V2 的 kpɔ́ 获得了许多功能，但其作为 V1 所承担的语法功能是专门用来表达**已经/尚未**这一意义；

c）尽管作为 V1 和 V2 的 kpɔ́ 展示出了同等程度的去语义化，然而前者只是被轻微地去范畴化，也就是说它还保留着主要动词的大部分形态句法特征。这是因为埃维语中像时/体/语气、否定以及主语等的标记总是在 V1 上，而后面所有动词都受到别的这样或那样的"同等删除"规则的制约。作为 V1 的 kpɔ́ 去范畴化的清晰例证只有一个：它可以不带宾语补语。下面就是这种用法的例子：

（77）e-kpɔ́　　　le　　　é-se-ḿ　　　　　　　a
　　　2SG-看　　COP　　3SG-听-PROG　　　　Q
　　　'你理解（听到）它了吗？'

（78）ao,　nye-mé-kpɔ́　　le　　　é-se-ḿ　　　　　　o
　　　不　1SG-NEG-看　　PROG　3SG-听-PROG　　NEG
　　　'不，我还是不理解它。'

（79）m-é-kpɔ́　　　　wɔ-e　　　　　　　o
　　　NEG-3SG-看　　做-3SG　　　　NEG
　　　'他还没有做完它呢。'

也请注意在下面由 kpɔ́ 派生的两个反预期标记共现的句子中，第一个动词用作 V2（**真的**）而第二个动词用作 V1（**还没**）：

（80）me-se-e　　　　kpɔ́,　gaké　nye-mé- kpɔ́　kpɔ́-e　　o
　　　1SG-听-3SG　　看　　但　　1SG-NEG-看 看-3SG　NEG
　　　'我真的听说过它（我能够说出证人的名字），但我从没亲眼见过他。'

这一变化过程似乎有下列价值。首先，反预期功能**已经 / 尚未**被引入了两次，两种情况下都涉及动词 kpɔ'看'：一次作连动结构的 V2，一次作连动结构的 V1。其次，对于语法化理论而言，这非常有趣，因为它提供了这样一个案例：同一动词 kpɔ'看'的词汇输入，尽管涉及两个差别很大的形态句法变化，却导致了相同的语义输出，即反预期功能**已经 / 尚未**。作为 V2 的 kpɔ 丧失所有的动词特征且已经很难与副词区分开，但是作为 V1 的 kpɔ 还保留大部分动词性形态句法。正如我们在上文所见，这种截然不同的发展是 kpɔ 在小句中所占据位置不同的结果：在连动结构中，V1 具有完全的动词性形态句法，[①] 而所有的非第一动词（V2，V3 等）则和缩减的动词性屈折的集合共现。基于这些证据，我们倾向于认为在概念的语法化和形态句法的语法化之间不一定存在严格的一一对应。

我们现在不考虑形成反预期标记的 V1 途径，这一途径需要单独分析，我们现在回到派生于 V2 的 kpɔ。

7.3.5　一些结论

动词"看"在许多不同语言中形成各种语法概念。概念转换最为常见的途径之一是从视觉感知到因果识解，大致涉及以下阶段：

I	视觉感知	如：X 看见 Y 且做 Z
II	智力感知	如：X 理解 Y 且做 Z
III	**原因 / 理由**	如：因为 Y，X 做 Z

Reesink（1988：20）提供下列来自优桑语［Usan，一种巴布亚语（Papuan）］的例子，这些例子展示了动词 gab'看'和能够

---

① 这一点也适用于其他如 tsɔ'拿'这样的动词，这些动词作为 V1，在某种程度上已被语法化为工具格标记。

引导**理由**小句的并列连词之间的关系：

（81） ye　 munon　 uter　　 igo　　 gab　　 mani
　　　 我　　 男人　　 凶猛的　 是.SS　 看.SS　 甘薯

　　　 aib　　　 me　　 n-inei
　　　 大的　　 不　　 吃–1.SUBJUNCT

　　　'因为我不是一个凶猛的人（英勇的斗士），所以我不
　　　 会吃太多。'

Reesink 对于这种转换提出的隐喻是**所见即理由**（SEEING IS
REASON）。埃维语 kpɔ 的发展似乎遵循了另一概念化的路线。在
这一语例中，我们可以尝试性地提出**所见即为更好理解**（SEEING
IS KNOWING BETTER）的隐喻模式。

　　 kpɔ 所展示的各种功能可以总结成一个如图 7.4 所示的网络结

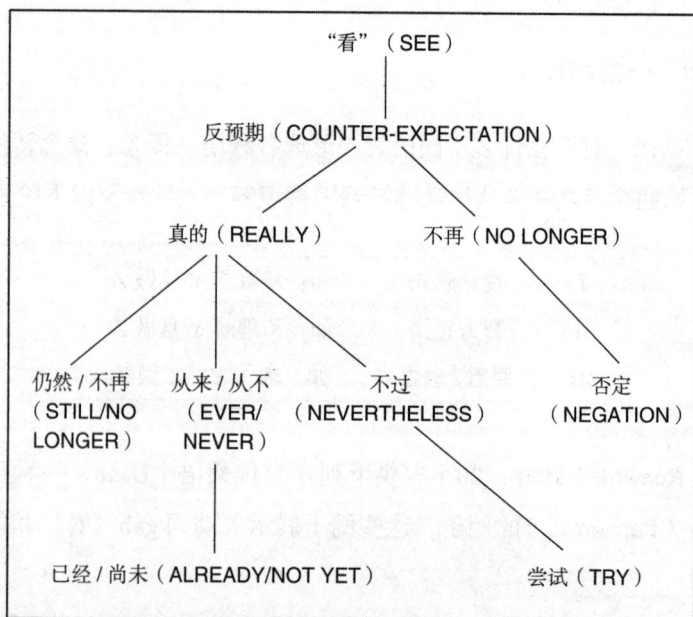

图 7.4　埃维语 kpɔ 的概念网络

构形式。派生于思维状态动词"看"的语素所有意义中共同的一点，是它们都表达反预期，也就是将给定命题中的断言同说话者或 / 和听者，以及其他社会单位认为适当的某个标准或规范进行对比。我们的研究显示，它的各种意义可以理解为泛化的会话蕴涵（Grice 1975; König 1977: 193–193）；它们是语境诱发的重新识解的结果。

显然，最重要的语境特征是直陈时间，也就是过去时和非过去时的区别，其次是体。kpɔ́ 仅与过去时的状态动词连用时才具有**不再 / 仍然**义；[①] 同样，kpɔ́ 仅与过去的状态动词连用时，才会从**真的**义派生出**曾经 / 从不**义，并且进一步派生出**已经 / 尚未**义。另一方面，**不过＞试图**义则通常形成于具有非过去时指称的情境；我们发现从**真的**义到**仍然 / 不再**义的变化过程，则只出现于涉及进行体的情境。

另外一个语境特征是指称性。**曾经 / 从不**义与非指称疑问或断言有关，不过一旦句子的宾语是有定的，那么结果义就是**已经 / 尚未**义。

反预期标记 kpɔ́ 形成过程的最显著特征之一，是所出现的意义本质上具有时间轮廓。Comrie（1985: 54–55）依据时的区别，描述了**仍然 / 不再**义和**已经 / 尚未**义的语法范畴化；Schadeberg（1987）则依据体参数提出解释。看起来我们对于埃维语的分析支持 Schadeberg（1987: 10）的解释，我们的分析显示大致存在如下特征：[②]

---

① 不过值得注意的是，结果意义却指当前时间，例如：

é　víví　　kpɔ́
它　是.甜的　看
（'它曾经是甜的 / 甜过。'＞）
'它不甜了。'

② 在下列表中的术语"情境"概指行为、事件和状态。

仍然	某一情境终结点的意外延迟
不再	某一情境终结点的意外提早
已经	某一情境的意外提早开始和持续
尚未	某一情境的意外延迟开始和持续

在许多语言中，显示时间轮廓的反预期标记，包括**仍然**、**不再**、**已经**和**尚未**等，都派生于动词。多数情况下，这种变化过程是从动词变化为类似副词的词形不变的词，但也有一些语言中先前的动词语法化为动词性屈折形式。这一现象尤其发生在许多班图语中。例如在斯瓦希里语中，动词 -isha '完成' 和 -ja '来' [①] 发展为具有**已经**和**尚未**义的动词性前缀，如下列句子：[②]

（82）a-me-sha-ondoka?

　　　3SG–PFV–已经–离开

　　　'他已经离开了吗？'

（83）h-a-ja-ondoka?

　　　NEG–3SG–尚未–离开

　　　'他还没有离开。'

动词语法化为反预期标记对于某些语言的形态句法而言具有显著含义。来自图尔卡纳语（Turkana）的一个例子可以说明这种情况，[③] 图尔卡纳语是撒哈拉语系东尼罗亚语支的一种语言。图尔卡纳语有两个意义几乎相同的小句句首小品词 ɛrɪŋá 和 erokó，

---

① 后者仅同否定动词形式合用。

② 注意 -sha-（ < -isha ）前面紧邻完整体标记 -mé，而 -ja- 仅和否定前缀 h- 一同出现。

③ 除图尔卡纳语之外，我们还可以选东尼罗亚语支阿泰克语群（Ateker）的任何语言，包括托普沙语（Toposa）、卡里莫庸语（Karimojong）或者特索语（Teso）等。类似语例见 8.2。

它们被用来表达下面三种不同于上文功能的时间反预期功能：[①]

　　a）**不再**，当前面接否定标记 nyi- 时；

　　b）**尚未**，当后面动词前接否定标记 nyi- 时；

　　c）**仍然**，当不出现否定标记时，例如：[②]

（84）erokó　　　　ayoŋ　　　nyí-mÚj-a

　　　仍然　　　　我　　　　NEG–吃–STAT

　　　'我还没有吃。'

（85）ny-erokó　　　a-cámít

　　　NEG–**仍然**　　1SG–喜欢

　　　'我不再需要它。'

（86）erokó　　　　ayoŋ　　　é-múji

　　　仍然　　　　　我　　　　1SG–吃

　　　'我还在吃。'

这些小品词的用法蕴含了许多句法形态特征，特别是下列特征（参见 Dimmendaal 1983：457）：虽然图尔卡纳语是动词位于句首的（VSO）语言，但是在这些小品词之后的基本语序为主语—动词—宾语（SVO）。而且，这些小品词显示了各种动词性特征，例如：

　　a）它们占据句首位置。

　　b）它们可以像动词一样被否定。

　　c）像动词一样，它们可以接受过去时前缀 a-，如 a-rokó
　　　　和 a-rɪŋá。

　　d）有些说话者将完全动词人称屈折和这些小品词一起使用，

---

① 注意，这些小品词也被用作时间从属标记"在……之前"。这里我们不讨论这
　　种功能（参见 Dimmendaal 1983：458）。

② 下面这些例子含有小品词 erokó。在所有例子中，erokó 都可以替换为 ɛrɪŋá。

即 a-rokó'我仍然……'、i-rokó'你仍然……'和 e-rokó'她／他仍然……'。

这些观察有力地证明这些小品词派生于助动词。[①] 根据图尔卡纳语**助动词—主要动词**结构式的常见模式，它们位于动词前且后面紧跟着主语，这样它们就位于助动词和主要动词中间，例如：

（87）a-bú　　　　　ŋesi　　　　ny-í-múj

　　　3SG. PAST-来　　她／他　　NEG–3SG– 吃

　　　'他还没有吃。'

这里假定的助动词 -rokó 和 -rıŋá 的初始意义已经不可能再恢复。第三人称前缀元音 e- 和 ɛ- 的存在，分别说明这些助动词在它们的第三人称形式中（分别是 e-rokó 和 -rıŋá）已经化石化。[②] 上文提及这两个小品词仍然具有动词性特征，这证明化石化尚未完成。随着从动词到反预期标记的转变，下面的结构 A 被结构 B 代替，其结果是动词位于句首的句法（VSO）让位于主语—动词（SVO）句法：[③]

　　A：助动词—主语—主要动词

　　B：小品词—主语—动词

---

① 事实上 Dimmendaal（1983）将它们看作助动词，而 Novelli（1985：152）则在他的卡里莫庸语（Karimojong）语法中将其归入"时间副词"。在阿泰克（Ateker）语群的其他语言中，erokó 和 ɛrıŋá 显示出另外的动词性特征，如在特索语（Teso）中，它们都可以与动词性的"介词"后缀连用（Hilder & Lawrance 1956）。

② 两个元音之间的选择取决于图尔卡纳语的跨高元音和谐，后者似乎基于舌根的位置（见 Dimmendaal 1983：19ff.）。

③ 助动词 *-mam '不是' 与 -rokó 和 -rıŋá 属于同一范式，但是它展示了语法化的更高级阶段：尽管它在一些阿泰克语方言中还可以进行动词变形，但它通常被用作小句句首的不变否定标记 mam（见 8.2）。

这样，图尔卡纳语中从动词到反预期标记的变化就触发了导致语序变化的句法重新分析（见8.2）。不过这样的变化仅是语法化的伴随特征，其主要结果是导入**仍然**的语法功能和它的"否定对等"：一方面是**不再**，另一方面是**尚未**。后者通过如下序列派生于前者：

e-rokó　　+　　nyí-　　　*动词*

仍然　　+　　NEG-　　做　→　　**尚未做**

这里后附否定情境的意外延迟终结（即"**仍然处于一个情境中**"）隐含后者的意外推迟开始（**尚未做**）。

7.4　关于隐喻的普遍性

7.4 的标题源于一本书的书名，这本书试图证明隐喻实际上渗透进了人类范畴化的所有域（Paprotté & Dirven 1985；又见 Lakoff & Johnson 1980）。在本节中，我们将证明无处不在的隐喻甚至扩展到了几乎没有语言学家将之作为隐喻化范围的域。

7.4.1　语法的隐喻

我们在前面几章已经讨论了导致语法范畴产生和进一步发展的各种隐喻。我们专门关注有意义的结构，也就是有意义的语言形式，不管它是词汇意义还是语法意义。本节关注的焦点转到隐喻化的另一层次，鉴于它不涉及意义，这一层次的隐喻化比目前所讨论的所有层次的隐喻化更为"抽象"。隐喻似乎不仅提供了"真实世界"或某个虚拟世界或话语世界中构建体验的策略，还扩展到了语法形式域。在这一域内，例如句法范畴之间的关系，也可以说是按隐喻构建的。

在本书的稍早版本中，我们使用"语法隐喻"来称呼本节中所讨论的这种转换。鉴于 Halliday（1985：321）的"语法隐喻"指一个某种程度上不同的现象，为了避免混乱，我们决定改变这种称呼。下面句（88）和（89）可为例证：（88）展示的是字面或者"全等"表达式，而（89）则是一个对应隐喻或"不全等"表达式的语例（Halliday1985：322ff.）：

（88）They arrived at the summit on the fifth day.

　　　'在第五天他们到达了顶峰。'

（89）The fifth day saw them at the summit.

　　　'第五天在山顶见到了他们。'（**第五天**是**见到**的主语）

我们所思考的层次并不关注意义，它关注句法范畴，例如词类或成分类型之间的关系。我们认为这些范畴中的某些成员彼此之间具有显示为隐喻转换的关系。我们用两个例子来说明这种转换的性质，这两个例子都讨论小句嵌套，并且都暗示名词重新分析为小句。

我们的第一个例子涉及名词用作导入小句的复指指称标记或照应指称标记。在世界语言中能够观察到的许多演变类型中，下面的演变类型显得尤为常见。在起始阶段，一个名词后接同位语小句，或者在许多 SOV 语言中前接同位语小句。名词和该小句都指称同一语项，此时名词用作某种类型的命题性复指（Frajzyngier，付印中 a）。隐喻关系存在于小句内容被概念化为名词性概念这一事实中，也就是说相关小句通过名词来指称。

在许多语言中，这导致名词语法化为标补语，同位语小句语法化为从属小句，而且因此形成小句嵌套的一种新模式。像（90a）这样的结构被重新分析为（90b）：

（90a）动词　＋　宾语名词　－　同位语小句

　　　（主句）　　　　　　　　　（同位语）

（90b）动词　－　标补语　＋　小句

　　　（主句）　（从属小句）

朝鲜语中的一个引自 Ransom（1988：356–366）的例子，足以展示这种演变。[①] 在句（91）中 kɛs '事情' 指一个具体名词，不过在（92）中它是模糊的：它可以选择性地识解为带有同位语小句的抽象名词（"事实"）或者标记宾语小句的标补语。（93）中排除了名词性识解，kɛs 专门行使充当指称小句的标记的功能，也就是充当标补语的功能。

（91）Ku　　kɛs-un　　　chayk　iey　　yo

　　　那　　东西–TOP　　书–COP–ENP–POL

　　　'那东西是一本书。'

（92）na nɨn　　kɨ ka　　o-nɨ　　　kɛs　　lil　　al-nɨn-ta

　　　我　　　他　　来–PRS　　　ACC　知道–PRS–M

　　　'我知道他马上来（这个事实）。'

（93）na nɨn　　kɨ eke　　ka-l　　　kɛs　　lil

　　　我　　　他　　　去–FUT　　　ACC

　　　myɛnglyɛngha-ess-ta

　　　命令–PAST–M

　　　'我命令他走。'

我们的第二个例子涉及格标记的隐喻扩展。在某些语言中，用来引导名词性补语的形态被扩展到标记从属小句，也就是后者被当作名词。在所有涉及的例子中，名词格标记被加到从属小句

---

① 值得注意的是，朝鲜语是一种将同位语小句放在复指名词前的 SOV 语言。

的限定动词上。尼瓦尔语（Newari）是这些语言之一，它是尼泊尔地区藏缅语的一种。Genetti 这样描述其变化过程："后置词发展为从属连接词这一变化过程在过去几个世纪中反复出现……形成这种变化的形态句法机制是名词化，随之而来的是，最初的名词性形态经由无标动转名成分到先前限定动词的重新分析过程，变成动词性形态。"（Genetti，付印中）

我们并没有在古典尼瓦尔语中找到通过格标记后置词表示从属模式的语例，因此这种重新分析肯定是最近才发生的。[1] 在古典尼瓦尔语阶段，带完全屈折限定动词的小句表达名词短语功能的情况很常见。不过，格标记后置词用作小句从属连接词则是现代尼瓦尔语的特征（Genetti，付印中）。

事实上尼瓦尔语似乎是这样一些语言的一种，这些语言通过名词结构对小句进行概念化已成为常见模式。例如名词后缀 -gu 的主要功能在于"保证向心名词性结构成分的概念自足性"，-gu 主要用作动词短语或者小句的名词化手段。[2] 通过将 -gu 后缀于限定动词，句（94）被名词化，即（95）（Kölver 1977：6）：

（94）sala　　　haalaa　　　haaḥ
　　　马　　　　嘶鸣　　　　嘶鸣
　　　'马在嘶鸣。'

（95）sala　　haala　　haaḥ-gu　　　taaḥ　　laa
　　　马　　嘶鸣　　嘶鸣–NOMIN　听　　Q
　　　'你听到马在嘶鸣吗？'

---

① "古典尼瓦尔语"（classical Newari）的时期大概是从 14 到 19 世纪，这一时期已经有书面文献。

② 这一后缀只用于无生命名词。它已分别被 -mha（单数）和 -piṃ（复数）所替代（Kölver 1977：2）。

　　正如我们在第 6 章中所看到的一样，从名词到从属小句的大致相同类型的转换也可以在艾科语（Ik）和卡努里语（Kanuri）中观察到。艾科语的向格后缀 -kᵉ 在（96）中标记受益名词短语，在（97）中则标记从属原因小句。在这两种语言中用作这一目的的都是向格标记，[1] 而且在这两种语言中这一格标记都承担了多种从属功能（见 6.2；图 6.1）。

（96）ŋarés-ɛsa　　　ceká　　　　bi-kᵉ

　　　帮助-FUT　　　女人　　　　你-kᵉ

　　　'那个女人将会帮你。'

（97）ńtá　　k'ó-í-í　　　　　ma-í-í-kᵉ

　　　NEG　去-主格.我-NEG　系词.生病-我-SUBJUNCT-kᵉ

　　　'我不能离开，因为我病了。'

不过，在有一点上艾科语不同于尼瓦尔语和卡努里语：在艾科语中一旦加上与格后缀，动词就被构建为虚拟语气；而在尼瓦尔语和卡努里语中，格标记紧接于限定动词之后，不需任何形态改变。

　　有人会质疑将从名词到小句的这种转换描述为隐喻是否合理。下面的观点特别证明事实上它是合理的：

　　　a）在隐喻转换过程中非常普遍的一点是某一域的项（在当前情况下指名词域）被用作表示另一个域（指小句结构）的项的载体，从而成为话题。

　　　b）假定名词没有小句那么"抽象"（和复杂），我们可以说这个载体没有话题那么抽象。[2] 正如我们在前面所有语例中所看到的一样，这是语法化中涉及的所有隐喻的一个特征：

---

① 在卡努里语里，联想格标记也经历了类似的命运（见 Hutchison 1980）。

② 关于"抽象性"，见 2.3.2。

一个更"具体的"载体用来概念化一个更"抽象的"话题。

c）此外，这还解释了在迄今为止语法化过程中观察到的所有隐喻中成立的单向性原则：在许多语言中从属小句可像名词一样编码，反之则不行（见 Genetti，付印中）。

d）一个定义隐喻时频繁引用的标准是某一异常表现的出现，异常表现指同我们的预期相冲突并涉及对现存规则的偏离的表现（参见 Ricoeur 1979：143；Swanson 1979：162；见 3.4.3.1）。例如在古典尼瓦尔语和现代尼瓦尔语之间的这段时期内，或者在原始库里雅克语（Proto-Kuliak）和现代艾科语（Modern Ik）之间的这段时期内，当从属小句第一次被编码为名词时，异常表现肯定出现了。[①] 能够把这种隐喻同"平常"隐喻区别开来的是这种偏离所关注的是语法形式而不是语法意义。

不过值得注意的是，这一转换并不孤立地发生，它是从词汇—概念内容到符号—句法内容，以及从"具体的"感知—行动体验的表达到更"抽象的"表达形式的更为普遍过程的一部分（Werner & Kaplan 1963：403；Heine & Reh 1988）。

这种依据名词范畴和小句范畴之间的概念间断性，以及依据作为策略的隐喻在为前者（名词范畴）保留的槽位中引入后者（小句范畴），仅仅能够解释相关过程的一个方面。我们在第 3 章曾经概述指出存在第二个方面，即这一过程是渐变的而非间断性的。尽管我们已经不能详细重构从古典尼瓦尔语到现代尼瓦尔语，以及从早期艾科语到现代艾科语的变化过程，不过我们可以假定从

---

① 除了艾科语外，没有其他库里雅克语支语言经历过这样的创新，这样的创新肯定发生在原始库里雅克语（即该群体的假定祖先语言）第二次分裂之后（见 Heine 1976）。

名词到小句的格标记的变化过程中，存在许多中间阶段。这一过程中能够区分出下列更凸显的阶段：[①]

0　格标记限于名词。

I　格标记扩展到具有某种非限定或名词化形式的动词。

II　格标记扩展到完全屈折的限定动词。鉴于该动词同时含有动词性和名词性（格）形态，这就造成形态句法模糊的情境（见 Genetti，付印中）。[②]

III　格标记被重新分析为小句从属连接词。

IV　为与新功能保持一致，小句从属连接词进一步语法化：它经历磨蚀、适应改变（adaptation）等过程后往往会变得在语音上与格标记不同（见 Heine & Reh 1984:17–27）。

　　这些观察限于一个具体类型的重新分析。不过格标记并不总会发展为小句从属连接词。在许多语言中，可以观察到另外一个变化：随着从名词到小句补语的转换，格标记往往会被认为是冗余的，并因此被淘汰。这就是豪萨语（Hausa）中看来正在发生的情况，豪萨语是北尼日利亚、尼日尔以及毗邻国家使用的一种乍得语族语言。在这种语言的某些结构式中，宾语补语被导入为领属格／所有格成分。这样，在句子（98）中，动词 so '想，喜欢，爱'的宾语是由附于动词的所有格后缀 -n 来标记的。当宾语是一个自己带一个名词短语宾语的动名词时，这个动名词也显示为宾语的所有格成分，如（99）（Bagari 1972：32）：

（98）Audu　　　ya　　　naa　　　so-n　　　laabaari-n
　　　奥杜　　　他　　　PROG　　　喜欢–GEN　　　故事–DEF
　　　'奥杜喜欢这个故事。'

---

① 像这样的情境已经被 Heine & Reh（1988：248–251）列在"混合结构"项之下；另见 8.5.2。

（99）Audu　　ya　　naa　　so-n　　　　rubuutu-n　wasiik'aa
　　　奥杜　　他　　PROG　喜欢–GEN　写–GEN　　信
　　　'奥杜喜欢写信。'

so 的补语可以由补语小句替代，在这种情况下所有格标记通常被省略。也就是说，句子中所有格的使用不再是强制性的，如（100）：

（100）Audu　　　　ya　　　naa　　　so(-n)　　　　　ya
　　　　奥杜　　　　他　　　PROG　　喜欢（–GEN）　　他
　　　　rubuuta　wasiik'aa
　　　　写　　　　信
　　　　'奥杜想写封信。'

句子（100）似乎展示了格标记选择性使用的中间阶段，我们倾向于做出预测，未来的豪萨语说话者在导入宾语小句时会完全省略所有格标记。因此，这里的名词到小句的隐喻有一个不同的形态结果：它不会导致格标记语法化为小句从属连接词，而是导致格标记不足以承担新功能而被省去。

在其他语言中这一过程没有涉及补语标记，但仍然可以重构从名词范畴到小句范畴的变化过程，因为某些名词结构的释示成分（exponents）在转换过程得以继续存在。这些释示成分特别是：

　　a）名词化标记，包括构成分词、动名词、非限定动词形式等的语素；

　　b）那种显示名词性而非动词或小句句法的从属小句中的格形式（当补语小句的主语或宾语显示领属格/所有格形态，如小句 Paul eats meat '保罗吃肉' 被编码为 Paul's eating of meat '保罗的吃肉' 时，就可以观察到这种格形式）。

一个来自克隆戈语（Krongo）的例子可以说明这一点，[1] 该语言是苏丹共和国境内使用的一种尼日尔－科尔多凡语族语言。在下面的句子中，补语小句 (t-)ósí-kò-n-tú ŋàamà à'àŋ 含有可识解为从属小句中得以保留的，作为名词结构遗留的两个特征：名词化标记 t- 和标记补语小句主语的所有格代词 -tú（你的）：

（101）n-átàasà　à'àŋ　(t-)　　　　ósí-kò-n-tú

　　　　1/2–想要　我　（NOMI-）　做饭–BEN–TRANS–你的

　　　　ŋàamà　　à'àŋ

　　　　事情　　DAT. 我

　　　　'我想你为我做饭。'

因此，短语 (t-)ósí-kò-n-tú 历史上曾经的意思是"你的为……做饭"，而不是"你为……做饭"。值得注意的是，名词化标记的使用不再是强制性的。这同句子（100）中豪萨语所有格标记 -n 极其相似：两者都是所涉及语言中看来同新功能无关而倾向于被抛弃的名词结构的遗留。

7.4.2　结语

在本书的导语中，我们用埃维语动词 ná '给'发展为前置词"对，为"的变化过程来说明语法化的结果（见 1.1）。所展示的句子包括下列两例：

（102）me-ná　　ga　钱　Kofí

　　　　1SG–给　钱　科菲

　　　　'我给科菲钱。'

---

[1] Greenberg 将克隆戈语归类为尼日尔－科尔多凡语族，这已经受到质疑，事实上有可能它更应该属于尼罗－撒哈拉语族。

（103）me-wɔ   dó   vévíe   ná   dodokpɔ́   lá

1SG–做   工作   难   给   考试   DEF

'我为考试努力学习。'

我们问到的多数人都同意，如果用"我努力学习给考试"来表达"我为考试努力学习"这样的意思，肯定会涉及某种形式的隐喻推理，例如考试被识解为从学习行为受益的无生命接受者。如果这个识解被接受，那么这种类型的隐喻转换就不限于语义；正如下面的转换模式或重新分析模式所示，隐喻扩展也扩展到了语法：

a）动词（ná'给'）被重新分析为前置词，在这里作目的前置词。

b）动词短语［ná dodokpɔ́ lá（'给考试' ＞ ）'为考试'］被重新分析为状语短语。

c）先前的双命题结构（103）被重新分析为单一命题结构。

这证明隐喻，至少是在本书中所考察这种隐喻（见2.4），不限于意义域，它有语义和句法组件。在句法组件中，动词被用作副词、置词、时体态等标记的隐喻载体，或者主句被用作从属小句、副词短语、情态和语用功能标记等的隐喻载体。我们在前一节已经分析指出，句法组件中的隐喻同意义域中的隐喻具有相同的形式特征。

可以说句法组件中的隐喻转换，仅仅是语义组件中隐喻的一个伴随特征。虽然在多数情况下可能如此（如上文所讨论的埃维语语例），但是在其他一些语例（例如7.4.1中讨论的那些语例）中语义组件在很大程度上是无关的，也就是说，这里的隐喻转换似乎只限于形态范畴层级和句法范畴层级。在目前阶段，我们还不能够明确界定这两个组件之间的关系。可以想象，两者都是人类概念化的更具包容性范围的一部分，人类概念化在本质上真的是无所不在。

8　语言循环

　　前面几章中，我们一直都在探讨语法化的认知基础问题，主要是概念的隐喻操作和语境诱发的重新识解。虽然我们引证了许多例子来说明这些过程是如何影响语言结构的，但到目前为止我们关注的主要还是语法化的语言外部动力。在这一章，我们将认知和语用参数（因素）搁置一边，更多地从细节方面来审视语言结构本身及其如何受到这些认知过程的影响。我们只集中探讨少数几个话题，因为这些话题特别有助于我们理解为何某些特定的形态句法结构会是它们现在这个样子。

8.1　几点普遍观察

　　目前有关语法化的研究已经就语法化对语言结构带来的历时和共时结果，亦即具体演变的产生，做了相当详实的论述，其中最重要的演变总结于表 8.1。要了解更多的细节，读者需要特别参阅下面这些文献著作：Givón（1975a），Lehmann（1982），Heine & Reh（1984），Bybee & Pagliuca（1985），以及 Traugott & Heine（付印中）。

　　至今所进行的有关语法化的研究表明，我们可以离析出一些突显的特征。下面 8.1.1 至 8.1.7 的标题所列举的特征旨在提供一些如何描述语法化过程的准则。

表 8.1　一些常见的语法化带来的语言学影响

语义上	具体意义	>	抽象意义
	词汇内容	>	语法内容
语用上	语用功能	>	句法功能
	低文本频率	>	高文本频率
形态上	自由形式	>	附着词
	附着词	>	黏着形式
	复合	>	派生
	派生	>	屈折
语音上	完全形式	>	弱化形式
	弱化形式	>	音段地位消失

8.1.1　概念操作

这个术语指的是这样一个过程，通过该过程一些具有词汇意义或语法性较弱意义的语言形式，可用来表示语法性较强的意义。

8.1.2　单向性

鉴于概念操作是从词汇意义或语法性较弱的意义发展出语法性较强的意义，这个过程是单向的，语法化过程的所有发展阶段亦如此。虽然反方向的情形亦有过报道，但这些可被看作单向性原则的例外情形（参见前文 1.1）。

8.1.3　形式–意义的不对称

当一个新的、语法性更强的意义兴起时，用以表达它的手段倾向于将其原有的形式和形态句法特征保留一段时间（参见 Givón 1975a，付印中 b）。也就是说，概念/语义转变先于形态句法和语音转变发生。Sapir 早就提出这一点，他是这样描述的："可见形式要比它自己的概念内容维持得长久。尽管两者都在不停地演变，但是总体而言，当精神业已消失或已改变其实质，形式往往还继续存在。"（Sapir 1921：98）其结果是出现一个不对称的阶段，在这个阶段同一个形式同时具有两种不同的意义，即一个词汇意义或语法性较弱的意义，以及一个语法性（较强的）意义。从共时的角度看，这会导致一词多义现象（polysemy）或是同音形异义现象（homonymy）。

8.1.4　去范畴化 [①]

正经历语法化的语素会逐渐偏离其基本范畴特征，尤其是失去其作为形态句法范畴所特有的与屈折和派生标志结合的能力。这一过程会导致兼具几个语素类特征的"语言混合体"（linguistic hybrid）的产生。因此，我们会发现一些缺少诸如能够标记有定性或数的区别等名词性特征的名词，这些名词可能与附置词而不是名词有着更多的共性；或者我们会发现一些不再发生人称、时、体和情态等屈折变化的动词，这些动词表现得更像时或体标记，而不像动词（见 8.5.1）。

8.1.5　再范畴化 [②]

再范畴化是这么一个过程，通过这个过程语言往往能恢复形式与意义的相似性。它能使由去范畴化产生的"混合形式"（见 8.5.2）演变为新的、具备特定功能的语素。例如，去范畴化了的名词可能会演变成附置词，或者去范畴化了的动词演变成时/体屈折形式（见 8.6）。

---

① 此术语援引自 Hopper & Thompson（1984），他们对这个术语的用法要宽泛得多。

② 关于与此相关的术语"调适"（adjustment），详见 Heine & Reh（1984：97ff.）。

8.1.6　自主性丧失

一个已经去范畴化了的形式常常会失去形态句法的自主性而需要依附于其他形式。这可能会导致的一个结果是，一个自由的形式会变成一个附着词或是一个附着词会变成一个词缀（参见 Lehmann 1982，1985）。

8.1.7　磨蚀 [①]

一个语法化了的形式的语音实质往往会弱化和 / 或受其环境同化。这可能带来语素变体现象，即存在一个尚未语法化的"完全"形式和一个语法化了的弱化和 / 或同化形式。至少有两种可能的因素会导致磨蚀的产生。一种被 Givón（1990）描述为数量原则，这是一条相似性编码原则，根据这条原则，大语块信息要用大语块的符号来编码：由于词汇形式包含的信息比语法形式包含的多，所以当它们被语法化之后，原来用来对其进行编码的语符块自然很容易缩减。第二种因素与使用的相对频率相关：语法语素的使用频率相对比较高，其语音实质就容易出现 Gabelentz［（1891）1901］所说的"磨损"［*Abnutzung*（abrasion）］现象（Heine 1990）。

现在我们可以举一个例子来说明这些特征在理解相关的演变过程时是如何发挥作用的。在全球范围内的诸多语言中，相当于英语 Peter is at home '彼得在家'这种类型的方所结构式一直被用来表达动词体，大多数情形是进行体［Peter is at/in/on working > Peter is working（'彼得在工作中 / 内 / 上' > '彼得在工作'）］。[②]

---

① 参见 Heine & Reh（1984：21–25）。

② 除了 be '是'，也可能用其他许多不同的动词，如 stand '站'、stay '停留'、remain '维持'、keep '保持' 或 sit '坐'，而 at/in/on '在……/ 在……内 / 在……上'则在此类结构式中表示一些可能的附置词概念。

在这类情形中，一个以某种名词化形式，如分词、动名词或不定式（如 working），出现的动词取代了名词短语（如 at home）。

概念操作在此语例中起到的作用是空间命题用来概念化一个"更抽象的"概念，亦即具有某一特定时间轮廓的情境。现有的证据表明这个过程永远不会被逆转，也就是说，这一过程是单向性的：一个进行体结构式永远不会演变成一个方所结构式。将方所结构式用于动词的体会带来形式与意义的不对称，至少一段时间内是如此；Peter is at/in/on working '彼得在工作中/内/上'这个形式是有歧义的，它可以表示像 Peter is at his place of work '彼得在他工作的地方'这样的意思，也可以是像 Peter is working '彼得在工作'这样的意思。这会导致去范畴化，并最终导致再范畴化：be 和 at 各自不再有助动词和附置词那样的表现；它们转而适应新的具有特定功能的身份并演变成动词的体标记。其结果是原先的（助）动词和原先的附置词都变成了附着词并最终变成了词缀，而这些形式都失去了作为自由形式的自主性，并进而被整合到时-体形态范式之中。

从方所结构式到体标记的转变过程中有三类形态项保留了下来：原先的助动词（如我们例句中的 be）、附置词（如 at），以及主要动词的名词化标记（如 -ing）。这意味着有三种形式都只用来标记一个功能。现在，通过淘汰掉这个断续语素（discontinuous morpheme）的三个中的两个，再范畴化即可起到恢复"相似性"（iconicity）的作用，进而建立起一种形式与意义之间一一对应的关系。至于这些形式当中哪些要遭淘汰，不同语言的差别很大。一些语言中被丢掉的是助动词和名词化标记，附置词被保留下来作为进行体的唯一标记；[①] 而其他语言则把附置词淘汰掉而保留

---

① 关于埃维语（Ewe）的情形，可比较 Claudi & Heine（1986：325-326）。

其他两个标记，抑或是只保留助动词或是名词化标记。

一个语法化过程中的一些特征会有所重叠交叉，抑或它们可以被看作以不同方式呈现同一个现象。但其他特征可能是相互冲突的。这一点特别适用于自主性丧失和再范畴化，因为这两个特征会导致截然相反的结果。前者意味着一个语素或短语丧失了组合关系上的变化能力而获得了黏着能力（详见 1.2.2；参见 Lehmann 1982），也就是说，它失去了作为一个自由形式独立出现并 / 或可以移至句中其他位置的能力。相反，后者作为语法化的结果，能使相关的语素或短语成为一个新范畴中的一员，并获得这个新范畴特定的功能特征。至少有一种情形表明这个新范畴要比旧范畴表现出更高程度的组合变化能力。这种情形涉及这么一些语言，它们已把动词语法化为副词或附置词。在这些语言里，副词或附置词可能会比其词汇来源——动词，享有更多的组合变化能力（详见 8.6）。

8.2 重新分析

或许概念操作对语言结构产生的最令人惊叹的影响之一可以从语言结构的重新分析中看出来。因此有些作者甚至将语法化和重新分析这两个术语当作同义词或近似同义词来使用。其中之一便是 Carol Lord（1976：179），他把从词汇到语法项的发展看作"重新分析"。另一方面，Heine & Reh（1984：95ff.）提出应将重新分析和语法化区别开来，其根本原因在于单向性原则，它是后者的一个内在特性，而前者却未必是。[1] 正如我们下面即将证明的

---

① 语法化的影响之一是，例如，它可以把管辖 / 中心成分变为被管辖 / 修饰成分。这一过程可能触发一个相反的演变，即从先前的被管辖成分到管辖成分的演变（参见 Heine & Reh 1984：95, 104–105）。这两种演变都涉及重新分析，但只有前者涉及语法化（见下文）。

那样，事实上有理由将这两者区分开来——即使它们构成了紧密相关的过程。

　　"句法重新分析"这个术语一直被用于表示很多不同的现象。对此术语做了最为详尽的阐述的是 Langacker（1977：59），他将其定义为"一个或一类表达式在结构上的变化，但这种变化没有给其表层表达形式带来任何直接或内在的改变"。我们大体上遵循这个定义，尽管它仍存在一些问题。例如，"表层"这个词界定得有些奇怪，假定一个无懈可击的定义是有可能的，问题是"表层表达形式"是否真的不会受重新分析的影响。① 我们这里所认为的重新分析实质上是 Langacker（1977：79）所说的"句法 / 语义重塑"。②

　　语法化中可观察得到的很多不同过程都可以被称为重新分析。但本节中我们只限于 Heine & Reh（1984：110）所称的组构成分内部的重新分析（constituent-internal reanalysis），即更具普遍性的重新分析过程的具体形式，它可以重新界定组构成分的界限。③这一过程能将（1）这样的结构变成一个新的结构（2）：

　　（1）（A, B）C
　　（2）A（B, C）

---

① Langacker 对于这个术语的讨论并不完全清楚。他把"表层平面"定义为"表征的音位层面和词汇界限的标示形式，但不包括成分结构的标示形式或比词汇界限小的界限（比如语素或附着词之间的界限）的标示形式"（Langacker 1977：61）。"界限"这个术语是 Langacker 讨论过程中的一个核心概念；他将两类句法重新分析中的一类称为"再语段化"（resegmentation），完全只关注界限。一直不清楚的尤其是为何词汇界限属于表层平面，而其他类型的界限却不属于。

② 在 Langacker 的术语中，重新分析被进一步分为再语段化和重塑。

③ 试比较："语法化另一个广为人知的来源是重新分析……其中旧的界限被重新识解。"（Traugott 1980：49）

Langacker（1977：64）把组构成分内部的重新分析指称为，或许更恰当地说，是界限转换，并将之视为再语段化的一种形式，其他形式有界限消失和界限生成。

边界转移的一个常见例子可以在一些语言里观察得到，这些语言业已将一种直接引语模式语法化为一个新的间接引语结构。这种情形中通常会有一个标记用于介引直接引语，这个标记是母句的一部分。然而在从直接引语向间接引语的转变过程中，这个标记会被重新分析为一个表示从属关系的手段，从而成了间接引语小句的一部分。因此，正如我们在 7.2.1 节中所举的法罗语（Faroese）例子所显示的那样，一个类似（3）的句子被语法化为句子（4）：

（3）I say that: he comes.　'我说这句话：他来了。'
（4）I say that he comes.　'我说他来了。'

在非洲诸语言中，这一标记绝大多数来源于一个动词"说"。埃维语（Ewe）动词 bé '说' 在句子（5）中仍然具有其词汇意义。句子（6）与（5）在意义上大致相同，但 bé 已经被语法化为一个宾语小句的标补语，而"说"的词汇意义则改由大体上与其同义的动词 gblɔ 来表达。bé 事实上是从属小句的一部分，这一点可以从句子（7）中看得出来（参见8.6）：

（5）me-bé:　　　mí-á-yi　　　　　　apé
　　　1SG-说　　　我们-SUBJUNCT-去　　家
　　　'我说：我们应该回家了。'
（6）me-gblɔ　　bé　　mí-á-yi　　　　　　apé
　　　1SG-说　　说　　我们-SUBJUNCT-去　　家
　　　'我说我们应该回家了。'

（7）bé-ná　　wó-m-á-ga-tsí　　　　megbé

说–HAB　3PL–NEG–FUT–HAB–保持　在……后面

o　　　ŋútí　　　lá…

NEG　FINAL　SUB

'为了他们不落后……'

认知模式和语言模式之间存在诸多显著的相似性。我们已经关注到前文区分的隐喻范畴直接被反映于词汇结构中（见2.4.1），这些范畴和词类之间亦存在对应关系。例如，下面便是一些原型对应关系（参见2.4.2）：

隐喻范畴	词汇类型
人	指人名词
物体	具体名词
活动	动态动词
空间	方所副词，附置词
时间	时间副词，附置词
性质	形容词，状态动词，副词

因此，一旦出现一个概念向另一个概念的转移，这也会影响用于表达该概念的词汇类型的状态。这种情形的典型实例是当一个给定的概念被用作一个属于"更加抽象"范畴概念的隐喻载体的时候。

例如，当**物体**范畴中的一个项被用来概念化**空间**或**时间**范畴中的一个项时，那么这很容易触发我们在3.1节中举例说明的，从名词性词汇到副词性词汇（副词或附置词）的语言演变。所以，从名词"背部"到附置词"在……后面"的演变可被看作一个旨在还原认知结构和语言结构之间相似性的活动的结果。在形态层面，相似性通过名词"背部"语法化为附置词"在……后面"来恢复。这个过程与重新分析过程，即名词短语（如"山的背后"）被重新分析为附置词短语（如"在山的后面"）的过程，是平行的。

通常来说，重新分析常常伴随语法化，即当一个给定的语素发生语法化时，这影响的不仅仅是它自己的语用或句法位置，还会影响其所属的句子成分的位置。或者反过来说，当重新分析发生时，这很可能会使经历重新分析的结构中的至少一个语素被语法化。在这样的情形中，语法化和重新分析都是同一个策略的结果，即这一策略以不太"抽象"的概念来表达更加"抽象"的概念。

一个语法化的语例可能会触发几个重新分析模式，这一点在下面这个例子中是显而易见的，该例子来自特索语（Teso，又为Ateso），该语言是肯尼亚西部和乌干达东部境内一种属于尼罗–撒哈拉语系东尼罗语族的语言。特索语有基于性别的性形态系统，句子语序为VSO。然而，在下面这个句子中，特索语表现出来的却是SVO语序：[①]

（8）mam　　petero　　e-koto　　ekiŋok
　　　不　　　彼得　　　3SG–想要　狗
　　　'彼得不想要一条狗。'

这个句子历史上由 *e-mam petero e-koto ekiŋok '想要一条狗的不是彼得' 这个复合句派生而来，这个复合句由一个主句（e-mam petero）和一个从属小句（e-koto ekiŋok）构成。这个句子之所以有 SVO 这个语序，是因为主要动词 -mam '不是' 语法化成了一个否定标记。这样，一个语法化语例就导致了多种不同的重新分析，

---

① 该句引自 Hilders & Lawrance（1956：xix）；亦可参见 Heine & Reh（1984：104–105）。

诸如下面这些：^①

　　a）这个复合句被重新分析为一个简单句。

　　b）从属小句被重新分析为主句。

　　c）由于动词 -mam '不是' 语法化成了一个动词性否定标记 mam，原先的主句被重新分析为一个语法标记。

　　d）原先主句的主语被重新分析为新句子的主语。

　　e）先前的 VSO 结构被重新分析为 SVO 结构，由此导致特索语里的否定小句中已经引入 SVO 语序。

　　类似这样的一个语法化的语例就触发一系列重新分析的例子并不鲜见。

　　事实上，正如 Thompson & Mulac（付印中）的讨论指出的那样，英语里涉及诸如 I think '我想' 或 I guess '我猜' 这种命题态度动词的短语演变成认识情态插入语，便预示着一个类似演变过程的开始。

　　在例（9）中，I think 构成主句的主语和动词，that 引导一个补足语小句；而例（10）中主句的主语和宾语出现在句子的末尾，标补语不再出现［即 "that–删除"（*that*-deletion）］。按照这些作者的看法，例（10）中的 I think 已经语法化为一个认识情态短语，表达说话者对话语的信奉程度，"参照与其发生联系的小句，表达大体相当于 maybe '或许' 这样的认识情态副词的功能"（Thompson & Mulac，付印中）：

　　（9）*I think* that we're definitely moving toward being more technological.
　　　　　'我想我们肯定正向更加技术化前进。'

---

① 关于这些例子中各种不同表征的重新分析之间是如何相互关联的问题，看来需要另外撰文分析。

（10）It's just your point of view you know what you like to do
in your spare time *I think*.

'你知道在闲暇时间干什么只是你的观点，我想。'

Thompson & Mulac（付印中）将这种情形视为主句和补足语
小句之间的区别变模糊了。其中涉及的过程看来倒应该是更向前
发展了一步；不难想象，从例（9）到例（10）的转变可以解释为
一个下面这种新兴的重新分析模式：

a）有一个"从主语–动词短语到 EP（认识情态短语）
的范畴转移，后者拥有的分布特征是前者不可能拥有的"
（Thompson & Mulac，付印中）。

b）主句（I think…）被重新分析为一个认识情态小品词，
"变成了一个表现为副词这个语法范畴中的一员的单一成分"
（Thompson & Mulac，付印中）。

c）重新分析的结果使原先的补足语小句变成了主句，而
原先的主句转变为这个新主句的依附性状语成分。与许多类型
的基于语法化的重新分析的情形一样，其结果是现有的依附关
系被彻底颠倒；也就是说，管辖成分变成了依附成分，反之亦
然（参见下面 8.3）。

有理由认为虽然语法化和重新分析似乎是一对分不开的孪生
子，不过必须将它们严格区分开来，特别是出于以下一些考虑：

a）语法化本质上是一个单向的过程，重新分析则不是，
这一点业已由 Heine & Reh（1984）证明。例如，语法化可能
产生的诸多结果之一便是能使主句转变成从属小句。这个过
程——例如当一个动词被语法化为一个附置词，或是当一个直
接引语命题被语法化为一个间接引语命题（见第7章）时就可

能发生——是单向性的。另一方面，即使是由语法化引发，重新分析也有可能产生相反结果，也就是说从属小句被重新分析为主句，正如刚刚举的例子所显示的那样。

b）语法化不一定伴随有重新分析的发生。因此指示语语法化为定冠词（this man'这个人'>the man'这人'），定冠词又语法化为非类指冠词等（见 Greenberg 1978a），或者数词'一'语法化为不定冠词（one man'一个人'> a man'有个人'；参见 Givón 1981），这时我们接触到的只是一个指示语或数词的语法化而没有涉及重新分析：限定语–中心词短语的句法状态一直保持不变。①

在诸如下面例（11）这样的例子中，"重新分析"可能是一个很管用的标签，尽管它与语法化并不形成一对一的关系。在探讨拉丁语中的一个迂回结构式如何转变为西班牙语中的屈折将来时结构式时，Fleischman（1982a：115）注意到，拉丁语的不定式标记 -re"业已被重新分析为一个将来时标记"，涉及如下的结构演变：

（11）cant-　　a-　　　　re　　（h)a(b)　-eo
　　　唱–　　1st–CONJ　INF　有　　　–1SG　　＞
　　　cant-　　a-　　　　r- é
　　　唱–　　1st–CONJ　FUT–1SG
　　　'我将唱歌。'

语法化理论难以解释这种从不定式标记到时范畴的概念转变，我们这里所处理的是一个导致对形态功能进行重新解读的重新组构过程。

---

① 然而需要注意的是，类似这样的例子并不完全令人满意，特别是因为对于如何定义"重新分析"和"语法化"存在着广泛的不同意见。例如，对于那些把这两者当作同义词来看待的人来说，指示语语法化为定冠词的过程同样也是重新分析的例证。

8.3 依附关系

本书自始至终都坚持把认知域和语言域这两者区别开来，主要是基于这样的假设，即对特定的语言结构进行分析时需要超出语言范畴化的界限。但这样做时我们忽视了一个问题，即这两个域的边界该在哪里划定为好。这一节我们希望来审视一下一个前面几节（见 8.2）中反复提及的问题，也就是依附关系问题。

有这么一些演变情形，即当经历语法化的单位在一个给定的结构式中是管辖成分时这些演变就会发生，而当这个单位在同一个结构中充当依附成分时这些演变就永远不会发生。能出现如 2.2.2 中呈现的源命题或是重新分析结构（见 8.2）的都是仅限于语法化单元在其中充当管辖成分或是中心成分的结构式。因此，在一种给定的语言里，当名词"背"被语法化为一个前置词或后置词（"在……后面""在……之后"）时，这就既涉及一个源命题（这种情形下是一个部分与整体的命题），又涉及重新分析。这个例子中语法化的作用是像"山的背面"这样一个领属结构式被重新分析为一个状语短语"在山后面"。这个过程的结果被 Anttila 描述如下："原先的中心语和定语已经互换了位置，因为中心语已经变成了定语的一个纯粹的附属物，而定语仍保留着其词汇意义。"（Anttila 1972：149）而当经历语法化的单元成分充当依附成分时这一切都不会发生，这种情形，例如当指示语"这"（this）语法化为有定标记（the）时，结果是将一个指示语–名词短语**"这个人"**（this man）变成了一个定冠词–名词短语**"这人"**（the man）：其中既不涉及源命题，也没有任何可以辨识的重新分析模式（见上文 8.2）。

这个事实表明，依附关系是与我们的讨论直接相关的一个参数。一个给定的项是管辖另一个项还是被另一个项管辖，可能会决定它在隐喻使用过程中和语法化过程中的命运。最晚近自 Tesnière（1959）开始，依附关系就已经成为语言分析的一个中心议题。然而，依附关系在认知心理学中的地位却不是很清楚。但有足够的理由相信，依附关系与认知过程的相关性和与语言结构的相关性一样紧密。

8.4 语法化链

第 2 章和第 3 章中描述的概念转换模式可以用来说明语言结构中表现为语法化链的现象，我们把这种现象解释为概念操作和会话蕴涵的一种在某种程度上凝固化了的结果。语法化链以语言形式反映着从更"具体"内容到更"抽象"内容的变化过程中所发生的一切，并使重构这个过程成为可能。

8.4.1 链的结构

在早期的一些研究中，语法化被看作具有连续统的结构。因此，Heine & Reh（1984：15）就声称，语法化形成的是"一个演变连续统"，而且"任何欲将之分解为离散的单位的企图必定带有一定程度的任意性"。与此相似，Kölver（1984）把泰语里动词到前置词的形态句法转变过程描述为一个连续统，这个连续统的一端是以具有高程度的动词特征或"动词性"（verbality）为标记的一个极点，另一端则是以具有"最大程度的前置词性质"为极点，在这一端，原先的动词不再表现出任何动词特征。图 8.1 展示的就是作者的模式。由于 Kölver 的描述表明我们分析的是一个真正的连续统，所以诸如"高程度的动词性"这样的表述不应被理解为代表该连续统上的离散的点。

动词		次等动词				前置词	
→	高程度的动词性	→	动词性减少	→	低程度的动词性	→	没有动词特征
例如：	loŋ '下降'		maa '来'		càak '从……离开'		tɛɛ '从'

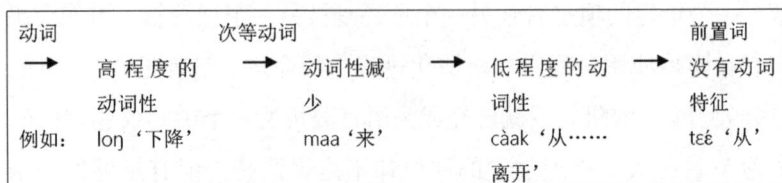

图 8.1　泰语里动词到前置词的连续统（据 Kölver 1984）

我们这里不用"连续统"这个术语而代之以"语法化链"这个名称，主要是由于在从词汇范畴到语法范畴的转变过程中，总会涉及某些兼有概念结构和形态句法结构的重叠现象，这意味着正如我们下面将阐明的那样，这是一个链过程（另见 4.3）。

把"语法化链"与其他一些相关术语区别开来或许会有帮助。第一个是"语法化量表"（grammaticalization scale），根据 Lehmann（1982：26），它是一个涉及功能相似符号的描述结构。我们避免使用这个术语，因为尚不清楚它是否具有任何认知基础。

第二个术语是"语法化渠道"，这个术语在过去十来年中有所流传（Givón 1979a；Lehmann 1982；Heine & Reh 1984）。在 Heine & Reh（1984：113）的著述中，语法化渠道被描述为可供介引新语法范畴的语言选择的替代选项。下面这个例子或许可以说明这种区别。同一个语法概念有不止一个词汇来源的例子有很多。例如，英语里表示**将来时**的表达式历史上主要来源于两个不同的词汇源域，要么是施事导向的情态域（即来源于助动词 shall 和 will），要么是空间运动域（即来源于动词 go to；参见 Bybee，Pagliuca & Perkins，付印中）。换一种方式来描述这种情境的话，我们可以说英语使用了两种不同的语法化渠道来形成**将来时**语法标记，因此从 shall/will 到**将来时**标记是一个不同于从 be going to 到**将来时**标记的渠道。另一方面，"语法化链"这个术语指的是从词汇形式到语法形式的变化过程中发生了什么，即从一个动词或助动词到一个**将来时**语素过程的性质，例如从空间运动（go to）经过**目标**导向的活动、**意图**、**即刻将来时**，再到**将来时**，这个过程是如何建构的（见 7.1.1）。

在这个例子中，渠道是以它们的终结点来界定的。然而，它们一样也可以从出发点或源点来加以观察。这样，"语法化渠道"这个术语便指称同一个源概念的不同发展线路。在 Craig 描写尼加拉瓜一种叫拉玛（Rama）的奇布查语（Chibchan）的著作中，这些渠道被她称为"多重语法化"（poly-grammaticalization; Craig，付印中）。

语法化链关注这些渠道的内部结构或是其中的组件；它们涉及这些渠道认知、形态句法和语音上的性质。它们可以同时被识解为关系模式、过程、共时或历时现象，甚至是动态的、泛时的项（参见第 9 章），抑或仅仅被识解为语言范畴的一种新类型，这种新类型与我们都熟悉的那种广为人知的离散的范畴类型在结构上不同（参见下面 8.4.2）。

为了更具体地说明这个链是什么样的，我们现在回头看看 3.1 节中简要讨论过的埃维语 megbé '背部' 的演变过程。正如我们在那里看到的那样，这个词位含有至少七种不同的概念项或焦点意义，它们组成了一个"抽象程度"逐渐增加的链，从一个具体的、看得见／摸得着的实体、一个身体部位扩展到一个表达"落后、心智迟钝"这种性质的非物理语项。这么一个链的存在有着相当多的语言学蕴涵；其认知结构在 megbé 的形态句法表现中直接得到反映，如表 8.2 所示。

这种表现可以描述如下。作为表征人体部位的一个名词（**物体／名词**），megbé 具有埃维语具体名词所具有的全部特征。它可以充当名词短语（NP）的中心语，并能带任何一种名词修饰语。当用作领属结构的中心语时，它与领格修饰语通过"可让渡"领属标记 pé 连接在一起。① 在这个链的另一端，megbé 表现为一个语法化了的词汇，它已由一个名词演变成一个副词性语项，因此不再可能接受任何限定成分或与领属标记 pé 结合。

表 8.2　埃维语 megbé 的形态句法

阶段	概念属性	释义	词类	组构成分类型	形态
A	物体 / 人	'身体的背部'	N	NP	p
B	物体	'后部'	N	NP	p/–
C	物体 / 空间	'地点后面'	N	NP/AP	p/–
D	物体 / 时间	'时间之后'	N	NP/AP	p/–
E	空间	'在……后面'	N/A/P	AP	–
F	时间	'在……之后'	N/A/P	AP	–
G	质量	'落后'	A	AP	

注释：N= 名词；A= 副词；P= 后置词；NP= 名词短语的中心语；AP= 副词短语的中心语；p= 出现领属标记 pé。

　　这两极之间有许多中间阶段，从一个阶段到下一个阶段的转变是渐进的。首先，这涉及格形态：一旦 megbé 不再指称人体部位但仍然可理解为一个**物体**概念，那么领属标记的使用就变成可选的（阶段 B）。在阶段 C 和 D，megbé 分别体现**空间**和**时间**概念，但仍然被处理为**物体**概念；它有时可以充当副词短语（AP）的中心语，尽管它表现得像个名词而且可以带形容词、指示语这样的修饰语。到了阶段 E 和 F，megbé 不再有类似**物体**的特征，它被标示为两大语言创新：它可能不再与领属标记 pé 连用，而且尽管它偶尔能与名词性（领属）修饰语连用，但已经最终从一个名词变成了一个副词或后置词。

_____

① 埃维语里"可让渡"与"不可让渡"之别在语言结构上的表现很奇怪，具体可参见 Claudi & Heine（1986：316）。

　　这种从完全的名词到副词或后置词的转变过程体现了一些语法化过程具有的特征。第一，它被标示为重叠：总存在这么一个阶段，即在先前的结构被后来的结构取代之前，两者会作为可选的变体形式共存一段时间。在阶段 B 重叠涉及格形态，在阶段 C 和 D 涉及组构成分类型，而在阶段 E 和 F 则涉及词类。因此，我们遇到的是与在概念组构语例中观察到的同一种类型的形态句法结构链（参见 3.1）。

　　然而，这种类型的重叠也可以用不同的方式来识解。除了先前的结构和后来的结构以可选的变体形式共存的情境之外，我们同样可能会遇到一些中间过渡阶段，它们兼有两种结构的因素，但我们又不能完全按照其中任何一种来对它进行详尽描述。例如表 8.2 中的阶段 E 和 F，这里的 megbé 并不是由名词、副词和后置词的特征组合而成的，尽管它兼具所有三种词类的特征；然而 megbé 的确是一个语言"混合体"，我们很难根据既有的语言结构分类体系对它进行范畴化，最好还是将其描述为不再是名词但又尚未是完全意义上的副词或后置词的一个语项——它正好处于中间的某个过渡地带（参见 8.5.2）。

　　虽然在这样的情境中语言结构似乎是概念操作的直接反映，但两者之间也存在着一点关键性的差异：概念链先于形态句法链。[1] 这一差异在某种程度上是可以预测的，因为它是所涉及过程的性质的派生。正如我们上面已经试图证明的那样，语法化是概念操作的结果，认知重构也因此先于语言演变。例如在表 8.2 中我们注意到，词素 megbé 在阶段 C 和 D 分别具有空间或时间意义，但仍然被编码为一个名词，甚至到了阶段 E 和 F 它都还有名词性特征，尽管它似乎表示的分别是纯粹的空间概念或时间概念。

　　① 参见 8.1 节"形式–意义的不对称"（8.1.3）。

这意味着表 8.2 中暗示的概念结构和语言结构之间的相似性自始至终都受到操控。其结果是认知结构和语言结构之间的不对称性，这看来是语法化链的另一个显著特征。这一看法在早期的著作中就已经有人提出来了，例如针对动词到前置词链（verb-to-preposition chain），Givón 就指出：

> 一个动词按照语义、形态和句法的所有标准一下子突然演变成一个前置词的可能性非常小。因此我们大可预料，在相当长的一段时间内，在一种语言中会看到很多不同类型的中间过渡情形，在这些过渡情形中一个"小品词"按照某些标准已经是前置词，而根据另一些标准它仍然是"一个动词"。特别是形态和句法表现很容易滞后于发展更为快速的语义重新分析，也因此常常代表的是旧有的语义情状的残留。

（Givón 1975a：86）

语法化链本质上类似于由 Brugman（1981）、Lakoff（1982, 1987）、Norvig & Lakoff（1987）、Hawkins（1988）以及其他人探讨的语义链、辐射范畴或词汇网络（见 8.4.2 节），它们对语言结构的主要启发之一是会带来一词多义。这种相似性在下面这个按照 Lakoff 的框架加以描述的有关附置词的语法化的特征中是显而易见的：[1]

> 对于每一个前置词，我们都会识别一个中心意义或是原型意义。这个原型意义并非高度概括的，而是同样可以勾画出一个非常具体的构型。当前置词用于一个与原型例子紧密相关但又与之有别的意义时，便产生了一词多义。例如：对于原型所必需的一个条件可能没有得到满足；对于原型是可选的一个

---

[1] 在这个框架里，"原型意义"这个术语大体上对应于我们的"源概念"这个概念。

特征现在则取得了中心地位，或反之亦然；或可能需要某一附加特征。基于相同的过程，这个衍生的意义接着会引发新的语义延伸，如此等等。因此，这个词的各种意义从中心的原型辐射而出，如同车轮的辐条。外围的意义之间或是它们与中心意义之间可能没有什么太多的共性；它们仅仅通过语义链的中间过渡成员而发生联系。

（Taylor 1988：301）

语法化链或是"语义链"的这些特征与语言描述直接相关。

8.4.2 作为语言范畴的链

自然语法模式的拥护者们津津乐道的定理之一是"一个功能一个形式"这条原则（参见 4.6）。事实上，在一些语言学讨论之中，传递给人们的印象是一种理想的语言应该是这样的，即每一个词只有一个意义而且每一种意义只用一个形式来表达。我们希望前面几章已经陈述清楚为什么这样的一种语言状态不大可能存在。每一个语法化的实例都可被看作对这条原则的违背：多义模式作为语法化链的一个特征（见上文 8.4.1），便是语法化的典型产物之一。[①]

一个主要的、需要进一步研究的问题涉及这些链的范畴状态，例如在语言描写中的范畴状态。正如前面一节（8.4.1）所举的埃维语的 megbé 这个例子所显示的那样，这些链跨越认知域、概念边界、组构成分类型、词性、语素类型等。语法学家采用的一般策略是要么把它们生硬地套入现有范畴这件紧身衣里，把链的一部分划归于现有范畴中的一个，并且声称链的其余部分是变异用法，要么索性统统无视它们的存在。

---

① 其中也常常涉及语素变体（见 Heine & Reh 1984）。

　　有三种新近的研究方法在语法化链的描述方面似乎有用，特别值得一提。它们都是基于由 Rosch 提出的原型理论（例如参见 Rosch 1973a，1978）。第一种是辐射范畴（Lakoff 1987）或是词汇网络（Norvig & Lakoff 1987）的研究思路，按照这种研究思路，一个给定的语言表达式的各种意义组成一个辐射结构的范畴，其中包括一个中心成员或次范畴，和一个由只有些微不同的意义或次范畴构成的网络（参见 8.4.1）。后者通过下面的联系方式派生于前者：意象–图式转换、隐喻、转喻、框架增补等（参见 Norvig & Lakoff 1987：197–198）。

　　辐射范畴与语法化链的相同之处是：首先，两者都受一种相似的认知过程驱动；其次，它们都以一种链式原则的形式来加以描述（Lakoff 1987：91–114）。辐射范畴这种研究思路似乎不太关心的是从一种类似原型的范畴到另一种范畴的转变，或是从一种词类到另一种词类的转变；相反，按照这种研究思路，我们非常关注皆为同一原型一部分的次范畴或意义的网络，而该同一原型又对应于一个具体的词素。

　　解决原型转移这个难题的一个方法是由 Givón 在他的原型扩展模式中提出来的。他论证说，原型的灵活性和语境敏感性使其能够通过吸纳新成员而改变自身的结构。这个过程中使用的策略是隐喻，其结果是对原型核心的重新界定，或者是核心特征相对次序的改变（Givón 1989；亦参见 4.3 节）。例如按照隐喻来识解 George built a wall around himself '乔治在他四周砌起了一堵墙' 这个句子时，"砌墙"（wall building）这个范畴的成员被扩展到允许"护卫和孤立行为"加入这个范畴的特征组中来。

　　鉴于一个给定原型的外围或非焦点特征可能变成一个语法语素的原型核心，Givón 也用这个模式来解释语法化链。Givón 引述动词 go '去' 语法化为将来时标记，作为他所举的例子之一。他声称，"时间上的运动"是空间运动的一个组成部分，但不一定是"去"（go）这个原型的核心。然而，在隐喻扩展过程中，它变成了"将来时"这个原型的一个核心特征（Givón 1989：59）。原型扩展，正如由 Givón 观察到的那样，实际上可以用来解释一些语法化链最为突出的特点，特别是下面这些：

　　a）它们背后的推动力是隐喻。

　　b）原型扩展既可以是范畴内的，也可以是范畴外的。在前面这种情形中，一个现有的类原型范畴被重新界定。在后面这种情形中，鉴于旧原型的非核心属性变成新原型的核心属性，一个新原型从一个旧原型中发展而来。

　　c）这意味着语法化链是比原型更具有概括性的范畴，因为一个链可以包含不止一个原型结构，而相反的情形看来不成立。用上面所举的 Givón 的例子来说，在许多语言中"去"这个词素构成一个至少包括两个原型的链：一个是具有词汇意义（如"朝向目标的空间运动"）的原型，另一个是具有语法意义（如"将来时"）的原型。

　　除了辐射范畴和原型扩展这两条研究思路，还有第三条研究思路也有助于理解语法化链的实质，即把语言项看作家族相似性范畴的研究思路。家族相似性这个概念是由路德维希·维特根斯坦（Ludwig Wittgenstein）（1953）在他的《哲学研究》这部著作中提出来的，并从那时起一直被用于心理学研究（Rosch & Mervis 1975；Medin, Wattenmaker & Hampson 1987；Ward & Scott 1987）和语言学研究（Taylor 1989）。家族相似性的经典形式是由 Rosch & Mervis（1975：575）这样来总结的："一个家族相似性关系由一系列项目以 AB，BC，CD，DE 这样的形式组成。也就是说，每一个项目至少有一个或者可能几个要素与一个或多个其他项目相同，但没有或者很少有与所有项目都相同的要素。"
家族相似性结构也一直被指称为模糊范畴（Medin，Wattenmaker
& Hampson 1987：243），但"模糊性"关注的一方面是该范畴中
不同成员之间的关系，另一方面是该范畴作为一个整体的边界。

看来语法化链具有家族相似性范畴的所有特征，这一点可以
通过观察总结于表 8.2 的埃维语词素 megbé 的形态句法表现得到
说明。表中区分的七种意义的表现可以按照四个参数来加以描述：
概念属性、词类、成分类型以及形态表现。这七种意义共有的属
性数目总结于表 8.3；它们是按下面这种方式进行计算的：两种意
义之间完全相同的属性的指数值定为 2，部分相同的为 1，无相同
属性的为 0。例如，基于"词类"这个参数，意义 A 和 B 共有的
指数值为 2（N:N），A 和 E 共有的指数值为 1（N:N/A/P），而
A 和 G 的为 0（N:A）。

表 8.3　埃维语 Megbé 的七个意义共有的属性数目

| 意义 | 意义 | | | | | | 与其他意义共有的平均属性数目 |
	A	B	C	D	E	F	
A							3.0
B	6						3.6
C	5	6					4.5
D	5	6	7				4.5
E	1	2	4	3			3.5
F	1	2	3	4	6		3.5
G	0	1	2	2	5	5	2.5
平均属性数目：							
与相邻意义共有的							5.5
与非相邻意义共有的							2.9
距离最远的成员（A 和 G）共有的属性数目							0

表 8.3 中呈现的数据显示的，像埃维语 megbé 所代表的语法
化链可以被描述为下面这种类型的家族相似性范畴：

a）它们是线性范畴，也就是说，它们拥有的是一维平面
上的扩展。

b）没有什么属性是链上所有属性共有的。

c）这些意义中的任何一个都不具备所区分的全部属性。

d）每一个意义都有几个属性与其他意义共享，但链上的
两个端点，即表 8.3 中的意义 A 和 G，没有什么相同的属性。

e）直接相邻的意义之间相同的属性要比非相邻的意义多
得多。因此，表 8.3 中属性相似度的平均值在相邻意义之间是
5.5，而非相邻意义之间只有 2.9。

f）非外围意义与其他意义之间的相同属性数目比外围意
义与其他意义之间的要多。因此，表 8.3 中属性相似度数值最
高的是处于中心位置的意义 C（4.5）和 D（4.5），而数值最
低的是外围意义 A（3.0）和 G（2.5）。

我们现在可以来总结语法化链的特征了。这些链的一个简化
形式如图 8.2 所示（对比图 4.8），它们的形式特征如下：

a）语法化链是以其端点成员（图 8.2 中的意义 A 和 Z）
为参照进行定义的家族相似性范畴。这些端点成员在相对语法
化程度上彼此有别，表现在 Z 是 A 的一个语法化形式。

b）我们可以用这些端点为参照，对该链上的任何一个意
义进行定义：该意义离 A 点越近，其语法化程度就越低。

c）我们也可以将该链上的不同意义彼此为参照进行定义：
一个位于左边的意义要比它右边的任何一个意义语法化程度都
低；另外，两个意义之间的位置越接近，那么它们的相对语法

化程度的差别就越小，意义也就越相似。因此，B的语法化程度要比Y的低，因为它处于Y的左边。此外，鉴于它们彼此间的相对距离，B与A之间相对语法化程度的差别小于B与Z之间相对语法化程度的差别；因此，A和B之间在意义上的相似度要比它们两者中的任何一个与Z的相似度高。

d）该链上两个给定的意义之间的距离越大，那么它们分属不同认知域的可能性就越高。因此，图8.2中的B与相邻的A属于同一个认知域但与Y或Z属于不同的认知域。

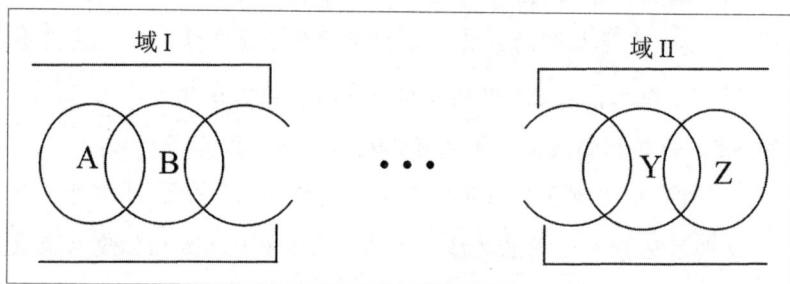

图8.2　语法化链的结构

总之，语法化链有一个清晰的内在结构，描写和解释语言结构需要语法化链。它们与其他类型的语言范畴的区别在于它们既不对应于离散范畴这个经典概念，也不对应于Rosch和她的追随者界定的原型这个经典概念（但是参见Rosch & Mervis 1975）。

8.5　语法化和话语角色

诸如上面展示的语法化链，与指称性/可操控性这样的话语语用参数具有可预测的相关性：megbé这个词素被用作类**物体**项时具有最大程度的指称性，而与**属性**范畴相联系时指称性最低。不过这种关系似乎很复杂，把当下讨论的这种认知–概念现象简化成语用–语篇识解不会有太多的收获，反之亦然。

8.5.1 去范畴化

我们可以用埃维语的另一个例子来说明这一点。我们的例子涉及 ŋútsu 这个词素。这个词素具有"男人、成年雄性"的含义，可被看作一个"原型的名词"。然而，根据具体的语境，这个词素会表现出一系列相当显著的语义和形态句法变异。（12）至（14）这些句子便是反映关于 ŋútsu 一些用法的特点的几个例子。例（12）中，ŋútsu 指称一个具体名词，它具有一个"好名词"的全部特征：它占据的是一个名词的句法槽位，而且可以带任何一种通常与名词结合的修饰语，譬如数标记、限定语等。例（13）中，它的句法表现也像一个物体名词，但不像例（12）中那样是有生命的，而且也不能带任何形式的修饰语。例（14）中，它占据的是一个物体名词的位置，但已不再是"语义上的名词"，它带像 ŋútɔ 这样的修饰语，这样的修饰语受形容词和副词而非名词的管辖，因此它的表现更像一个形容词或副词而不像一个名词：

（12）me-le ŋútsu nyúíé ádḙ dí-m̄
1SG–COP 男人 好 INDEF 想要–PROG
'我正在寻找一个好男人。'

（13）é-de ŋútsu lã me ná-m
3SG–放置 男人 身体 里边 到–1SG
'他给了我勇气。'

（14）é-wɔ ŋútsu ŋútɔ
3SG–做 男人 非常
'他表现得非常勇敢。'

ŋútsu 的情形绝不是奇特的或是语言特异的现象；埃维语词典

里充满类似这样性质的例子。词典编纂者处理这些情形的策略是把一个相应词素的各种用法罗列为"多义词"或"同音形异义词"，然后就那么放着不管（参见 Westermann 1905：410-411）。Hopper & Thompson（1984）提出解释这些情形的一个方法，他们根据名词和动词各自的话语角色来分析它们在用法上的变异。例如在例（12）中，可以说 ŋútsu 是一个高度突显的话语参与项的例子，它具有自足性，且操控和代表原型名词，因而能与整个名词性形态结合。另一方面在例（13）甚至是例（14）中，ŋútsu 表现出的是一个去范畴化了的形式：可将之解读为一个不可操纵的、依附的、因范畴地位低而缺乏原型名词特有的形态特征的非个体化项。

目前的研究方法可被看作对 Hopper & Thompson（1984）研究方法的补充；也就是说，目前的研究办法不看话语价值，而是聚焦于语言单位的概念操作。正如我们上面已经看到的那样，具体、可视/可触摸的项被用来概念化不太具体的项。我们已经提出诸如**人**、**物体**、**空间**等一系列的认知范畴，它们之间属于一种受认知距离管控的隐喻关系。这种关系实质上是单向的，其中距离不太远的范畴常常被用来理解和/或描述距离较远的范畴。这样，与**人**这个范畴相关的概念便可用来描述更高程度的认知距离上的概念，譬如**物体**或**属性**。这正是 ŋútsu 的例子里所发生的情形。例（12）中，这个词素表示的是一个具体的人的概念。例（13）代表的是这么一种情形，即 ŋútsu 指称的不再是人类，而是一种与人类概念相关的属性，尽管它在形式上被表达为一个类**物体**的项。最后，在例（14）中，ŋútsu 专门指称一种属性，这个名词也因此与使用埃维语的人通常用来编码属性的词类，例如形容词和状态动词，进行竞争。

因此，看来这个词素的概念范围包括三个认知范畴，**人**、**物体**和**属性**，而且依据给定的语境中与之发生联系的相关范畴，它会具有不同的形态句法表现：当指称人这个范畴时，它带有全部的名词性形态；但当它指称一个类似**物体**的项时，则缺乏名词性特征；最后当它表达一种**属性**概念时，相对于名词，它与形容词具有更多的共性。不过我们将在下一节看到，这样的描述关注的只是这个相关过程的一方面内容。

8.5.2　混合形式

正如我们在前面几章中概述的那样，语法化过程兼有断续组件（第 2 章）和连续组件（第 3 章；亦参见 4.1）。前者存在一个从 X 到 Y 的离散的转变，即从一个词汇范畴或语法性较弱的范畴到一个语法性较强的范畴的转变。在后一组件中，这种转变是渐进式的：我们讨论的不是 X 被 Y 取代的问题，我们观察到的是 X 特征的连续减少和相应的 Y 特征的逐渐增加。

X 和 Y 中间的某个位置存在一个阶段，这一阶段所涉及的语项不能被简单地描述为要么主要是 X 要么主要是 Y，因为它是由这两个范畴的特征按一定比例组合而成的。当达到这么一个阶段时，我们建议使用中间过渡形式或混合形式的说法。混合形式是语法化链的一部分；它们常处在"不再那么 X，但又尚未十分 Y"这种类型的重叠阶段的接合处（见 8.4.1）。

正如这里使用的那样，这个术语专门指称语法化的一些情形，即范畴在认知上和语言上发展为语法标记过程中的一个特殊阶段。这意味着我们可以用语法化的源结构和目标结构为参照，对混合形式进行描述：它们保留了其源结构的一部分，同时又已获得其目标结构的一部分。

可以说从指示语到关系小句标记的发展过程是语法化的一个范式例子：它构成了世界语言中所发现的最为广泛的语法化链之一。当相关的词项一方面仍然保留着指示语的功能而且可被分析为母句的一个直接成分，另一方面又作为关系小句的一部分被用作从属关系的标记时，这个过程的混合阶段便到来了。

例如，肯尼亚境内的皮钦斯瓦希里语（KPS）已经失去了海岸或标准斯瓦希里语里的关系小句形态，同时又引入了第 9 类名词的远指指示语 ile'那（一个）'，将它用作一个新的、无词形变化的关系代词。说这个标记仍然处于一个混合阶段可由例句（15）得到支持，其中 ile 的用法既可以被理解为一个指示语［如（15a）］，也可以被理解为一个关系代词［如（15b）］。这种歧义在例句（16）里被消除了，这里 ile 的用法只能被解释为一个介引限制性关系小句的标记。因此，ile 在（15）中是一个混合形式，但在（16）中已不再是一个混合形式，它很清楚是一个关系代词了：[①]

（15）mimi   na-on   ile   gari   kwisha   fika

　　　　我 　　　　NF-看 　DEM/REL 　汽车 　　完成体 　　到达

（a）'我看见了那辆车，它已经到达。'

（b）'我看见了那辆已经到达了的汽车。'

（16）kila   mtu   ile   na-ambi-wa   mambo   hii

　　　　每 　　　　人 　　　REL 　NF-告诉-PASS 　事情 　　　这

na-shangaa

NF-系词.惊奇

'每个被告知这件事情的人都感到惊奇不已。'

一个混合形式的寿命可能会相对较短，正如我们上面所举的 KPS 的例子显示的那样。[②] 然而，它也可能会延续几个世纪甚至上千年之久。德语指示语 der（阳性）/diu（阴性）/dɑʒ（中性）'这，

---

① NF 这个缩略形式表示非将来时，即指称现在或过去情状的时范畴。更详细的讨论参见 7.2.1.2。

② 这个斯瓦希里语方言是在距今不到一个世纪的早期殖民时期发展起来的。

那'（分别发展为如今的 der，die，das）语法化为关系代词始于古高地德语（Old High German）时期，而且那时它们已显示出混合形式的一些特征，如例句（17）所示，其中的 daʒ 既可被解读为属于母句的一个指示语，也可被看作一个关系代词：

(17) sê　dîne　gungirun　tuoant　daʒ　　　sie　ni
　　　看　你的　门徒　　做　　DEM/REL　他们　不
　　　môʒun　tuoan　in　feratagum
　　　必须　　做　　在　安息日
　　　'看你的门徒做那些在安息日禁止做的事情。'［Mondsee Matthew（蒙德西·马太）；Lockwood 1968：242］

到了 16 世纪，这个混合形式仍然在使用，例如路德就曾使用这个形式。如例句（18a）所示，这里 den 既可被看作母句的一个宾语代词，也可被看作一个关系代词。在现代标准德语中，指示语和关系小句标记之间的差异已经不存在了，这一点可以从例句（18b）看得到，而（18b）正是（18a）的现代译版。然而，这个混合形式在一定的语境下仍然存在，尤其是当这个代词以主格的形式出现时，如例句（19）所示：①

(18a) habt　ihr　nicht　gesehen　den　　　meine　Seele
　　　 有　　你.PL　不　看　　　DEM/REL　我的　灵魂
　　　 liebet?
　　　 喜爱
　　　'难道你们没看见我的灵魂向往的那个？'
(18b) habt　ihr　den　nicht　gesehen,　den　meine
　　　 有　　你.PL　DEM　不　看　　　REL　我的

---

① 这里的全部例句都引自 Lockwood（1968：242-244）。

Seele   liebet?

灵魂   喜爱

'难道你们没看见我的灵魂向往的那个？'

（19）der   mir   gefällt   ist   zu   groß

DEM/REL   对.我   喜爱   是   太   大

'我喜爱的那个太大。'

对于那些按照离散的、一刀切的范畴对语言进行分析和描写的模式培养出来的语法研究者来说，混合形式是一个常见的难题，而且好多学术争议都是围绕着一个给定的混合形式是"基本上 X"还是"基本上 Y"，抑或是 X 或 Y 的变体形式这个问题进行的。当谈到动词–附置词链时，这个问题在全球范围内的许多语言里都有过讨论，其中涉及这么一些语素，它们在一定程度上具有动词性特征，并且／或者与完全动词是同形或同源关系，但同时又缺乏某些动词性特征，并表现出附置词的形态句法特征和功能。人们给这些混合形式起了许多名称，譬如"类动词"（verbid），"同动词"（co-verb），"修饰性动词"（modifying verb），等等（参见 Ansre 1966；Lord 1973；Bamgbose 1974；Clark 1979；相关参考文献参见 Hünnemeyer 1985）。

有人或许会争辩说，正如过去有人做过的那样（见 Ansre 1966），在语法描写中只要给这些混合形式建立一个新的范畴即可。这种做法虽然有用，但很难做到合理公正地对待它们的真实本质：既然它们只是构成语法化链的众多点中的一个，那么它们的确切结构就只能以整个连续统为参照才能得以界定（参见上面 8.4）。因此，这里需要的就是一个语言描写框架，这个框架不是要局限于诸如词类或成分类型这样的静态的、离散的单位，而是要将诸如语法化链以及其他类型的连续统这样的动态项包括在语言分析的基本分类单元里。

8.6 再范畴化

我们在有关语法化的著作中经常看到的主题之一是，这个过程可被描述为一个涉及语言项消失的过程。至今我们所做的概括中就特别提到，例如语法化会导致一种：

　　a）范畴状态的消失；

　　b）指称性的消失；

　　c）语义复杂性、功能重要性和表达价值的消失；

　　d）语用重要性的消失；

　　e）句法可变性的消失；

　　f）语音实体的消失；等等（例如参见 Lehmann 1982；Heine & Reh 1984；Bybee，Pagliuca & Perkins，付印中）。

即使这些概括是合理的，它们也只抓住了这个过程的一个方面，而且容易忽视这种消失也通过获得而得到补偿这一事实（参见 Sweetser 1988；比较 4.4），例如现有结构的消失因新的、语法程度更高的结构的出现而得到平衡。这样，语用模式的语法化会带来新的句法表达模式（Givón 1979），而句法可变性的消失则蕴含着复杂形态范式的产生。

还有另一种视角，认为这种"消失"假说需要做些修订。当埃维语里 ŋútsu '男人'这个词素用于特定语境中时，无疑经历了 Hopper & Thompson（1984）所说的去范畴化：它失去了作为一个自主的话语参与项的能力，失去了"基本的范畴性"，而且表现得不再像一个原型名词。但这些损失因有所获得而被抵消了。首先，当 ŋútsu 这个词素被用作一个指称单元时，它成为一个"更加重要"和"更加突显"的话语参与项，但被用作非指称时，它在认知上可能会更加复杂。第二，当 ŋútsu 不再指称一个具体的单元，即一个可视的、摸得着的项时，它同时也开始获得另外一个认知域的特征，即属性的特征，因此它失去的类名词特征很容易因为获得诸如形容词或副词等其他词类的特征而得到补偿。可以说，我们这里讨论的是去范畴化后的再范畴化。

我们可以通过观察另一个来自埃维语的例子来对再范畴化的作用加以说明，这个例子涉及动词语法化为前置词。人们通常认为，而且有翔实的文献佐证，当词素经历语法化时它们就会失去句法上的自由（见上文）。但通过下面这个例子，我们希望这样的说法得以修正。有关埃维语的文献中，有五个动词获得了前置词功能，这些动词被称为"类动词"或同动词，没有统一的名称（参见 7.2.3；表 7.1）。[①] 为了节省篇幅，我们这里只讨论这些同动词中的一个，即 tsó '来自'，但一旦有某个结论不适用于其他几个同动词时我们会随时指出来。[②] 当在句中充当第一动词时 tsó 具有其完全的动词意义，如例句（20）；只有当它充当非第一动词时才获得前置词的意义，如例句（21）：

（20）é-tsó   Lome
　　　3SG-来自   洛美
　　　'她来自洛美。'

（21）Kofí   mli   kpé-á   tsó   tó-á   dzí
　　　科菲   滚   石头-DEF   从   山-DEF   上
　　　'科菲把石头从山上滚下去。'

---

① 除了这五个同动词，还有另一个附置词 kplé '和……一起，用'（**伴随格，工具格**），但它不是这一连续统的组成部分。kplé 也源于动词，它源于复合动词 kpé ɖé '遇见'，但它与其源头的联系已经被切断，只专门用作前置词。

② 在形态句法表现上，这些同动词之间，不同的说话人之间——抑或是撰写埃维语语法的不同作者之间都存在一些差异，尤其是 Westermann（1907）和 Ansre（1966）之间的差异。以下数据基于 Hünnemeyer（1985）。

当被用作前置词概念时，tsó 具有一定程度的屈折形态表现：
它可以带一些时体范畴标记，如将来时或惯常体标记［如（22）］，
但不能带其他标记，如进行体标记［如（23）］，正如我们在下
面这些例句中可以看到的那样：

（22）Kofí   mli-a   kpé-á   tsó-a   tó-á   dzí
　　　科菲   滚-HAB   石头-DEF   从-HAB   山-DEF   上
　　　'科菲经常把石头从山上滚下去。'

（23）Kofí   le   kpé-á   mli-ḿ   tsó   tó-á   dzí
　　　科菲   COP   石头-DEF   滚-PROG   从   山-DEF   上
　　　'科菲正在把石头从山上滚下去。'

当前置词的意义表示时间而非方所时，tsó 就失去了所有的动词性
特征。也就是说，它不能带任何时体标记或其他通常与动词共现
的标记；相反，它表现得更像是一个不变的小品词，其形态句法
表现接近于一个时间前置词。

　　说 tsó 用于表时间时就变成了一个专门的前置词这一事实还可
以从另一个现象得到说明。埃维语的语序相对比较固定。该语言
允许的几个语序排列组合之一是某些类型的状语短语经历话题化，
从其动词后的位置提升到句首位置。这样，例句（24）中 etsɔ '昨
天 / 明天' 这个副词可以被话题化，如（25）所示：

（24）m-aá-yi   Lome   etsɔ
　　　1ST-FUT-去   洛美   明天
　　　'我明天要去洛美。'

（25）etsɔ   m-aá-yi   Lome
　　　'明天我要去洛美。'

由原先的动词语法化为前置词后，tsó 就会介引状语短语，因而可

以被话题化。例句（26）中 tsó é-pé ḍevíme'自他的童年起'这个状语短语在（27）中就被话题化了：

（26）m-é-té   ŋú   kpó-á   nú   o   tsó

　　　NEG-3SG-是   能够   看-HAB   东西   NEG   从

　　　é-pé   ḍevíme

　　　3SG-POSS   童年

　　　'他自童年起就失明了。'

（27）tsó é-pé   ḍevíme m-é-té ŋú   kpɔ-á   nú   o

　　　'自童年起他就失明了。'

　　　这条话题化规则对所有用作前置词的同动词都适用，唯独 ná'给'例外。原来 ná 尚保留其他同动词都已丢失的很多动词特征，它在其他方面的语法化程度也都较其余的同动词低；例如它（至少在可选情况下）尚可带时体标记（参见 Hünnemeyer 1985：90）。只有这些同动词都已经取得了更多的语法化功能时，这条话题化规则才适用。例如据我们的语言受访者反映，只有当 tsó 作为时间前置词而非方所前置词使用时，这条规则才适用。

　　　只有 le，除了被用作方所系词"在"之外还获得了一个多功能前置词的功能，因此它既可以作为一个方所前置词来加以话题化，如（28），也可以作为一个时间前置词来加以话题化，如（29）：

（28）le   agble-á   me   m-aá-wɔ   dɔ́

　　　在   田-DEF   里面   1ST-FUT-做   活儿

　　　'在地里时，我会干活儿。'

（29）le   ŋkeke   atɔ   me-é   wó-wú   é-nu

　　　在   天   三   里面-FOC   3PL-完成   3SG-边缘

　　　'在三天之内，他们就完成了。'

这些例子表明，从动词到前置词的转变过程中，tsó 以及其他同动词也都已被用来标记状语短语，而且，几乎与它们失去动词性特征的方式相同，它们也已获得了前置词的特征，事实上是埃维语里仅有的几个前置词。[①]

这些前置词不但没有失去句法上的可变性和独立性，除了 ná 之外，它们反而都获得了一种新的非制约性。同动词仅限于出现在主要动词之后的位置上。然而，在上面描述的这种前置词用法里，它们已经失去了这种制约。因此，随着原先的动词"再范畴化"为前置词，一种发展演变也已发生，表面上看这种发展演变似乎与语法化的一条重要原则，即自主性消失原则，相矛盾。

同动词不构成"再范畴化"的一个独立实例这一事实可以通过观察另一个例子得到说明，这个例子表明这些过程不一定会导致组合关系可变性的消失，反而会有所增加。在全球范围内的许多语言中，"言说"义动词已经或正在语法化为小句从属标记。其中涉及的概念扩展包括下面这些阶段（参见 6.4）：[②]

（30）言说 > 知道 > 相信 > 希望 > 目的 > 原因

埃维语是相关语言中的一种，尽管它尚未超越**目的**这个阶段：动词 bé '言说' 在诸如"说""知道""相信""希望"等动词后面已被语法化为一个小句从属标记，而且也被用来介引**目的**小句，尽管不介引**原因**小句。在句子（31）中，动词 bé '言说' 具备其词汇意义。然而，bé 只用于不定过去时的肯定式，而这是最

---

① 然而，我们得注意，"前置词"这个词极易使人产生误解；更确切一些，应该说我们这里接触的是一个从动词用法到前置词用法的连续统。把这些项称为"前置词"时我们指的只是这个连续统中的一个阶段。

② "言说""知道""相信""希望"等表示标补语之前每句动词的语义，标补语源于动词"言说"；而**目的**和**原因**则代表相关的补足语小句的功能。更详细的论述参见 Saxena（1988a，1988b）。

无标记的时体范畴。在其余场合，例如在否定的不定过去时中，它被一个尚未语法化的同义动词 gblɔ 替代，bé 则作为一个小句从属标记被添加到 gblɔ 上，如（32）所示：[①]

（31）é-bé   Kofí   vá

      3SG–说   科菲   来

      '他说科菲来了。'

（32）m-é-gblɔ   bé   Kofí   dzó   o

      NEG–3SG–说 标补语 科菲   离开   NEG

      '他没有说科菲已离开。'

句子（33）至（35）是 bé 分别在**知道**、**相信**和**希望**等动词后用作从属标记的例子，而在句子（36）里 bé 介引一个**目的**小句：

（33）me-nyá   bé   e-li

      1SG–知道   标补语 2SG–是

      '我知道你在那里。'

（34）me-xɔ-se   bé   áa-vá

      1SG–相信   标补语 3SG. FUT–来

      '我相信她会来。'

（35）dzidódó   le   así-nye   bé   áa-vá

      希望   是   手–1SG. POSS 标补语 3SG. FUT–来

      '我曾希望她会来。'

（36）me-tsɔ   ga   nê   bé(ná)   wo-á-ple   agbalɛ̃

---

① 然而，请注意，当 bé 介引直接引语时，这些制约条件并不适用，例如：

（i）é-bé: m-aá-vá   etsɔ

      3SG–说   1SG–FUT–来   明天

      '他说：我明天要来。'

1SG-拿　钱　给.3SG　标补语　　3SG-（主语）-买书

'我给他钱，以便他能够买一本书。'

句子（36）与前面的几个句子的区别在于 bé 后面接惯常体标记 ná。[①] 然而更重要的是，当被标记为完结性焦点［completive focus；如（37）］或被标记为话题时，这个**目的**从属小句可以前移至句首位置。在这种情况下，这个**目的**小句后面要接小品词 ta（<'头'）作为某种边界标记：

（37）bé(ná)　　wo-á-ple　　　agbalɛ̃　　ta-é　　　me-tsó

　　　标补语　　3SG-SUBJ-买书　　　　　　PURP-FOC　1SG-拿

　　　ga　nɛ̂

　　　钱　给.3SG

　　　'为了他能够买一本书，我给他钱。'

　　bé 在诸如（32）至（35）的句子中标记宾语小句；而在（36）和（37）中是状语小句的从属标记。在埃维语句法中，状语比宾语表现出更多的成分语序灵活性。因此，从一个宾语小句从属标记发展到一个状语小句从属标记，bé 具有了新的语法范畴特征，并据此获得了句法可变性。

　　看来英语里也有类似的发展演变正在进行。如前所述（参见8.2），根据 Thompson & Mulac（付印中），有些像 I think '我想'（或 I guess '我猜'）这样的包含命题态度动词的、用于介引补足语小句的短语正在被重新分析为认识情态短语，表达说话者对话语的信奉程度。这一发展演变触发的是对主句短语 I think 的重新分析，该短语表现为"副词这个语法范畴的一员"而非主句的一个主语-动词组成成分（Thompson & Mulac，付印中）。与埃

---

① 这个标记通常被用于**目的**小句中，尽管不是强制性的。

维语中的情形相似，这种主句 I think 语法化为修饰补足语小句的状语的过程并不带来句法自主性的丧失；实际情况刚好反过来，正如 Thompson 和 Mulac 观察到的那样："此时作为认识情态短语，和英语中其他认识情态小品词（如 maybe'或许'）一样，这些组合自由移动到其所评述小句中的各种位置。"（Thompson & Mulac，付印中：21）

举这些例子时我们只把注意力引向再范畴化这个过程的一个方面。Stolz 在描述拉脱维亚语和爱沙尼亚语里的名词转变为后置词时强调了另一个方面。随着"语义具体性"的丧失，这些名词由于失去其大部分格形式以及表达数区别的能力而被去范畴化。此后再范畴化发挥了作用，出现了一种不同类型的聚合关系，进而带来了后置词系统的发展，这个后置词系统构成了"有限而又开放的一套交替聚合项"（Stolz，未注明日期：15）。

总而言之，我们可以说概念不仅会失去范畴身份，而且也会获得一个新的范畴身份，这取决于它们在语法化这个过程中所进入的认知范畴的性质。

8.7 从话语语用到语法

目前广为接受的看法是话语语用为句法提供大部分材料，Hyman（1984：73）就用"语法化"这个词来指"语法对语用的约束"。[1] Paul Hopper（1982：6）区分了两种类型的语言框架，即话语框架和句子框架，他还认为对现实世界中感知的编码总是发生

---

[1] 根据 Hyman 的说法，有两种过程可以使"材料"变成语言编码的一部分：音系化（phonologization）和语法化（grammaticalization）。他提出"编码化"（codification）这个词来涵盖这两种过程，尽管他补充说，这个词"就我的品味而言听起来语言学味不够"（Hyman 1984：73）。

于前者。与此相似，Susan Herring（付印中）认为"话语–语法化"
和"词汇–语法化"这两种策略在语言中都起作用。

这种区分的正确性尚未得到令人满意的确认，尤其是因为诸
如"话语"和"话语语用"这样的术语，著者不同，用法也有所
不同。然而，看来眼下这个阶段至少有些理据支持区分语法化的
两类研究思路，可被分别称为基于话语的研究思路和基于句子的
研究思路。前者的追随者使用"话语"这个词时意义高度概括（参
见 Hopper 1979a，1979b，1982，1987），而在基于句子的研究思
路中这个词倾向于只指称语言分析的一个具体方面。

这里采取的立场实质上以基于句子的视角为基础。尽管这样做
可能对这部书的主要思想没有影响，但还是极大地限制了分析的范
围和用于举例说明的语言材料的选用。我们的主要兴趣一直以来都
是单个词汇或语法项目的命运和形态句法结构，而不是话语–语用
模式、语篇结构以及信息流的性质（参见 Givón，付印中 b），因
此我们已经忽略了本节打算提醒研究者注意的语法化的一个重要
视角。

表 8.4　基于 Givón（1979：223）的语用和句法模式

语用模式	句法模式
话题–评述结构	主语–谓语结构
松散的并列结构	紧密的从属结构
语序绝大多数情况下由旧–新信息原则管控	语序绝大多数情况下用来标示语义格功能
话语中动词与名词的比例基本上是一比一	话语中名词的比例大于动词
动词在语义上比较单一	动词在语义上比较复杂
没有使用语法形态	精心使用语法形态
数种语调轮廓	单一的语调轮廓

8.7.1　基于话语的研究思路

在其著作《关于理解语法》（*On Understanding Grammar*）中，Givón（1979a）使用"句法化"这个术语来表示从他称为交际的较高语用型式"语用模式"（pragmatic mode）到较低语用型式"句法模式"（syntactic mode）的转变——这是一个对语法化有实质性含意的过程。这个过程的主要特征总结于表8.4。[①] 此前较早几年 Sankoff 就已经引入"句法化"这个词来描述一个稍微不同的过程，这是一个与 Hopper 的浮现语法概念颇为相似的过程（见 Hopper 1987）："我们可以将从最初只是说话者临时策略到后来可以比较有把握地描述为句法规则的转变描述为句法化过程。"（Sankoff 1977：62）

根据我们称为基于话语的研究思路的一种更为极端的立场，并不是与特定语法形式有关联的"核心意义"形成具体的话语功能；相反，这些"核心意义"本身就被认为是获得了更多的语法或句法化功能的话语功能。一个例子或可说明该思路的追随者采用的视角（参见 Hopper 1979a，1979b，1982；试比较 Sankoff & Brown 1976；Givón 1977）。

根据 Hopper（1979a），时和体，以及其他类似的语法区分，都有其在话语语用中的源头，而不是"因碰巧已经存在而'布置'在话语中的现成手段"（Hopper 1979a：217；比较 Fleischman 1983：204）："这一导言已经把体看作一种实质上是话语层面而非语义、句子层面的现象。我以这种方式将其呈现出来是出于确信从形态和局部句法的角度对体进行解释要么不完整，要么即便说得通，实质上也只是显示话语结构在句子层面的相互关联。"（Hopper 1982：16）

---

① 请注意我们的排列与 Givón 的排列有细微差别。

Hopper 论证说与完成体相关联的完结义来源于叙述中标示连续事件的需要，这是一个话语概念：当这些事件为离散和有界时，它们显示完成体或完结体的识解。这种识解可能会导致那种从话语功能到体或时的语法化；也就是说，相关的标记可能会用来表达一种完成体、完整体或过去时范畴这样的概念。

这种观点能够解释这样的事实，即诸如焦点标记和完整体这些概念上差异极大的功能项来源于同一个语言项，正如可以从例如努佩语（Nupe）和瓜里语（Gwari）或马来语（Malay）中观察到的那样。[①] 例如书面马来语的焦点小品词 lah 也标示叙述中的主要序列事件。在句子（38）中，该小品词跟在动词之后，显然是标记完结义；然而在句子（39）中，由于被作为后缀单独加在句中一个名词之上，它表达的是对比焦点：

（38）mati-lah　　anak raju　　itu

　　　死-lah　　　王子　　　　定冠词

　　　'那个王子死了/已经死了。'

（39）anjing-lah　　yang　　　　　hilang, bukan kuching

　　　狗-lah　　　关系小句标记　丢失　　不是　　猫

　　　'我丢失的是一条狗，不是一只猫。'

与此相似，Herring（1988）展示了泰米尔语动词 viṭu '留下、让'的"操控性"在叙述话语中如何产生一些差别很大的功能项。图 8.3 总结了这一发展过程。

---

① 努佩语和瓜里语是尼日利亚南部境内属于尼日尔-刚果语系的两种有密切关系的克瓦语支语言（Kwa languages）。这些语言里有一个语素，分别是 á 或 lá，兼有完结/完整体标记和焦点标记功能，而且在这两种语言里这个语素似乎都来源于一个动词 lá '拿'（Smith 1967, 1969; George 1971; Hyman & Magaji 1971; Heine & Reh 1984）。

```
                     动词"留下、让"
                          |
                     助动词"析取"
                      /        \
                     /          \
            （非限定式）      （限定式）
            相同主语              /   \
                               /     \
                            前景      序列
                           /            \
                          /              \
                       强化              完结
                                          \
                                           \
                                        完成体
                                      主语／话题转换
```

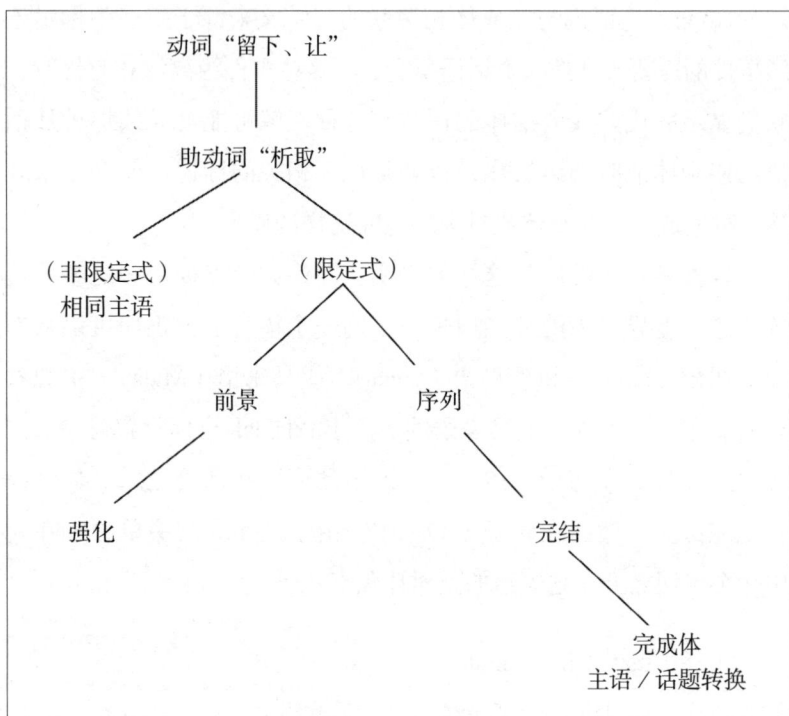

图 8.3　泰米尔语动词 viṭu 的话语语用功能（Herring 1988：289）

　　在一本新近的关于小句并合的书（Haiman & Thompson 1988）中，有许多文章专门探讨语法化在将话语与语法联系起来的过程中所发挥的作用。根据 Matthiessen & Thompson（1988），小句并合"是对话语的修辞组织的语法化"，而且有好几位研究者论证说诸如并列关系和从属关系这样的句法策略都是规约化了的话语结构的结果。

　　根据一种甚至更为极端的立场，句法本身根本就不存在，因此语言可以用一些潜存于话语结构之下的交际原则为参照进行"穷尽性的"描述（参见 García 1975）。

8.7.2　关于去（go）–将来时

这种视角并没有被所有的语法化研究者所认同。例如，Traugott（1989）就认为用来组织话语的特定手段由相关语言表达式的"指称"、非话语义发展而来。据说这适用于，例如，话语组织关系标记 where 或是让步连词 where(as)，因为两者都是从方所疑问词 where 发展而来。类似地，Traugott 注意到时和体并不源于话语，而是只有当它们发挥了非话语功能之后才被用来表达话语功能。

这里我们所持立场与 Traugott 的立场相似。一个例子（基于 Fleischman 1982b）或足以说明话语功能和语法化过程中观察得到的其他功能之间的这种互动关系。英语以及西部罗曼诸语言里都有两种将来时结构式："简单将来时"（例如 I'll come '我即将来'）和"复杂"或"去–将来时"，后者基于我们在 2.2.2 节中所说的运动命题，涉及的结构式由动词 go '去' 充当助动词而主要动词使用不定式形式（I am going to come '我即将来'）。①

尽管这两种将来时大体上等价而且在许多情境下可以互换，但去–将来时还是表现出一些语义上的特异性，常常给英语或法语语法研究者造成麻烦。针对如何界定去–将来时的"基本意义"而提出来的各种提议，Fleischman（1983：189）下结论说，这些提议都可以被否决，因为它们要么是基于错误的阐释而站不住脚，要么就算可取但基于有限的阐释，范围过小，无法解释有统计意义比例的数据。然而，Fleischman 为去–将来时找了一个"较小共同性"，她称之为"现在时相关性"或"当下相关性"："隐含于去–将来时所有可能意义中的是一种现在与将来之间的联系，根

---

① Heine & Reh（1984：115）将这类结构式放在"PP-迂说法"的标签之下描述。

据这种联系，将来时情状，无论其与"现在"的实际时间距离如何，都被言者视为从现在世界状态延伸出去的，或是与现在世界状态有某种关联。最基本的一点是，这种与现在的联系的性质是心理上的而非时间上的，这可以解释去-将来时为何能够描述位于哪怕是非常遥远的将来的情状"（Fleischman 1983：190）。

现在时相关性在本质上是一个语用概念；它一方面预设着"对情状有一定程度的参与、兴趣或是个人介入"，另一方面表达了"言者在说话的当时对情状的主观看法"。既然去-将来时的发展变化标划出一条从该语用概念发展到体（也被称为前景），进而最终发展到"有或没有体/语用色彩"或现在时相关性的时（将来时）的演进路线，Fleischman（1983：204）断定这个例子提供了支持时和体的语用来源的进一步证据。[①]

然而，请注意，这条从语用功能到非语用功能的演进路线是一条更为全面的语法化链的一部分，根据 Fleischman（1983）提供的材料数据，这条语法化链可以概括为：

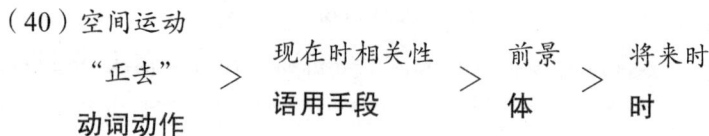

（40）空间运动
"正去"   > 现在时相关性 > 前景 > 将来时
动词动作   语用手段   体   时

（40）所说明的与 Traugott（见上文）提出的分析是一致的：现在时相关性这个话语-语用功能来源于我们倾向于视作非话语意义的东西，也就是说，来源于一个"去"义动词。更进一步，它表明在语法化的进程中，主要是话语语用的功能，或者甚至是严格意义上的语篇功能可能会浮现出来，而且这些功能又可能会派生出

---

① 我们这里省略了由 Fleischman 提供的第二个平行的例子，该例子涉及"复杂过去时"，其所经历的变化本质上与去-将来时的变化别无二致（Fleischman 1983：193ff.）。

其他诸如体和时的非话语功能。

这些观察印证了研究话语语用学的其他学者的发现，根据这些发现，话语功能很容易导源于词汇项目，其中绝大多数导源于动词。一个典型的例子是由 Ebert（1987）提供的，他描述了乍得语族中的运动动词"来"和"去"如何语法化为诸如标示出乎意料的事件顺序或动词性复指的语篇衔接标记。[①]

8.7.3　结论

虽然基于话语的研究思路突显了语法化过程中可能观察到的主要动力之一，但看来并非要呈现一种与这里所描述的有重大差别的视角。相反，它似乎可以涵盖在这本书所采用的研究思路之内，尤其是因为以下原因：

　　a）就我们所知，对话语功能的标示并不是无中生有地设计出来的；正如其他语法功能一样，它也要受引发词汇结构向语法结构发展演变的相同原则的支配。因此，泰米尔语里"主语/话题转变"或者英语或法语里"现在时相关性"这一话语功能的出现，看来会经历许多其他语法功能所经历的相同类型的演变，即从动词到话语功能标记的演变。

　　b）现有的证据表明，许多语用功能不像句法功能那样"抽象"，后者可以通过前者概念化。其结果是句法化，即一个从话语语用到形态句法编码策略的过程（Givón 1979a）。

　　c）最后，当诸如"主语/话题转变"或"现在时相关性"这样的话语–语用功能从词汇结构发展而来，或是进而发展出诸如标记时或体的非话语功能时，我们在语法化的其他实例中遇到的同一种类型的隐喻转移便可以观察得到，因为"具体的"

---

① 乍得语族是非洲中北部境内所使用语言，是亚非语系诸多语支中的一支。

动词动作（例如，I am going to '我正在去'）成为用来表达诸如话语-语用功能（**现在时相关性**）这些"抽象"意义的载体。而后者又可能成为用来表达诸如标记时/体或者主语/话题转换这些甚至更为"抽象的"内容的载体。

8.8 语言的循环

至今已有的关于语法化的语言材料让我们可以就语言的发展演变和语言的使用两个方面提出一些普遍性规律，或者至少是一些有充分根据的概率判断。例如从动词到时或体标记，或者从名词到附置词的发展演变在全世界语言中是如此广泛地存在，以至于我们可以很有把握地说它也已在我们先前不了解的某一既定语言里发生。尽管这是一种历时的断言，但它同样具有共时的意义；例如在任何一种既定语言里，动词或是助动词很有可能被用来表达时和/或体，而某些特定的方所附置词和其他附置词很有可能来源于名词。

基于这样的概率判断，我们同样也可以针对语言的使用进行预测：假如从 A 到 B 的发展演变或者是使用 A 来表达 B 经常见于全世界的语言中，那么同样的情形很可能在将来再次发生。因此前四章描述的认知和语用过程，举例而言，由于它们业已使英语使用者可以用像 be going to 这样一个动词性结构来表达将来时，抑或业已使汉语使用者以动词来概念化格功能（参见 Li & Thompson 1974a），它们很可能又被将来的英语和汉语使用者分别用于相似的目的。

有若干与预测有关的问题更难回答。例如，关于各种语法化过程的时间跨度我们知之甚少；也就是说，譬如一个词素变成一个语法标记要花多长时间。现有的证据表明，涉及的时间跨度变化很大，具体要看涉及的是语法的哪一部分。从一个助动词到一个时或体标记，或是从一个名词到一个附置词的发展演变或许能在一段相对比较短的时间内完成。

然而，其他类型的语法化要花长得多的时间。Li & Thompson（1974b：202）报告说从汉语的动词 bǎ '把握' 到宾格标记的发展始于晚唐（公元 9 世纪），但这个过程仍然在进行。将 bǎ 用作格标记在现代汉语普通话中尚未得到扩展：当后面的主要动词为多音节或这个（主要）动词在形态上比较复杂或有修饰语修饰时，bǎ 是优选形式，而在有单音节动词的句子里，它仍然在与其他旧的宾语标记模式进行竞争（Li & Thompson 1974 b：203）。

语法化是导致在所有位置和所有时间点引入新的语法范畴的一些基本认知过程的结果，这一观点或许在暗示，一种语言存在的时间越久远，它积累的语法范畴就越多——其结果是早期的语言较现代的语言"语法性更弱"，而将来的语言将比如今在说的语言"语法性更强"。这么一种观点事实上一直为一些人所坚持，但同时也一直被另一些人所批驳，而且理由同样具有说服力。

反对人类语言的语法化是一个持续不断的增长过程这一论点的一个主要理由是，随着新的语法结构的出现，大体上相同比例的旧结构即会消失。这两种发展变化之间可能存在一些因果联系这种看法一直以来被一再提出来，而这个问题又给学术争论提供了另一个论坛；例如应该提一提有关语言演变中"推进链"和"滞后链"效应的讨论。①

---

① 根据前者，语法化导源于屈折形式的语音弱化以及随之而来的对无歧义标记的需要，而后者尤其是在诸如迂说形式的新结构式浮现的时候才出现，从而导致现有的屈折或派生结构的衰退以及随后的消失（参见 Samuels 1971；Brinton 1988：96）。

语法结构如何和为何消失这个问题自 19 世纪早期起便一直是一个讨论得很多的话题；Heine & Reh（1984）提出了应对这一问题的一个框架，他们用诸如磨蚀、融合、固化以及消失这样的过程来描述"语言衰亡"。

语法形态的衰减、"磨损"［*Abnutzung*；Gabelentz（1891）1901］或"弱化"（affaiblissement；Meillet 1912）之后通常会出现新的语法模式取代旧有的模式，这种看法让人想到语言的发展演变必定是循环的。这一观点几乎与历史语言学一样古老；Franz Bopp 被认为是持这一观点的早期的主要人物之一（参见 Hodge 1970：2–3）。然而，对于 Georg von der Gabelentz［（1891）1901：250–251］来说，这种发展演变呈现出来的形式并不是完全意义上的圆形，而是螺旋形，而 Antoine Meillet 似乎从他那里借用了这一观点："语言一直遵循这样一种螺旋形的发展方式；它们添加一些修饰性词语以便取得一种强化的表达效果；这些词语逐渐变弱、衰减，最终变成纯粹的语法词；人们出于表达需要添加新的词或不同的词；然后衰减又开始了，如此循环不止。"（Meillet 1912：140–141）。

对语言循环假设坚信不疑的一位当代追随者是 Talmy Givón（1971b，1971c，1979a：208–209），他提出了下面这一循环发展过程：

话语 > 句法 > 形态 > 形态音位 > 零形式（> 话语）

语言循环假设的支持者经常弄不清楚他们头脑里思考的是什么类型的发展演变，也就是说，相关的发展演变指的：

a）只是孤立的语法化实例，譬如说当一个具体的词汇项（例如"想要"）变成一个语法形式（例如一个将来时标记），而这个语法形式又最终被一个新的词位所取代；

b）还是语言的一些局部现象，譬如说当某一既定语言的时—体—语气系统从一种迂说模式发展为屈折模式，然后再回到一个新的迂说模式；

c）甚至是整个语言和语言类型。

情形 a 的例子不难看到；许多这样的例子在这本书以及其他许多有关语法化的著述中都能看得到（参见 Hagège 1978）。情形 b 的例子不太常见，尽管已有若干个案被记录下来，特别是在欧洲诸语言的历史中。[①]

情形 c 的例子更为常见；事实上，由 19 世纪的学者写就的许多语言著述，都是或含蓄或明确地基于语言或语言类型的发展演变是循环的这个假设的。一个值得关注的当代例子可以在 Hodge 的著述中看得到。在一篇名为"语言的循环"（1970）的文章里，他反驳了 Jespersen 关于早期语言比后来的语言在不同方面更为复杂的观点，[②] 他下结论说由他分析的语言发展演变的所有例子都表明人类语言的发展演变是循环的，从以句法为主导的阶段（用符号"Sm"表示）发展到复杂形态的阶段（sM），然后又发展到以句法为主导的阶段（Sm）。例如在古埃及语的演变进程中，他区分出下面这些不同阶段（Hodge 1970：5）：

---

① 或许一个不那么为人所知的例子是匈牙利语的格系统，Stolz 将其描述为："在有文献佐证的先前的变格系统中还存在少量的对立的变格形式，可以证实，通过变格的后置词的黏着合并，这些变格形式自 13 世纪以来在持续不断地增加；然后这些新的格位又表现出名词的词形变化特征，它们再一次承担了后置词的功能——而且它们……可以成为新的名词格位后缀。"（Stolz，付印中）

② "比起那些我们现在最为熟悉的语言单位来，原始语言单位在语义方面肯定要更为复杂，在语音方面也一定更长。"（Jerspersen 1922：425）在这一主张的基础上，Jerspersen 反驳了相反的断言，这个断言至少自 Humboldt（1825）提出他的黏着理论（Agglutinationstheorie）以来就颇有影响力。

原始亚非语	*Sm
古埃及语	sM
后期埃及语	Sm
科普特语	sM

不管这种假设的诱惑力有多大，在目前这个阶段，认为这么一个循环演变业已得到证明，或者如 Hodge 暗示的那样，认为也许可以证明它在其他语言和语系里已经发生（参见 Hodge 1970：2ff.），要接受这些说法看来还为时尚早；即使是在印欧语系语言内部，我们对早期语言状态的了解仍然非常有限，因此还不能对类型演变进行清晰、无争议的构拟。

似乎有更多的理由将语言循环这个理念用来解释单个语言变化。在有关语法化的文献资料中，确实有很多例子表明，一旦一个既定的语法形式开始衰退和 / 或消失，一个新的形式就倾向于以与原来那个旧形式一样的概念模式被补充进来，结果就会出现一种形态循环。如果这种发展演变过程反复出现，其结果就是一个"递归循环"（参见 Lord 1976；Heine & Reh 1984：72–74）。

Lord（1976：183ff.；又见 Bamgbose 1966）提供了递归循环的一个例子，该例子涉及"说"义动词如何演变为小句从属标记。对于约鲁巴语（Yoruba）来说，可以构拟三个连续的循环链：

  a）动词 kpé '说' 被去语义化为一个标补语，例如：

（41）ó   sɔ   kpé   adé   lɔ
    他   说   说 / 标补语   阿德   走
    '他说阿德走了。'

  b）另一个动词，wí '说'，取代了 kpé 的功能并以与 kpé 同样的方式被语法化为一个标补语。由于 kpé 没有消失，这两者被复合成一个复杂标补语：

（42）ó   sɔ   wí-kpé   adé   lɔ

他   说   说-说/标补语   阿德   走

'他说阿德走了。'

c）第三个循环现在出现了，因为又有另一个动词，ní'说'，倾向于取代该复杂标记 wí-kpé：

（43）ó   ní   adé   lɔ

他   说   阿德   走

'他说阿德走了。'

Voeltz（1980：490–491；又见 Heine & Reh 1984：73–74）记录了递归循环的另一个例子：在从贝努–刚果语支（Benue-Congo）诸语言向斯瓦希里语的现代口语变体发展演变的过程中，三个不同的"完成"义动词语法化为一个完整体标记：

a）在早期班图语中，动词形式 gid-e（'完成'–过去时）演变成一个动词完整体后缀。

b）另一个动词，*mad-'完成'，被引进来用作完整体标记；而且在一些班图语言里，例如斯瓦希里语里，它已经取代了先前的那个完整体标记。在斯瓦希里语里，*mad-与派生于 *gid-e 的后缀 *-ile 发生融合，变成 *meele 并最终变成 me-，而这就是现代标准斯瓦希里语的完整体前缀。

c）在斯瓦希里语的一些口语变体里，me- 不再被用作完整体标记，它的位置已经被动词 kw-isha（不定式–'完成'）占据，正如下面这个来自肯尼亚皮钦斯瓦希里语（KPS）的句子所示：

（44）baba   kwisha   kwenda

     爸爸   PFV   走

    '父亲已经离开。'

　　这种类型的形态循环在语法范畴的发展演变中并非偶尔遇到。然而它们并不是语法化过程的一个必然特征；对于它们发生与否背后的大多数认知和语言条件，我们仍然不太清楚。

9   泛时语法

我们已经把语法化识解为一个过程的结果，这个过程一方面包含从概念化的"具体"域到"抽象"域的转移，另一方面包含会话蕴涵和语境引发的重新识解。这个过程导致作为认知活动约定俗成的、冻结的、固化的产物的语法化结构的出现。在当前这一章，我们希望探讨这一观点会怎样影响我们对语法的理解。

已经有许多观点认为语法化的研究有助于我们对于语言结构的理解。根据这些观点，语法化可以提供新的视角，例如：

a）研究语言史前史和语言演变；

b）重构早期的语言结构；

c）发现语言变化的规则和普遍性；

d）研究多义词以及多义词和同音形异义词的界限；

e）解释某些类型的歧义和去范畴化；

f）定义话语语用和语法的关系。

这些观点虽然指向某些语法化发现可能有用的领域，但它们不能帮助我们确定语法化在语言科学中的位置。事实上，在前面的章节中没有提到的诸多问题之一涉及语法化在语言学中的地位。例如语法化到底是共时语言学的一部分，还是历时语言学的一部分？二者都是，抑或二者都不是？

看起来很令人吃惊的是这个问题在大多数这个话题的讨论中

都被忽略了。据我们所知，到目前为止语言学界还没有做出任何尝试来清晰地确定语法化与共时和历时区分之间的关系。看起来这个领域的许多学者都同意语法化不真正属于这两个语言学子学科中的一个，或者说它同时属于这两个子学科。语法化领域的一个研究者做出下面的断言，它代表了在讨论这一话题基础上产生的某种观点："如果我们的目标是严格的语言描述，那么把自己限制在共时的事实中是可以理解的。然而如果我们想理解为什么一个语言系统的某些方面是它们现在的样子，考虑历时性是至关重要的。"（Lichtenberk，付印中）

Coseriu（1980：138）指出共时和历时是"语言学的视角，而不是语言的视角"。本章将展示两个例子来表明语法化的研究难以用共时和历时两分法描述清楚，它需要一个独立于这种两分法的视角。两个例子都涉及格标记。

9.1 索语（So）中的"背"（BACK）

我们的第一个例子又涉及概念背（BACK），这一概念在前面几章被反复用作例子。这一例子来自索语，这是东乌干达使用的一种库利亚科语支（Kuliak）语言。索语是一种 VSO 语言，它区分三种格，分别是通格（无标记）、与格（-Vk）和离格（-o, -ɔ, -a）。我们的例子仅限于离格（ABL）标记。这一格标记的使用对于某些动词是强制性的；例如方所系词 nɛ́kɛ 就要求它的方所补语用离格。至于什么时候和在哪里离格被标记却有一些变体。下面例（1）中展示了三个句子，三个句子都可翻译成"他在山后"。在（1a）中夺格标记在"背"上，在（1b）中标记在"背"和"山"两者之上，在（1c）中则标记在"山"上：

（1a）nέkɛ　　íca　　cú-o　　　sóg

　　　系词　　他／她　背–ABL　　山

（1b）nέkɛ　　íca　　sú-o　　　sóg-o

（1c）nέkɛ　　íca　　sú　　　　sóg-o

　　　'他在山后。'

例（1）是一个用不同的形态音位结构来表达实质上同一个意思的例子；相反的情况，即几个意思对应一种形式，也是存在的。在例（2）中，"背"表示的或者是一个身体部位［如（2a）］，或者是一个空间概念［如（2b）］。（2a）成立的时候，"背"形成所有格结构的中心语，在（2b）中它则在一个副词短语里充当前置词的功能。

（2）nέkɛ　　　cúc　　　sú-o　　　　ím

　　　系词　　　飞　　　背–ABL　　女孩

（a）'女孩的背上有只苍蝇。'

（b）'女孩的背后有只苍蝇。'

索语的语法尤其需要解释如下的问题：

a）在（1）中为什么有三个可选的变体表达大致相同的意思？为什么格要么标记在中心语上，要么标记在修饰语上，或者两个上面都标？有没有一些语言事实来解释这个情况？

b）为什么（2）在语义上模糊的？ [①] 也就是说，为什么词素 sú 有相当不同的意义，一个是表示身体部位的"背"，另一个则是前置词"在……后面"？

_____

① 有人会认为（2a）和（2b）之间的不同，不是意义的不同而是翻译的不同。我们受访者的反应显示，索语使用者充分意识到了（2）的歧义；例如可以利用这种歧义编一个笑话。

　　c）为什么 sú 作名词时格标记是强制性的，作前置词时则是非强制性的？

　　d）如何定义 sú 的形态句法地位？

　　e）如何定义 sú 和 sóg 之间的依存关系？

　　看起来用现存的语法模式回答这样的问题会面临很大的困难。我们这里讨论的是这样的结构，它们是从词汇项到语法项的概念操作过程的直接结果，句子（1）和（2）代表了这个过程的不同阶段。从宏观结构层面（见第4章）我们注意到了一个隐喻的作用，更准确地说是**物体到空间**类型的范畴隐喻。根据这种隐喻，一个具体的物体，例如身体部位"背"，充当隐喻的载体来概念化一个空间概念，即前置词意义"在……背部，在……后面"。在微观结构层面存在一个规约化的蕴涵或意义的连续统，我们这里只考虑了这种规约化的蕴涵或意义的一个很小的范围。

　　正如前文（见3.1，8.4）所示，这个过程不是直接从一个范畴到另一个范畴进行，而是涉及重叠阶段，即一个新的意义被引入时以前的意义仍然存在的阶段。结果导致我们能够在例（2）观察到的语义模糊，即形态句法仍然是第一阶段的形态句法，而涉及的语义可能是第一阶段的语义〔如（2a）〕，也可能是第二阶段的语义〔如（2b）〕。句子（2b）展示了语法链的另一特征，也就是非对称性（见8.1）：sú 的意义已经从身体部位名词转移到了前置词，但形态还是名词的形态；也就是说，概念化转移还没有影响形态句法。

　　非对称性在（1）中更明显。这个例子代表了一个阶段，这个阶段从身体部位名词"背"到前置词的转移已经结束，但形态句法还没有跟上这一过程。因此虽然 sú 有很清晰的前置词功能，它仍然保留着（1a）和（1b）中名词的格形态，在（1c）中格标记才消失。

　　句（1）例示了语法化链的另一特征，这一特征曾被 Heine & Reh（1984：98ff.）描述为"调适"（adjustment），它涉及恢复语义结构和形态句法结构的一对一关系的策略（见 8.6）：把所有格名词短语 sú-o sóg '山的背'重新分析为前置词短语"在山的后面"，以前的中心语名词"背"被重新分析成前置词，修饰性的领格名词"山"被重新分析为"新中心语"，也就是说，成为新出现的前置词短语的语义核心。句（1）例示了调适过程的三个主要阶段。句（1a）代表初始阶段，先前的中心语名词仍然显示的是格形态。句（1b）标记的是典型的重叠阶段，格形态仍然在先前的中心语名词上，但也已被介引到"新中心语"上，结果就是格一致的特殊情况。句（1c）中相似性恢复了，前置词不再接受任何格标记，也就是说格标记限于"新中心语"。

　　在讨论（1）和（2）这样的句子时，描写语言学面临的另一个问题涉及相关词的范畴地位。在（1）中我们析出一个"前置词"，它的形态既可以是 sú-o，也可以是 sú。它同时有名词性和前置词性特征，但我们也不妨认为它不属于这两类词中的任何一类，它属于介于名词和前置词之间的一类词。

　　与其说是名词和前置词之间的一个词类，倒不如说句（2）中的 sú-o 可以同样被描述为属于一个更为广泛的范畴，这个范畴既包含名词义又包含前置词义。我们在前面也暗示过这个问题（见 3.1；又见 8.4）；这里足以引起注意的是，语法化链的连续性本质使得想当然地认为存在离散词性的直接推断的研究方法难以为继。语言行为的很大一部分发生在词类这样的语言范畴之间而不是之内。

　　关于索语中词素 sú 的讨论，涉及的仅仅是与 3.1 中更详细勾勒的语法化链类似的语法化链中很小的一部分。这样的语法化链并非仅仅发生在新奇语言中的孤例，而是在所有语言中都可以观察到，需要用一种语言描述的理论来解释（见 9.3）。

如何认定一种理论能够提供上述一系列问题的答案？一个可能的解决办法是这个理论除了解释 sú 的格屈折的形态、依存关系的句法或 sú 的多义性（词义中包括名词性的意义"背"和前置词性的意义"在……后面"）这样的"共时事实"，还包含一些处理这些"共时事实"底层历时情境的组构成分，这些历时组构成分提供研究这些"共时事实"的解释性参项。

这样的一个理论可能会解释 sú 结构的不同用法底层的若干特征，特别是如下特征：

a）这个词素的不同用法可以沿着一个连续统排列。这个连续统的一端标示为 sú 指称身体部位时，被用作指称/操控项，或者用 Sapir（1921）的术语来说，用作具体概念的用法。在另一端，sú 构成了主要范畴性低的非操控语项，用 Sapir 的术语来说就是关系概念（参见 Hopper & Thompson 1984）。

b）索语使用者通常会意识到前者的用法是"更基本的"或"更真实的"，而后者的用法则倾向于被描述为一个派生含义。

c）假定 sú 作为身体部位的用法可能在它作为空间和时间概念的用法之前，在 a 中提到的连续统也可以解释为历时连续统，不过这种解释仅仅局限于所涉及过程的一个方面。它忽略了这样一个事实，当索语使用者使用他们的语言时这一过程持续发生，每一个说话者都以他/她自己的方式来处理这个过程。

9.2 四个德语前置词的一些格功能

我们的第二个例子涉及同一格标记的不同功能。在多数欧洲语言的实用语法或词典中，一个给定格标记所实现不同功能的信息是高度受限的。例如几乎没有人提供任何信息来解释为什么英语中的一些前置词，如 after，as，before，like，since，till 或 until 与小句从属连接词是"同音形异义的"。另外，英语前置词 for 不仅引入**受益格**，同时也引入**目的**、**原因**、**方式**短语，同样的情形也在世界上很多其他语言中被发现，但这些事实都被多数教科书忽略。下面的论断引自《当代英语语法》（*A Grammar of Contemporary English*），它是当代欧洲语言的语法中描述格功能的典型方式："关系意义的不同类型中，表示**地点**和**时间**的意义是最突出的，因而易于辨认。另外的关系如**工具**和**原因**也可能被辨认出来，虽然很难用这样的标签系统地描述前置词意义。"（Quirk，Greenbaum & Svartvik 1972：306）

不过一些不多见的含有对格形态更详细论述的语法论著，对附置词和连词所表达格功能的排列方式做了一些令人惊奇的观察。最令人惊奇的可能是排列倾向于遵循同一模式。在很多这些论著中，呈现出的排列顺序是不明确的。没有任何原因解释为什么 X 被作为给定前置词或连词的第一个功能列出来，Y 被作为第二个功能列出来，然而在不同的研究者和不同的语言来说排列却倾向于一致。如果说提供了排序的理由的话，那么这个理由很可能是基于历时的推理，或者暗示我们可以把它看成构成语法化的一个参项，正如下面摘自为德语学者写的英语语法的例子："最初前置词表示**方所**关系：She sat *by* the window '她坐**在**窗边'；从这个意思派生出**时间**含义：She wanted to be here *by* ten o'clock。'她想**在** 10 点钟**前**来这里'。一旦思想更精细，就要寻求新的表达方式，为表达纯粹的**概念关系**而使用前置词的压力增加了，如：I know him *by* name. '我从名字就知道他'，She was loved *by* all girls '她**被**所有女孩喜欢'。"（Aplers et al. 1951：179–180）

根据我们的观察，在印欧语言的语法和词典中，格功能底层的顺序模式很可能具有如下特征（参见 6.4）：

　　a）几乎不变的是，方所功能（**空间**）最先列出。

　　b）第二个列出的一般是**时间格**功能或通常涉及人类参与项的功能，如**施事/致使者**（如 by），**受益格**（如 for）或**伴随格**（如 with）。

　　c）接下来是涉及无生命参与项（如**原因**或**条件**）的另一功能群。

因此在 Helbig & Buscha（1986：424ff.）的德语语法中，前置词和连词的功能按这样的方式排列：首先提到的是**地点**，接着是**施事/致使者**，接下来是**原因**、**目的**、**条件**等。[①] 例如前置词 aus '从……出来' 的功能是按如下顺序排列的：

　　a）"方所的"（**空间**），例如：

（3）Die Spaziergänger kamen *aus* dem Wald

　　　'步行者从森林里出来。'

　　b）"原因的"（**理由**），例如：

（4）Er half ihr *aus* Mitleid

　　　'他出于同情帮助她。'

　　c）"情态"（**方式**），例如：

（5）Ein Haus *aus* Glas，Beton und Aluminium wird gebaut

　　　'正在建造用玻璃、水泥和铝做成的房子。'

　　d）"转移使用"（**方式**），例如：

（6）Er hat lange nicht gespielt，er ist ganz *aus* der Übung

　　　gekommen

　　　'他有一段时间没有弹奏了，**变得完全生疏了**。'

---

① 一些功能，例如**时间**和**方式**，很难在这个结构内定位。

这种性质的排序不太可能是巧合。为了更详细地比较在共时语法里格功能的顺序与已观察到的格功能在语法化过程中的顺序，我们进行了 4 个德语前置词格功能的简短测试。选德语为被测试语言是因为最容易找到母语者。受访的 45 人是来自科隆大学的学生。选定前置词是 an（相当于英语 at）、für（相当于英语 for）、mit（相当于英语 with）和 zu（相当于英语 to）。对于每一个前置词，我们设计了一组 4 个句子，每个句子展示不同的格功能。[①] 这些句子以如下的顺序展示给受访者：

			典型功能
an（相当于英语 at）			
A1	Er kam am Donnerstag.	'他周四来的。'	时间
A2	Er starb am Alkohol.	'他死于酗酒。'	原因
A3	Er war am Schlafen.	'他正在睡觉。'	进行体
A4	Er wartete am Bahnhof.	'他在车站等。'	空间
für（相当于英语 for）			
B1	Er ging für zwei Jahre nach Afrika.	'他去了非洲 2 年。'	时间
B2	Er kaufte den Schlüssel für die Haustür.	'他为房门买了把钥匙。'	目的
B3	Er kaufte Blumen für Maria.	'他为玛丽亚买了花。'	受益格
B4	Es ist für die Katz.	'这都是浪费。'	方式
mit（相当于英语 with）			
C1	Mit etwas Glück kann sie die Prüfung schaffen.	'有一点运气她就能通过考试。'	条件
C2	Sie schnitt den Spargel mit dem Messer.	'她用刀切芦笋。'	工具

[①] 这意味着对于四个前置词中的每一个来说，我们考察选定的范围只包含四个功能。在一种情况，即 A3 情况下，增加的不是格标记表达式，而是进行体结构式，这种结构式在标准德语里不能被接受，但在德语口语的许多形式中却很常见。

			续
			典型功能
C3	Sie fuhr mit einem Strohhut.	'她戴着草帽开车。'	方式
C4	Sie fuhr mit Klaus in die Stadt.	'她和 Klaus 一起开车去镇上。'	伴随
zu（相当于英语 to）			
D1	Es ist zum Heulen.	'我只能坐下来哭。'	方式
D2	Sie tat es zum Spaß.	'她因为好玩做这些。'	理由
D3	Sie rannte zum Bahnhof.	'她跑到车站。'	向格
D4	Sie sagte es zum Direktor.	'她对主任说。'	与格

对于每一组句子，受访者被要求回答如下的问题：

a）在一个给定的组（如：A1 到 A4）里是否所有的功能都是相关的？

b）在一个组里的四个功能中哪一个代表相关前置词的"真正的"（或"正确的"）格功能？

问题 a 试图找到这样的线索：一个给定前置词的各种功能是否或者在何种程度上被分别视为是"多义词"或"同音形异义词"的例子。b 的主要目的是找出在何种程度上每一个功能与一个给定的前置词相关，也就是说，是否这些前置词能够显示具有"典型"功能和"非典型"功能等。

我们没有进行统计显著性方面的尝试。我们很满意能找到一些定量的等值线来与这次测试前非定量的观察做个对比。我们没有强迫受访者提供回答。如果对于一个给定的格他们犹豫或无法决定，我们不记录任何信息。如果提供了不止一个答案，所有的答案都被记入分析中。

对于 a 的回答产生了一些令人惊奇的结果：四个前置词中的每一个都被认为有很多不相关的功能，每一个前置词都有一个占主导的反应类型。83% 的受访者声称 an 四个功能中的每一个都与这个前置词的其他功能不相关。类似地，69% 的受访者认为 mit 四个功能的每一个也与其他功能不相关。

前置词 für 和 zu 的调查则碰到了有点不同的情况。对这两个前置词的调查中，大多数受访者宣称四个功能中的两个是相关的：83% 的人认为 für 有三个互不相关的功能，即**受益格**与**目的**、**时间**、**方式**，61% 的人认为 zu 包括三个相互不相关的功能，即**向格**和**与格**、**原因**、**方式**。就 zu 而言，21% 的人宣称不仅**向格**和**与格**是相关的功能，并且**原因**和**方式**也是相关的功能。

假定 a 提供了讨论多义词和同音形异义词之间不同的参项，我们的发现表明德语前置词中有非常多的同音形异义词，因为大多数受访者认为前置词 an 和 mit 包含至少 4 个不同的同音形异义词，für 和 zu 包含至少 3 个不同的同音形异义词。然而考虑到围绕"多义词"和"同音形异义词"用法的很多问题[详见 Lyons（1977：550ff）]，值得指出的是我们的调查在统计上不具有显著性，我们也没有在严格界定的意义的范围内使用这两个术语。

对 b 的反应被归纳在表 9.1 内。基于这些回答的相对频率，格功能可以分成三类。第一类包括空间、伴随和受益格，这些格功能作为相关前置词"真正的"功能，很明显显示出最高比例。值得注意的是，我们没有同一前置词具有这三个功能中的一个以上功能的例子。第二种类型的功能包括**目的**、**与格**和**工具**，这些功能显示出比第一种类型的功能低，但比剩下一种类型的功能高的比例。最后，**时间**、**理由**、**条件**和**方式**功能显示出比前两种类型相对较低的比例。

表 9.1　四个德语前置词的某些格功能

格功能	an	fur	mit	zu
空间	96			95
伴随			87	
工具			17	
受益		86		
目的		73		
与格				29
时间	46	14		
理由				5
条件			9	
方式			4	9
进行体	4			

注释: 数字表明前置词的"真正"功能的比例。**向格**功能包含在**空间**内。

第一种类型的功能可被分为两种。一种是**向格**功能，另一种是最强烈地与人类参与项相联系的功能：**伴随**和**受益格**通常引入人类参与项，并且二者通常隐含人类施事者。第二种类型的格功能也通常隐含人类施事，不过**目的**和**工具**引入的是非生命的参与项，而**与格**可以但不一定有人类参与项。最后这个类型专门包括可以有但不必是人类参与项的功能。

这些观察表明似乎有两种主要排序标准：空间和非空间的区分、与人类参与项的相对联系度。

在第 6 章，我们做了许多有关格功能语法化的归纳（见 6.4）。似乎我们在第 6 章提出的定义语法化程度的标准，与语法学者和德语使用者观察到的，判定前置词格功能"真实度"的标准实质上具有相同的底层结构。6.4 里提出的第一个标准涉及空间和非空间的区分：在所有的格功能中，空间功能是语法化程度最低的，在相关前置词"真实"功能中的评级最高。这适用于具有方所基础的所有功能，包括**向格**、**来源**、**目标**和**路径**。然而值得注意的是，在语言单位的发展过程中，它可能像英语 after 和 before，失去其方所含义（Joan Bybee，私人交流）。在这些情况下，"抽象量度表"中的下一个意义取得最"真实的"功能的地位。第二个标准涉及人类中心说：与人类参与项更强烈相关的格标记语法化程度较低，更经常被命名为相关前置词的"真正"功能（见 6.4）。这个标准提供了下面类型的三分法。

第一组包括与人类参与项最高程度相关的格功能。这适用于像**受益格**和**伴随格**这样的功能，这些格功能通常涉及一个人类施事者和引入一个人类参与项。第二组包括虽然与人类参与项相关，但相关性不及第一组的功能。通常这些格功能是**目的**和**工具**这样的要求一个人类施事者但不引入一个人类补足语的功能。[1] 最后一组是既不与空间相关，也不与人类中心特征相关的格功能。它们可能但不一定要涉及人类施事，这些功能包括**原因／因果**、**条件**、**方式**。[2]

这些分组大部分对应 6.4 呈现的语法化增强的量度表，这一量度表基于格功能转换模式的观察。这些模式中某些更为广泛的模式被总结为表 9.2（同时参见 Radden 1985）。我们在第 6 章会发现像伊卡语（Ik）或卡努里语（Kanuri）这样的语言展示了很多更为广泛的模式，而在另外一些语言里只能观察到有限数目的功能转换。

表 9.2 总结的观察表明，语法化底层的参项与母语使用者凭直觉判断"真实意义"时使用的参项，以及语言研究者给前置词功能排序时所使用的参项，实质上是一样的。这些参项反映为空间

---

[1]　值得注意的是，这并不适用于也属于第二组的**与格**。除了**与格**，**时间**也有一些特别的表现。

[2]　这里应该注意的是我们只关注"原型用法"。合适的语境下，像**伴随格**或**受益格**这样的功能可能有非人类指称，而**原因**和**条件**功能也可能有人类指称。

方向性和人类中心性这样的参数，它们似乎导致这样一个事实：许多语言中列在表 9.2 中"来源"栏之下的特定格功能，通常被用来概念化更"抽象"的功能，例如表 9.2 中"目标"栏所列功能。

表 9.2　格功能的一些常见转移模式

来源	目标
向格	方所格、受益格、与格、目的、时间、因果、方式、小句从属
离格	方所格、施事格、因果、方式
路径	施事格、因果
方所格	时间、因果、条件、方式、小句从属
伴随格	工具格、手段、条件、方式
受益格	与格、目的、因果、时间
工具／手段	方式
时间	因果、条件、方式

当**受益格**标记取得**目的**功能时，这一从源功能到目标功能的转换最适宜被理解为能够以规约化或"固化"使用模式的形式进行历时分析的一种活动；当**受益格**标记在特定语境中也被允许标记**目的**时（例如管辖非人类补足语时），这一从源功能到目标功能的转换最适宜被理解为进行共时分析的一种可能性。

根据二十多年前提出的方所主义假说，方所表达式比其他表达式更基本，因此被用作理解非方所现象的结构平台（参见 Anderson 1971；Lyons 1977：718），最迟从那时开始，用**空间**域概念化语法功能的重要性就得到了承认。就更"抽象的"域如格功能而言，这个假设已经被我们调查的结果所印证（见第 6 章）。然而一旦我们研究更"具体的"概念，空间就可能被视为构成一个自身派生于其他范畴（如物体或活动）的域，我们在第 5 章已经非常清楚地看到这一点（又见 7.2）。

9.3 结论

我们发现术语"泛时"（panchrony）具有很多不同的用法。或许最有影响的是 Saussure（1916：134-135）和 Hjelmslev（1928）的用法，对他们来说，泛时涉及独立于时间、给定的语言或任何具体语言事实而存在的语言的普遍原理。对于 Saussure 来说，语言学里的泛时原理可以与自然科学的定律相比。另一方面，Christie（1982）引入这个术语是为了提出另一种语言学。他认为泛时具有历史学家研究方法的特征，语言的描述也应该是泛时的，它利用任何可能阐述语言结构本质的信息。

这里所理解的泛时概念与 Christie 的泛时概念相似，但有两点不同。第一，它涉及一系列定义更窄的现象，也就是说，涉及同时表现出共时心理关系和历时关系的现象。第二，Christie 提出以历史作为他的首要参项，但这里的框架依赖于认知和历时性这两个主要解释参项（见 Heine 1990）。注意 Christie 主要关注的不是历史语言学而是语言的历史（参见 Christie 1982：7）。

所有前面小节所做的观察都指向同一个方向：对于一个语法化的理论来说，坚持共时性和历时性之间的区分是不公正和不实际的。

很多其他作者也做出了相同的观察。例如在讨论汉语句法的一些问题时，Li（1975a）注意到共时现象，特别是句法的不规则性的某些解释，存在于历时过程中，共时和历时是相互关联的。汉语中同动词（例如"**到**"）在一些例子中显示为动词，但在另外一些例子中显示为前置词，这种双重特征被 Li 解释为构成汉语正在从 SVO 类型向 SOV 类型转变的一个方面。他总结道，某些句法结构式可被看作过渡中的结构，共时的不规则性是这一过渡过程的表征。

我们的观察与 Hopper 的浮现语法的概念和作为向结构运动的语法化（grammaticalization）的定义是一致的（他用的术语是 "grammaticization"；Hopper 1987：148）："［语法］……不是被抽象地构想和抽象地展示，它总是依靠话段的特定具体形式……它的形式不是固定的模板，而是在面对面的交流中，以反映个体对于这些形式的既往经验和他们对于当前语境评估的方式进行协商的。"（Hopper 1987：142）既然语法"总是浮现的而从来不是呈现的"（Hopper 1987：148），把它挤进历时和共时这种二分法的紧身衣是没有太多用处的。

Hopper 主要关注的是语篇策略和语篇功能。不过除了他的主要变量，即说话者对于当前语境的过去经验和评估，看起来至少还有另外一个变量：人们操控语境中概念的能力，包括把不同认知域相互联系起来和用一种事物表达另一种事物的能力。

这里所理解的语法化理论应该考虑下面种类的观察：

a）一方面，语法化被认为是映射到语言结构上的认知活动。这个活动一旦"结构化"，就是说最终成为规约化的"固化"结构，是可以进行历时分析的。正如我们在 9.2 中看到的，它也可以进行使用模式形式的或概念/语义关系评估形式的共时分析。

b）另一方面，语法化可以被视为朝向结构的持续运动，或"源自话语语篇，被话语语篇塑造，正如其在一个正在进行的过程中塑造话语语篇"的结构（Hopper 1987：142）。

c）这一过程的动态性尤其反映为语法化的链形式，它可以被描述为涉及概念变体和语境变体的连续统（见 8.4）。一个充分的语言描述尤其应该提供：关于在所描述语言中发生的语法化链的数量和类型的信息；这些链中成员的内部结构，即成员的性质、大小和个体成员之间的关联性；与每一成员相关的语境的类型；每个成员的语义、形态和句法特征。

d）语法化链表现得像一个边界模糊的连续统；它们有家族相似性范畴的结构（Taylor 1989），因此不太容易用基于离散范畴，例如成分类型、词类或语素类的语言描述的分类研究法，进行分析（见8.4）。

e）正如我们上文所看到的，最初阶段与后来阶段共存的重叠状态，构成语法化链的内在属性。重叠对语法来说有多种蕴涵。一个主要的作用是它产生了歧义，即某一形式显示几个意义，或者一个意义与两个或两个以上的不同形式相联系。

f）语法中出现的不太重要的部分，即多义词或同音形异义词，代表了同一语法化链的不同意义。在这样的链上彼此接近的意义倾向于被解释为多义词，而更远的成员则很可能被解释为同音形异义词。例如，在3.1呈现的语法化链中，"身体的背部"和"（如一间房子）……的后部"很可能被视为多义词，而这些含义中的任何一个和"智力障碍"的含义都可能被视为同音异义词。我们在9.2中关于德语前置词格功能的测试似乎表明，一个语法化链上能观察到的同音形异义词的数量比人们想象得要多。

g）鉴于概念的转移在形态句法和语音的转移之前（见8.1），结果就是意义和形式的不对称。我们熟悉的所有语言显示的是语素或结构式获得新的意义或功能，但仍然保留旧形态句法的例子；例如在所有已知的语言中，都有具有附置词功能的语项，不过它们仍然显示副词短语或名词短语的形态句法。通过这种途径，语法化可能，事实上经常违背学界提出的"自然性"参项（参见 Mayerthaler 1981；Wurzel 1984，1988），或者违背某些研究所宣称的在形式和意义之间存在的所谓象似性原则。

h）大多数语言理论或明或暗地基于"一个意义，一个形式"原则：一般认为一个最大限度有效的交流系统通常避免多义词和同音形异义词（Anttila 1972：181）。我们不质疑这个原则的有效性，我们希望同时强调语言经常与这个原则相矛盾，它这样做是有原因的：多义词、同音形异义词和歧义现象，以及其他形式的形式和意义之间的不对称，是语法化的自然产物，因此构成了语言结构的可预测部分。

在讨论系统和演变的区别时，Ricoeur（1986）得出结论，既然一个语言成分（如一个单词）能够在获取和保持新的意思的同时不失去原来的意思，对它的研究就需要像隐喻这样的泛时视角，它显示了同样类型的双重属性：作为一个新的创造它导致了意义的变化，因此涉及历时性；作为一个"接受的偏离"，它是多义词的一部分，因此是相关语言的共时结构。与此相类似，语法化应该被视为既展示历时视角，因为它涉及变化，又展示共时视角，因为它蕴含可被描述为不涉及时间的系统的变体。

参考文献

Abraham, Werner. 1976. Die Rolle von Trugschlüssen in der Diachronie von Satzkonnektoren. In Pohl and Salnikow 1976:11–72.

———. 1980. The synchronic and diachronic semantics of German temporal *noch* and *schon*, with aspects of English *still, yet,* and *already. Studies of Language* 4, no. 1:3–24.

———. 1990. Event structure accounting for the emerging periphrastic tenses and the verbal gender in Germanic. Paper presented at the Conference on Explanation in Historical Linguistics, University of Wisconsin, Milwaukee, 20–22 April.

———. In press. The grammaticalization of the German modal particles. In Traugott and Heine, in press, vol. 2.

Abraham, Werner, and Th. W. Janssen, eds. In press. *Tempus-Aspekt-Modus. Die lexikalischen und grammatischen Formen in den germanischen Sprachen.* Linguistische Arbeiten 237. Tübingen: Niemeyer, 1989.

Adamson, Sylvia M., Vivien Law, Nigel Vincent, and Susan M. Wright, eds. In press. *Papers from the Seventh Conference on English Historical Linguistics.* Amsterdam: John Benjamins.

Ahlqvist, Anders, ed. 1982. *Papers from the 5th International Conference on Historical Linguistics.* Amsterdam: John Benjamins.

Aijmer, Karin. 1985. The semantic development of *will.* In Fisiak 1985:11–21.

Allan, Keith. 1986. *Linguistic meaning.* London: Routledge & Kegan Paul.

———. 1987. Hierarchies and the choice of left conjuncts (with particular attention to English). *Journal of Linguistics* 23:51–77.

———. 1989a. The anthropocentricity of English *back* and its relatives. Monash University. Typescript.

———. 1989b. The lexical, derivational, and inflectional continuum in verb morphology. In Walsh 1989:1–7.

The Alone-Stokes short manual of the Amharic language. n.d. 5th ed. New York: Macmillan.

Alpers, M., A. Kampermann, K. Lichtenberg, and H. Voges. 1951. *Englische Grammatik.* Bielefeld/Hannover/Berlin/Darmstadt: Velhagen & Klasing.

Anderson, John M. 1971. *The grammar of case: Towards a localistic theory.* London: Cambridge University Press.

———. 1973. *An essay concerning aspect: Some considerations of a general character arising from the Abbé Darrigol's analysis of the Basque verb.* The Hague/Paris: Mouton.

Anderson, Stephen R. 1980. On the development of morphology from syntax. In Fisiak 1980:51–69.

———. 1981. Why phonology isn't "natural." *Linguistic Inquiry* 12:493–539.

Ansre, Gilbert. 1966. The verbid—a caveat to "serial verbs." *Journal of West African Languages* 3, no. 1:29–32.

Antinucci, Francesco, and Domenico Parisi. 1971. On English modal verbs. In *Papers from the Seventh Regional Meeting of the Chicago Linguistic Society,* 28–39. Chicago: Chicago Linguistic Society.

Anttila, Raimo. 1972. *An introduction to historical and comparative linguistics*. New York: Macmillan.

———. 1989. *Historical and comparative linguistics*. Amsterdam Studies in the Theory and History of Linguistic Science 6. 2d rev. ed. Amsterdam/Philadelphia: John Benjamins.

Arens, Hans. 1969. *Sprachwissenschaft: Der Gang ihrer Entwicklung von der Antike bis zur Gegenwart: Zweite, durchgesehene und stark erweiterte Auflage*. Freiburg/ Munich: Karl Alber.

Arieti, Silvano. 1976. *Creativity: The magic synthesis*. New York: Basic.

Ariste, Paul. 1973. Eesti rōhumäärsōna ep (The affirmative adverb *ep* in Estonian). *Journal de la Société Finno-ougrienne* 72:33–37.

Arnott, D. W. 1970. *The nominal and verbal systems of Fula*. Oxford: Clarendon.

Ashby, William J. 1981. The loss of the negative particle *ne* in French: A syntactic change in progress. *Language* 57:674–87.

Awolaye, Yiwola. 1986. Reflexivization in Kwa languages. In Dimmendaal 1986:1–14.

Bach, E., and R. Harms, eds. 1968. *Universals in linguistic theory*. New York: Holt, Rhinehart, & Winston.

Bagari, Dauda. 1972. NP complementation in Hausa. *African Language Studies* 13:32–51.

Bally, Charles. 1926. L'expression des idées de sphère personelle et de solidarité dans les langues indo-européennes. In *Festschrift Louis Gauchat*, 68–78. Aarau: Sauerländer.

Bamgbose, Ayo. 1966. *A grammar of Yoruba*. West African Language Monographs 5. Cambridge: Cambridge University Press.

———. 1974. On serial verbs and verbal status. *Journal of West African Languages* 9, no. 1:17–48.

Barr, L. I. 1965. *A course in Lugbara*. Nairobi/Kampala/Dar es Salaam: East African Literature Bureau.

Bascom, W. R., and M. J. Herskovits, eds. 1959. *Continuity and change in African cultures*. Chicago: University of Chicago Press.

Bavin, Edith L. 1983. Morphological and syntactic divergence in Lango and Acholi. In Voßen and Bechhaus-Gerst 1983:147–68.

Becker, J. 1975. *The phrasal lexicon*. Report no. 3081. Cambridge, Mass.: Bolt, Beranek & Newman.

Benveniste, Emile. 1966. *Problèmes de linguistique générale*. Paris: Gallimard.

———. 1968. Mutations of linguistic categories. In Lehmann and Malkiel 1968:83–94.

Berlin, Brent, Dennis E. Breedlove, and Peter H. Raven. 1973. General principles of classification and nomenclature in folk biology. *American Anthropologist* 75: 214–42.

———. 1974. *Principles of Tzeltal plant classification: An introduction to the botanical ethnography of a Mayan-speaking community in highland Chiapas*. New York: Academic.

Bertoncini, Elena. 1973. A tentative frequency list of Swahili words. *Annali dell'Istituto Orientale di Napoli* 33 (n.s. 23): 297–363.

Binnick, Robert J. 1976. How aspect languages get tense. In Steever, Walker, and Mufwene 1976:40–49.

Bird, Charles S. 1978. Review of Welmers' grammar of Vai. *Language* 54, no. 4:963–69.

———. 1982. *The dialects of Mandekan*. Bloomington: Indiana University, African Studies Program.

Bird, Charles S., and Martha B. Kendall. 1986. Postpositions and auxiliaries in Northern Mande: Syntactic indeterminacy and linguistic analysis. *Anthropological Linguistics* 28, no. 4:389–403.

Blake, Frank R. 1934. The origins of pronouns of the first and second person. *American Journal of Philology* 55:244–48.

Blansitt, Edward L. 1975. Progressive aspect. *Working Papers on Language Universals* (Stanford University) 18:1–34.

———. 1988. Datives and allatives. In Hammond, Moravcsik, and Wirth 1988:173–91.

Blount, Ben G., and Mary Sanches, eds. 1977. *Sociocultural dimensions of language change*. New York: Academic.

Bolinger, Dwight. 1978. Intonation across languages. In Greenberg 1978b: vol. 2, pp. 471–524.

Booij, Geert E. 1984. Principles and parameters in prosodic phonology. In Butterworth, Comrie, and Dahl 1984:249–80.

Bopp, Franz. 1816. *Über das Conjugationssystem der Sanskritsprache in Vergleichung mit jenem der griechischen, lateinischen, persischen und germanischen Sprachen*. Frankfurt: Andreäische.

———. 1833. *Vergleichende Grammatik des Sanskrit, Zend, Griechischen, Lateinischen, Litauischen, Altslawischen, Gothischen und Deutschen*, vol. 1. Berlin.

Boretzky, Norbert. 1987. Lexikalische Natürlichkeit—Benennungsmotive in Pflanzennamen. In *Beiträge zum 3. Essener Kolloquium über Sprachwandel und seine bestimmenden Faktoren*, Norbert Boretzky, Werner Enninger, and Thomas Stolz, eds., 53–76. Bochum-Essener Beiträge zur Sprachwandelforschung 4. Bochum: N. Brockmeyer.

Bouquiaux, Luc, ed. 1980. *L'expansion bantoue*. 2 vols. Paris: SELAF (Société d'Études Linguistiques et Anthropologiques de France).

Bowerman, Melissa. 1979. The acquisition of complex sentences. In Fletcher and Garman 1979:285–305.

Brauner, Siegmund. 1974. *Lehrbuch des Bambara*. Leipzig: VEB Enzyklopädie.

Brauner, Siegmund, and Michael Ashiwaju. 1966. *Lehrbuch der Hausa-Sprache*. Munich: Max Hueber.

Bréal, Michel J. A. 1897. *Essai de sémantique*. Paris: Hachette. (1st English ed., trans. Nina Cust. New York: Henry Holt, 1900. Reprint. New York: Dover, 1964.)

Brinton, Laurel J. 1988. *The development of English aspectual systems: Aspectualizers and post-verbal particles*. Cambridge Studies in Linguistics 49. Cambridge: Cambridge University Press.

Brooke-Rose, Christine. 1958. *A grammar of metaphor*. London: Secker & Warburg.

Brown, Cecil H., and Stanley R. Witkowski. 1983. Polysemy, lexical change, and cultural importance. *Man*, n.s., 18:72–89.

Brugman, Claudia. 1981. The story of "over." M.A. thesis, University of California, Berkeley.

———. 1983. The use of body-part terms as locatives in Chalcatongo Mixtec. In Schlichter et al. 1983:235–90.

Brugman, Claudia, and Monica Macaulay. 1986. Interacting semantic systems: Mixtec expressions of location. *Berkeley Linguistics Society* 12:315–27.

Bühler, Karl. 1934. *Sprachtheorie*. Jena: Fischer.

Butterworth, Brian, Bernard Comrie, and Östen Dahl. 1984. *Explanations for language universals*. Berlin/New York/Amsterdam: Mouton.

Bybee, Joan L. 1985a. *Morphology: A study of the relation between meaning and form*. Typological Studies in Language 9. Amsterdam/Philadelphia: John Benjamins.

————. 1985b. On the nature of grammatical categories. Paper presented at the Second Eastern States Conference on Linguistics, Buffalo, N.Y., 3 October.

————. 1988. Semantic substance vs. contrast in the development of grammatical meaning. *Berkeley Linguistics Society* 14:247–64.

————. 1990. The grammaticization of zero: Asymmetries in tense and aspect systems. Paper presented at the Conference on Explanation in Historical Linguistics, University of Wisconsin, Milwaukee, 20–22 April.

Bybee, Joan L., and Östen Dahl. 1989. The creation of tense and aspect systems in the languages of the world. *Studies in Language* 13, no. 1:51–103.

Bybee, Joan L., and William Pagliuca. 1985. Cross linguistic comparison and the development of grammatical meaning. In Fisiak 1985:59–83.

————. 1987. The evolution of future meaning. In Ramat, Carruba, and Bernini 1987:109–22.

Bybee, Joan L., William Pagliuca, and Revere D. Perkins. In press. Back to the future. In Traugott and Heine, in press, vol. 2.

Campbell, Lyle. In press. Some grammaticalization changes in Estonian and their implications. In Traugott and Heine, in press, vol. 1.

Carey, Kathleen. 1990. The development of the English perfect: An account based on metaphor and invited inference. Paper presented at the Conference on Explanation in Historical Linguistics, University of Wisconsin, Milwaukee, 20–22 April.

Carlson, Robert. In press. Grammaticalization of postpositions and word order in Senufo languages. In Traugott and Heine, in press, vol. 2.

Casad, Eugene H. 1988. Glimpses of Cora grammaticalization. Paper presented at the Symposium on Grammaticalization, University of Oregon, Eugene, 12–15 May.

Chafe, Wallace L. 1977. The evolution of third person verb agreement in the Iroquoian languages. In Li 1977:493–524.

————. 1988. Extending the frontiers of grammaticalization. Paper presented at the Symposium on Grammaticalization, University of Oregon, Eugene, 12–15 May.

Chang, Roland Chiang-Jen. 1977. *Co-verbs in spoken Chinese.* Taipeh: Cheng Chung.

Chao, Yuen Ren. 1968. *A grammar of spoken Chinese.* Berkeley: University of California Press.

Chomsky, Noam. 1966. *Topics in the theory of generative grammar.* The Hague/Paris: Mouton.

Christaller, J. G. [1875] 1964. *A grammar of the Asante and Fante language called Tshi.* Reprint. Ridgewood, N.J.: Gregg.

Christie, J. J. 1970. Locative, possessive and existential in Swahili. *Foundations of Languages* 6:166–77.

Christie, William M., Jr. 1982. Synchronic, diachronic, and panchronic linguistics. In Maher, Bomhard, and Koerner 1982:1–10.

Clark, Eve V., and Herbert H. Clark. 1978. Universals, relativity, and language processing. In Greenberg 1978b: vol. 1, pp. 225–77.

Clark, Herbert. 1973. Space, time, semantics and the child. In Moore 1973:28–63.

Clark, Marybeth. 1979. Coverbs: Evidence for the derivation of prepositions from verbs—new evidence from Hmong. *Working Papers in Linguistics* (University of Hawaii) 11, no. 2:1–12.

Claudi, Ulrike. 1985. *Zur Entstehung von Genussystemen: Überlegungen zu einigen theoretischen Aspekten, verbunden mit einer Fallstudie des Zande.* Hamburg: Helmut Buske.

————. 1986. To have or not to have: On the conceptual base of predicative possession in some African languages. Cologne: Institut für Afrikanistik. Typescript.

———. 1988. The development of tense/aspect marking in Kru languages. *Journal of African Languages and Linguistics* 10:53–77.

———. 1990. Word order change as category change: The Mande case. Paper presented at the Conference on Explanantion in Historical Linguistics, University of Wisconsin, Milwaukee, 20–22 April.

———. In preparation. *Die Stellung von Verb und Objekt in Niger-Kongo-Sprachen: Ein Beitrag zur Rekonstruktion historischer Syntax.*

Claudi, Ulrike, and Bernd Heine. 1986. On the metaphorical base of grammar. *Studies in Language* 10, no. 2:297–335.

———. 1989. On the nominal morphology of "alienability" in some African languages. In Newman and Botne 1989:3–19.

Claudi, Ulrike, and Fritz Serzisko. 1985. Possession in Dizi: Inalienable or not? *Journal of African Languages and Linguistics* 7:131–54.

Coates, J. 1983. *The semantics of the modal auxiliaries.* London/Canberra: Croom Helm.

Cohen, Jean. 1966. *Structure du langage poétique.* Paris.

Cole, P., and J. L. Morgan, eds. 1975. *Speech acts.* Syntax and Semantics 3. New York: Academic.

Coleman, Linda, and Paul Kay. 1981. Prototype semantics: The English word *lie.* *Language* 51, no. 1:26–44.

Comrie, Bernard. 1985. *Tense.* Cambridge: Cambridge University Press.

———. 1988. Topics, grammaticalized topics, and subjects. *Berkeley Linguistics Society* 14:265–79.

Condillac, Etienne Bonnot de. 1746. *Essai sur l'origine des connaissances humaines.* Paris.

———. 1749. *Traité des systèmes.* Paris.

Coseriu, Eugenio. 1974. *Synchronie, Diachronie und Geschichte: Das Problem des Sprachwandels.* Munich: Wilhelm Fink.

———. 1980. Vom Primat der Geschichte: Oswald Szemerényi zu seinem 65. Geburtstag. *Sprachwissenschaft* 5:125–45.

Craig, Colette, ed. 1986. *Noun classes and categorization: Proceedings of a Symposium on Categorization and Noun Classification, Eugene, Oregon, October 1983.* Amsterdam: John Benjamins.

Craig, Colette G. 1987. Rama relational prefixes: From postpositions to verbal prefixes. In DeLancey and Tomlin 1987:51–71.

———. In press. Ways to go in Rama: A case study in polygrammaticalization. In Traugott and Heine, in press, vol. 1.

Craig, Colette G., and Ken Hale. 1988. Relational preverbs in some languages of the Americas: Typological and historical perspectives. *Language* 64, no. 2:57–78.

Crazzolara, J. P. 1955. *A study of the Acooli language.* London: Oxford University Press.

———. 1960. *A study of the Logbara (Ma'di) language.* London: Oxford University Press.

Croft, William. 1984. Semantic and pragmatic correlates to syntactic categories. In Testen, Mishra, and Drogo 1984:53–70.

Croft, William, Keith Denning, and Suzanne Kemmer, eds. 1990. *Studies in typology and diachrony. For Joseph H. Greenberg.* Typological Studies in Language 20. Amsterdam, Philadelphia: John Benjamins.

Cruz, Juan M. de la. 1977. Synchronic-diachronic remarks on the nature of prefixation. *Orbis* 26, no. 2:262–92.

Cyffer, Norbert. 1974. *Syntax des Kanuri.* Hamburger Philologische Studien 35. Hamburg: Helmut Buske.

Cyr, Danielle. 1983. Case marking in Kanuri? *Afrika und Übersee* 66, no. 1:191–202.
———. 1990. Discourse morphology: The missing link for cyclic grammatical change. Paper presented at the Conference on Explanation in Historical Linguistics, University of Wisconsin, Milwaukee, 20–22 April.

Czermak, Wilhelm. 1927. Die Lokalvorstellung und ihre Bedeutung für den grammatischen Aufbau afrikanischer Sprachen. In *Festschrift Meinhof*, 204–22. Glückstadt/Hamburg: J. J. Augustin.

Dahl, Östen. 1985. *Tense and aspect systems*. Oxford: Basil Blackwell.
———. 1990. Source-determined and target-determined properties of grammatical categories. Paper presented at the Conference on Explanation in Historical Linguistics, University of Wisconsin, Milwaukee, 20–22 April.

Davidson, Donald R. 1979. What metaphors mean. In Sacks 1979:29–45.

DeLancey, Scott. 1988. The origins of verb serialization in modern Tibetan. Paper presented at the Symposium on Grammaticalization, University of Oregon, Eugene, 12–15 May.

DeLancey, Scott, and Russell Tomlin, eds. 1987. *Proceedings of the Second Annual Meeting of the Pacific Linguistics Conference*. November 1986. University of Oregon, Eugene, Oregon. Typescript.

Devitt, Dan. 1990. The diachronic development of semantics in copula. Paper presented at the Conference on Explanation in Historical Linguistics, University of Wisconsin, Milwaukee, 20–22 April.

De Wolf, P. P. 1981. Zur Herkunft der Verbalextension im Fang. *Afrika und Übersee* 64:59–80.

Diehl, Lon. 1975. Space case: Some principles and their implications concerning linear order in natural language. Working paper 19. University of North Dakota, Summer Institute of Linguistics.

Dimmendaal, Gerrit Jan. 1983. *The Turkana language*. Publications in African Languages and Linguistics 2. Dordrecht/Cinnaminson: Foris.
———, ed. 1986. *Current approaches to African linguistics*, vol. 3. Publications in African Languages and Linguistics 6. Dordrecht/Cinnaminson: Forris.

Dinnsen, D., ed. 1979. *Current approaches to phonological theory*. Bloomington: Indiana University Press.

Donegan, Patricia, and David Stampe. 1979. The study of natural phonology. In Dinnsen 1979:126–73.

Dressler, Wolfgang U. 1983. On word formation in natural morphology. In *Proceedings of the XIIIth International Congress of Linguistics*, vol. 13, pp. 172–82. Tokyo: Proceedings Publishing Committee.
———, ed. 1987. *Leitmotifs in natural morphology*. Studies in Language Companion Series 10. Amsterdam/Philadelphia: John Benjamins.

DuBois, John. 1985. Competing motivations. In Haiman 1985:343–65.
———. 1987. The discourse basis of ergativity. *Language* 63, no. 4:805–55.
———. 1988. Discourse as pattern model for grammar: The possessor = ergator affiliation. Paper presented at the Symposium on Grammaticalization, University of Oregon, Eugene, 12–15 May.

Durie, Mark. 1988. Preferred argument structure in an active language. *Lingua* 74:1–25.

Ebert, Karen H. 1987. Discourse function of motion verbs in Chadic. *Afrikanistische Arbeitspapiere* 10:53–71.
———. In press. Aspektmarkierung im Fering (Nordfriesisch) und verwandten Sprachen. In Abraham and Janssen, in press.

Eco, Umberto. 1979. *The role of the reader*. Bloomington: Indiana University Press.

Eichinger, L. M., ed. 1982. *Tendenzen verbaler Wortbildung in der deutschen Gegen-wartssprache*. Hamburg: Helmut Buske.

Eliasson, Stig. 1980. Case, word order and coding in a historical linguistic perspective. In Fisiak 1980:127–39.

Emanatian, Michele. 1990. Chagga "come" and "go": Metaphor and the development of tense-aspect. University of California, Berkeley. Typescript.

Essien, Okon E. 1982. The so-called reflexive pronouns and reflexivization in Ibibio. *Studies in African Linguistics* 13, no. 2:93–108.

Faverey, M., B. Johns, and F. Wouk. 1976. The historical development of locative and existential copula constructions in Afro-English creole languages. In Steever, Walker, and Mufwene 1976:88–95.

Fillmore, Charles J. 1982. Towards a descriptive framework for spatial deixis. In Jarvella and Klein 1982:31–59.

———. 1983. Commentary on the papers by Klein and Talmy. In Pick and Acredolo 1983:313–20.

———. 1985. Syntactic intrusions and the notion of grammatical construction. *Berkeley Linguistics Society* 11:73–86.

Fishman, Joshua A., et al., eds. 1986. *The Fergusonian impact*. Vol. 1, *From phonology to society*. Berlin/New York/Amsterdam: Mouton.

Fisiak, Jacek, ed. 1980. *Historical morphology*. Trends in Linguistics, Studies and Mono-graphs 17. The Hague/Paris/New York: Mouton.

———, ed. 1985. *Historical semantics, historical word formation*. Trends in Lin-guistics, Studies and Monographs 29. Berlin: Mouton de Gruyter.

Fleischman, Suzanne. 1982a. *The future in thought and language: Diachronic evidence from Romance*. Cambridge Studies in Linguistics 36. Cambridge: Cambridge Uni-versity Press.

———. 1982b. The past and the future: Are they *coming* or *going? Berkeley Linguistics Society* 8:322–34.

———. 1983. From pragmatics to grammar: Diachronic reflections on complex pasts and futures in Romance. *Lingua* 60:183–214.

———. 1989a. Temporal distance: A basic linguistic metaphor. *Studies in Language* 13,1:1–50.

———. 1989b. Discourse and diachrony: The rise and fall of Old French *si*. Paper pre-pared for the Workshop on Internal and External Factors in Syntactic Change, Ninth International Conference on Historical Linguistics. Rutgers, New Jersey, August, 1989.

Fletcher, Paul, and Michael Garman, eds. 1979. *Language acquisition: Studies in first language development*. Cambridge: Cambridge University Press.

Frajzyngier, Zygmunt. 1975. Against the universality of source and goal. *Foundations of Language* 13:349–60.

———. 1983. Marking syntactic relationship in Proto-Chadic. In Wolff and Meyer-Bahlburg 1983:115–38.

———. 1984. On the origin of *say* and *se* as complementizers in black English and English-based creoles. *American Speech* 59, no. 3:207–10.

———. 1986. From preposition to copula. *Berkeley Linguistics Society* 12:371–86.

———. 1987. Encoding locative in Chadic. *Journal of West African Languages* 17, no. 1:81–97.

———. In press, a. The *de dicto* domain in language. In Traugott and Heine, in press, vol. 1.

————. In press, b. Grammaticalization through analysis: A case of switch reference. In Scott DeLancey and Russell Tomlin, 1987.

Fraser, Bruce. 1979. The interpretation of novel metaphors. In Ortony 1979:172–85.

Frazer, J. G. 1950. *The golden bough: A study in magic and religion,* pt. 1. 3d ed. Vienna.

Freud, Siegmund. 1950. *Die Traumdeutung.* 9th ed. Vienna.

Gabelentz, Georg von der. [1891] 1901. *Die Sprachwissenschaft: Ihre Aufgaben, Methoden und bisherigen Ergebnisse.* 2d ed. Leipzig: Weigel Nachf.

Gao, Ming-Kai. 1940. *Essai sur la valeur réelle des particules prépositionnelles en chinois.* Paris: Rodstein.

García, Erica. 1975. *The role of theory in linguistic analysis: The Spanish pronoun system.* Amsterdam: North-Holland.

Geeraerts, Dirk. 1985. Cognitive restrictions on the structure of semantic change. In Fisiak 1985:127–53.

Geis, Michael, and Arnold M. Zwicky. 1971. On invited inferences. *Linguistic Inquiry* 2, no. 4:561–66.

Genetti, Carol. 1986. The development of subordinators from postpositions in Bodic languages. *Berkeley Linguistics Society* 12:387–400.

————. In press. From preposition to subordinator in Newari. In Traugott and Heine, in press, vol. 2.

George, Isaac. 1971. The *á*-construction in Nupe: Perfective, stative, causative, or instrumental? In Kim and Stahlke 1971:81–100.

Givón, Talmy. 1969. Studies in ChiBemba and Bantu grammar. Ph.D. diss., University of California, Los Angeles.

————. 1970. The magical number two, Bantu pronouns and the theory of pronominalization. *Studies in African Linguistics* no. 1, 3:279–300.

————. 1971a. Dependent modals, performatives, factivity, Bantu subjunctives and what not. *Studies in African Linguistics* 2, no. 1:61–81.

————. 1971b. Historical syntax and synchronic morphology: An archaeologist's field trip. *Chicago Linguistic Society* 7:394–415.

————. 1971c. On the verbal origin of the Bantu verb suffixes. *Studies in African Linguistics* 2, no. 2:145–63.

————. 1973. The time-axis phenomenon. *Language* 49:890–925.

————. 1975a. Serial verbs and syntactic change: Niger-Congo. In Li 1975b:47–112.

————. 1975b. Topic, pronoun and grammatical agreement. In *Subject and topic,* ed. Charles N. Li, 149–88. New York: Academic.

————. 1976. On the SOV reconstruction of Southern Nilotic: Internal evidence from Toposa. In Hyman, Jacobson, and Schuh 1976:73–93.

————. 1977. The drift from VSO to SVO in biblical Hebrew: The pragmatics of tense-aspect. In Li 1977:181–254.

————. 1979a. *On understanding grammar.* New York/San Francisco/London: Academic.

————, ed. 1979b. *Discourse and syntax.* Syntax and Semantics 12. New York: Academic.

————. 1980. The binding hierarchy and the typology of complements. *Studies in Language* 4, no. 3:333–77.

————. 1981. On the development of the numeral "one" as an indefinite marker. *Folia Linguistica Historica* 2, no. 1:35–53.

————. 1982. Logic vs. pragmatics, with human language as the referee: Toward an empirically viable epistemology. *Journal of Pragmatics* 6:81–133.

————. 1984a. Direct object and dative shifting: Semantic and pragmatic case. In Plank 1984:151–82.

————. 1984b. *Syntax: A functional-typological introduction,* vol. 1. Amsterdam/Philadelphia: John Benjamins.

————. 1989. *Mind, code and context: Essays in pragmatics.* Hillsdale, N.J.: Erlbaum.

————. 1990. Isomorphism in the grammatical code: Cognitive and biological considerations. Eugene, Oreg. Typescript.

————. In press a. The evolution of dependent clause morpho-syntax in biblical Hebrew. In Traugott and Heine, in press, vol. 2.

————. In press b. Serial verbs and the mental reality of "event": Grammatical vs. cognitive packaging. In Traugott and Heine, in press, vol. 1.

Goossens, Louis. 1989. *Metonymy in metaphorization: From body parts (and other donor domains) to linguistic action.* Linguistic Agency, University of Duisburg, ser. A, no. 256. Duisburg: Universität Duisburg.

Green, M. W., and G. E. Igwe. 1963. *A descriptive grammar of Igbo.* Berlin: Akademie.

Greenberg, Joseph H. 1959. Africa as a linguistic area. In Bascom and Herskovits 1959:15–27.

————. 1963a. *The languages of Africa.* The Hague: Mouton.

————, ed. 1963b. *Universals of language.* Cambridge, Mass.: MIT Press.

————. 1978a. How does a language acquire gender markers? In Greenberg 1978b: vol. 3, pp. 47–82.

————, ed. 1978b. *Universals of human language.* 4 vols. Stanford, Calif.: Stanford University Press.

————. 1985. Some iconic relationships among place, time, and discourse deixis. In Haiman 1985:271–87.

————. In press. The last stages of grammatical elements; contractive and expansive desemanticization. In Traugott and Heine, in press, vol. 2.

Grice, H. P. 1975. Logic and conversation. In Cole and Morgan 1975:41–58.

Gruber, H. E., G. Terrell, and M. Wertheimer, eds. 1963. *Contemporary approaches to creative thinking.* New York: Atherton.

Gudschinsky, Sarah C. 1956. The ABC's of lexicostatistics (glottochronology). *Word* 12:175–210.

Guenthner, F., and M. Guenthner-Reutter, eds. 1978. *Meaning and translation.* London: Duckworth.

Guillaume, Gustave. 1964. *Langage et science du langage.* Paris/Nizet/Quebec: Presses de l'Université Laval.

Guimier, Claude. 1985. On the origin of the suffix -*ly.* In Fisiak 1985:155–70.

Guthrie, Malcolm. 1967–71. *Comparative Bantu: An introduction to the comparative linguistics and prehistory of the Bantu languages.* Farnborough, Hants.: Gregg International.

Haas, Mary R. 1977. From auxiliary verb phrase to inflexional suffix. In Li 1977:525–37.

Hagan, Shareen. 1990. On *on:* Meanderings of a pronoun. Paper presented at the Conference on Explanation in Historical Linguistics, University of Wisconsin, Milwaukee, 20–22 April.

Hagège, Claude. 1975. *Le problème linguistique des prépositions et la solution chinoise: Avec un essai de typologie à travers plusieurs groupes de langues.* Louvain: Peeters.

————. 1978. Du thème au thème en passant par le sujet: Pour une théorie cyclique. *La Linguistique* 14, no. 2:3–38.

Haiman, John. 1978. Conditionals are topics. *Language* 54:564–89.

————, ed. 1985. *Iconicity in syntax: Proceedings of a Symposium on Iconicity in Syntax, Stanford, June 24–6, 1983.* Typological Studies in Language 6. Amsterdam: John Benjamins.

————. 1987. On some origins of medial verb morphology in Papuan languages. *Studies in Language* 11, no. 2:347–64.

————. 1990. Ritualization. Paper presented at the Conference on Explanation in Historical Linguistics, University of Wisconsin, Milwaukee, 20–22 April.

————. In press. From V/2 to subject clitics: Evidence from Northern Italian. In Traugott and Heine, in press, vol. 2.

Haiman, John, and Sandra A. Thompson, eds. 1988. *Clause combining in grammar and discourse.* Typological Studies in Language 18. Amsterdam/Philadelphia: John Benjamins.

Halliday, M. A. K. 1970a. Functional diversity in language. *Foundations of Language* 6:322–61.

————. 1970b. Language structure and language function. In Lyons 1970:140–65.

————. 1985. *An introduction to functional grammar.* London: Edward Arnold.

Hammond, Michael, Edith Moravcsik, and Jessica Wirth, eds. 1988. *Studies in syntactic typology.* Typological Studies in Language 17. Amsterdam/Philadelphia: John Benjamins.

Harbsmeier, Christoph. 1979. *Wilhelm von Humboldts Brief an Abel Rémusat und die philosophische Grammatik des Altchinesischen.* Grammatica Universalis 17. Stuttgart/Bad Canstatt: Erich Fromman.

Harnisch, Karl-Rüdiger. 1982. "Doppelpartikelverben" als Gegenstand der Wortbildungslehre und Richtungsadverbien als Präpositionen: Ein syntaktischer Versuch. In Eichinger 1982:107–33.

Harris, Martin. 1988. Concessive clauses in English and Romance. In Haiman and Thompson 1988:71–99.

Haspelmath, Martin. n.d. The grammaticization of passive morphology. Cologne. Typescript.

Hawkins, B. 1988. The natural category MEDIUM: An alternative to selection restrictions and similar constructs. In Rudzka-Ostyn 1988:231–70.

Hayward, Dick. 1984. *The Arbore language: A first investigation.* Kuschitische Sprachstudien 2. Hamburg: Helmut Buske.

Heine, Bernd. 1973. *Pidgin-Sprachen im Bantu-Bereich.* Kölner Beiträge zur Afrikanistik 3. Berlin: Dietrich Reimer.

————. 1976. *The Kuliak languages of Eastern Uganda.* Nairobi: East African Publishing House.

————. 1978. Some generalizations on African-based pidgins. *Afrika und Übersee* 61, nos. 3/4:219–29.

————. 1980a. Language typology and linguistic reconstruction: The Niger-Congo case. *Journal of African Languages and Linguistics* 2, no. 2:95–112.

————. 1980b. *The non-Bantu languages of Kenya.* Language and Dialect Atlas of Kenya 2. Berlin: Dietrich Reimer.

————. 1983. The Ik language. Cologne. Typescript.

————. 1986. *The rise of grammatical categories: Cognition and language change.* Sixteenth Annual Hans Wolff Memorial Lecture. Bloomington: Indiana University, African Studies Program.

————. 1988. The dative in Ik and Kanuri. In Croft, Denning, and Kemmer 1990: 129–49.

————. 1989. Adpositions in African languages. *Linguistique Africaine* 2:77–127.

————. 1990a. Grammaticalization as an explanatory parameter. Paper presented at the Conference on Explanation in Historical Linguistics, University of Wisconsin, Milwaukee, 20–22 April. Conference on Explanation in Historical Linguistics, University of Wisconsin, Milwaukee, 20–22 April.

————. 1990b. Grammaticalization chains as linguistic categories. University of Cologne, Institut für Afrikanistik. Typescript.

————. In press. Grammaticalization as an explanatory parameter. In *Proceedings of the Nineteenth Annual Linguistics Symposium on Explanation in Historical Linguistics.*

Heine, Bernd, and Matthias Brenzinger. 1988. *Plants of the Borana (Ethiopia and Kenya).* Plant Concepts and Plant Use 4. Saarbrücken/Fort Lauderdale: Breitenbach.

Heine, Bernd, and Ulrike Claudi. 1986a. The metaphorical base of grammatical categories in Ewe (West Africa). In Fishman et al. 1986:367–75.

————. 1986b. *On the rise of grammatical categories: Some examples from Maa.* Kölner Beiträge zur Afrikanistik 13. Berlin: Dietrich Reimer.

Heine, Bernd, Ulrike Claudi, and Friederike Hünnemeyer. In press. *From cognition to grammar—evidence from African languages.* In Traugott and Heine, in press, vol. 1.

Heine, Bernd, and Mechthild Reh. 1982. *Patterns of grammaticalization in African languages.* Arbeiten des Kölner Universalien-Projekts 47. Cologne: Universität zu Köln, Institut für Sprachwissenschaft.

————. 1984. *Grammaticalization and reanalysis in African languages.* Hamburg: Helmut Buske.

————. 1988. On the use of the nominal strategy for coding complex complements in some African languages. In Jazayery and Winter 1988:245–57.

Heine, Bernd, Thilo C. Schadeberg, and Ekkehard Wolff, eds. 1981. *Die Sprachen Afrikas.* Hamburg: Helmut Buske.

Heine, Bernd, and Rainer Voßen. 1983. On the origin of gender in Eastern Nilotic. In Voßen and Bechhaus-Gerst 1983:245–68.

Helbig, Gerhard, and Joachim Buscha. 1986. *Deutsche Grammatik: Ein Handbuch für den Ausländerunterricht.* Leipzig: VEB Enzyklopädie.

Herring, Susan C. 1988. Aspect as a discourse category in Tamil. *Berkeley Linguistics Society* 14:280–92.

————. In press. The grammaticalization of rhetorical questions in Tamil. In Traugott and Heine, in press, vol. 1.

Herskovits, Annette. 1988. Spatial expressions and the plasticity of meaning. In Rudzka-Ostyn 1988:271–97.

Hilders, J. H., and J. C. D. Lawrance. 1956. *An introduction to the Ateso language.* Kampala: Eagle.

Hill, Clifford Alden. 1974. Spatial perception and linguistic encoding: A case study in Hausa and English. *Studies in African Linguistics,* suppl. 5, pp. 135–48.

Hjelmslev, Louis. 1928. *Principes de grammaire générale.* Copenhagen.

————. 1935. La catégorie des cas. *Acta Jutlandica* 7, no. 1:i–xii, 1–184; 9, no. 2:i–vii, 1–78.

Hockett, Charles F., et al. 1945. *Dictionary of spoken Chinese.* Washington, D.C.

Hodge, Carleton T. 1970. The linguistic cycle. *Language Sciences* 13:1–7.

Hoenigswald, Henry M. 1963. Are there universals of linguistic change? In Greenberg 1963b:23–41.

Hoepelman, J., and C. Rohrer. 1981. Remarks on *noch* and *schon* in German. In *Tense and aspect,* ed. P. J. Tedeschi and A. Zaenen (Syntax and Semantics 14), 103–26. New York: Academic.

Hoffman, Robert R. 1982. Recent research on metaphor. *Annals of the New York Academy of Science, Section on Linguistics.* Typescript.

Hook, Peter Edwin. 1988. Paradigmaticization: A case study from South Asia. *Berkeley Linguistics Society* 14:293–303.

———. In press. The emergence of perfective aspect in Indo-Aryan languages. In Traugott and Heine, in press, vol. 2.

Hooper, Joan B. 1976. *An introduction to natural generative phonology.* New York: Academic.

Hopper, Paul J. 1979a. Aspect and foregrounding in discourse. In Givón 1979b:213–41.

———. 1979b. Some observations on the typology of focus and aspect in narrative language. *Studies in Language* 3, no. 1:37–64.

———. 1982. Aspect between discourse and grammar. In *Tense-aspect: Between semantics and pragmatics,* ed. P. J. Hopper, 3–18. Amsterdam: John Benjamins.

———. 1987. Emergent grammar. *Berkeley Linguistics Society* 13:139–57.

———. 1990. Phonogenesis. Paper presented at the Conference on Explanation in Historical Linguistics, University of Wisconsin, Milwaukee, 20–22 April.

———. In press. On some principles of grammaticization. In Traugott and Heine, in press, vol. 1.

Hopper, Paul J., and Janice Martin. 1987. Structuralism and diachrony: The development of the indefinite article in English. In Ramat, Carruba, and Bernini 1987:295–304.

Hopper, Paul J., and Sandra A. Thompson, eds. 1982. *Studies in transitivity.* Syntax and Semantics 15. New York: Academic.

———. 1984. The discourse basis for lexical categories in universal grammar. *Language* 60:703–52.

Horn, Laurence R. 1984. Toward a new taxonomy for pragmatic inference: Q-based and R-based implicature. In Scheffnin 1984:11–42.

Horne Tooke, John. 1857. *Epea pteroenta or the diversions of Purley.* 2 vols. London.

Humboldt, Wilhelm von. 1825. Über das Entstehen der grammatischen Formen und ihren Einfluß auf die Ideenentwicklung: Gelesen in der Academie der Wissenschaften am 17. Januar 1822. *Abhandlungen der Königlichen Akademie der Wissenschaften zu Berlin,* 401–30.

Hünnemeyer, Friederike. 1985. Die serielle Verbkonstruktion im Ewe: Eine Bestandsaufnahme und Beschreibung der Veränderungstendenzen funktionalspezialisierter Serialisierungen. M.A. thesis, University of Cologne.

Hutchison, John Priestley. 1976. Aspects of Kanuri syntax. Ph.D. diss., Indiana University.

———. 1980. The Kanuri associative postposition: A case for subordination. *Studies in African Linguistics* 11, no. 3:321–51.

Hyman, Larry M. 1975. On the change from SOV to SVO: Evidence from Niger-Congo. In Li 1975b:113–47.

———. 1977. The syntax of body parts. In *Haya grammatical structure,* ed. E. R. Byarushengo, A. Duranti, and Larry M. Hyman (Southern California Occasional Papers in Linguistics 6), 99–117. Los Angeles: University of Southern California, Department of Linguistics.

———. 1984. Form and substance in language universals. In Butterworth, Comrie, and Dahl 1984:67–85.

Hyman, Larry M., Leon C. Jacobson, and Russel G. Schuh, eds. 1976. *Papers in African linguistics in honor of Wm. E. Welmers. Studies in African Linguistics,* suppl. 6. Los Angeles: University of California.

Hyman, Larry M., and Daniel J. Magaji. 1971. *Essentials of Gwari grammar*. Institute of African Studies Occasional Publication 27. Ibadan: Ibadan University Press.

Innes, Gordon. 1971. *A practical introduction to Mende*. London: School of Oriental and African Studies.

Ishikawa, Masataka. 1990. Reanalysis and syntactic change. Paper presented at the Conference on Explanation in Historical Linguistics, University of Wisconsin, Milwaukee, 20–22 April.

Jackendoff, Ray S. 1983. *Semantics and cognition*. Current Studies in Linguistics Series 8. Cambridge, Mass.: MIT Press.

Jacobs, Neil G. 1990. Morphological decay in the Hebrew component of Yiddish. Paper presented at the Conference on Explanation in Historical Linguistics, University of Wisconsin, Milwaukee, 20–22 April.

Jakobson, Roman. 1959. Boas's view of grammatical meaning. In *Word and language: Selected writings*, 2:489–96. The Hague/Paris: Mouton.

———. 1962. *Selected writings*. The Hague: Mouton.

Jakobson, Roman, and Morris Halle. 1956. *Fundamentals of language*. The Hague: Mouton.

Jarvella, R. J., and W. Klein, eds. 1982. *Speech, place and action*. New York: Wiley.

Jazayery, Mohammed Ali, and Werner Winter, eds. 1988. *Languages and cultures: Studies in honor of Edgar C. Polomé*. Berlin/New York/Amsterdam: Mouton de Gruyter.

Jeffers, Robert J., and Arnold M. Zwicky. 1980. The evolution of clitics. In Traugott, Labrum, and Shepherd 1980: 221–31.

Jespersen, Otto. 1911. *A modern English grammar on historical principles*. Pt. 4, *Syntax* (vol. 3). London: Allen & Unwin; Copenhagen: Ejnar Munksgaard.

———. 1922. *Language: Its nature, development and origin*. London: Allen & Unwin; Copenhagen: Ejnar Munksgaard.

———. 1940. *A modern English grammar on historical principles*, vol. 5. London: George Allen & Unwin.

Johnston, Judith R. 1984. Acquisition of locative meanings: *Behind* and *in front of*. *Journal of Child Language* 11:407–22.

Johnston, Judith R., and Dan I. Slobin. 1979. The development of locative expressions in English, Italian, Serbo-Croatian and Turkish. *Journal of Child Language* 6:529–45.

Kahr, Joan Casper. 1975. Adpositions and locationals: Typology and diachronic development. *Working Papers on Language Universals* (Stanford University) 19:21–54.

———. 1976. The renewal of case morphology: Sources and constraints. *Working Papers on Language Universals* (Stanford University) 20:107–51.

Kay, Paul. 1971. Taxonomy and semantic contrast. *Language* 47:866–87.

Keenan, Edward L., ed. 1975. *Formal semantics of natural language*. London: Cambridge University Press.

Keesing, Roger M. 1988. Exotic readings of cultural texts. *Current Anthropology* 30, no. 4(1989):1–33.

———. In press. Substrates, calquing and grammaticalization in Melanesian Pidgin. In Traugott and Heine, in press, vol. 1.

Kemmer, Suzanne. 1988. The middle voice: A typological and diachronic study. Ph.D. diss., Stanford University, Department of Linguistics.

———. 1990. Grammatical prototypes and competing motivations in a theory of linguistic change. Paper presented at the Conference on Explanation in Historical Linguistics, University of Wisconsin, Milwaukee, 20–22 April.

Kilroe, Patricia. 1990. The grammaticalization of French *à*. Paper presented at the Conference on Explanation in Historical Linguistics, University of Wisconsin, Milwaukee, 20–22 April.

Kim, Chin-Wu, and H. Stahlke, eds. 1971. *Papers in African linguistics*. Edmonton: Linguistic Research.

Kittay, Eva Feder. 1987. *Metaphor: Its cognitive force and linguistic structure*. New York: Oxford University Press.

Klingenheben, August. 1963. *Die Sprache der Ful (Dialekt von Adamaua): Grammatik, Texte und Wörterverzeichnis*. Afrikanistische Forschungen 1. Hamburg: J. J. Augustin.

———. 1966. *Deutsch-amharischer Sprachführer*. Wiesbaden: Otto Harrassowitz.

Kölver, Ulrike. 1977. *Nominalization and lexicalization in modern Newari*. Arbeiten des Kölner Universalien-Projekts 30. Cologne: Universität zu Köln, Institut für Sprachwissenschaft.

———. 1984. *Local prepositions and serial verb constructions in Thai*. Arbeiten des Kölner Universalien-Projekts 56. Cologne: Universität zu Köln, Institut für Sprachwissenschaft.

König, Ekkehard. 1977. Temporal and non-temporal uses of "noch" and "schon" in German. *Linguistics and Philosophy* 1:173–98.

———. 1985. Where do concessives come from? On the development of concessive connectives. In Fisiak 1985:263–82.

Kraft, C. H., and A. H. M. Kirk-Greene. 1973. *Hausa*. London: Teach Yourself Books.

Kress, G. R. 1977. Tense as modality. *University of East Anglia Papers in Linguistics* 5:40–52.

Kuhn, Thomas S. 1962. *The structure of scientific revolutions*. International Encyclopedia of Unified Science, vol. 2. no. 2. Chicago: University of Chicago Press.

Kuperus, Julianna, and Mpunga wa Ilunga. 1987. *Locative markers in Luba*. Leiden/Brussels. Typescript.

Kuryłowicz, Jerzy. 1964. *The inflectional categories of Indo-European*. Heidelberg: Carl Winter.

———. [1965] 1975. The evolution of grammatical categories. In *Esquisses linguistiques II*, 38–54. Munich: Fink.

———. 1972. The role of deictic elements in linguistic evolution. *Semiotica* 5:174–83.

Lakoff, George. 1982. *Categories and cognitive models*. Berkeley Cognitive Science Report 2. Berkeley: University of California, Institute for Human Learning. (Reproduced by Linguistic Agency University Trier, series A, paper no. 96.)

———. 1986. Classifiers as a reflection of mind. In Craig 1986:13–51.

———. 1987. *Women, fire, and dangerous things: What categories reveal about the mind*. Chicago: University of Chicago Press.

Lakoff, George, and Mark Johnson. 1980. *Metaphors we live by*. Chicago: University of Chicago Press.

Lambert, Dorothy Mack. 1969. The semantic syntax of metaphor: A case grammar analysis. Ph.D. diss., University of Michigan.

Lambrecht, Knud. 1988. There was a farmer had a dog: Syntactic amalgams revisited. *Berkeley Linguistics Society* 14:319–39.

Langacker, Ronald W. 1977. Syntactic reanalysis. In Li 1977:57–139.

———. 1981. The nature of grammatical valence. *Linguistic Notes from La Jolla* 10:33–59.

———. 1982. Space grammar, analysability, and the English passive. *Language* 58, no. 1:22–80.

————. 1987. *Foundations of cognitive grammar*, vol. 1. Stanford, Calif.: Stanford University Press.

Lébikaza, Kézié. 1985. Phonologie, Tonologie und Morphosyntax des Kabiye. Ph.D. diss., University of Cologne.

Lehmann, Christian. 1982. *Thoughts on grammaticalization: A programmatic sketch*, vol. 1. Arbeiten des Kölner Universalien-Projekts 48. Cologne: Universität zu Köln, Institut für Sprachwissenschaft.

————. 1983. Rektion und syntaktische Relationen. *Folia Linguistica* 17:339–78.

————. 1985. Grammaticalization: Synchronic variation and diachronic change. *Lingua e Stile* 20, no. 3:303–18.

————. 1986. Grammaticalization and linguistic typology. *General Linguistics* 26, no. 1:3–23.

————. 1987. Theoretical implications of processes of grammaticalization. Paper presented at the Conference on the Role of Theory in Language Description, Ocho Rios, Jamaica, 31 October–8 November.

————. 1989. Grammatikalisierung und Lexikalisierung. *Zeitschrift für Phonetik, Sprachwissenschaft und Kommunikationsforschung* 42, no. 1:11–19.

————. In press. Grammaticalization and related changes in contemporary German. In Traugott and Heine, in press, vol. 1.

Lehmann, Winfried P., and Yakov Malkiel, eds. 1968. *Directions for historical linguistics: a symposium*. Austin: University of Texas Press.

————, eds. 1982. *Perspectives in historical linguistics*. Amsterdam: John Benjamins.

Levinson, Stephen C. 1983. *Pragmatics*. Cambridge: Cambridge University Press.

Lewis, Marshall. 1990. Figure-ground manipulability and the origin of specialized functions for serial verbs: A cognitive grammar perspective on grammaticalization. Paper presented at the Conference on Explanation in Historical Linguistics, University of Wisconsin, Milwaukee, 20–22 April.

Li, Charles N. 1975a. Synchrony vs. diachrony in language structure. *Language* 51, no. 4:873–86.

————, ed. 1975b. *Word order and word order change*. Austin: University of Texas Press.

————, ed. 1977. *Mechanisms of syntactic change*. Austin: University of Texas Press.

Li, Charles N., and Sandra A. Thompson. 1974a. Co-verbs in Mandarin Chinese: Verbs or prepositions? *Journal of Chinese Linguistics* 2, no. 3:257–78.

————. 1974b. An explanation of word order change SVO → SOV. *Foundations of Language* 12:201–14.

————. 1974c. Historical change of word order: A case study in Chinese and its implications. In *Historical linguistics*. Proceedings of the First International Conference on Historical Linguistics, Edinburgh, 2–7 September, 1973, ed. J. M. Anderson and C. Jones, 1:199–217. Amsterdam: North-Holland; New York: American Elsevier.

————. 1975. The semantic function of word-order: A case study in Mandarin. In Li 1975b:163–95.

————. 1977. A mechanism for the development of copula morphemes. In Li 1977:419–44.

————. 1981. *Mandarin Chinese: A functional reference grammar*. Berkeley and Los Angeles: University of California Press.

Lichtenberk, Frantisek. 1988. *On the gradualness of grammaticalization*. Auckland: University of Auckland, Department of Anthropology.

————. 1990. Semantic change and heterosemy in grammaticalization: Developments of the verbs "go," "come," and "return" in Oceanic languages. University of Auckland, Department of Anthropology. Typescript.

————. In press. On the gradualness of grammaticalization. In Traugott and Heine, in press, vol. 1.

Lieberman, Philip. 1984. *The biology and evolution of language.* Cambridge, Mass.: Harvard University Press.

Lightfoot, David W. 1979. *Principles of diachronic syntax.* Cambridge Studies on Linguistics 23. Cambridge: Cambridge University Press.

Lindner, Sue. 1981. A lexico-semantic analysis of English verb particle constructions with OUT and UP. Ph.D. diss., University of California, San Diego.

————. 1982. What goes up doesn't necessarily come down: The ins and outs of opposites. In *Papers from the Eighteenth Regional Meeting of the Chicago Linguistic Society,* ed. Kevin Tuite, Robinson Schneider, and Robert Chametzky, 305–23. Chicago: Chicago Linguistic Society.

Lockwood, W. B. 1968. *Historical German syntax.* Oxford: Clarendon.

Lord, Carol. 1973. Serial verbs in transition. *Studies in African Linguistics* 4, no. 3:269–96.

————. 1974. Causative constructions in Yoruba. *Studies in African Linguistics,* suppl. 5, pp. 195–204.

————. 1975. Igbo verb compounds and the lexicon. *Studies in African Linguistics,* 6, no. 1:23–48.

————. 1976. Evidence for syntactic reanalysis: From verb to complementizer in Kwa. In Steever, Walker, and Mufwene 1976:179–91.

————. 1977. How Igbo got from SOV serializing to SVO compounding. *Studies in African Linguistics,* suppl. 7, pp. 145–55.

————. 1982. The development of object markers in serial verb languages. In Hopper and Thompson 1982: 277–99.

————. 1989. Syntactic reanalysis in the historical development of serial verb constructions in languages of West Africa. Ph.D. diss., University of California, Los Angeles.

Lukas, Johannes. 1937. *A study of the Kanuri language: Grammar and vocabulary.* London: Oxford University Press.

————. 1951/52. Umrisse einer Ostsaharanischen Sprachgruppe. *Afrika und Übersee* 36:3–7.

Lyons, John. 1967. A note on possessive, existential and locative sentences. *Foundations of Language* 3:390–96.

————, ed. 1970. *New horizons in linguistics.* Harmondsworth: Penguin.

————. 1975. Deixis as the source of reference. In Keenan 1975:61–83.

————. 1977. *Semantics.* 2 vols. (continuously paginated). Cambridge: Cambridge University Press.

McCawley, J. 1968. The role of semantics in a grammar. In Bach and Harms 1968:125–69.

Mac Cormac, Earl R. 1985. *A cognitive theory of metaphor.* Cambridge, Mass.: MIT Press.

McIntyre, J. A. 1989. Is Hausa *zoo* a Grade 6 verb of motion? *Afrikanistische Arbeitspapiere* 19:7–22.

Maher, J. Peter, Allan R. Bomhard, and E. F. Konrad Koerner, eds. 1982. *Papers from the Third International Conference on Historical Linguistics.* Amsterdam Studies in the Theory and History of Linguistic Science, ser. 4. Amsterdam: John Benjamins.

Mallinson, Graham, and Barry J. Blake. 1981. *Language typology: Cross-linguistic studies in syntax*. Amsterdam/New York/Oxford: North-Holland.

Manis, Melvin. 1971. *An introduction to cognitive psychology*. University of Michigan and Brooks/Cole.

Marchese, Lynell. 1978. Le développement des auxiliaires dans les langues Kru. *Annales de l'Université d'Abidjan*, ser. H, 11, no. 1:121–31.

———. 1984. Tense innovation in the Kru language family. *Studies in African Linguistics* 15, no. 2:189–213.

———. 1986. *Tense/aspect and the development of auxiliaries in Kru languages*. Summer Institute of Linguistics, Publications in Linguistics 78. Arlington: Summer Institute of Linguistics and University of Texas at Arlington.

Matisoff, James. 1969. Verb concatenation in Lahu. *Acta Linguistica Hafniensia* (Copenhagen) 12, no. 1:69–120.

———. In press. Areal and universal dimensions of grammaticalization in Lahu. In Traugott and Heine, in press, vol. 1.

Matlin, Margaret W. 1989. *Cognition*. 2d ed. New York: Holt, Rinehart, & Winston.

Matsumoto, Yo. 1988. From bound grammatical markers to free discourse markers: History of some Japanese connectives. *Berkeley Linguistics Society* 14:340–51.

Matthiessen, Christian, and Sandra A. Thompson. 1988. The structure of discourse and "subordination." In Haiman and Thompson 1988:275–329.

Mauthner, Fritz. 1901. *Beiträge zu einer Kritik der Sprache*. Stuttgart: Cotta.

Mayerthaler, W. 1981. *Morphologische Natürlichkeit*. Wiesbaden: Athenaion.

Medin, Douglas L., William D. Wattenmaker, and Sarah E. Hampson. 1987. Family resemblance, conceptual cohesiveness, and category construction. *Cognitive Psychology* 19:242–79.

Mednick, S. A. 1962. The associative basis of the creative process. *Psychological Review* 69:220–32.

Meillet, Antoine. 1912. L'évolution des formes grammaticales. *Scientia* 12. (Reprinted in A. Meillet, *Linguistique historique et linguistique générale*, 1:130–48. Paris; Edouard Champion, 1948.)

Migeod, F. W. H. 1908. *The Mende language*. London: Kegan Paul, Trench, Trübner.

Miller, J. 1985. *Semantics and syntax: Parallels and connections*. Cambridge: Cambridge University Press.

Mithun, Marianne. 1988. The grammaticization of coordination. In Haiman and Thompson 1988:331–59.

———. In press. The role of motivation in the emergence of grammatical categories: The grammaticization of subjects. In Traugott and Heine, in press, vol. 2.

Moore, T., ed. 1973. *Cognitive development and the acquisition of language*. New York: Academic.

Mühlhäusler, Peter. 1980. Structural expansion and the process of creolization. In Valdman and Highfield 1980:19–55.

Mukarovsky, Hans. 1976–77. *A study of Western Nigritic*. 2 vols. Beiträge zur Afrikanistik, vols. 1, 2. Vienna: Afro-Pub.

Myers, Amy. 1971. On the similarities between interrogatives and emphatics in Kikuyu and English. *Studies in African Linguistics*, suppl. 2:11–17.

Myhill, John. 1988. The grammaticalization of auxiliaries: Spanish clitic climbing. *Berkeley Linguistics Society* 14:352–63.

Nebel, A. 1948. *Dinka grammar (Rek-Malual dialect): With texts and vocabulary*. Museum Combonianum 2. Verona: Istituto Missioni Africane.

———. 1954. *Dinka dictionary*. Wau: Verona Fathers.

Nelson, K. 1974. Concept, word, and sentence: Interrelations in acquisition and development. *Psychology Review* 81:267–85.

Newell, A., J. G. Shaw, and H. A. Simon. 1963. The process of creative thinking. In Gruber, Terrell, and Wertheimer 1963:63–119.

Newman, Paul. 1979. Explaining Hausa feminines. *Studies in African Linguistics* 10:197–226.

Newman, Paul, and Robert D. Botne, eds. 1989. *Current approaches to African linguistics*, vol. 5. Dordrecht: Foris.

Newman, Roxana Ma. 1984. Denominative adverbs in Hausa. *Afrika und Übersee* 67:161–74.

Nichols, Johanna, and Alan Timberlake. In press. Grammaticalization as retextualization. In Traugott and Heine, in press, vol. 1.

Nikiforidou, Kiki, and Eve Sweetser. 1990. Diachronic regularity and irregularity: Structural parallels between semantic and phonological change. Paper presented at the Conference on Explanation in Historical Linguistics, University of Wisconsin, Milwaukee, 20–22 April.

Nilsen, D. L. F. 1973. *The instrumental case in English*. The Hague: Mouton.

———. 1983. The conceptual basis for language. In Seiler and Wannenmacher 1983:173–88.

Norvig, Peter, and George Lakoff. 1987. Taking: A study in lexical network theory. *Berkeley Linguistics Society* 13:195–206.

Nöth, Winfried. 1985. Semiotic aspects of metaphor. In Paprotté and Dirven 1985:1–16.

Novelli, Bruno. 1985. *A grammar of the Karimojong language*. Language and Dialect Studies in East Africa 7. Berlin: Dietrich Reimer.

Ortony, Andrew, ed. 1979. *Metaphor and thought*. Cambridge: Cambridge University Press.

Paivio, Allan. 1979. Psychological processes in the comprehension of metaphor. In Ortony 1979:150–71.

Palmer, F. R. 1965. *The English verb*. London: London Group.

———. 1986. *Mood and modality*. Cambridge: Cambridge University Press.

Paprotté, Wolf, and René Dirven, eds. 1985. *The ubiquity of metaphor*. Amsterdam/Philadelphia: John Benjamins.

Parsons, R. W. 1971/72. Suppletion and neutralization in the verbal system of Hausa. *Afrika und Übersee* 55:49–97, 188–208.

Paul, Hermann. [1880] 1920. *Prinzipien der Sprachgeschichte*. Halle: Niemeyer.

Paul, Waltraud. 1982. *Die Koverben im Chinesischen*. Arbeitspapier 40. Cologne: Universität Köln, Institut für Sprachwissenschaft.

Pawlak, Nina. 1986. *Expressing spatial relations in the Hausa language*. Studies of the Department of African Languages and Cultures. Warsaw: University of Warsaw.

Peirce, C. S. 1932. Speculative grammar. In *Collected papers of Charles Sanders Peirce*, vol. 2, *Elements of logic*, ed. Charles Hartshorne and Paul Weiss. Cambridge, Mass.: Harvard University Press.

Pepper, Stephen C. 1970. *World hypotheses*. Berkeley: University of California Press.

Pick, Herbert L., Jr., and Linda P. Acredolo, eds. 1983. *Spatial orientation: Theory, research, and application*. New York: Plenum.

Plank, Frans, ed. 1984. *Objects: Towards a theory of grammatical relations*. London: Academic.

Pohl, H. P., and N. Salnikow. 1976. *Opuscula slavica et linguistica*. Klagenfurt: A. Issatschenko.

Pottier, B. 1974. *Linguistique générale.* Paris: Klincksieck.

Poulos, G. 1986. Instances of semantic bleaching in South-Eastern Bantu. In Dimmendaal 1986:281–96.

Priebsch, R., and W. E. Collinson. 1968. *The German language.* London: Faber & Faber.

Putnam, Hilary. 1978. Meaning, reference and stereotypes. In Guenthner and Guenthner-Reutter 1978:61–81.

Quine, W. V. 1979. A postscript on metaphor. In Sacks 1979:159–60.

Quirk, Randolph, Sidney Greenbaum, and Jan Svartvik. 1972. *A grammar of contemporary English.* London: Longman.

Qvonje, Jørn Ivar. 1979. Die Grammatikalisierung der Präposition *na* im Bulgarischen. *Folia Linguistica Historica* 1:317–51.

Radden, Günter. 1985. Spatial metaphors underlying prepositions of causality. In Paprotté and Dirven 1985:177–207.

Ramat, Anna G., Onofrio Carruba, and Guiliana Bernini, eds. 1987. *Papers from the VIIth International Conference on Historical Linguistics.* Current Issues in Linguistic Theories 48. Amsterdam/Philadelphia: John Benjamins.

Ramat, Paolo. 1982. Ein Beispiel von "reanalysis" typologisch betrachtet. *Folia Linguistica* 16:365–83.

———. 1987. (Rand)bemerkungen über Morphologisierung- und Entmorphologisierungsprozesse. *Zeitschrift für Phonetik, Sprachwissenschaft und Kommunikationsforschung* 40:455–62.

Ramat, Paolo, et al., eds. 1980. *Linguistic reconstruction and Indo-European syntax.* Proceedings of the Colloquium of the "Indogermanische Gesellschaft," University of Pavia, 6–7 September 1979. Amsterdam: John Benjamins.

Ransom, Evelyn N. 1988. The grammaticalization of complementizers. *Berkeley Linguistics Society* 14:364–74.

Reesink, Ger P. 1988. Grammaticalization of some clausal conjunctions in Papuan languages. (Revised version of Discourse is space: The grammaticalization of metaphor in Papual clause marking. Paper presented at the Symposium on Grammaticalization, University of Oregon, Eugene, 12–15 May 1988.)

Reh, Mechthild. 1985a. The conceptual base of local specifiers in the Western Nilotic languages. Cologne. Typescript.

———. 1985b. *Die Krongo-Sprache (niino mo-di): Beschreibung, Texte, Wörterverzeichnis.* Kölner Beiträge zur Afrikanistik 12. Berlin: Dietrich Reimer.

Ricoeur, Paul. 1979. The metaphorical process as cognition, imagination, and feeling. In Sacks 1979:141–57.

———. 1986. *Die lebendige Metapher.* (German ed. of *La métaphore vive.*) Munich: Wilhelm Fink.

Riis, H. N. 1854. *Grammatical outline and vocabulary of the Oji-language, with especial reference to the Akwapim-dialect, together with a collection of proverbs of the natives.* Basel: Bahnmaier.

Robins, R. H. 1964. *General linguistics: An introductory survey.* London: Longmans, Green.

———. [1967] 1979. *A short history of linguistics.* 2d ed. London: Longman.

Rosch, Eleanor H. 1973a. Natural categories. *Cognitive Psychology* 4:328–50.

———. 1973b. On the internal structure of perceptual and semantic categories. In Moore 1973:111–44.

———. 1977. Human categorization. In *Studies in cross-cultural psychology,* 1–49, ed. N. Warren. London: Academic.

————. 1978. Principles of categorization. In Rosch and Lloyd 1978:27–48.

Rosch, Eleanor H., and B. B. Lloyd, eds. 1978. *Cognition and categorization*. Hillsdale, N.J.:Erbaum.

Rosch, Eleanor H., and Carolyn B. Mervis. 1975. Family resemblances: Studies in the internal structure of categories. *Cognitive Psychology* 7:573–605.

Ross, J. R. 1972. The category squish: Endstation Hauptwort. In *Papers from the Eighth Regional Meeting, Chicago Linguistic Society*, 316–28. Chicago: Chicago Linguistic Society.

Rowlands, E. C. 1959. *A grammar of Gambian Mandinka*. London: School of Oriental and African Studies.

Rubba, Jo. 1990. From content to function word: The development of prepositions in Neo-Aramaic. Paper presented at the Conference on Explanation in Historical Linguistics, University of Wisconsin, Milwaukee, 20–22 April.

Rude, Noel. In press. Verbs to promotional suffixes in Sahaptian and Klamath. In Traugott and Heine, in press, vol. 2.

Rudzka-Ostyn, Brygida, ed. 1988. *Topics in cognitive linguistics*. Current Issues in Linguistic Theory 50. Amsterdam: John Benjamins.

Sacks. Sheldon, ed. 1979. *On metaphor*. Chicago: University of Chicago Press.

Samuels, M. L. 1971. *Linguistic evolution: With special reference to English*. Cambridge Studies in Linguistics 5. Cambridge: Cambridge University Press.

Sankoff, Gillian. 1977. Variability and explanation in language and culture: Cliticization in New Guinea Tok Pisin. In M. Saville-Troike, ed., *Linguistics and Anthropology*, 59–73. Georgetown University Round Table on Languages and Linguistics, 1977. Washington, D.C.: Georgetown University Press.

————. 1988. The grammaticalization of tense and aspect in Tok Pisin and Sranan. Paper presented at the Symposium on Grammaticalization, University of Oregon, Eugene, 12–15 May.

Sankoff, Gillian, and Penelope Brown. 1976. The origins of syntax in discourse: A case study of Tok Pisin relatives. *Language* 52, no. 3:631–66.

Sapir, Edward. 1921. *Language: An introduction to the study of speech*. New York: Harcourt, Brace & World.

Sasse, Hans-Jürgen. 1977. Gedanken über Wortstellungsveränderung. *Papiere zur Linguistik* 13:82–142.

————. In press. Syntactic categories and subcategories. In *Syntax: Handbücher zur Sprach- und Kommunikationswissenschaft*, ed. J. Jacobs and Theo Vennemann. Berlin/New York: Mouton de Gruyter.

Saussure, Ferdinand de. 1916. *Cours de linguistique générale*. Paris: Payot.

Savage, G. A. R. 1956. *The essentials of Lwo (Acoli)*. Nairobi/Kampala/Dar es Salaam: East African Literature Bureau.

Saxena, Anju. 1988a. The case of the verb "say" in Tibeto-Burman. *Berkeley Linguistics Society* 14:375–88.

————. 1988b. On the grammaticalization of the verb say/thus: A typological study. Paper presented at the Symposium on Grammaticalization, University of Oregon, Eugene, 12–15 May.

Schachter, Paul. 1973. Focus and relativization. *Language* 49:19–46.

Schadeberg, Thilo C. 1987. Schon—noch—nicht mehr: Das Unerwartete als grammatische Kategorie im KiSwahili. Paper presented at the Swahili Colloquium zu Ehren von C. G. Büttner, Frankfurt am Main, 18 November.

Scheffnin, Deborah, ed. 1984. *Meaning, form and use in context: Linguistic applications*. Washington, D.C.: Georgetown University Press.

Schlegel, August Wilhelm von. 1818. *Observations sur la langue et littérature proven-çales*. Paris: Librarie Grecque-Latine-Allemande.

Schlesinger, I. M. 1979. Cognitive structures and semantic deep structures: The case of the instrumental. *Journal of Linguistics* 15:307–24.

Schlichter, Alice, et al., eds. 1983. *Survey of Californian and other Indian languages* (University of California, Berkeley) 4:235–90.

Schneider, Wolf. 1979. *Wörter machen Leute: Magie und Macht der Sprache*. Reinbeck: Rowohlt.

Scotton, Carol M. 1969. A look at the Swahili of two groups of up-country speakers. *Swahili* 39, nos. 1–2:101–10.

Searle, John R. 1969. *Speech acts: An essay in the philosophy of language*. Cambridge: Cambridge University Press.

———. 1979a. *Expression and meaning*. Cambridge: Cambridge University Press.

———. 1979b. Metaphor. In Ortony 1979:76–116.

Seiler, Hansjakob, ed. 1975. *Linguistic workshop III*. Munich: Wilhelm Fink.

———, ed. 1978. *Language universals: Papers from the conference held at Gummersbach/Cologne, Germany, October 3–8, 1976*. Tübingen: Gunter Narr.

———. 1986. *Apprehension: Language, object, and order. Pt. 3, The universal dimension of apprehension*. Tübingen: Gunter Narr.

Seiler, Hansjakob, and Christian Lehmann, eds. 1982. *Apprehension: Das sprachliche Erfassen von Gegenständen. Pt. 1, Bereich und Ordnung der Phänomene*. Tübingen: Gunter Narr.

Seiler, Hansjakob, and Josef Stachowiak, eds. 1982. *Apprehension: Das sprachliche Erfassen von Gegenständen. Pt. 2, Die Techniken und ihr Zusammenhang in Einzelsprachen*. Tübingen: Gunter Narr.

Seiler, Th. B., and W. Wannenmacher, eds. 1983. *Concept development and the development of word meaning*. Berlin/Heidelberg/New York/Tokyo: Springer.

Serzisko, Fritz. 1987. Ik-Texte 1985–1987, Lexicon Ik—English. Cologne. Typescript.

Shepherd, Susan C. 1982. From deontic to epistemic: An analysis of modals in the history of English, creoles, and language acquisition. In Ahlqvist 1982:316–23.

Shibatani, Masayoshi. In press. Grammaticalization of topic into subject. In Traugott and Heine, in press, vol. 2.

Shopen, Timothy, ed. 1985. *Language typology and syntactic description*. 3 vols. Cambridge: Cambridge University Press.

Silva-Corvalán, Carmen. 1985. Modality and semantic change. In Fisiak 1985:547–72.

Skinner, B. F. 1957. *Verbal behavior*. New York: Appleton Crofts.

Slobin, Dan I. 1990. Talking perfectly: Discourse origins of the present perfect. Paper presented at the Conference on Explanation in Historical Linguistics, University of Wisconsin, Milwaukee, 20–22 April.

Smith, Edward, and Douglas Medin. 1981. *Categories and concepts*. Cambridge, Mass.: Harvard University Press.

Smith, John Charles. 1989. Actualization reanalysed: Evidence from the Romance compound past tenses. In Walsh 1989:310–25.

Smith, N. V. 1967. *An outline grammar of Nupe*. London: School of Oriental and African Studies.

———. 1969. The Nupe verb. *African Language Studies* 10:90–160.

Spears, Richard A. 1972. A typology of locative structures in Manding languages. Paper presented at the Conference of Manding Studies, School of Oriental and African Studies, London.

Sperber, Dan, and Deirdre Wilson. 1981. Pragmatics. *Cognition* 10:281–86.

————. 1986. *Relevance: Communication and cognition*. Cambridge, Mass.: Harvard University Press.

Stampe, D. 1969. The acquisition of phonetic representation. In *Papers from the 5th Regional Meeting of the Chicago Linguistic Society*, 443–54. Chicago: Chicago Linguistic Society.

Steever, S. B., C. A. Walker, and S. S. Mufwene, eds. 1976. *Papers from the Parasession on Diachronic Syntax, April 22, 1976*. Chicago: Chicago Linguistic Society.

Stern, Gustaf. [1931] 1964. *Meaning and change of meaning (with special reference to the English language)*. Bloomington: Indiana University Press.

Stolz, Thomas. 1990a. Natural morphosyntax, grammaticalization, and Balto-Finnic vs. Baltic case-marking strategies: A study into the nature of periphrases. *Papiere zur Linguistik* 42, no. 1:9–29.

————. 1990b. Flexion und Adpositionen, flektierte Adpositionen, adpositionelle Flexion. *Zeitschrift für Phonetik, Sprachwissenschaft und Kommunikationsforschung* 43, no. 3:334–54.

Strunk, William, Jr., and E. B. White. 1972. *The elements of style*. New York: Macmillan.

Svorou, Soteria. 1986. On the evolutionary paths of locative expressions. *Berkeley Linguistics Society* 12:515–27.

————. 1987. The semantics of spatial extension terms in Modern Greek. *Buffalo Working Papers in Linguistics* (State University of New York at Buffalo) 87-01: 56–122.

————. 1988. The experiential basis of the grammar of space: Evidence from the languages of the world. Ph.D. diss., University of New York at Buffalo. (To appear in the series in Typological Studies in Language. Amsterdam/Philadelphia: John Benjamins.)

Swadesh, Morris. 1951. Diffusional cumulation and archaic residue as historical explanations. *Southwestern Journal of Anthropology* 7:1–21.

Swanson, Don R. 1979. Toward a psychology of metaphor. In Sacks 1979:161–64.

Sweetser, Eve Eliot. 1982. Root and epistemic modals: Causality in two worlds. *Berkeley Linguistics Society* 8:484–507.

————. 1984. Semantic structure and semantic change: A cognitive linguistic study of modality, perception, speech acts, and logical relations. Ph.D. diss., University of California, Berkeley.

————. 1987. Metaphorical models of thought and speech: A comparison of historical directions and metaphorical mappings in the two domains. *Berkeley Linguistics Society* 13:446–59.

————. 1988. Grammaticalization and semantic bleaching. *Berkeley Linguistics Society* 14:389–405.

Takizala, Alexis. 1972. Focus and relativization: The case of Kihung'an. *Studies in African Linguistics* 3, no. 2:259–87.

Talmy, Leonard. 1972. Semantic structures in English and Atsugewi. Ph.D. diss., University of California, Berkeley.

————. 1975. Semantics and syntax of motion. In *Syntax and semantics*, vol. 4, ed. J. Kimball, 181–238. New York: Academic.

————. 1978. Figure and ground in complex sentences. In Greenberg 1978b: vol. 4, pp. 625–49.

————. 1983. How language structures space. In Pick and Acredolo 1983:225–82.

————. 1985a. Force dynamics in language and thought. In *Papers from the Parasession on causatives and agentivity*, 1, 293–337. Chicago: Chicago Linguistic Society.

————. 1985b. Lexicalization patterns: Semantic structure in lexical forms. In Shopen 1985: vol. 3, pp. 57–148.

————. 1988. The relation of grammar to cognition. In Rudzka-Ostyn 1988:165–205.

Tanz, Christine. 1980. *Studies in the acquisition of deictic terms*. Cambridge: Cambridge University Press.

Taylor, C. W., ed. 1964. *Creativity: Progress and potential*. New York: McGraw-Hill.

Taylor, F. W. 1953. *A grammar of the Adamawa dialect of the Fulani language (Fulfulde)*. Oxford: Clarendon.

————. 1959. *A practical Hausa grammar*. 2d ed. Oxford: Clarendon.

Taylor, I. A. 1975. A retrospective view of creativity investigation. In Taylor and Getzels 1975:1–36.

Taylor, I. A., and J. W. Getzels, eds. 1975. *Perspectives in creativity*. Chicago: Aldine.

Taylor, John R. 1987. Tense and metaphorizations of time in Zulu. In *Perspectives on language in performance: Studies in linguistics, literary criticism, and language teaching and learning (to honour Werner Hüllen on the occasion of his sixtieth birthday)*, ed. W. Lörscher and R. Schulze, 214–29. Tübingen: Gunter Narr.

————. 1988. Contrasting prepositional categories: English and Italian. In Rudzka-Ostyn 1988:299–326.

————. 1989. *Linguistic categorization: Prototypes in linguistic theory*. Oxford: Clarendon.

Teller, P. 1969. Some discussion and extension of Manfred Bierwisch's work on German adjectivals. *Foundations of Language* 5:185–217.

Tesnière, Lucien. 1959. *Elements de syntaxe structurale*. Paris: Klincksieck.

Testen, David, Veena Mishra, and Joseph Drogo, eds. 1984. *Papers from the Parasession on Lexical Semantics*. Chicago: Chicago Linguistic Society.

Thom, R. 1975. *Structural stability and morphogenesis*. Reading, Mass.: W. A. Benjamin.

Thomann, Georges. 1905. *Essai de manuel de la langue néouolé*. Paris: Ernest Leroux.

Thompson, Sandra A., and Robert E. Longacre. 1985. Adverbial clauses. In Shopen 1985: vol. 2, 171–234.

Thompson, Sandra A., and Anthony Mulac. In press. A quantitative perspective on the grammaticization of epistemic parentheticals in English. In Traugott and Heine, in press, vol. 2.

Timyan, Judith. 1977. A discourse-based grammar of Baule: The Kode dialect. Ph.D. diss., City University of New York.

Toedter, C., C. Zahn, and Talmy Givón. 1989. The transformations of "go" in Pastaza Quechua: A new channel for voice? Eugene, Oreg. Typescript.

Traugott, Elizabeth Closs. 1975. Spatial expressions of tense and temporal sequencing: A contribution to the study of semantic fields. *Semiotica* 15, no. 3:207–30.

————. 1978. On the expression of spatio-temporal relations. In Greenberg 1978b: vol. 3, pp. 369–400.

————. 1980. Meaning-change in the development of grammatical markers. *Language Science* 2:44–61.

————. 1982. From propositional to textual and expressive meanings: Some semantic-pragmatic aspects of grammaticalization. In Lehmann and Malkiel 1982:245–71.

————. 1985a. Conditional markers. In Haiman 1985:289–307.

————. 1985b. "Conventional" and "dead" metaphors revisited. In Paprotté and Dirven 1985:17–56.

————. 1985c. From opposition to iteration: A study in semantic change. *Studies in Language* 9, no. 2:231–41.

————. 1986a. From polysemy to internal semantic reconstruction. *Berkeley Linguistics Society* 12:539–50.

————. 1986b. On the origins of and and but connectives in English. *Studies in Language* 10, no. 1:137–50.

————. 1987. On the rise of epistemic meanings in English: A case study in the regularity of semantic change. Stanford University, Linguistic Society of America paper, November.

————. 1988. Pragmatic strengthening and grammaticalization. *Berkeley Linguistics Society* 14:406–16.

————. 1989. On the rise of epistemic meanings in English: An example of subjectification in semantic change. *Language* 65, no. 1:31–55.

————. In press. From less to more situated in language: The unidirectionality of semantic change. In Adamson et al., in press.

Traugott, Elizabeth C., and Bernd Heine, eds. In press. *Approaches to grammaticalization.* 2 vols. Amsterdam/Philadelphia: John Benjamins.

Traugott, Elizabeth C., and Ekkehard König. In press. The semantics-pragmatics of grammaticalization revisited. In Traugott and Heine, in press, vol. 1.

Traugott, Elizabeth C., Rebecca Labrum, and Susan Shepherd, eds. 1980. *Papers from the 4th International Conference on Historical Linguistics.* Amsterdam Studies in the Theory and History of Linguistic Science 14. Amsterdam: John Benjamins.

Tucker, A. N. 1971/73. Notes on Ik. *African Studies* 30, nos. 3–4:341–54; 31, no. 3:183–201; 32, no. 1:33–48.

Tucker, A. N., and J. T. Ole Mpaayei. 1955. *A Massai grammar with vocabulary.* London: Longmans, Green.

Ullmann, Stephen. 1957. *The principles of semantics.* 2d ed. Glasgow: Jackson; Oxford: Basil Blackwell.

Ultan, Russel. 1975. Infixes and their origins. In Seiler 1975:157–205.

————. 1978a. The nature of future tenses. In Greenberg 1978b: vol. 3, pp. 83–123.

————. 1978b. On the development of a definite article. In Seiler 1978:249–66.

————. 1978c. Some general characteristics of interrogative systems. In Greenberg 1978b: vol. 3, 211–48.

Valdman, A., and A. Highfield, eds. 1980. *Theoretical orientation in creole studies.* New York: Academic.

Vandame, Charles. 1963. *Le Ngambay-Moundou: Phonologie, grammaire et textes.* Mémoires de l'Institut Français d'Afrique Noire (IFAN) 69. Dakar: IFAN.

Van Oosten, Jeanne. 1986. Sitting, standing, and lying in Dutch: A cognitive approach to the distribution of the verbs *zitten, staan,* and *liggen.* In *Dutch linguistics at Berkeley,* ed. J. Van Oosten and J. P. Snapper, 137–60. Berkeley: University of California, Berkeley, Dutch Studies Program.

Vennemann, Theo. 1973. Explanation in syntax. In *Syntax and semantics,* ed. John P. Kimball, 2:1–50. New York: Seminar.

Vincent, Nigel. 1980. Iconic and symbolic aspects of syntax: Prospects for reconstruction. In Ramat et al. 1980:47–68.

Voeltz, F. K. Erhard. 1980. The etymology of the Bantu perfect. In Bouquiaux 1980:487–92.

Vorbichler, Anton. 1971. *Die Sprache der Mamvu.* Afrikanistische Forschungen 5. Glückstadt: J. J. Augustin.

Voßen, Rainer, and Marianne Bechhaus-Gerst, eds. 1983. *Proceedings of the International Symposium on Languages and History of the Nilotic Peoples, Cologne,*

January 4–6, 1982. Kölner Beiträge zur Afrikanistik 10, no. 1. Berlin: Dietrich Reimer.

Wald, Benji. 1979. The development of the Swahili object marker: A study of the interaction of syntax and discourse. In Givón 1979b:505–24.

Waldron, R. A. 1979. *Sense and sense development*. 2d ed. London: André Deutsch.

Walsh, Thomas J., ed. 1989. *Synchronic and diachronic approaches to linguistic variation and change*. Georgetown University Round Table on Languages and Linguistics 1988. Washington, D.C.: Georgetown University Press.

Ward, Thomas B., and James Scott. 1987. Analytic and holistic modes of learning family-resemblance concepts. *Memory and Cognition* 15, no. 1:42–54.

Wegener, Ph. 1885. *Untersuchungen ueber die Grundfragen des Sprachlebens*. Halle: Max Niemeyer.

Weinreich, Uriel. 1966. Explorations in semantic theory. In *Current trends in linguistics*, vol. 3, ed. T. A. Sebeok, 395–477. The Hague: Mouton.

Welmers, William E. 1973. *African language structures*. Berkeley: University of California Press.

———. 1976. *A grammar of Vai*. Berkeley: University of California Press.

Werner, Heinz, and Bernard Kaplan. 1963. *Symbol-formation: An organismic-developmental approach to language and the expression of thought*. New York/London/Sidney: Wiley.

Westermann, Diedrich. 1905. *Wörterbuch der Ewe-Sprache*. Berlin: Dietrich Reimer.

———. 1907. *Grammatik der Ewe-Sprache*. Berlin: Dietrich Reimer.

———. 1921. *Die Gola-Sprache in Liberia: Grammatik, Texte und Wörterbuch*. Hamburg: L. Friederichsen.

Whitney, William Dwight. 1875. *The life and growth of language: An outline of linguistic science*. Reprint. New York: Dover.

Wierzbicka, Anna. 1980. *The case for surface case*. Ann Arbor, Mich.: Karoma.

———. 1987. *English speech act verbs: A semantic dictionary*. Sydney: Academic.

———. 1988. *The semantics of grammar*. Amsterdam: John Benjamins.

———. 1989. *The alphabet of human thoughts*. Linguistic Agency, University of Duisberg, ser. A, vol. 245. Duisburg: Universität Duisburg Gesamthochschule.

Willett, Thomas. 1988. A cross-linguistic survey of the grammaticization of evidentiality. *Studies in Language* 12, no. 1:51–97.

Winner, Ellen. 1979. New names for old things: The emergence of metaphoric language. *Journal of Child Language* 6:469–91.

Wittgenstein, Ludwig. 1953. *Philosophical investigations*. New York: Macmillan.

Wolff, Ekkehard, and Hilke Meyer-Bahlburg, eds. 1983. *Studies in Chadic and Afroasiatic linguistics*. Hamburg: Helmut Buske.

Wüllner, Franz. 1831. *Über Ursprung und Urbedeutung der sprachlichen Formen*. Münster: Theissingsche Buchhandlung.

Wurzel, Wolfgang Ullrich. 1984. On morphological naturalness. *Nordic Journal of Linguistics* 7:165–83.

———. 1986. Die wiederholte Klassifikation von Substantiven: Zur Entstehung von Deklinationsklassen. *Zeitschrift für Phonetik, Sprachwissenschaft und Kommunikationsforschung* 39, no. 1:76–96.

———. 1988. Zur Erklärbarkeit sprachlichen Wandels. *Zeitschrift für Phonetik, Sprachwissenschaft und Kommunikationsforschung* 41, no. 4:488–510.

Žirmunskij, V. M. 1966. The word and its boundaries. *Linguistics* 27:65–91.

Zwicky, Arnold M. 1977. *On clitics*. Bloomington: Indiana University Linguistics Club.

缩略语

ABL—ablative 离格，夺格

ABS—absolutive 通格

ACC—accusative 受格，宾格

ACT—actor 作用者

ADV—adverb 副词

ALL—allative 向格

AND—andative suffix 离心（格）后缀

AOR—aorist 不定过去时

ASP—aspect 体

ASSOC—associative 关联（格）

AUX—auxiliary 助动词

BEN—benefactive 受益格

CAUS—causative 致使式，使成式

CL—noun class 名词类

COMP—complementizer 标补语

COND—conditional 条件式

CONJ—conjunction 连词

COP—copula, copulative 系词

DAT—dative 与格

DEF—definite marker 定指标记

DEM—demonstrative 指示语

DET—determiner 限定语

DIR—directional 方向的

DO—direct object 直接宾语

DS—different subject 不同主语（标记）

DUR—durative 延续体

EMPH—emphatic 强调式

ENC—enclitic 后附着形式

EXCL—exclusive 排除式

FEM—feminine 阴性

FOC—focus 焦点

FUT—future 将来时

GEN—genitive 属格

GER—gerund 动名词

IMP—imperative 祈使式

IMPERF—imperfect 未完成体

IMPFV—imperfective 未完整体

INCL—inclusive 包含式

INDEF—indefinitive 不定（冠词）

INF—infinitive 不定式

INGRESS—ingressive 起始体

INSTR—instrumental 工具格

INTR—intransitive 不及物（标记）

IO—indirect object 间接宾语

LOC—locative 方所格

MASC—masculine 阳性

NEG—negative 否定

NF—nonfuture 非将来时

NOM—nominative 主格

NOMI—nominalization 名词化

NP—noun phrase 名词短语

OBJ—object 宾语

OPT—optative 祈愿式

PART—participle 分词

PASS—passive 被动

PAST—past 过去时

PERF—perfect 完成体

PFV—perfective 完整体

PL—plural 复数

POSS—possessive 领属格

PREP—preposition 前置词

PRES—present 现在时

PROG—progressive 进行体

PURP—purposive 目的格

Q—interrogative 疑问

RED—reduplicative 重叠式

REFL—reflexive 反身（标记）

REL—relative 关系（标记）

REP—repetitive 重复体

SG—singular 单数

SIN—singulative 单数式

SS—same subject 同一主语（标记）

STAT—stative 状态动词

SUB—subordinate 从属（标记）

SUBJ—subject 主语

SUBJUNCT—subjunctive 虚拟式

TNS—tense 时

TOP—topic 话题

TRANS—transitive 及物（标记）

VEN—venitive 向近体

VOC—vocative 呼语，呼格

1—first person 第一人称

2—second person 第二人称

3—third person 第三人称

语言索引

主题索引

后　记

　　《语法化：概念框架》是著名语言学家贝恩德·海涅（Bernd Heine）的主要代表作，它开创了语法化研究的认知分支，是近三十年来语法化研究的经典。

　　译者团队于 2013 年受世界图书出版公司北京公司委托，决定将本书译成中文出版，由龙海平统筹负责。2013 年至今，译者团队历经五载，付出大量的时间和精力，终于在今年将译稿交付出版。

　　令我们不安的是限于译者水平，译稿肯定有错误和疏漏之处。我们诚惶诚恐，虚心接受读者和学界同仁的批评和指正。

　　译著初稿分别由下列同志完成：

第 1 章　　王娅玮

第 2 章　　龙海平

第 3 章　　郑友阶、龙海平

第 4 章　　陈伟蓉

第 5 章　　黄阳

第 6 章　　何彦诚、黄阳

第 7 章　　郑友阶、龙海平

第 8 章　　何彦诚

第 9 章　　张莉、龙海平

　　第二、第三和第四稿由龙海平完成，书后索引由张玥完成，全书内容由吴福祥教授审校。责编梁沁宁老师通读全书并提出宝贵意见，特致谢忱。

译者

2018 年 8 月 13 日